新时代智育的内涵与教学研究

主　编　康世刚　范卿泽

副主编　张　健　廖开兰

西南大学出版社

国家一级出版社　全国百佳图书出版单位

图书在版编目(CIP)数据

新时代智育的内涵与教学研究 / 康世刚，范卿泽主编. -- 重庆：西南大学出版社，2024.6
ISBN 978-7-5697-1411-1

Ⅰ. ①新… Ⅱ. ①康… ②范… Ⅲ. ①中小学－教学研究 Ⅳ. ①G632.0

中国版本图书馆CIP数据核字(2022)第079646号

新时代智育的内涵与教学研究

XINSHIDAI ZHIYU DE NEIHAN YU JIAOXUE YANJIU

主　编　康世刚　范卿泽

责任编辑：高　勇
责任校对：周万华
装帧设计：尹　恒
排　　版：瞿　勤
出版发行：西南大学出版社
地址：重庆市北碚区天生路2号
邮编：400715
电话：023-68868624
印　　刷：重庆市联谊印务有限公司
成品尺寸：170 mm×240 mm
印　　张：22
字　　数：373千字
版　　次：2024年6月　第1版
印　　次：2024年6月　第1次
书　　号：ISBN 978-7-5697-1411-1
定　　价：68.00元

绪 论

《中共中央 国务院关于深化教育教学改革全面提高义务教育质量的意见》对德、智、体、美、劳提出了明确的要求,也是首次对智育给予明确的要求。教研机构的研究人员,有必要认真学习文件精神,更好地理解文件要义,帮助一线教师、校长从理论和实践方面落实党和国家的教育方针政策,这也是这个职业的使命。为此,我们组织重庆市教育科学研究院院内外研究人员讨论框架并认真分析解读。

在智育学习的基础上,我们形成了新时代智育的五要素,即认知能力、思维发展、创新意识、学习能力和情感态度。这五要素成为引导中小学校从应试教育走向素质教育的重要指标和抓手。

本书由六部分内容构成。第一章“新时代智育概述”,主要梳理和分析了国内外学者对智育的探索过程以及形成的主要成果,分析了我国的教育政策中对智育的要求,并对新时代智育的要素做了整体分析。第二章“认知能力与教学”,主要分析了认知能力概念的发展,中小学生认知能力的构成和发展,基于认知能力的教学研究。第三章“思维发展与教学”,主要讲述了思维的发展和中小学生的思维构成与发展,并进行了基于思维发展的教学案例分析。第四章“创新意识与教学”,主要讲述了创意意识的发展与研究、中小学生创新意识的构成与发展,并进行了基于创新意识的教学案例分析。第五章“学习能力与教学”,梳理了学习能力研究的起源和发展,分析了中小学生学习能力的构成与发展,基于学习能力的教学研究。第六章“情感、态度和价值观与教学”,分析了情感、态度和价值观的概念溯源,分析了中小学生情感、态度和价值观的构成与发展,基于情感、态度和价值观的教学研究。

本书的特点:一是历史梳理与现代释义结合;二是整体与部分结合;三是理论与案例结合。

本书由康世刚和范卿泽主编,其中绪论、第一章由廖开兰、范卿泽撰写;第二章由胥炜和姜亚南撰写;第三章由陈祥彬和杜青霞撰写;第四章由张健、李清华和杜艺撰写;第五章由田振华和张帆撰写;第六章由郭蕾和汤春意撰写;最后由康世刚和范卿泽统稿。

本书撰写得到重庆市教育科学研究院义务教育高质量发展项目的大力支持!本书也参考了国内外研究者的文献,在此一并致谢!

本书力图在历史梳理、结构创新和教学实践有所突破,难免挂一漏万,请学者批评指正。

目录

第一章　新时代智育概述

研究新时代智育(后简称新智育),首先要回答智育是什么?新智育新在哪些方面?这是最基本、最一般的问题。如果不解决这些问题,在研究具体问题时往往会被迫回到"什么是智育""什么是新智育"的问题上。如列宁所说:"如果不先解决一般的问题,就去着手解决个别问题,那么,随时随地都必然会不自觉地'碰'到这些一般的问题。"[①]

如何回答新智育五要素?美国社会学家英克尔斯在《社会学是什么》一书中指出给社会学下定义的三条途径:第一,历史的途径,即我们力求通过对经典的社会学著作的研究,寻求社会学作为一门知识学科最为关心和感兴趣的是什么,即"创始人说了什么";第二,经验主义的途径,即我们对现代的社会学著作加以研究,以期发现这门学科最关心的是些什么问题,换句话说就是要问"当代社会学家在做些什么";第三,分析的途径,即我们武断地将某个较大的话题加以划开,确定它们的范围,并将它们分别划归为不同的学科。实际上,我们是在问"理性的指示是什么"?[②]英克尔斯的研究思路给我们的启示是:(1)应该弄清楚智育最初的含义是什么?它由哪些内容组成?它有什么争论?(2)看一些研究者是如何从事智育研究的?哪些方面有助于揭示智育的本质?(3)理性地分析当前和未来社会发展中智育应该包含的内容以及智育的新特征。本章主要梳理智育发展的历史,分析新智育五要素的特征,以期对新时代背景下提出的智育五要素有一个全面认识,为落实新智育五要素奠定良好的基础。

---

① 徐继存.教学论导论[M].兰州:甘肃教育出版社,2001:3.

② [美]亚历克斯·英克尔斯.社会学是什么[M].陈观胜,李培茱,译.北京:中国社会科学出版社,1981:23.

第一节　西方国家对智育的研究

智育是教育不可或缺的组成部分，与教育发展紧密联系，所以有必要考察在教育发展过程中，智育的主要内容的发展变化特点。我们可以将智育分为以下几个阶段。

一、智育萌芽阶段

智育萌芽阶段的主要特点是：智育与其他教育融合为一体，没有明确的划分。例如，教育的起源说认为教育是一种生物现象，将教育过程归结为按生物学规律进行的本能传授活动；教育的心理起源说认为，在原始社会中，无论是社会还是个体，其教育的发生都是“最非理性的”和“单纯的无意识的模仿”。美国教育史学家孟禄认为，原始人的教育过程从未表现出是有意识的过程，儿童仅凭观察和尝试成功的方法，学习如何使用弓箭与射击，如何拾掇杀死的野兽，如何烹饪，如何编织，如何制陶，其技巧几乎全部是通过失败越来越少的重复模仿的方式学到的。[①]有学者将原始人的教学过程归纳出以下五个特点：一是教学是在劳动和生活中进行的，没有专门的教学活动，因此，教学与生活、劳动是紧密融为一体的；二是教学采用“师徒”式，由长辈对晚辈进行教学，晚辈向长辈学习；三是教与做结合，长辈一般是一边教，一边做，给予示范，而晚辈也是一边学，一边做，动脑又动手，脑体劳动相结合；四是通过讲故事等方式讲述历史典故和生活传统以及神话传说，以增长知识，发展想象力、记忆力；五是已经有解说、演示等有效的教学方式。[②]

人类由原始社会进入文明时代，其中四大文明古国（古巴比伦、古埃及、古印度和中国）最早进入文明时代，产生了最早的文字、科学知识并有学校产生，

① 吴式颖，李明德．外国教育史教程（第三版）[M]．北京：人民教育出版社，2015：4.

② 田本娜．外国教学思想史[M]．北京：人民教育出版社，1994：11.

所以教育内容较为丰富，包括智育、德育以及宗教教育等。例如，古巴比伦由于文字的发明和泥板的广泛使用为教育提供了便利的条件。教学的内容注重语言、书写、阅读、计算等，学习的内容首先要掌握楔形文字。比如对书吏的培养，不仅要有读写能力，还要学习数学、天文学，有的还要学习占星术、医学乃至炼金术等。

古埃及由于纸草书的使用以及在自然科学方面的成就，其教育较为发达，产生了宫廷学校、僧侣学校、职官学校和文士学校。僧侣学校着重科学教育，是传授高深学识的学府，教学及研究内容以较高级的天文学、数学、建筑学、水利学、医学及科学为主，培养能力优而水平高的人。文士学校通常教授书写、计算以及天文、地理等。①

二、智者与智育的出现

智者的英文是"Sophistes"，最早出现在古希腊荷马时代，又称为"诡辩家"，是指某种精神方面的能力和技巧，以及拥有这些能力和技巧的人。在《荷马史诗》中，造船工、航船驭手、占星术者、雕刻匠等都被称作智者。以后，各行各业具有专门知识和技艺的人，如诗人、音乐家、医生、自然哲学家等，也被当作智者。到公元5世纪后期，智者获得新的、特殊的含义，被用来专指以收费授徒为职业的巡回教师。这些人云游各地，积极参加城邦的政治和文化生活，以传播和传授知识获得报酬，并逐步形成一个阶层。智者也成为西方最早的职业教师。

智育的思想源于亚里士多德的灵魂论，亚里士多德突破了他的老师柏拉图的观点（把肉体看成灵魂的监狱），提出灵魂与肉体是相互协调、和谐一致的。他把人的灵魂分为三部分，即植物的灵魂、动物的灵魂和理性的灵魂。植物的灵魂是最低端的，主要表现为营养、生长、繁殖方面，又叫作营养的灵魂；动物的灵魂比植物的灵魂高一个等级，表现为情感、感觉方面，又称为感觉的灵魂；理性的灵魂是最高级部分，主要表现在认知、思维等方面。据此，他提出德育、体

① 吴式颖，李明德．外国教育史教程（第三版）[M]．北京：人民教育出版社，2015：16.

育和智育的划分。他认为体育的主要目的是让儿童拥有健康的身体和坚韧的意志;德育的目的是培养人的美德;智育的目的是培养理性的灵魂,且理性是人最高的准则。他还认为,人类除了天赋和习惯外,还应有理性的生活,理性实为人类所独有。人类对此三端(三端指天性、习惯和理性)必须求其相互间的和谐,方才可以乐生随性,而理性尤应是三者中的基调。人们既知理性的重要,所以三者之间要是不和谐,宁可违背天性和习惯,而依从理性,把理性作为行为的准则。①他特别提出教育的最终目的在于发展理性,使国民擅长追求真理,研究事物的原因和原理。亚里士多德还提出并论证了教育要遵循自然的原则,教育要与人的自然发展相适应。他把一个人受教育的年龄按每七年为一阶段划分为三个时期,即出生到7岁以前的教育是家庭教育,任务在于发展儿童的身体;7岁到14岁的教育相当于初级学校阶段的教育,以情感道德教育为主;14~21岁的教育属于高年级阶段,在于发展学生的理智灵魂,以智力教育为主。②

三、文艺复兴时期对智育的深入探索

文艺复兴是指14世纪中叶在意大利各城邦兴起,后逐步扩展到西欧各国,于16世纪在欧洲盛行的一场伟大的思想文化革命运动。这次运动主要体现了人文主义思想。文艺复兴时期人文主义教育、新教教育和天主教教育相互交织,既相互冲突,又相互融会吸收,对当时欧洲的教育及社会发展产生了重要的影响。三种教育的共同点是重视人文学科。这一个时期涌现出一批对智育深入探索并对后期的发展产生重要影响的学者。

(一)夸美纽斯的智育思想

夸美纽斯是17世纪捷克伟大的教育改革家和教育理论家。他努力实践欧洲文艺复兴时期的人文主义思想,他认为人有着特殊的创造素质,人的价值在造物中高于一切。他同时也突出了智力和实用性质,认为只要发展人的智力,人类就会进步。他对人提出基本的假设是:人是有理性的动物,人能认识万物,

① 课程教材研究师范教育中心.外国教育史话[M].北京:人民教育出版社,2003:25.
② [捷克]夸美纽斯.大教学论·教学法解析[M].任钟印,译.北京:人民教育出版社,2006:5.

人的智慧是无止境的，人是一切造物的主宰，人是造物主的形象和爱物的。其代表作《大教学论》是一部自成体系的教育学名著，明确提出了“将一切事物教给全人类的无所不包的艺术”的思想，被称作泛智教育。①所谓泛智是一种百科全书式的知识体系。后来他还出版了《泛智的先声》，力图以百科全书的形式概括宇宙知识，建成一个泛智体系，该书的出版在当时欧洲的知识界轰动一时。1650年，他应邀到匈牙利，受聘担任沙罗斯-波托克的长年教育顾问，并创建了一所泛智学校，试验他的泛智教育思想。他的泛智主义思想主要体现在以下几个方面：

一是明确提出了“将一切事物教给一切人”的教育思想，并主张普及教育于全体儿童和民众。

二是主张学校应该培养身心和谐发展的真正的人，应教给学生广泛的、有用的科学知识，注重培养学生的智慧、才能和创造精神，强调教学的效率。他说：“事实上，人只不过是身心两方面的一种和谐而已。”②他对和谐发展的人要求的具体标准是博学、德行和虔信。

三是强调教学的实质是培育而不是传授，是发展人的智慧、才能和品德，尤其要发展学生从研究现实中获取知识的能力。他说：“人类这个理性动物将不由别人的才智去领导，而由他自己的才智去领导；他不仅阅读别人的见解，掌握它们的意义，或把它们记下来、背下来，他要亲自钻研事物的根源，获得一种真能理解且真能利用所学的东西的习惯。”③他还分析了知识、智能以及智育和德育的关系，强调智慧训练，即继续吸取知识和善于启用知识的能力训练。他肯定智慧和才能的培养与知识的增长是相互联系、相互促进的。他明确提出“科学的训练可以增进悟性，增进言语能力，增进手的技巧”“开发心智，使知识容易获得”④。

四是构建了基于泛智教育的课程体系。夸美纽斯主张泛智教育，就是人人应该掌握的各种基本知识，这些知识是社会生活中所需要的，也应该是符合学生的接受能力的。他在这个基础上构建了三类课程体系：主要课程、次要课程

① [捷克]夸美纽斯.大教学论·教学法解析[M].任钟印，译.北京：人民教育出版社，2006：5.
② [捷克]夸美纽斯.大教学论·教学法解析[M].任钟印，译.北京：人民教育出版社，2006：34.
③ 田本娜.外国教学思想史[M].北京：人民教育出版社，1994：128.
④ 田本娜.外国教学思想史[M].北京：人民教育出版社，1994：129.

和第三类课程。主要课程包括智慧、辩才、正直行为，以及笃信宗教的本质、核心和内容，要求学生在七个方面达到完善，即感觉、智能、记忆、语言、双手、精神和心胸。次要课程是为主要课程服务的辅助性课程，是为了更好地掌握主要课程而设计的，历史就属于这一类课程。第三类课程是为了增进健康和焕发精神，如娱乐、游戏等。①

五是构建了教学原则和教学方法体系。夸美纽斯自信地认为，只要能够把训练才智的艺术奠定在一个坚实的基础上，所采用的教学原则和方法一定能产生良好的效果。他的教学方法中心思想是教学的愉快性、彻底性和迅捷性。他提出的教学原则有直观性原则、教与学的便易性原则、教学的简明性和迅速性原则、教学的量力性和因材施教原则。②

（二）洛克的智育思想

洛克是英国著名的实科教育和绅士教育的倡导者，著有《教育漫话》《理解能力指导散论》《人类理解论》等教育名著。他主张把社会上层家庭的子女培养成身体强健、举止优雅、有德行、有智慧、有实际才干的事业家。

洛克对智育的观点主要是强调品德重于学问，学问的内容必须是实际有用的广泛知识。他强调培养学生良好的学习习惯，提高他们的能力；主张教师要使学生爱好知识、尊重知识，使学生采用正确的方法去求知，而不是把世界上可以知道的东西全部教给学生。因此，他认为只需要学生理解各学科的基础内容即可，不必过深过细，教育的目的在于向学生启示一条途径，日后没有教员时，学生自己也可以前进。在方法上，洛克重视直观教学、循序渐进，以及好奇心、注意力和记忆力的培养等。

（三）康德的智育思想

康德是德国著名哲学家和教育家，出版教育名著《教育论》等。他在《教育论》中指出，教育是人类文化发展的结果，是人为的创造性过程，所以只有人能对人实施教育；教育必须有目的、有标准、有计划，要灵活运用适当的方法。他

① 张焕庭.西方资产阶级教育论著选[M].北京：人民教育出版社，1964：47-48.

② 田本娜.外国教学思想史[M].北京：人民教育出版社，1994：141-150.

把16岁以前的儿童教育分为体育、智育和德育三个方面。在智育部分，他认为学习知识固然重要，而心理功能的训练更为基本（心理功能主要是指判断力、注意力、记忆力、理解力、推理力和思考力等）。他强调记忆力的培养，反对死记硬背，主张以理解帮助记忆。[①]

（四）卢梭的智育思想

卢梭是法国18世纪启蒙思想家、哲学家、教育家、文学家。在卢梭的教育思想中，他高度重视儿童的天性，倡导自然教育和儿童本位的教育观。卢梭所憧憬的“自然人”具有四个特征：第一，不受传统（等级、阶级、职业）的束缚，按本性发展；第二，不依附于他人，能够自食其力，具有独立性；第三，具有社会适应性，能够承担社会责任；第四，身心健康，体脑发达，具有独立思考的能力。[②]

在其著作《爱弥儿》中，他将教育分为四个阶段。

第一阶段婴儿期的教育（0~2岁），应该以身体的养护和锻炼为主，因为良好的身体是智力发展的基础。具体来说，通过感觉使之判断物体的冷热、软硬、轻重、大小及其他一切可以感知的物质的性质，学会判断距离，语言教学。

第二阶段儿童期的教育（2~12岁），主张锻炼儿童的感官并继续发展身体，以便日后发展其智慧。在人的身上，理智的发展最迟，具体来说就是不得教授饰章学、地理学、历史、语学。

第三阶段青年期的教育（12~15岁），这是儿童体力发展最旺盛的时期，儿童已经有了好奇心，也能够思考了，这一时期是可以和必须学习的。在学习知识方面，他主张先培养兴趣和提高能力，通过学习知识陶冶情操。他说：“问题不在于教给他各种学问，而是在于培养他有爱好学问的兴趣，进而在这种兴趣充分增长起来的时候，教他以研究学问的方法。”[③]在学习内容方面，一是选择能增进人聪明才智的内容，二是不要让孩子学习他不能理解的人际关系方面的知识。他主张学习自然科学，不主张学习历史和哲学等社会科学。具体来说，应教授自然现象、地理学、宇宙学、物理学、博物学、航海术，让孩子学会各种技艺，

① 顾明远．教育大辞典[M]．上海：上海教育出版社，1990：1024－1025.

② 单中惠．外国教育思想史[M]．北京：高等教育出版社，2000：91.

③ 吴式颖，李明德．外国教育史教程（第三版）[M]．北京：人民教育出版社，2015：16.

读《鲁滨逊漂流记》。在智育的方法方面，他主张学生在实际活动中自觉自动地学习。他曾说："我憎恨书本，它只教我们谈论我们不懂的事情。"①他反对空洞的文字说教，强调有用和真实的知识。他认为，只有教给儿童真正有用的和真实的知识，才能使他们有真知灼见，才能增长儿童的才干。②他主张直观教学，要学生在讲解知识时揭示知识的用途。

第四阶段青春期教育(15~20岁)，主张进行道德教育。在智育内容上，研究社会关系，研究人类—历史，学习外国语(拉丁语)，研读古典。

(五)裴斯泰洛齐的智育思想

裴斯泰洛齐是19世纪瑞士著名的教育家，受法国启蒙思想特别是卢梭思想的影响，期望通过革新教育使人的潜能得到全面发展、充分发展，著有《隐士的黄昏》《林哈德和葛笃德》《关于人类发展的自然进程》等。他主张教育的首要功能应是促进人的发展，尤其是人的能力的发展。他认为，为人在世，可贵者在于发展，在于发展个人天赋的内在力量，使其经过锻炼，使人能尽其才，能在社会上达到他应有的地位。这就是教育的最终目的。

裴斯泰洛齐认为，智育不仅是教给学生知识，还要着力帮助促进他们的思考能力、调查研究能力和判断能力的自然发展，以便有意识地占有人类几千年获得的东西。他进一步指出，培养智力和技能需要有适合于人类本性的、符合心理学规律的一套循序渐进的方法。③他还认为，人内在的任何才能都是和一定的活动相联系的，所以每种能力的发展都来自专门的活动和训练，而智力的发展则主要来自思考，因此教师在教学中应引导和组织学生进行各种思维练习。④他特别强调在教学中通过思维练习来培养和发展学生的智慧和智力。

(六)斯宾塞的智育思想

斯宾塞是19世纪下半叶英国著名哲学家、社会学家和教育家，是科学教育的倡导者。他认为，为了训练，也为了指导人类活动，科学都有最重要的价值。

---

① 单中惠.外国教育思想史[M].北京：高等教育出版社，2000：147.

② 陈晓端，郝文武.西方教育哲学流派课程与教学思想[M].北京：中国轻工业出版社，2008：54.

③ 吴式颖，李明德.外国教育史教程(第三版)[M].北京：人民教育出版社，2015：202-203.

④ 同上。

从各方面影响看，学习事物的意义比学习字句的意义要强得多。不论是为了理智的、道德的或宗教的训练，研究周围的现象要比研究语法字义有绝对的优越性。

他对智育的思想主要体现在《教育论》中，他第一次构建了智育、德育、体育的教育体系，并将智育置于首位。

斯宾塞构建了“完满生活”的五个方面：(1)直接有助于自我保全的活动；(2)从获得生活必需品而间接有助于自我保全的活动；(3)目的在抚养和教育子女的活动；(4)与维持正常的社会和政治关系有关的活动；(5)在生活中的闲暇时间用于满足爱好和感情的各种活动。①他认为教育就是为“完满生活”做准备的。

他还认为，训练心智方面的价值在于“获得任何一种东西有两项价值，作为知识的价值和作为训练的价值。获得每一种事实的知识，除了用以指导行为外，也可以用来练习心智；应该从这两方面来考虑它在为完满生活做准备时的效果”②。

斯宾塞提出的教学原则与方法有：(1)教学应符合儿童心智发展的自然顺序，具体表现为从简单到复杂、从不准确到准确、从具体到抽象；(2)儿童所接受的教育必须在方式和安排上与历史上的人类教育相一致；(3)教学的每个部分都应该从实验到推理；(4)引导儿童自己进行探讨和推论；(5)注重学生的学习兴趣；(6)重视实物教学。③

在中国最早介绍斯宾塞的是严复，他在《原强》(修订稿)一文中以《明民论》为题，介绍了斯宾塞《教育论》中的几篇：“斯宾塞尔全书而外，杂著无虑数十篇，而《明民论》《劝学篇》二者为最著。《明民论》者，言教人之术也。《劝学篇》者，勉人治群学之书也。其教人也，以浚智慧、练体力、厉德行三者为之纲。”④雷通群在《西洋教育通史》中指出，现在中国的教育界，关于教育方法上分为智育、德育、体育等，是受斯宾塞的教育影响，亦犹管理、训练、教学的分类，是受赫尔巴特的影响也。吴俊升在《德育原理》中认为，在教育学中教育之三分法之确定，殆始于斯宾塞。

① [英]斯宾塞.斯宾塞教育论著选[M].胡毅，王承绪，译.北京：人民教育出版社，2005：12.
② 田本娜.外国教学思想史[M].北京：人民教育出版社，1994：141-150.
③ 吴式颖，李明德.外国教育史教程(第三版)[M].北京：人民教育出版社，2015：256.
④ 牛仰山选注.严复文选[M].天津：百花文艺出版社，2006：13-14.

（七）第斯多惠的智育思想

第斯多惠是19世纪德国著名的民主主义教育家，其代表作《德国教师培养指南》对德国的教育，尤其是师范教育的发展产生了举世公认的影响，被人们尊称为“德国教师的教师”。

第斯多惠认为，良好的智力对于实现学生掌握科学知识和发展智力有两方面的目的：一方面，学生要掌握的知识必须依靠自身学习能力的提高，否则学生难以真正领会所学习的内容；另一方面，学生学习能力以及其他方面智力的发展也不可脱离教材等知识材料，所有的课堂教学都不可脱离教材。为此，他明确提出的教学原则有：

（1）启发式教学原则。他认为教学的艺术不在于传授本领，而在于善于激励、唤醒和鼓舞。（2）渐进性和持续性原则。他认为智力的发展是和渐进性的规律联系着的。（3）坚实性原则。他主张坚实性的对立面是表面性、肤浅性、散漫性和粗枝大叶不求甚解。（4）精简性原则。他多次向教师呼吁尽可能地少教一些！那时你将只教给学生以最本质、最主要的东西，你才能切切实实地掌握这种教材，使它不可磨灭地铭记在学生的意识里，而学生就会很快地充满愉快的心情，并且使自己朝气蓬勃、满怀信心，相信自己有所知，也有些本领。（5）直观教学原则。他认为人类心智的发展是从对外在世界的感性知觉开始的。外在世界反映在感觉中，感觉联结为直观的表象，而直观的表象则被理性提升到一般的表象或概念。因此，教学必须遵循直观性原则，即贯彻从直观到思维、从个别到一般、从具体到抽象的原则。

（八）乌申斯基的智育思想

乌申斯基是19世纪俄国著名的教育家。乌申斯基认为，教育不是一门科学，而是一门艺术，是一门需要耐心、天赋的才能和本领以及专门知识的艺术。教育所关注的问题不应该是学校的教学科目、教学论或体育规则问题，而应该是人的精神和人生问题。教育必须有助于发展人类身体、智力以及道德的力量，完善的教育可以大大地发挥人类身体、智力和道德的力量。因而，教育的目的在于培养全面和谐发展的个人。这种全面和谐发展的个人除了要在身体、智力、道德等方面得到全面发展外，还应该具有劳动的习惯和爱好，把民族利益和个人利益结合起来的爱国主义情感。

乌申斯基认为，教育的目的应该包括知识的传授和能力的培养两个方面。他说："智力体操也好，言语操练也好，都应当训练学生对于某种有用的实际知识的智力和言语能力；这些练习的主要目的应当在于全面地掌握知识本身，并明确地表达它，同时附带地训练智力和言语能力。"[①]基于对智力的认识，他提出了智育的教学原则，即自觉性、积极性、直观性、连贯性、巩固性等。

四、19世纪末至20世纪初欧美国家对智育的探索

19世纪末至20世纪初，欧美国家的经济、政治以及科学文化迅速发展，新的科学技术得以广泛应用，社会生活发生了重大变化，人们越来越关注教育质量问题，更加重视智育并开始智力测试等研究。

（一）罗素的智育思想

罗素是英国哲学家、数学家、逻辑学家和教育家，代表著作《教育与美好生活》。罗素认为，有文化的个体是指一位获得能为社会服务的知识和技巧，并且具有能和同事协调相处的行为习惯的人，[②]并且他还说明了非智力因素与知识的关系。他在《教育与美好生活》中对智育专门进行了讨论，认为现代社会需要不同类型的人才，他们更多地富于想象的同情心和充满理智的灵活性，更多地服膺于技术知识而非匹夫之勇，[③]并提出了理想人格由活力、勇敢、敏锐和理智构成。他批评了轻视理智是传统道德教育的一大缺陷。他所说的理智兼指实际拥有的知识和对知识的理解力。[④]他还阐述了智力教育的一般原则以及不同年龄段的智力教育内容：在孩子14岁之前，学校的教学内容应该是那些每个人都应该知道的知识。[⑤]

① [俄]乌申斯基；郑文樾选编．乌申斯基教育文选[M]．张佩珍，等译．北京：人民教育出版社，2007：325．
② [英]伯特兰·罗素．教育与美好生活[M]．张鑫毅，译．上海：上海人民出版社，2017：30．
③ [英]伯特兰·罗素．教育与美好生活[M]．张鑫毅，译．上海：上海人民出版社，2017：30．
④ [英]伯特兰·罗素．教育与美好生活[M]．张鑫毅，译．上海：上海人民出版社，2017：41．
⑤ [英]伯特兰·罗素．教育与美好生活[M]．张鑫毅，译．上海：上海人民出版社，2017：180．

（二）苏霍姆林斯基的智育思想

苏霍姆林斯基是苏联著名的教育实践家和教育理论家，苏联教育科学院院士。苏霍姆林斯基主张和倡导的培养全面发展的人的教育理论，其核心是使全体学生都得到全面和谐的发展。在他的名著《帕夫雷什哲学》中有“要实现全面发展，就要使智育、体育、德育、劳动教育和审美教育深入地相互渗透和相互交织，使这几方面的教育呈现为一个统一的完整过程”。[①]他对智育提出了独特的见解，认为智育应当包括获得知识，形成世界观，发展认识能力和创造能力，养成脑力劳动文明，养成一个人在整个一生对丰富自己的智慧和把知识运用于实践的需要等方面的任务与要求。因此，正确理解的智育本身就包含着兼施德育的职能。智育与劳动教育也是密切联系着的，智慧在劳动成果中表现出来，劳动使人变得更加聪明。智育与审美教育的关系更是不可分割，身体的健康发展为智育的顺利进行提供保证。

智育是在获得科学知识的过程中进行的，但又不能仅仅归结为一些知识的积累。只有当知识在变为个人信念，变为人的精神财富，从而影响到他生活的思想方向和他的劳动、社会积极性及兴趣时，知识的获取过程和知识的深化过程才能成为智育的要素。他还强调只有当学生对知识形成了自己的观点时，才会形成主动的、探求的、创造性的思维，对所获得的知识表现出个人的积极态度。他高度评价智力情感在教学过程中的作用：“智力情感好比是肥壤沃土，把知识的种子播下去，就会使智慧萌芽生长。”[②]

他非常强调基础知识和基本技能对智力发展的作用，基本技能包括观察、思考、表达思想、阅读、书写、边读边想和边想边读、流利和快速地书写技能等。他特别重视发展儿童的记忆力和运用知识的能力，强调为顺利学习所必需的那些技能是智育的重要任务之一，坚持在这些技能跟儿童所学习的知识实际分量之间必须保持和谐。他明确指出，如果技能落后于知识，就会给儿童的学习带来难以克服的苦难，从而失去智力活动的欢乐和认识的欢乐这个取得成功的重要动力。

他还强调实施智育教学过程的成就取决于以下因素：学校整个精神生活的

---

① 蔡汀，王主镐，祖晶．苏霍姆林斯基选集[M]．北京：教育科学出版社，2001：13.

② 蔡汀，王主镐，祖晶．苏霍姆林斯基选集[M]．北京：教育科学出版社，2001：121.

丰富性；教师的思想面貌，他们智力的、道德的、情感的修养以及学识的渊博程度；教师对每个学生在智慧创造力的形成上保持各种能力和潜在可能性之间的和谐发展的关心；教师阐明教材内容的技巧，教学方法的丰富多样性以及学生在学习劳动中的积极作用等。①

（三）怀特海的智育思想

怀特海是英国著名的数学家、哲学家和教育理论家，是“过程哲学”的创始人，著有《教育的目的》《教育与科学理性的功能》等。他认为，我们的目标是要塑造既有广泛的文化修养又在某个特殊方面有专业知识的人才，他们的专业知识可以给他们进步、腾飞的基础，而他们所具有的广泛的文化，使他们有哲学般深邃，又如艺术般高雅。②他还特别强调，自我发展才是最有价值的智力发展，这种发展通常在16岁到30岁之间发生。③

他把智力的发展分为三个阶段：浪漫阶段、精确阶段和综合运用阶段。浪漫阶段是开始有所领悟的阶段。在这一阶段，各种题材对于孩子来说新奇而生动，具本身亦包含着种种未经探索的可能联系，孩子们好像懵懂地面对着若隐若现的大量内容，不知所措却又兴奋异常。在这一阶段，知识不受系统程序的支配，这时孩子们处于对事实的直接认知中，只是偶尔对认识的事实进行系统化分析。精确阶段也代表了一种知识的积累。在这一阶段，知识之间的广泛关系居于次要地位，从属于系统阐述的准确性。在这一阶段，要使学生一点一点地接受一些特定的分析事实的方法。综合运用阶段，这是在增加了分类概念和有关的技能之后又回归浪漫，这是精确训练的目的。④

他对课程设计提出，普通文化课程被设计成为培养学生的智力，专业课程则利用这种智力。他进一步指出，并不存在一种学习课程仅仅传授一般的文化知识，而另一种课程只是传授特殊的专业知识。一方面，为了让学生接受普通教育而教授的学科是需要专门学习的特殊学科；另一方面，鼓励一般智力活动

① 蔡汀，王主镐，祖晶．苏霍姆林斯基选集[M].北京：教育科学出版社，2001：119.
② [英]A.N.怀特海．教育的目的[M].庄莲平，王立中，译注．上海：文汇出版社，2012：1.
③ [英]A.N.怀特海．教育的目的[M].庄莲平，王立中，译注．上海：文汇出版社，2012：1.
④ [英]A.N.怀特海．教育的目的[M].庄莲平，王立中，译注．上海：文汇出版社，2012：25-27.

的方法之一则是培养一种专业上的热爱。[①]

（四）心理学对智力的探索

由于智力的复杂性，心理学目前对其也没有一个统一的界定。西方心理学家对智力的认识主要有三种观点：一是把智力看成是理解和推理的一般能力；二是把智力看成是具有正相关的各种特殊能力的总和；三是把智力看成以抽象思维能力为中心的多种认知能力的综合。

心理学家更多倾向于探索、分析和研究智力的构成要素及其相互关系，形成了一系列重要的研究成果。以下我们梳理了一些有影响的成果。

英国心理学家和统计学家斯皮尔曼于1904年提出二因素理论，他用因素分析法分析了各种测验后，发现有一些因素与各种测验都有关系，称为一般因素（*G*因素）；有些因素可能与数学测验有关，与语文测验无关，称为特殊因素（*S*），如图1-1所示。从而他认为人的智力是由贯穿于所有智力活动中的一般因素和体现在某一特殊能力中的特殊因素所组成。

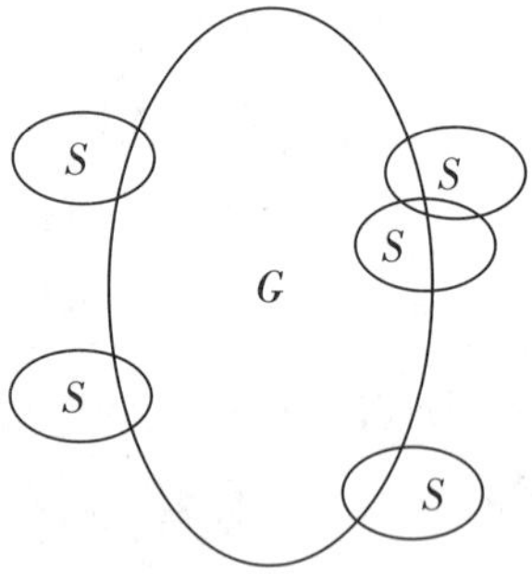

图1-1　斯皮尔曼的智力结构模型

美国心理学家桑代克反对斯皮尔曼的二因素理论，他在19世纪末20世纪初提出智力三因素说，认为智力有三种：(1)抽象智力，主要包括心智能力，特别是处理语言和数学符号的能力；(2)具体智力，即一个人处理事物的能力；(3)社会智力，处理人与人之间相互交往的能力。

美国心理学家瑟斯顿1938年提出了多因素说，认为智力由彼此不同的原始能力组成，各种能力活动可以分成不同的群组，每一个群组中有一个基本因

① [英]A.N.怀特海.教育与科学理性的功能[M].黄铭，译.郑州：大象出版社，2010:15.

素是共同的。他经过统计分析后，把智力归纳为七种基本的心理能力，即语言的理解能力、言语流畅性能力、数字计算能力、推理能力、机械记忆能力、空间知觉能力和知觉速度能力。

美国心理学家吉尔福特在1959年提出了智力的三维结构模式，认为智力由操作、内容和产物所构成。其中操作由认知、记忆、发散思维、聚合思维、评价五种成分构成。内容由图形(视觉、听觉)、符号、语义、行为四种成分构成。产物由单元、类别、关系、系统、转换和蕴含六种成分构成。其结构图如图1-2所示。

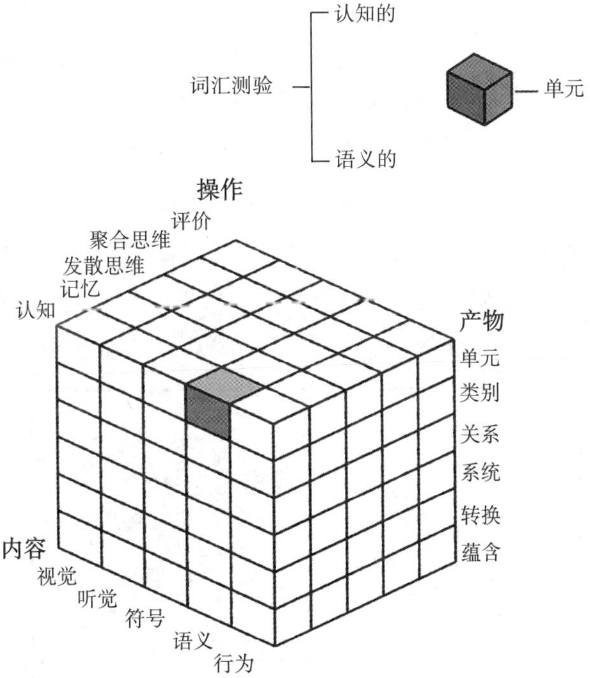

图1-2　吉尔福特的智力三维结构模型

英国心理学家阜南于1960年提出了智力层次结构理论，认为智力是一个多层次的心理结构，如图1-3所示。

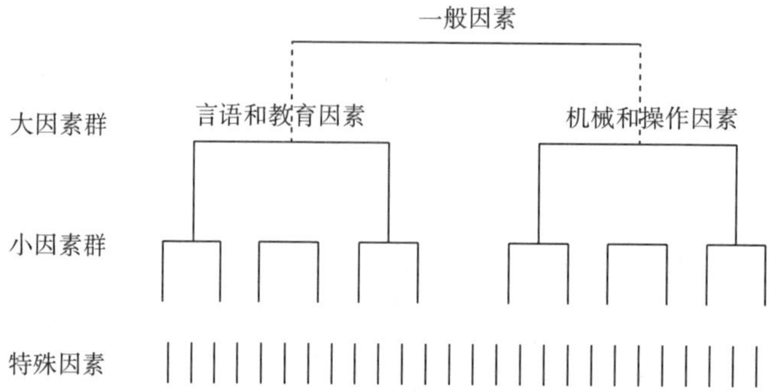

图 1-3　阜南的智力层次结构模型

其中，第一层次是智力的一般因素；第二层次包括两大因素，即言语和教育方面的能力倾向与机械和操作方面的能力倾向；第三层次是每个大因素群分为的小因素群，言语和教育方面的能力倾向分为言语、数量、教育等，机械和操作方面的能力倾向分为机械、空间、操作等；第四层次是各种特殊因素。

美国心理学家希莱辛格和格德曼在1969年提出了智力二维结构模型理论。他们认为，智力的第一维包括计数能力、言语能力、图形和空间能力；第二维包括规则推理能力、规则应用能力和学校各科学业测验成绩。两个维度及其所包含的各种变量如图1-4所示。

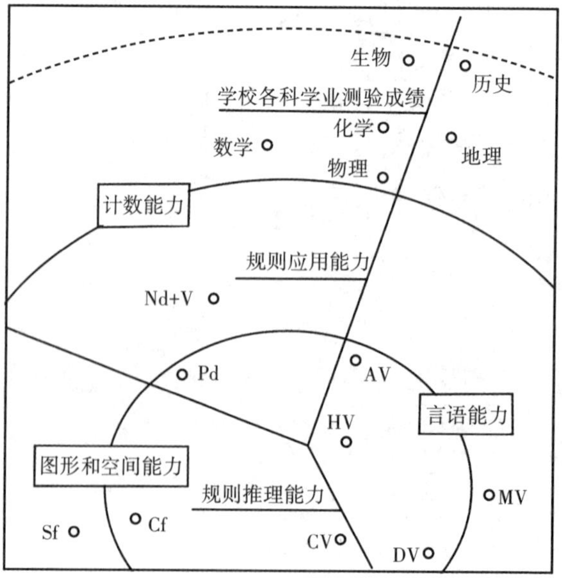

图 1-4　希莱辛格和格德曼的智力二维结构模型

1983年，美国哈佛大学的加德纳在《智能的结构》中提出了多元智力，1993年他又出版了《多元智能》。他反驳了传统智力理论的观念，他认为，智力测验的频繁使用，使得它把人进行了分类并贴上了标签，用来判断人的弱项和短处而非长处。智力并不是一个容易"被测量"的东西，目前所能够测量的东西仅仅是语言和数理逻辑，如果一定要去测量智力，那么应当侧重于该智力所要解决的问题或在运用该智力时表现出来的创造性的能力。智力总是以组合的方式来进行的，每个人都是具有多种能力组合的个体，而不是只拥有单一的、用纸笔测验可以测出的解答问题能力的个体，由此加德纳提出了智力多元论的观点。在《智能的结构》一书中，加德纳把智力定义为："是在某种社会和文化环境的价值标准下，个体用以解决自己遇到的真正难题或生产及创造出某种产品所需要的能力。"①他认为，一方面智力不是一种能力而是一组能力，另一方面智力不是以整合的方式存在而是以相互独立的方式存在的。在此基础上，他阐述了关于智力的种类及其基本性质的多元智能理论。

1.语言智力

语言智力指的是人对语言的掌握和灵活运动的能力，表现为个人能顺利而有效地利用语言描述事件、表达思想并与他人交流。如诗人、演说家、律师等都是拥有丰富语言智力的人。

2.逻辑数理智力

逻辑数理智力指的是对逻辑结构关系的理解、推理、思维表达能力，主要表现为个人对事物间各种关系，如类比、对比、因果和逻辑等关系的敏感以及通过数理进行运算和逻辑推理等。科学家、数学家、逻辑学家等就拥有高的逻辑数理智力。

3.视觉空间智力

视觉空间智力指的是人对色彩、形状、空间位置等要素的准确感受和表达的能力，表现为个人对线条、形状、结构、色彩和空间关系的敏感以及通过图形将它们表现出来的能力。如海员和飞机导航员控制着巨大的空间世界，棋手和

① 袁振国.当代教育学[M].北京：教育科学出版社，2004：124.

雕刻家所具有的表现空间世界能力。空间智力可用于艺术或科学中，如果一个人空间智力高且倾向于艺术，那他就可能成为一名画家、雕刻家或建筑师。

4.音乐节奏智力

音乐节奏智力指的是个人感受、辨别、记忆、表达音乐的能力，表现为个人对节奏、音调、音色和旋律的敏感以及通过作曲、演奏、歌唱等形式来表达自己的思想或情感。这类智力在作曲家、歌唱家、演奏家等人身上表现得特别明显。

5.身体运动智力

身体运动智力指的是人的身体协调、平衡能力和运动的力量、速度、灵活性等，表现为用身体表达思想、情感的能力和动手的能力。这类智力在从事体操或表演艺术的人身上表现得特别明显。

6.人际交往智力

人际交往智力指的是对他人的表情、说话、手势动作的敏感程度以及对此做出有效反应的能力，表现为个人觉察、体验他人的情绪、情感并做出适当的反应。对于教师、临床医生、推销员或政治家来说，这种智力尤为重要。

7.自我反省智力

自我反省智力指的是个体认识、洞察和反省自身的能力，表现为个人能较好地意识和评价自己的动机、情绪、个性等，并且有意识地运用这些信息去调适自己生活的能力。这种智力在哲学家、小说家、律师等人身上有比较突出的表现。

8.自然观察者智力

自然观察者智力指的是人们辨别生物（植物和动物）以及对自然世界（云朵、石头等的形状）的其他特征敏感的能力。这种智力在过去人类进化过程中显然是很有价值的，如狩猎、采集和种植等。这种智力在植物学家和厨师身上有重要的体现。

9.存在智力

存在智力指的是陈述、思考有关生与死、身体与心理世界的最终命运等的倾向性，如人为何要到地球上来，在人类出现之前地球是怎样的，在另外的星球上生命是怎样的，以及动物之间是否能相互理解等。①

美国心理学家斯腾伯格在1985年提出了三元智力理论，认为智力是由三个理论组成：情境亚理论、经验亚理论和成分亚理论。情境亚理论由适应、选择和塑造构成，斯腾伯格对智力曾定义为智力指向有目的地适应、选择、塑造与让生活有关的现实世界环境的心理活动；经验亚理论由处理新异性的能力和自动化信息加工能力；成分亚理论是由元成分、操作成分和知识获得成分构成。其结构图如图1-5所示。

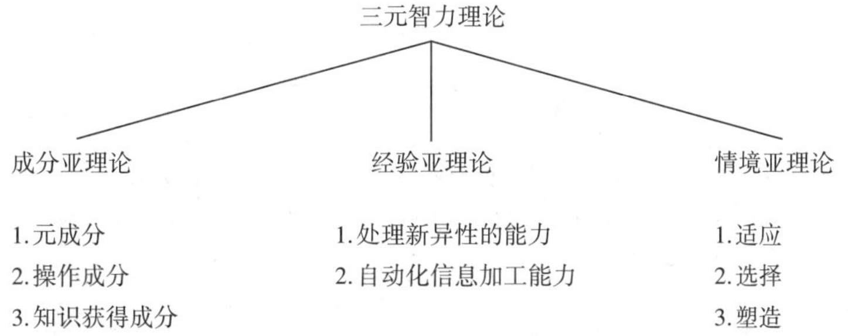

图1-5　三元智力理论结构图

在此基础上，斯腾伯格在1998年又提出了成功智力理论，他认为人生的成功主要不是靠智商，而是取决于成功智力。他在《成功智力》的序言里说，他曾在小学时考砸了智商测验，他勉励自己，如果将来成功了，那就不是其智商的问题。所谓成功智力，就是为了完成个人的以及自己群体或者文化的目标，而去适应环境、改变环境和选择环境的能力。如果一个人具有成功智力，那么他就懂得什么时候该适应环境，什么时候可以改变环境，什么时候应当选择环境，并能在三者之间进行平衡。具有成功智力的人能认识到自己的劣势和优势，并能想方设法地利用自己有限的时间，同时能够补偿自己的劣势和不足。懂得如何充分发挥自己的优势，克服自己的劣势，这是人们能够成功的原因之一。成功智力有三种重要的思维能力：分析思维能力、创造思维能力和实践思维能力。分析思维能力的任务是分析和评价人生中面临的各种选择，它包括对存在问题的识别、问题性质的界定、问题解决策略的确定、问题解决过程的监控。创造思

① 钟启泉，崔允漷．为了中华民族的复兴为了每位学生的发展《基础教育课程改革纲要（试行）》解读[M].上海：华东师范大学出版社，2001：235-246.

维能力的任务在于最先构思出解决问题的方案，富于创造力的人就是在那些思想世界中“低价买进而高价卖出”的人，研究表明，这些能力与传统的智商至少存在部分的不同，它们大致属于特定领域的能力。实践思维能力的任务在于选择实施并使选择发生作用，如果智力应用于真实世界的环境中，那么思维实践能力就开始发生作用了。

美国新罕布什尔大学的梅耶等人在1990年提出了情绪智力的概念。戈尔曼在1995年出版了《情绪智力》，他们分别对情绪智力的内涵与要素做了不同的界定，如表1-1。

表1-1　两个情绪智力模型的比较①

理论	梅耶等	戈尔曼
内涵	情绪智力用以说明人们如何知觉和理解情绪，在思维中同化情绪、理解和分析情绪、调控自己及他人情绪	情绪智力包括自我控制、热情、坚持性和自我激励能力。这种情绪智力原来被称为性格
要素	1.情绪知觉和表达 2.在思维中同化情绪 3.理解与分析情绪 4.情绪的反思性监控	1.知道自己的情绪 2.情绪管理 3.自我激励 4.识别他人的情绪 5.处理关系
类型	能力	能力与性格的混合

认知心理学家皮亚杰认为，智力是一组使人适应其环境要求的认知能力，这些认知能力包括学生的知识结构，他们在获取自己的知识结构时所使用的认知机能，以及他们能够自我调节认知功能的能力。②可以看出，在皮亚杰的界定中，有三个关键词非常重要：知识结构、认知机能和自我调节。关于知识结构，皮亚杰认为最基本的知识结构就是图式，图式是人们理解世界以及在世界互动时所使用的一种有组织的思想或行为模式。认知机能主要指的是人生来就有的两种认知机能：组织和适应，而适应包括同化和顺应。自我调节主要用来平衡所从事的认知活动。

① 林崇德.智力发展与数学学习[M].北京：中国轻工业出版社，2011：26.

② [美]托马斯·费兹科，约翰·麦克卢尔.教育心理学：课堂决策的整合之路[M].吴庆麟，等译.上海：上海人民出版社，2008：137.

第二节　中国对智育的探索

在中国古汉语中，智有两层含义。其一，聪明，智慧。《管子·枢言》："信之者仁也，不可欺者智也。"《战国策·秦策》："欲以一人之智，反覆东山之君，从以欺秦。"其二，理智。《史记·平原君虞卿列传》："鄙语曰：'利令智昏。'平原君贪冯亭邪说，使赵陷长平兵四十余万众，邯郸几亡。"

智育在中国也有悠久的历史，形成了诸多思想。西周时期，学校的"六艺"教育就包含了智育的因素，孔子在《论语》中多次用到"知"，都蕴含了智力表达的含义。其一表述的是"知道、懂得"。比如"人不知，而不愠，不亦君子乎？""知之者不如好之者，好之者不如乐之者"。其二表述的是"聪明、智慧"等。有些地方表述的是"智"，如子曰："由，诲女知之乎？知之为知之，不知为不知，是知也。"最后一个"知"同"智"，是聪明、智慧的意思。在"里仁篇第四"中有："里仁为美，择不仁处，焉得知？"意思是住的地方要有仁德才好，如果不选择有仁德的住处，怎么能说是明智的呢？"知者乐水，仁者乐山；知者动，仁者静；知者乐，仁者寿。"其中的"知"就是聪明的意思。还有"有生而知之"等，都表达了"聪明、智慧"的意思。春秋战国时期的墨家重视与生产有关的实用知识技能的传授，但是这些都没有明确地提出智育的思想。直至清朝末年，梁启超明确提出"开民智"，他说："世界之运，由乱而进于平，胜败之原，由力而趋于智，古言自强于今日，以开民智为第一义。"他又特别指出："亡而存之，废而举之，愚而智之，弱而强之，条理万端，皆归于学校。"他认为中国的教育发展应建立在对民族文化的优点和缺点有所分析抉择，并广泛汲取世界各国文明优秀成果的基础上；包括德育、智育和体育，即"品行智识体力"三种基本要素；务使受教育者能"备有资格，享有人权"，具有自动、自主、自治、自立的品质，融民族性、现代性和开放性于一体。①

严复是中国近代从德、智、体三要素出发构建教育模式的第一人，前面已经指出，他非常重视斯宾塞的教育思想，特别是推崇斯宾塞的《明民论》和《劝学篇》。他认为，中国积弱积贫的根源在于"民力已茶，民智已卑，民德已薄"，要改

① 孙培青.中国教育史[M].上海：华东师范大学出版社，2009：339.

变中国的现状，必须“鼓民力，开民智，新民德”。所谓“开民智”，就是要全面开发人民的智慧，提高人民的文化教育水平，但实际牵涉对传统教育体制、教育内容、学风和教学方法的改革，其核心是改革科举制度，废除八股取士和训诂词章之学，讲求西学。①自此以后，无论是国家的制度还是学者的研究均在不断地丰富智育的内容。但是明确提出关于智育的要求是在改革开放以后，下面主要从教育政策和教育理论研究两方面予以梳理。

一、我国智育的教育政策文本分析

所谓教育政策是指一个政党和国家为实现一定历史时期的教育发展目标和任务，依据党和国家在一定历史时期的基本任务、基本方针而制定的关于教育的行动准则。研究教育政策文本，不仅可以增进对教育政策的基本认知，同时也可以从整体和结构层面来探讨教育政策过程，从文本中理出制度演变的逻辑和路径，通过对政策文本话语进行“扎根理论”的分析也有利于构建本土政策理论，促进对教育政策及其发展过程的深入理解。②政策文本分析可看作是从不同理论视角和学科背景来分析法律、法规和规章以及政府公文的多种文本分析方法的集合。政策文本分析可以分为三种类型：一是比较纯粹的文本定量分析，最一般的表现是对文本中某些关键词的词频统计，重在描述文本中的某些规律性现象或特点，属于传统的内容分析；二是对文本中词语的定性分析，多是从某一视角出发对文本进行阐释，属于话语分析范畴；三是综合分析，即文本的定量分析与定性分析相结合，对文本既有定量的描述也有定性阐释，甚至还有预测。本书主要采用综合分析来梳理和分析。

1957年，毛泽东在《关于正确处理人民内部矛盾的问题》中指出，我们的教育方针，应该使受教育者在德育、智育、体育几方面都得到发展，成为有社会主义觉悟的有文化的劳动者。

改革开放以后，基于实现四个现代化的社会目标，我国的相关教育政策中对智育的要求不断提升，体现了国家对智育的重视。

① 孙培青.中国教育史[M].上海：华东师范大学出版社，2009：343.
② 涂端午.教育政策文本分析及其应用[J].复旦教育论坛，2009，7(05)：22-27.

1978年，邓小平在全国教育工作会议上指出："我们的学校是为社会主义建设培养人才的地方。培养人才有没有质量标准呢？有的。这就是毛泽东同志说的，应该使受教育者在德育、智育、体育几方面都得到发展，成为有社会主义觉悟的有文化的劳动者。"①

1985年，中国共产党中央委员会颁布的《中共中央关于教育体制改革的决定》指出：在教育思想、教育内容、教育方法上，从小培养学生独立生活和思考的能力很不够，发扬立志为祖国富强而献身的精神很不够，生动活泼地用马克思主义思想教育学生很不够，不少课程内容陈旧，教学方法死板，实践环节不被重视，专业设置过于狭窄，不同程度地脱离了经济和社会发展的需要，落后于当代科学文化的发展。要求要造就数以亿计的工业、农业、商业等各行各业有文化、懂技术、业务熟练的劳动者。要造就数以千万计的具有现代科学技术和经营管理知识，具有开拓能力的厂长、经理、工程师、农艺师、经济师、会计师、统计师和其他经济、技术工作人员。还要造就数以千万计的能够适应现代科学文化发展和新技术革命要求的教育工作者、科学工作者、医务工作者、理论工作者、文化工作者、新闻和编辑出版工作者、法律工作者、外事工作者、军事工作者和各方面党政工作者。所有这些人才，都应该有理想、有道德、有文化、有纪律，热爱社会主义祖国和社会主义事业，具有为国家富强和人民富裕而艰苦奋斗的献身精神，都应该不断追求新知，具有实事求是、独立思考、勇于创造的科学精神。

1986年，全国人民代表大会通过的《中华人民共和国义务教育法》规定：义务教育必须贯彻国家的教育方针，努力提高教育质量，使儿童、少年在品德、智力、体质等方面全面发展，为提高全民族的素质，培养有理想、有道德、有文化、有纪律的社会主义建设人才奠定基础。

1993年，中共中央、国务院印发《中国教育改革和发展纲要》对智育的要求：要按照现代科学技术文化发展的新成果和社会主义现代化建设的实际需要，更新教学内容，调整课程结构。加强基本知识、基础理论、基本技能的培养和训练，重视培养学生分析问题和解决问题的能力，注意发现和培养有特长的学生。

1993年，全国人民代表大会常务委员会颁布的《中华人民共和国教师法》中要求教师关心、爱护全体学生，尊重学生人格，促进学生在品德、智力、体质等方面全面发展。

① 中共中央文献研究室．邓小平论教育[M]．北京：人民教育出版社，1995：66-67.

1994年,《国务院关于〈中国教育改革和发展纲要〉的实施意见》中要求:要进一步转变教育思想,改革教学内容和教学方法,克服学校教育不同程度存在的脱离经济建设和社会发展需要的现象。基础教育应把重点放在提高儿童和青少年的思想道德水平、文化科学知识、劳动技能和身体、心理素质上来。要通过深化教学改革以及推进小学毕业生就近入学、初中毕业生升学考试、高中会考和高考制度等改革,切实减轻学生过重的学习负担,使学生在德、智、体等方面生动活泼地得到发展,为将来进入社会和继续学习打下良好的坚实基础。

1999年,在第三次全国教育工作会议中,江泽民提出:我们必须全面贯彻党的教育方针,坚持教育为社会主义现代化建设服务、为人民服务,坚持教育与社会实践相结合,以提高国民素质为根本宗旨,以培养学生的创新精神和实践能力为重点,努力造就有理想、有道德、有文化、有纪律的,德育、智育、体育、美育等全面发展的社会主义事业建设者和接班人。①

1999年,中国共产党中央委员会、国务院印发《中共中央 国务院关于深化教育改革全面推进素质教育的决定》明确提出:实施素质教育,就是全面贯彻党的教育方针,以提高国民素质为根本宗旨,以培养学生的创新精神和实践能力为重点,造就"有理想、有道德、有文化、有纪律"的、德智体美等全面发展的社会主义事业建设者和接班人。全面推进素质教育,要面向现代化、面向世界、面向未来,使受教育者坚持学习科学文化与加强思想修养的统一,坚持学习书本知识与投身社会实践的统一,坚持实现自身价值与服务祖国人民的统一,坚持树立远大理想与进行艰苦奋斗的统一。对智育的要求是:智育工作要转变教育观念,改革人才培养模式,积极实行启发式和讨论式教学,激发学生独立思考和创新的意识,切实提高教学质量。要让学生感受、理解知识产生和发展的过程,培养学生的科学精神和创新思维习惯,重视培养学生收集处理信息的能力、获取新知识的能力、分析和解决问题的能力、语言文字表达能力以及团结协作和社会活动的能力。

2001年,国务院印发的《国务院关于基础教育改革与发展的决定》要求:继续重视基础知识、基本技能的教学并关注情感、态度的培养;充分利用各种课程

① 江泽民.江泽民文选(第一卷)[M].北京:人民出版社,2006:372.

资源，培养学生收集、处理和利用信息的能力；开展研究性学习，培养学生提出问题、研究问题、解决问题的能力；鼓励合作学习，促进学生之间相互交流、共同发展，促进师生教学相长。

2001年，《教育部关于印发〈基础教育课程改革纲要（试行）〉的通知》中指出：新课程的培养目标应体现时代要求。要使学生具有爱国主义、集体主义精神，热爱社会主义，继承和发扬中华民族的优秀传统和革命传统；具有社会主义民主法制意识，遵守国家法律和社会公德；逐步形成正确的世界观、人生观、价值观；具有社会责任感，努力为人民服务；具有初步的创新精神、实践能力、科学和人文素养以及环境意识；具有适应终身学习的基础知识、基本技能和方法；具有健壮的体魄和良好的心理素质，养成健康的审美情趣和生活方式，成为有理想、有道德、有文化、有纪律的一代新人。

2006年，修订后的《中华人民共和国义务教育法》规定：义务教育必须贯彻国家的教育方针，实施素质教育，提高教育质量，使适龄儿童、少年在品德、智力、体质等方面全面发展，为培养有理想、有道德、有文化、有纪律的社会主义建设者和接班人奠定基础。在“教育教学”中要求：教育教学工作应当符合教育规律和学生身心发展特点，面向全体学生，教书育人，将德育、智育、体育、美育等有机统一在教育教学活动中，注重培养学生独立思考能力、创新能力和实践能力，促进学生全面发展。教科书根据国家教育方针和课程标准编写，内容力求精简，精选必备的基础知识、基本技能，经济实用，保证质量。

2007年，胡锦涛在党的十七大的报告中指出：要全面贯彻党的教育方针，坚持育人为本、德育为先，实施素质教育，提高教育现代化水平，培养德智体美全面发展的社会主义建设者和接班人，办好人民满意的教育。

2010年，《中共中央 国务院关于印发〈国家中长期教育改革与发展规划纲要（2010-2020年）〉的通知》中要求：坚持能力为重。优化知识结构，丰富社会实践，强化能力培养。着力提高学生的学习能力、实践能力、创新能力，教育学生学会知识技能，学会动手动脑，学会生存生活，学会做事做人，促进学生主动适应社会，开创美好未来。

2010年，温家宝在全国教育工作会议上指出：素质教育是教育改革发展的战略主题，是贯彻党的教育方针的时代要求。《国家中长期教育改革与发展规划纲要（2010–2020年）》重申德智体美全面发展，具有重要的现实意义。德育、智育、体育、美育是一个有机整体。德育的核心是帮助学生树立正确的人生观、价值观，确立崇高的人生目标，使学生有高尚的道德情操，成为有责任心、有正义感、有奉献精神的人。智育不是简单灌输知识，而是点燃人心智的火焰，把受教育者内在的潜质开发、启蒙出来，让学生积极主动地去追求新知。体育不仅可以强身健体，而且可以培养人的坚毅勇敢、吃苦耐劳和团结协作精神。美育陶冶人的情操，提高人的审美情趣，激发人对真善美的追求和美好未来的向往。多年来我们所强调的素质教育，实质上就是强调学生的全面发展，就是促进德育、智育、体育、美育的有机结合。

2017年，党的十八大明确提出：要坚持教育优先发展，全面贯彻党的教育方针，坚持教育为社会主义现代化建设服务、为人民服务，把立德树人作为教育的根本任务，培养德智体美全面发展的社会主义建设者和接班人。

2018年，习近平在全国教育大会上强调，在党的坚强领导下，全面贯彻党的教育方针，坚持马克思主义指导地位，坚持中国特色社会主义教育发展道路，坚持社会主义办学方向，立足基本国情，遵循教育规律，坚持改革创新，以凝聚人心、完善人格、开发人力、培育人才、造福人民为工作目标，培养德智体美劳全面发展的社会主义建设者和接班人，加快推进教育现代化、建设教育强国、办好人民满意的教育。

2019年，《中共中央 国务院关于深化教育教学改革全面提高义务教育质量的意见》在“提升智育水平”中要求：着力培养认知能力，促进思维发展，激发创新意识。严格按照国家课程方案和课程标准实施教学，确保学生达到国家规定学业质量标准。充分发挥教师主导作用，引导教师深入理解学科特点、知识结构、思想方法，科学把握学生认知规律，上好每一堂课。突出学生主体地位，注重保护学生好奇心、想象力、求知欲，激发学习兴趣，提高学习能力。加强科学教育和实验教学，广泛开展多种形式的读书活动。各地要加强监测和督导，坚决防止学生学业负担过重。

从以上梳理可以看出以下几点。一是重视智育在学生发展中的作用。从中央领导的重要讲话和我国的政策发展变化中可以看出，智育一直处于核心地位。二是智育内涵的不断发展变化。比如在改革开放初期，强调学生独立生活与思考的能力；1993年强调基础知识、基本理论、基本技能，以及分析问题和解决问题的能力；1999年明确提出培养学生的科学精神和创新思维习惯，以及收集处理信息、获取新知识、分析和解决问题、语言表达以及团结协作和社会活动的能力；2019年更进一步提出认知能力、思维发展、创新意识、学习能力等。三是对智育影响因素的重视。影响智育的因素很多，对智育过程、智育的内容和方法都给予关注并不断变化。比如在1985年要求从教育思想、教育内容和教育方法上变化，1993年要求从教学内容和课程结构上变化。同时对非智力因素越来越关注，比如1993年的《中华人民共和国教师法》要求尊重学生的人格，2019年要求关注学生的好奇心、求知欲和学习兴趣等非智力因素。

二、对智育的理论探索

随着教育学的发展，越来越多的学者关注智育研究，形成一系列丰富的研究成果。

南京师范大学教育系所编的《教育学》中对智育给出了界定：智育是以系统的科学知识和技能武装学生、发展学生智力的教育。[①]并进一步指出智育的任务是：授予学生系统的科学知识，形成学生的基本技能，发展学生的智力。[②]

邵瑞珍、皮连生等从教育心理学的视角构建了智育理论体系：智育目标论、知识分类学习论和知识分类教学论。在智育目标论中指出：智育就是以发展学生的认知能力为目标的教育，通过教育所习得的认知能力就是习得的智力，它由陈述性知识、狭义的智慧技能和认知策略（包括反省认知）三者构成。[③]

罗正华除提出“发展智力”之外，还提出“发展能力”。他在其主编的《教育学》中提出，智育是向学生传授文化知识、技能，发展智力和培养能力方面的教育。而这种目标上的差异是由于学者们对知识、技能、智力和能力这些概念的

① 南京师范大学《教育学》编写组.教育学[M].北京：人民教育出版社，1984：197.

② 南京师范大学《教育学》编写组.教育学[M].北京：人民教育出版社，1984：206-208.

③ 皮连生.智育概论——一种新的智育理论的探索[J].华东师范大学学报（教育科学版），1994(4)：41-49.

不同理解所造成的。20世纪90年代后，我国学者在上述观点基础上增加了学生非智力因素的培养。

王道俊和王汉澜在其著作《教育学》中提出，智育是授予学生系统的科学文化知识、技能和发展他们的智力的教育。它在帮助学生认识自然规律、社会规律，提高分析和解决问题的能力，掌握从事社会主义现代化建设实际本领和个性全面发展中起着重要作用。所以智育同样是全面发展教育的重要组成部分，但不能把智育等同于教学。一方面，教学也是德育、美育、体育、劳动技术教育的途径；另一方面，智育也需要通过课外活动等才能全面实现。把教学等同于智育将阻碍全面发挥教学的作用。①

张燕镜主编的《教育学》对智育的界定是，智育是有目的、有计划、有组织地向学生传授系统的文化科学知识和技能，发展学生的智力和培养其能力的教育。也可以说智育是知识教育和智能(智力和能力的总称)教育的总称。因此，不能把智育等同于仅仅是知识教育或仅仅是智力教育。同时，也不能把智育同教学等同起来。智育是整个教育的组成部分之一，它同德、体、美、劳育一起，构成了一个完整的教育整体，而教学则是实施德、智、体、美、劳育的基本途径。教学不仅要实现智育的任务，还要实现其他各育的任务，若把智育和教学在概念上等同起来，就会导致在教学上只重视知识和智能的教育，而忽视对学生的德育、体育、美育和劳动技术教育，就必然会影响教育目标的实现。②

李秉德在其主编的《教学论》中提出，智育的目的就是引导学生掌握科学技术和社会服务的基础知识；掌握获取知识和研究问题、解决问题的一般方法和技能技巧；培养学生观察、记忆、想象、思维、表达以及搜集、整理数据资料的基本能力；培养学生学习、实验、制作、调查和组织管理等方面的实践能力；发展学生在学习和其他活动中的动机、兴趣、情感、态度和意志。概括地说，就是培养学生认识世界和改造世界的一般能力。③

叶澜教授在其主编的《新编教育学教程》中把发展学生的认知能力作为智育的最高目标，认为智育是对人的智慧和认识能力的培养。

① 王道俊，王汉澜.教育学新编本[M].北京：人民教育出版社，1989：178.

② 张燕镜.教育学[M].北京：北京师范学院出版社，1991：134.

③ 李秉德.教学论[M].北京：人民教育出版社，1991：50.

皮连生主编的《智育心理学》中对智育的界定是，学校智育是以发展学生认知能力为目标的教育。[①]智育是学校教育中最大量和最繁重的任务，它渗透在学校各学科的教学中。[②]

顾明远主编的《教育大辞典》中指出，中国学校的智育任务是使学生系统地掌握自然、社会、思维等方面的现代科学基础知识，以及智力、操作等技能，奠定辩证唯物主义世界观基础，发展观察、记忆、思维、想象、创造能力，养成脑力劳动习惯，培养其学习兴趣与科学思维方法。

胡德海在《教育学原理》中认为，智育是指向学生系统地传授现代科学文化知识，并在此基础上发展学生的认识能力和创造能力，使学生掌握为自身和社会以及国家生存、发展所需要的才能和本领，智育的内容很广泛，各级各类学校的要求不完全相同。并明确指出，智育是解决人的知识才能和本领的问题，是学校"四育"的主体和中心。[③]

王鸿江在其《现代教育学》中提出，智育是充分运用多种智育内容，通过多种智育途径发展学生的智力和能力以及非智力品质，开发学生智力潜能的教育的总称。[④]

朱永新认为，理想的智育，应该超越知识，走向智慧，激发创造，健全人格，为学生将来拥有终身幸福的精神生活打下坚实的知识能力基础；理想的智育，应该是充满民主精神，真正以人为本把"以学生为主体"的理念体现于教学的全过程；理想的智育，应该面对个性，没有失败，真正做到因材施教，让学生快乐学习，让每个学生体验学习的成功，享受学习的快乐；理想的智育，应该注重协调和谐，融德智体美劳诸育于一体，着眼于学生的全面发展，着眼于"合格+特长"的个性养成；理想的智育，应该使教学活动走出分数的误区，培养学生的科学精神和人文情怀，使学生成为人类文明之火的传薪者；理想的智育，应该具有开放性，注重实践与生活相联系，与社会相沟通，使学生关注窗外的世界、校外的天空；理想的智育，应该让课堂充满活力、情趣与智慧，让课程具有丰富性、回归性、关联性和严密性，使学生真正成为教学活动的主人；理想的智育，应该充分

① 皮连生.智育心理学[M].北京：人民教育出版社，1996：19.
② 皮连生.智育心理学[M].北京：人民教育出版社，1996：1-2.
③ 胡德海.教育学原理[M].兰州：甘肃教育出版社，1998：470.
④ 王鸿江.现代教育学[M].上海：上海教育出版社，2001：326.

利用现代信息技术，更新学习工具，拓宽智育途径，让学生在网络世界的时空中纵横驰骋。[①]

综上所述，我国学者关于智育任务的基本观点是一致的，可以发现有以下几个特点。一是智育是教育学研究者极为关注的内容，智育在教育学中得到越来越多的重视。二是智育内容从最初的“科学知识和技能发展学生智力”到“认识能力、创造能力”以及“非智力品质和智力潜能”等的发展变化，这种多元化的理论成果丰富了对智育的认识，为全面认识智育提供了不同的视角。三是对智育方式的现代化和人本化。智育的现代化体现在智育过程的与时俱进，从“传授”走向“发展”到多种途径。智育的人本化体现在更加尊重人，正如朱永新认为的理想的智育，应该是充满民主精神，真正把“以学生为主体”的理念体现于教学的全过程。

第三节　新时代智育五要素的特点

从前面对智育内容和智育过程的梳理可以看出，智育从单纯的知识掌握，走向了强调学生的认知、思维和创新以及学生的情感、态度、价值观。根据2019年《中共中央 国务院关于深化教育教学改革全面提高义务教育质量的意见》对智育给予明确的要求，“提升智育水平。着力培养认知能力，促进思维发展，激发创新意识。严格按照国家课程方案和课程标准实施教学，确保学生达到国家规定学业质量标准。充分发挥教师主导作用，引导教师深入理解学科特点、知识结构、思想方法，科学把握学生认知规律，上好每一堂课。突出学生主体地位，注重保护学生好奇心、想象力、求知欲，激发学习兴趣，提高学习能力”，我们将智育的内容归结为五要素，即认知能力、思维发展、创新意识、学习能力和情感、态度、价值观。这一结构体现了新时代智育的时代性、协同性、基础性和发展性。

① 朱永新.我心中的理想智育(上)[J].教师博览,2001(11):24-28.

一、时代性

时代和社会的发展无疑是教育思想形成和发展的历史背景。时代性需符合时代的发展，一般指体现学者对智育的研究，符合基础教育的课程改革发展方向，体现时代发展对基础教育提出的要求。

一是五要素的智育结构体现了当代学者对基础教育未来发展的探索和研究。未来教育内容一直是教育学者探索和思考的，这不仅是教育研究者的职责也是一种担当。我国有学者早期就指出，未来阶段课程内容改革的实质就是两个加强：加强道德教育和加强基础知识。加强基础知识是为了更好地加强中小学课程的基础性，提高普通教育的教学质量，增强学生对于未来社会的适应能力。(1)加强基础知识的广度和深度。主要是在进一步加强语文、数学和外语等学科内容的基础上，适应未来社会科技、生产发展的需要，及时吸收自然科学发展中的一些新成果，不断拓宽社会科学的内容范围。(2)赋予基础知识新的含义。在未来的社会条件下，基础知识的含义将会进一步拓展，它不仅代表着一般文化科学知识的基础，同时也反映着技术、技能、科学方法的基础等。(3)加强对学生获得和运用基础知识的能力。只给学生传授一定的基础知识，而不相应地发展他们获得知识和运用知识的能力，他们仍然不能很好地适应未来社会的变化。[①]在新的时代背景下，智育的要求已经体现了这一要求，比如认知能力的提出，使原来智育从基础知识拓展到更为广阔的认知能力，充分体现了现代教育学和心理学研究成果的应用。在学习方面，不仅更加注重学生记忆和运用知识的能力，还明确提出了学生的学习能力。

二是五要素体现了当代知识创新和变化的特征。随着社会发展变化和人们认知世界水平的提升，对知识创新的特点也有明显的变化。当代知识创新的特征可以概括为：

(1)知识的增长方式已经从积累式的增长转变为批判式的增长，丰富的想象力、大胆的猜测、合理的假设、理性的反驳和反例应用已经成为知识增长的关键环节。这就要求知识生产者具有强烈的问题意识、批判意识、理性意识以及对于不寻常现象的高度敏感性。(2)知识增长不只是分科式的，且出现了综合式

① 廖哲勋，田慧生．课程新论[M]．北京：教育科学出版社，2003：523-524．

增长，新的知识大量来源于跨学科的研究，传统的学科界限趋向模糊。这就要求知识生产者拓展自己的专业知识，掌握跨学科的研究方法，学会与不同学科背景的人一同工作。(3)知识的增长已经从确定性的增长转变为不确定性的增长。所有的新知识都必须向进一步的批判开放。在这种背景下，所有的知识生产者都必须放弃本质主义的心态，接受知识的多样性和可错性，培植一种认识论上的宽容和对话意识。[①]从以上三点可以看出，智力的核心内容之一知识的创新和增长需要创新意识，需要学生的创新思维和想象力。

三是新智育五要素符合社会发展对教育的要求。社会发展对教育发展的要求是智育研究必须关注的，特别是当前社会的发展变化和未来社会的发展对智育的要求。当前社会发展由于受人工智能和其他科学技术发展的影响，使得传统的智育内容不断创新。有学者指出：在今天这样一个知识社会，决定一个人社会发展潜力大小的往往不是他所掌握知识的多少，而是他创造知识潜力的大小。一个人只有不断地创造新的知识，才能够不断地适应新的工作要求，应对各种环境的变化给自己的工作带来的挑战。而一个人知识创造潜力的大小与他的知识鉴赏力、判断力和批判能力的大小是不可分的。[②]

哈佛大学教育学博士、教育改革研究专家托尼•瓦格纳在《教育大未来》中指出，在未来社会发展中，未来人才应具备7项关键力：批判性思考与解决问题的能力；跨界合作与以身作则的领导力；灵活性与适应力；主动进取与开创精神；有效的口头与书面沟通能力；评估与分析信息的能力；好奇心与想象力。在新的时代背景下，关注认知能力、思维发展、创新意识、学习能力和情感态度无疑体现了社会发展的时代性。[③]

四是彰显了国际基础教育课程改革的趋势。新智育的五要素符合国际评估调查发展趋势。在大型的国际教育调查评估中，相对于传统的命题评价而言(以数学学科为例)，当前国际上初步凸显出考查的特点有：

(1)从单纯的重视数学知识、技能，转向学生全面综合素质的评价，不仅关注学生的学业成绩，而且更加关注学生创新精神、实践能力和解决问题能力的发展，以及积极的学习态度、浓厚的学习兴趣、积极的情感体验、较强的审美能

① 石中英.关于当前基础教育改革的几点认识论思考[J].人民教育，2002(1)：24–26.

② 石中英.知识转型与教育改革[M].北京：教育科学出版社，2001：162.

③ [美]托尼·瓦格纳.教育大未来[M].余燕，译.海口：南海出版公司，2013：73.

力、正确的人生观和价值观等方面的发展。(2)数学命题评价更加关注学生的数学理解，数学气质，而非数学活动行为；从关注对结果的评价逐步转向关注对过程的评价，评价不仅重视解决问题的结论，而且重视得出结论的过程。(3)新的评价主张激励学生对思维乐趣的深刻体验，加大主观性试题、开放性试题的比例，使学生在解决问题时充分表现出收集资料、推理、判断并得出结论的全过程，对新颖、独特、有创造性的思维方法，主张加分鼓励。(4)强调评价问题的真实性和情境性，数学命题评价中所使用的问题不再仅仅是纯数学题，“人造”的应用题，还包括许多具有实际背景的现实问题，提倡让学生经历问题解决的过程。[①]

二、协同性

斯腾伯格认为智力是一个复杂的系统，应该采取系统的、多元的视角来理解它，可能比简单的、一元的更有助于问题解决。斯腾伯格认为：无论未来我们对智力采取何种理论，可以肯定的是，需要考虑各种操作系统以及相互作用的系统，我相信未来的智力理论与研究是系统思维的。[②]这就要求我们要用系统论的观点来审视和研究智力。美籍奥地利生物学家贝塔朗菲首创系统论，他认为世界上的一切事物都是作为各种各样的系统而存在的，系统是相互作用的诸要素之间的复合体，而且它是通过组成部分的有机结合，能够完成特定功能的整体，由此可以推知它具有整合功能、环境适应功能以及信息反馈功能，它由三个层面的要素构成，即一定的元素、一定的结构、一定的环境。[③]

著名的物理学家哈肯创立了协同学理论，他通过研究发现，一个由大量子系统所构成的复杂系统，由于与外界交换物质、能量和信息，而当它们的输入达到一定的阈值时，就使各子系统按照某种规律形成特定功能的新结构，这一新结构即自组织结构，自组织结构始终存在着协同和竞争现象。[④]所谓协同是指在序参量支配下系统统一步调的运动过程，它是相当于子系统的独立运动而言的，具有合作性、协同性、同步性与互补性四大特点。所谓竞争是指复杂系统中

① 任子朝，孔凡哲．数学教育评价新论[M]. 北京：北京师范大学出版社，2010：104.

② 蒋京川．智力心理学[M]. 南京：东南大学出版社，2011：144.

③ 朱德全．处方教学设计原理[M]. 重庆：西南师范大学出版社，2002：15.

④ [德]哈肯．协同学[M]. 上海：上海科学普及出版社，1988：68.

大量子系统都处于相对独立的运动，它是相对于协同运动而言的。在每一个复杂系统中必然存在着协同和竞争，它们既对立又统一，成为系统由无序向有序转化的动因。

新智育五要素还可以细分为更小的因素。这些因素共同构成一个有生命的系统，这些因素相互影响，形成一个完整的整体。正如英国哲学家怀特海所认为，教育的成就取决于对诸多可变因素的精妙调整，因为我们是在与人的思想打交道，而不是与没有生命的物质打交道。激发学生的求知欲，提升其判断力，锻造其对复杂环境的掌控能力，使学生能够运用理论知识对特殊事例做出预见。[①]我们要学会运用我们的耳朵去听，要敞开我们的整个胸怀，运用我们的整个身体、整个心灵、整个生命去感觉，去听，去探索，即一个人的整个存在都在听，在感觉，在寻找，在探索。[②]英国哲学家罗素认为，智力教育要获得成功，离不开这些品质：好奇心、开放心态、相信知识难求却可得、耐心、勤奋、专注和精确。[③]斯腾博格给具有成功智力者画了一幅肖像画，认为他们具备这样二十个特征：具有成功智力的人能自我激励；具有成功智力的人学会了控制自己的冲动；具有成功智力的人知道什么时候应坚持；具有成功智力的人知道如何充分发挥自身的能力；具有成功智力的人能将思想转变为行动；具有成功智力的人以产品成果为导向；具有成功智力的人完成任务并能坚持到底；具有成功智力的人都是带头人；具有成功智力的人不怕失败的风险；具有成功智力的人从不拖延；具有成功智力的人接受合理的批评和指责；具有成功智力的人拒绝自哀自怜；具有成功智力的人具有独立性；具有成功智力的人寻求克服个人困难的办法；具有成功智力的人能集中精力达到自己的目标；具有成功智力的人既不会对自己要求过高，也不会对自己要求过低；具有成功智力的人具有延迟满足的能力；具有成功智力的人既能看到树木，也能看到森林；具有成功智力的人具有合理组织的自信及完成其目标的信念；具有成功智力的人能均衡地进行分析性、创造性和实践性的思维。[④]

① [英]A.N.怀特海.教育的目的[M].庄莲平，王立中，译注.上海：文汇出版社，2010：7.

② 胡军.哲学是什么[M].北京：北京大学出版社，2002：110.

③ [英]伯兰特·罗素.教育与美好生活[M].上海：上海人民出版社，2017：4.

④ 吴国宏，李其维.再次超越IQ——斯腾伯格"成功智力"理论述评[J].华东师范大学学报（教育科学版），1999(2)：53-61.

三、基础性

基础性是由基础教育的特征所决定的。新时代智育五要素对学生来说有三个方面的重要意义。一是智育五要素是学生进一步学习的基础。一般认为，学习是指学生以自己现有的知识、技能、态度等心理结构为基础，通过与客体信息进行双向的相互作用来形成、充实或调整自己的知识、技能和态度的过程，而这种变化会对个体以后在相关情境中的活动水平和方式产生影响。皮亚杰认为，儿童的认知发展是以学生的已有认知为基础的，并以已有图式与环境相互作用而产生的认知需要为动力。二是智育五要素是学生成长的基础。2015年，经济合作与发展组织（Organization for Economic Co-operaition and Development，简称OECD）在全球启动了"教育2030：未来的教育与技能"项目，要求培养学习者塑造未来的能力，实现其潜能，并作为一个整体的人而发展，才能满足塑造未来的需求，最终实现个人与社会的幸福。OECD学习框架提出学生应该具有的三种素养：(1)创造新价值，可被解读为适应性（灵活性、敏捷性），创造性（创造性思维），好奇心，全球心态，信息和通信技术的操作技能，2030与艺术、手工、音乐、体育相关的操作技能、开放心态等；(2)勇于担责任，包括了批判性思维技能、元学习技能、专注、问题解决能力、责任感和风险管理；(3)学会解难题，包括了解决冲突、共鸣、参与度（沟通技能、协作技能）、观点取舍和认知灵活、适应性（抗压性）、信任（自我、他人、机构）等。[①]而智育的五要素是学习框架的核心。所以，智育是学生发展的基础。三是智育五要素是德育、体育、美育、劳育的基础。无论是"五育并举"，还是"五育融合"，智育皆是德育、体育、美育和劳育（简称"四育"）的基础，智育为其他"四育"提供了认知上和情感上的理性认识与知识技能，良好的智育能够促进学生接受"四育"并在其过程中得到良好的发展。当然，反过来其他各育也会促进智育的发展。

① 舒越，盛群力.聚焦核心素养 创造幸福生活——OECD学习框架2030研究述要[J].中国电化教育，2019(3)：9-15.

四、发展性

所谓发展性是指智育研究成果的发展性、智育构成要素的发展性以及智育促进人的发展性。第一,智育研究成果的发展性。从亚里士多德提出智育以后,对于智育的探索不断发展,丰富了智育的内涵和要素,同时随着社会的发展,智育的研究成果也在不断创新和丰富。新时代智育五要素体现了新时代背景下智育新的发展。第二,智育构成要素的发展性。构成智育的要素会随着学习的深入不断发展。研究表明,小学生思维的基本过程在逐渐发展,并且日益完善。分析—综合及其派生的抽象、概括、比较、分类、具体化和系统化,最初只能在直接观察事物的条件下进行,而且也很简单;其后逐渐能在过去的知识、经验和表象的基础上进行;最后向以概念为材料的理性过程全面、深入、广泛地进行。[①]第三,智育促进人的发展性。新时代智育五要素有助于促进学生的发展,每一个个体不仅要具备基础性的知识和能力,而且要具有发展性的智慧与能力,其中包括对自身发展的可能与适切目标的选择,为实现目标的路径策划,随机应变的设计,用创新思维去打破困境和开辟新的生长天地等。所有这些要求概括起来,就是作为目的和手段意义并存的社会个体,只有具备了主体意识和主动应对环境实现自我发展的能力,才可能成为推动今日中国发展的公民,成为可能实现自我抱负,创造出充实、幸福人生的个人。[②]

① 王耘,叶忠根,林崇德.小学生心理学[M].杭州:浙江教育出版社,1993:172.
② 叶澜.中国基础教育改革发展研究[M].北京:中国人民大学出版社,2009:11-12.

第二章　认知能力与教学

随着心理学的发展和认知心理学的兴起,认知及其认知能力的研究和培养越来越引起重视。认知能力与教学的关系是教育学研究的问题,也是心理学研究的问题。认知能力与教学的关系就是要探讨认知能力与教学各构成要素之间的相互关系,也就是相互之间的作用和反作用。探讨两者关系之前,需要厘清认知能力的内涵和构成,探讨基于认知能力的教学与普通的教学差异,在此基础上,对认知能力的教学案例进行详细分析,以此供中小学教师课堂教学参考借鉴。

第一节　认知能力概述

一、认知能力的概念溯源

(一)西方认知能力的概念溯源

在西方文明中,对人的认知兴趣可以追溯到古希腊。其早期主要研究与认知有关的部分,但没有真正提出认知能力。

柏拉图和亚里士多德在关于知识的性质和由来的论述中,曾经推究了记忆和思想。17世纪英国哲学家洛克认为,家长引导孩子认识感知外部世界,是启蒙教育的一个重要问题,人们关于外部世界的知识来源于感觉,人们凭借感觉认识外界的事物。[①]休谟非常强调细致的想象力,他认为拥有细致的想象力,才

① [英]伯特兰·罗素.西方哲学史[M].耿丽,译.重庆:重庆出版社,2016:425.

能辨析细微的感情，这就类似理性的思考能力。和理性的思考能力一样，想象力和辨析细微差别的能力通常是天生的，但是通过后天的教育和练习，这些都是可以被改进的。[①]

英国联想主义者穆勒父子认为，思维是建立在观念之间的联系或联想，思维过程是从一个观念联想到另外一个观念的过程。[②]德国心理学家屈尔佩等人用系统的实验内省法提出了“无意象思维”，认为思维是一种无意象的过程；美国心理学家华生把思维归结为“喉部习惯”或“其他肌肉的习惯系统”，认为思维是一种内隐的言语行为或反应等。[③]

法兰哲学家笛卡尔认为，与某事物相接触会成功从大体上感知某事物。理解某物就是在人的思维中包含它，知道某物就是用人的思维充分地感知它。感知并不必是完全的或包容一切的。笛卡尔注意到，无论怎么感知一座山或把握一棵树，都将不可避免地是部分的。笛卡尔还认为掌握知识可以让人们变得富有，从认知的观点而言，或许将变得知识广博。[④]

荷兰哲学家斯宾诺莎从生存角度将经验分为三种认知：第一种经验被称为“表象认知”，即由被动的情感操纵的生存方式，形成这种生存方式的原因在于，人一直处于无知的状态，不了解前提却只关注结果；第二种经验被称为“理性认知”，这是一种了解神与自然法则，从对事物理论层面的必然性来获取经验的生存方式；第三种经验被称为“直观认知”，这是一种直观地将神的唯一性当成必然性来理解的生存方式。[⑤]

卢梭对感知觉的界定，更多强调它的真实性。卢梭是在非反思的意义上来强调感觉的自我的真实性的，通过确定感知觉的真实无望，揭示了感觉并不是自我意识的一项特殊认识能力，而是自我意识的来源，是自我意识最原始的动力，这就从根本上扭转了从认识论的维度上来理解卢梭的感觉论。[⑥]

---

① [美]迈克尔·L.弗雷泽.同情的启蒙：18世纪与当代的正义和道德情感[M].胡靖，译.南京：译林出版社，2016：55.

② 王恩国.认知心理学导论[M].北京：中国科学技术出版社，2013：221.

③ 苏凯，王飞，唐亮亮.企业信息系统表现层规范探索与实践[M].广州：华南理工大学出版社，2015：14.

④ [美]查尔斯·塔列弗罗.证据与信仰——17世纪以来的西方哲学与宗教[M].傅永军，铁省林，译.济南：山东人民出版社，2011：64.

⑤ [日]小川仁志.完全解读哲学名著事典[M].唐丽敏，译.武汉：华中科技大学出版社，2016：21.

⑥ 曾裕华.近代理性哲学背景下的卢梭政治哲学研究[M].桂林：广西师范大学出版社，2015：187.

康德认为，认识和理解经验世界，换而言之就是对物质对象世界的认知，其重要途径是科学验证。任何物质对象的内在结构以及在时空中的一切运动都有规律可循。他认为，这些规律从原则上来说都可以被科学知识揭示。①

直到20世纪70年代中期，认知科学才逐步形成为一门前沿性、交叉性和综合性的学科。它是在心理科学、计算机科学、神经科学、语言学、文化人类学、哲学以及社会科学的交界面上涌现出来的，旨在研究人类认知和智力本质及规律，具体包括知觉、注意、记忆、动作、语言、推理、思维、意识乃至情感动机内在的各个层次的认知和智力活动。②

美国心理学家卡特尔和霍恩将人的智力分为两类：流体智力和晶体智力。流体智力与个体有关，不需要个体学习很多的专业知识。晶体智力是指个体从社会、文化以及家庭等环境下习得的解决问题的能力。

美国哲学家布兰顿明确指出，认知能力水平的差异是人与人之间区别的重要形式，认知能力是一种理解能力，换而言之就是智识能力。智识能力与感知能力的不同之处在于，感知能力是人与动物都具有的一种能力，而智识能力与理解或智力有关，与应激性或觉醒无关。③有研究者指出一个儿童的认知能力被定义为独立解决问题所能达到的水平。④

（二）中国认知能力的概念溯源

关于认知能力，在中国可以追溯到春秋战国时期。孔子关于知的论述，在仁者爱人的道德实践中包括道德的判断能力和纯粹理性的认知能力。孟子所理解的知主要是作为道德是非之心的良知。荀子对知的解读与孟子有所不同，荀子是在天下人相分的思想背景下，进一步拓展了认知的活动范围，区别了作为主体认识活动的知和作为认识活动的智，所以“知之在人者谓之知，知有所合谓之智”⑤。总体而言，荀子仍然是把知识当作理想人格的品性修养的一部分，而非脱离完善主体人格的努力活动。荀子所谓的“知”，不但包括认识论意义上

① [英]布莱恩·麦基.哲学的故事[M].季桂保，译.北京：生活·读书·新知三联书店，2015：135.

② 武建峰.认知生成主义的哲学研究[M].北京：科学出版社，2017：1.

③ Robert B. Brandom. Making It Explicit[M].Cambridge, Mass：Harvard University Press, 1994.

④ [英]尼尔·默瑟，[英]凯伦·利特尔顿.对话与儿童思维发展基于社会文化视角的研究[M].刘翔宇，廖夏荫，译.北京：中央广播电视大学出版社，2013：15.

⑤《荀子.正名》.

的知识，而且也包括一种道德智慧。①

有研究者从心理学角度考察了认知能力的概念，即认知能力指个体在社会环境中对客观事物的感知和模式识别过程，记忆信息的编码、储存和提取，思维过程中的分析综合、推理与判断，语言的获得、言语的产生、语义的理解，问题解决过程与问题解决策略等。②

有研究者认为，认知能力即为个体独立解决问题所能达到的具体认知水平。③也有学者开始关注认知能力的测量，例如用智力测量、能力倾向测量、学术能力测量等来分析文化的影响。换而言之，从测量学意义上讲，所谓认知能力，即是测量意义上的差异。④从调控角度看，认知能力指对认知活动的自我调节和管理技巧，在教与学的活动中，学生自己感知记忆、思维、理解、想象的方法，预估自己的成绩，以及自我反馈学习效果。⑤有研究者认为，认知能力是指那些指向具体的认知对象的智力功能，比如对某一具体信息的记忆和理解能力。⑥我国台湾教育心理学家张春兴在《普通心理学》一书中谈到，人有两种能力：一种是实际能力，例如，会游泳、会弹古筝、会骑摩托车等；另外一种是潜在能力，也就是所谓智力，认知能力指作为个人稳定的个性心理特征的能力，换而言之就是智力。⑦有研究者在阐述元认知能力的时候，谈到认知能力包括很多方面，例如观察能力、记忆能力、思维能力等。⑧

综上所述，我们不难发现，一是国内外学者普遍关注认知能力，大多数认知能力概念研究都与教育教学相联系；二是不同的学者从他们自身关注的领域探讨认知能力的特点和作用等；三是研究者们普遍认为，认知能力涉及感知觉、语言能力、思维能力、记忆能力等方面，认知能力的发展对学生发展具有促进作用。⑨

① 陈光连.知识与德性荀子"知性"道德哲学研究[M].南京：东南大学出版社，2014：188.
② 梁宁建.应用认知心理学[M].上海：上海教育出版社，2009：3.
③ [英]尼尔·默瑟，凯伦·利特尔顿.对话与儿童思维发展基于社会文化视角的研究[M].刘翔宇，廖夏荫，译.北京：中央广播电视大学出版社，2013：15.
④ 胡湘明.中、日、美三国青年认知能力倾向研究的综述[J].青年探索，1999(4)：6-9.
⑤ 吴本虎.以发展综合认知能力为目标的英语教育[M].上海：上海外语教育出版社，2016：32.
⑥ 许建领.大学参与性教学理论探讨与系统构建[M].青岛：中国海洋大学出版社，2006：72.
⑦ 冀芳.高分速成宝典教育心理学[M].北京：教育科学出版社，2012：37.
⑧ 苏东水.管理心理学(第五版)[M].上海：复旦大学出版社，2013：527.
⑨ 吴本虎.以发展综合认知能力为目标的英语教育.[M].上海：上海外语教育出版社，2016：32.

二、认知能力的心理学研究

认知能力的心理学研究主要有以下三个方面：一是皮亚杰认知发展理论，二是信息加工认知理论，三是维果茨基的认知发展理论。

（一）皮亚杰认知发展理论

皮亚杰认为认知是通过图式的方式对客观事物刺激的整合。图式不是来自个体本身先天遗产，也不是来自观察的客观事物，而是来自于个体的活动。人在婴儿时期只会一些简单的反射活动，人在成长过程中通过所谓的“顺应”和“同化”过程，不断构造新的图式，从而达到人与社会环境之间的相对平衡状态，这个过程皮亚杰称为适应，他认为认知能力的本质就是适应。①

1.认知发展理论的基本概念

（1）知识。皮亚杰认为，认识并非一种静止状态，而是一种动态过程，它不是存在于主体之间，也不是存在于客体之间，而是存在于主体与客体相互作用的结果，知识就是在交互作用过程中产生的。

（2）智力。皮亚杰对智力的看法不同于其他心理学者，其他心理学者认为智力是心理结构的一部分，具有固定的成分和结构。皮亚杰从生物发生学的观点出发，认为智力是适应环境的结果，即智力是个体为了适应周围环境变化而逐渐发展起来的一种动态发展过程。所以，个体的智力会随着复杂环境的变化而逐渐发展变化。②

（3）图式和认知结构。图式是指个体对外部世界的知觉、理解和思考的一种形式，同时也是认知结构过程中的基本单元，个体的全部图式组成他的认知结构。婴儿有与生俱来的条件反射对环境进行反应，如生活中婴儿的哭、吸吮、抓握等行为，这些行为模式被称为遗传图式，这也是人类进化的结果。个体在成长过程中，以这些遗传图式为发展前提，随着年龄的增长和身体各方面机能的成熟，个体在与环境之间相互作用的过程中，遇到新情况、新事物，个体通过同化、顺应等过程，已有图式会得到不断改进，从而促进个体认知结构的发展。

① 胡湘明.中、日、美三国青年认知能力倾向研究的综述[J].青年探索，1999(4)：6-9.

② 库少雄.人类行为与社会环境(第2版)[M].武汉：华中科技大学出版社，2014：60.

(4)同化和顺应。皮亚杰描述个体图式发展的两个基本过程是同化和顺应。同化是把外界元素纳入到个体已有图式和认知结构的过程,通过这样的过程来获得知识。顺应是通过改变图式处理外界新信息、新事物,以此来适应外界客观环境的变化。同化促进个体认知结构的量变,顺应促进个体认知结构的质变。

(5)平衡和平衡化。当个体同化和顺应达到一定比例的时候,个体的认知结构就达到一种平衡,这种平衡的状态也就是适应的状态。但是这种平衡很容易被外界条件的变化而打破,进而出现又一次的不平衡。于是乎,个体再一次自我调节,尝试达到新的平衡状态。个体不断追求平衡的过程就是平衡化过程。综上可知,平衡是静态的,平衡化是动态的。

(6)运算。皮亚杰所提的运算是一种心理运算过程,运算是内化的、可逆的、有守恒前提和逻辑结构的动作。其一,心理运算是心理上进行的内化动作,这是一种个体思维指导下的动作;其二,心理运算的内化动作,可以在思维过程中朝着相反方向开展;其三,运算具有守恒性,具体而言,个体认识到的数目、长度、面积、质量等可以用不同的方式展现,但是整个过程中的总量保持不变;其四,运算是具有逻辑结构的动作,个体的智力发展到运算水平,智力结构就会呈现为运算图式,运算图式存在于一个有机的运算系统中。

2.认知发展阶段

皮亚杰认为,儿童从出生到成年其认知发展的过程不是数量简单叠加的过程,而是伴随着认知结构不断重组进而发展的过程,这个过程有四个相继出现的阶段,分别为感知运动阶段、前运算阶段、具体运算阶段和形式运算阶段。

(1)感知运动阶段(0~2岁)

这个阶段儿童的认知发展主要包括感觉和动作的分离。初生的婴儿,唯有一系列笼统的条件反射,随后的发展便是自身感觉和动作的相互协调、相互配合以此应对外界环境的刺激。

感知运动阶段后期,个体的感觉和动作逐渐分化,个体的感觉逐渐具有调试作用,这个时候思维开始逐渐萌芽。这个阶段的特点是依据感觉和动作共同发挥图式的作用,个体的条件反射动作逐渐发展为有目的的动作,对物体的认识具有守恒性的特点。

(2)前运算阶段(2~7岁)

这个阶段儿童的各种感知运动图式开始转化为形象的画面,随着语言的发展,儿童开始频繁地用表象符号来代替外界事物。但是他们所掌握的词语还不能完全代替抽象的概念,思维还不能从知觉中解脱。这个阶段的特点是能使用语言表达概念,但是具有以自我为中心的特性,能够使用符号代表具体物体,能思考但是不完全符合逻辑,不能代表事物的全貌。

(3)具体运算阶段(7~11岁)

这个阶段儿童的认知结构中已经具有抽象概念,思维也可以逆向运作,从而可以进行逻辑思维,这个阶段的儿童已经获得了长度、体积、重量和面积的守恒。守恒的意思是指儿童可以清晰知晓事物虽然外在形状发生变化,但是内在本质属性却并未改变。这个阶段的特点是儿童能根据经验思维解决具体问题,能够理解可逆的道理,能够理解守恒的道理。

(4)形式运算阶段(11岁至成人期)

这个阶段儿童的思维可以不再依赖具体感知的事物,从形式内容中脱离出来。儿童形成了解决各类问题的推理逻辑,由大小前提得出结论。[①]这个阶段儿童的特点是具备抽象思维,能按照假设验证的法则解决问题,能按照形式逻辑的法则思考问题。

(二)信息加工认知理论

信息加工认知理论的代表人物是美国心理学家凯斯。凯斯针对之前心理学家的学说提出了自己关于儿童认知的看法,他主要从微观层面入手,对儿童认知发展的机制进行了假设,并根据假设验证揭示了儿童个体认知的变化历程。

1.信息加工认知的探索

凯斯于1985年提出了儿童认知加工的空间变化模式,他把儿童认知心理空间假设为两大部分:一是操作空间,二是储存空间。凯斯假设儿童在年幼的时候,操作空间和储存空间对等,类似于一个圆被等分为两个部分。其中储存

① 王大顺,张彦军.发展与教育心理学[M].西安:陕西师范大学出版总社,2015:28.

空间是指儿童储存信息空间的范围和儿童心理空间内所能够储存外界信息的容积。操作空间指儿童在进行具体认知操作过程中所需要的操作范畴以及儿童可能需要的心理能量。在儿童年幼的时候可能需要更多的具体操作过程才能构建自己的认知,随着年龄增长,儿童心理也随之发生变化,儿童心理认知需要具体实践操作的部分也会随之减少。换句话说,就是儿童操作空间会随之减少,儿童储存空间会随之增大,在这个过程中,儿童心理认知的能力也随之增强。

2.信息加工认知的机制

凯斯认为儿童信息加工认知能力的发展就是根据认知图示的变化而发展的。信息加工认知的机制具体可以理解为,儿童刚开始学习一种新技能的时候,必须通过大量的练习加以巩固,以此反复。儿童在年龄较小时候,大部分认知技能对他们而言都是生疏的,故而操作空间的范围是大于储存空间的范围。但是随着儿童年龄的增长,儿童的认知能力也会在不断操作演练过程中得以提高,儿童只需要投入少量的精力和心理能量就可以应对,故而这部分熟练的认知技能和认知战略就会源源不断地转化到储存空间,作为一种固定信息和认知结构元素被储存下来,为发展新的认知技能提供认知基础。凯斯指出,倘若儿童操作空间越来越小,储存空间的范围越来越大,那么儿童的认知结构会更加持久和固定,从而认知策略越发丰富和多元,认知能力就会不断向前发展。①

(三)维果茨基的认知发展理论

维果茨基是苏联著名心理学家,社会文化历史学派的创始人之一。维果茨基认为个体心理发展的实质是心理机能从低级向高级发展的过程,语言在认知发展过程中起着重要作用。

1.心理发展的实质

维果茨基认为,心理发展的实质是在周围环境和外部教育的影响下,在低级心理机能的基础上,逐渐向高级心理机能转化的过程。儿童心理机能从低级向高级发展有以下四个特点。

① 林崇德,沈德立.当代智力心理学丛书.认知发展心理学[M].浙江人民出版社,1996:80.

一是心理活动的随意机能。随意机能是指个体按照一定的目的有意识控制的过程，个体心理活动的随意性与其心理水平呈现正相关。二是心理活动的抽象概括机能。个体随着年龄的增长，掌握的抽象语言符号逐渐增多，与此同时，他们掌握的概括性知识经验也越加丰富。三是逐渐形成间接的以符号或词语为媒介的心理结构。四是心理活动逐渐趋于个性特点。在个体心理发展的过程中，他们逐渐形成一些个性化的特点，这是高级心理机能的重要体现。[①]

2.语言与认知发展

维果茨基指出，语言在个体认知发展过程中具有两个重要作用：一是语言作为交流工具，它可通过语词的形式告知儿童解决问题的办法；二是语言表达的过程也是一种思维的过程。

维果茨基经过一些研究表明，个体自言自语的行为并非随处都会出现，它只会在某种特定环境和某种特殊的情况下才会发生。当个体试图解决某个难题或者是在成功完成某些重要任务的时候，他们对自己言语的行为出现的可能性会更大。在维果茨基看来，个体这种对自己说话的行为也是一种交流，只是交流对象不是他人而是自己。这样的交流形式，在某种程度上可以帮助个体作出选择，从而更加出色地完成任务。可见，语言在个体认知能力发展过程中起着举足轻重的作用，语言能够促进儿童更快、更好地解决问题。维果茨基还发现，这种自己与自己对话交流的现象会随着年龄的增长而逐渐消失，因为他们逐渐转变为一种内部言语，我们每个人都是通过内部言语来调节自我的行为。

三、认知能力的教育学研究

这部分将以皮亚杰的认知发展理论的教育启示和维果茨基的认知理论在教学中的发展为例。

① 王大顺，张彦军.发展与教育心理学[M].西安：陕西师范大学出版总社，2015：30.

（一）皮亚杰的认知发展理论的教学研究

1.教学内容和教学方法受制于认知发展阶段

在皮亚杰看来，学习依附于个体的发展，是个体一般认知能力水平的体现。任何知识的获得都必须通过学生主动的同化才有可能实现，而主动的同化则须以适当的运算结构的存在为前提。各门学科的教学都应该根据学生不同发展阶段的认知发展水平，制订出能够促进学生发展的教学内容。例如，处于前运算阶段的儿童，学习内容应该以初级概念为主要内容，让他们在观察具体事物的过程中，通过教师的肯定来获取概念，而不能教给他们抽象的概念，也不能通过下定义的形式学习。处于具体运算阶段的学生，学习内容大部分是二级概念，这个时候直观教学仍然不可或缺。[①]

2.教学促进学生的认知发展

大量的研究表明，适当的教育和训练可以不同程度加快各个阶段的认知发展速度。选择合适的教学内容和教学方法，系统的学校教学是能够加速学生认知能力发展的。

有研究显示，学生学会使用“保留正确，丢弃错误”的策略，经过一段时间的训练后，学生的作业正确率明显提高。学校教学能够较好地促进学生的认知发展从一个阶段向下一个阶段过渡。

通常情况下，让学生在低级阶段时，借助具体经验不断加以训练，将抽象概念和命题同化于他们的认知结构中，逐渐地在这个阶段巩固以后，就不再借助具体经验的协助，从而促进思维从具体形象思维逐渐演变为抽象思维。

（二）维果茨基的认知理论在教学中的发展

维果茨基指出，学生是在积极探索过程中不断获得新知识和新信息。在他看来，学生的重要发现往往是在与教师或者指导者的交流和合作中完成的。在这个过程中，教师通过语言和肢体动作传递教学内容，学生在这一系列的言语和动作过程中理解教学内容，然后将这些信息内化于心，从而予以指导自己的行为。维果茨基在关于认知发展与教学关系上，提出三个关键词：最近发展区、

① 王大顺，张彦军.发展与教育心理学[M].西安：陕西师范大学出版总社，2015：29.

教学应走在发展的前面和学习的关键期。

1.最近发展区

最近发展区是指学生能够达到的水平和通过努力能够达到的水平之间的差距。针对最近发展区所进行的教学，才是能够收到最佳学习效果的。教学方法可以采用探究式教学，应根据学生最近发展区来选择“教学支架”，通过支架作用不断将学生的认知水平从一个阶段引向另一个更高的阶段。探究式教学主要包括以下五个教学环节：第一个环节搭建“脚手架”，围绕当前学习主题，按照最近发展区的标准建立知识概念的框架；第二个环节引入教学情境，通过课程导入环节，将学生引入设定的问题情境之中；第三个环节自主探究，教师启发，让学生独立自主探索分析，在整个过程中教师是引导者和参与者，着重引导学生自主解决问题；第四个环节是合作学习，以小组讨论的形式展开，小组中明确分工，充分发挥每一个学生的主观能动性，让他们在合作中逐渐完成对知识的重新建构；第五个环节是学习评价，学习效果评价主体包括自我评价和小组对个人评价，评价内容包括自主学习能力、对小组合作学习的贡献和所学知识意义建构的完成程度。①

2.教学应走在发展的前面

维果茨基指出，最近发展区为学生的学习提供了可能性，学生的发展和成长是教和学之间相互作用、相互影响的结果。基于此，他又提出了教学应该先于认知发展的观点，他认为教学内容应该略高于学生现有的认知水平，唯有这样的教学才可能促进学生的真正发展。维果茨基认为教学在某种程度上决定了学生的智力发展水平，具体表现在智力发展的内容、速度和智力水平等方面。②

3.学习的关键期

维果茨基提出学习的关键期，是为了将教学的作用发挥到极致。在他看来，在人的一生中，每一项技能的获得都有关键年龄，如果错过关键年龄，将会导致个体比别人付出更多的努力和时间。所以，教学中也应当遵循这一规律，

① 周文娟.大数据时代外语教育理念与方法的探索与发现[M].上海：上海交通大学出版社，2014：38.

② 王大顺，张彦军.发展与教育心理学[M].西安：陕西师范大学出版总社，2015：29.

针对不同年龄阶段的学生，采用不同的教学方法和教学内容，以期达到最佳效果。例如，教育学家把4~12岁认定为语言学习的关键期，在这个阶段学习外语显得格外容易，如果错过这个关键时期，将很难达到理想效果，甚至比他人付出更多的艰辛。

四、认知能力的哲学研究

认知能力的哲学研究涉及诸多哲学家，概括而言主要有两种基本观点：一是关于感知觉的论述，二是关于认知能力的论述。

（一）关于感知觉的论述

1.观念是知觉的组成部分

休谟认为有两类知觉，分别是印象和观念。印象即我们通常所说的经验。印象又分为两种形式：一是感觉，二是我们自己心理状态的直接感受或者是原初的内容。休谟认为，印象是我们听到、看到、触摸到或者是我们爱与恨的感受。我们印象中不那么有力的副本或黯淡的图像称为观念。换而言之，印象是具有猛烈性的、较多力量的知觉；观念是指印象的模糊心象，而这种模糊心象又在思考和推理中。他认为，在单纯观念情况下，观念和印象类似，但比印象模糊。[①]休谟重视经验，他认为，在经验中，当两个对象经常相连时，我们往往会从一个去推论另一个。[②]想象可能会超越经验的边界。根据休谟的理论，“心灵的创造能力不过相当于将感觉和经验提供给我们的材料进行复合、移植、增大和缩小的官能”[③]。

笛卡尔认为，人类生来就具备基本的观念，例如善恶之分、平行线永不相交、基本概念等，这些观念并非通过经验学来，而是通过人类的先天观念获得，同时也被称为天赋观念。换而言之，就是自己意识到的事物，无需证明。承认天赋观念，意味着人类都具有相同的认知能力，但是事实并非如此，人们的认知

① [英]伯特兰.罗素.西方哲学史[M].耿丽，译.重庆：重庆出版社，2016：435.
② [英]伯特兰·罗素.西方哲学史[M].耿丽，译.重庆：重庆出版社，2016：436.
③ [美]William F.Lawhead.哲学的历程：西方哲学历史导论[M].郭立东，丁三东，译.北京：中国轻工业出版社，2017：371.

能力存在差别。笛卡尔发现人的意识存在，从此之后，笛卡尔将世界分为认知的主体和被认知的客体予以思考，认知主体的意识被称为主观，被认知的客体意识称为客观。[①]

2.知识通过观念获得

洛克认为我们的全部知识都来源于经验，并且从经验中衍生开。我们一切观念的两个来源是感觉和反省或内感官，例如知觉、思维、怀疑、相信、推理、认知和意愿。[②]洛克在《人类理解论》中用“观念”这个词语指心灵直接感知的任何事物，他认为观念是建构知识的基础，并非知识的对象。观念就是知觉、思想或理解的直接对象。[③]他认为，所有的知识都是通过观念获得的，并且我们最确定的知识不过就是对于我们的观念间的关联或一致、不符或矛盾的认识。[④]我们获得的所有观念都是身体作用于心灵的结果，心灵和身体相互作用、相互影响，身体作用于心灵并产生关于颜色、声音、触摸、硬度和广延的感觉。洛克认为有两种实体，物质的和精神的——“非认知性的和认知性的”。[⑤]

斯宾诺莎从“真观念”出发，通过一系列的逻辑推理，最后得出确定性的知识。斯宾诺莎认为有三种观念：一是想象，即从感觉经验中获得的知识，他认为感觉经验具有不可靠性；二是直观知识，就是直接感受到的，不需要思索的，这是一切真理的源泉；三是理性知识，从直观知识、从“真观念”推理而来的知识。[⑥]他认为，知识就从“真观念”出发，通过一系列的演绎、推导得出真理知识，这个真理知识又可以成为下一个推导的前提，然后再继续推导，逐渐地，知识体系越来越丰满。

3.感知的事物通过心灵发生作用而产生

康德认为知觉对象包括形式元素和材料元素，心灵不仅接受感觉，并通过

① [日]田中正人.惊呆了！哲学这么好[M].尹国鹏，译.海口：南海出版公司，2018：112-113.
② [美]弗兰克·梯利.西方哲学史[M].贾辰阳，解本远，译.北京：光明日报出版社，2014：309.
③ [美]William F.Lawhead.哲学的历程：西方哲学历史导论[M].郭立东，丁三东，译.北京：中国轻工业出版社，2017：334.
④ [美]弗兰克.梯利.西方哲学史[M].贾辰阳，解本远，译.北京：光明日报出版社，2014：312.
⑤ [美]弗兰克.梯利.西方哲学史[M].贾辰阳，解本远，译.北京：光明日报出版社，2014：345.
⑥ 书杰.哲学100问：一看就懂的西方哲学简史[M].北京：华文出版社，2018：206-207.

直觉功能觉察它们。[①]我们每个人都拥有基本的感觉能力,例如感知颜色、听到声音、感受物体的坚硬等,但是单纯的感觉不能成为知识,它仅仅是发生在意识中的变化,是我们自身对其他事物所产生的一种主体状态。每一个感觉与时间和空间相联系,在确定的时间和明确的空间秩序与排列上被人理解。知觉可以被分析为构成经验材料或内容的感觉和构成经验形式的时空。

康德认为我们感知到的时间和空间不是经验中的神秘"事物",而是对象借以向我们显示出来的参照物。康德称这些感知到的时间和空间为直观形式。康德认为感知到的事物,是通过心灵发生作用而产生的。他认为,当我们开始注意到对象时,心灵已经发生作用,我们所经验到的是经过心灵处理的感觉输入。这不是意志控制的意识过程,它是一个心灵在一切时间里进行的活动。康德认为,感觉材料的集合被认定为一个对象这一事实完全是心灵将秩序赋予感觉的结果。[②]

(二)关于认知能力的论述

柏拉图用著名的线喻概括了人的认识论。线段的最低部分代表想象,这部分知识与幻影、倒影和梦相关,想象的知识仅仅是猜测的知识,顶多是有可能发生的知识。线段的第二部分代表信念,也就是关于感觉对象的知识,这部分知识通过感官知觉实现,虽然比想象的知识可靠,但是也仅仅是可能的知识。线段的第三部分代表推理的智力或者理解力,这一智力或理解力并不是专注于刺激的感官特殊事物,而是专注数学实体。柏拉图非常重视数学、几何、天文等学科教学对培养人理性的重要作用。相传柏拉图在所建学园的门楣上写着这样的铭文"不懂几何者莫入此门",可见柏拉图对数学学科的重视。[③]线段的最后部分代表了理性的洞察力,这一洞察力的对象是形式或者理念,获得此类知识的方法是辩证法。[④]

在认知主体上,柏拉图认为每个人都拥有认知能力,但是认知能力存在着

① [美]弗兰克·梯利.西方哲学史[M].贾辰阳,解本远,译.北京:光明日报出版社,2014:390.
② [美]William F.Lawhead.哲学的历程:西方哲学历史导论[M].郭立东,丁三东,译.北京:中国轻工业出版社,2017:393.
③ 朱永新,高万祥.教师第一课[M].福州:福建教育出版社,2013:33.
④ [美]弗兰克·梯利.西方哲学史[M].贾辰阳,解本远,译.北京:光明日报出版社,2014:70-71.

差异，人的认知能力与他们在社会中的职责和地位有直接关系，即认知能力与他们的社会地位相匹配。

第二节　中小学认知能力的构成与发展

前面对认知能力及其主要组成部分，分别从概念溯源、哲学、心理学和教育学方面进行了分析，为认识认知能力奠定了基础。本节主要分析中小学生的认知能力构成及其发展。

一、认知能力的内涵特征

（一）认知的概念

关于认知的概念，学界尚未形成统一定论，目前主要有以下两种观点。一是从心理学视角来界定。认知是指一种心理活动，是人对客观世界的认识过程，是个体感知觉、记忆、思维、想象、推理、策略运用、问题解决等心理成分的活动。[①]这些认知过程相互联系、相互交叉融合。从认知加工的对象来看，主要包括对自然事物的认识和对社会现象的认识。[②]其中，时间、空间、类别、序列、因果、数概念等均为儿童认知发展的重要领域，对这些领域的事物及关系的认知，是儿童后续发展以及全面认识社会的基础。在心理学研究中，个体的认知过程大致分为三个范畴，即三种基本认知过程。[③]其一是感知，这是认知的起点，是人脑对客观物质基本属性的一种直接反映。其二是表象，这是人的头脑里呈现的对于感知过的事物的一种映象，但不局限于直接感知过的某一特定事物，所以表象既具有形象特征，又具有综合概括能力。其三是概念，这是揭示客观事物的本质属性，是对客观事物的抽象和概括。表象和概念是在感知的基础上加工而成的，并非客观事物直接赋予的，它与客观事物的关系可以称作间接认知。

① 邱莉．中学生认知与学习[M].北京：北京师范大学出版社，2013：2.
② 张茂林，杜晓新．特殊儿童认知训练[M].南京：南京师范大学出版社，2015：1.
③ 刘范，张增杰．儿童认知发展与教育[M].北京：人民教育出版社，1985：16.

人的所有认知过程都包含这三个组成部分。由于认知对象的特点和形式的差异,导致认知操作过程也相应表现出相对简易和极为复杂的表现形式和操作水平。认知能力(智力、学业能力)是脑感知、储存、提取和加工信息的综合能力,是指获取知识和信息的能力、观察判断和临场应变的能力、运用知识技术分析和解决实际问题的能力、进行技术革新和设计发明的创造能力,认知能力是我们认知客观事物并运用知识解决问题的能力。[①]二是从社会学视角来界定。认知也被认为是认识的过程,指人们认识、理解事物或社会现象,运用已经掌握知识和已有的经验去解决社会生活中遭遇的问题和困境。

总而言之,认知是指人认识外界事物的过程,即对作用于人的感觉器官的外界事物进行信息加工的过程,涉及知识的获取、使用和操作等过程,包括感觉、知觉、注意、表象、学习、记忆、思维和言语等。认知具有以下五个方面的特点。

1.认知影响人的态度、情感和价值观。对于同样的事件,由于认知差异,不同的个人可能产生截然相反的态度,不同的态度,自然产生不同的情感,并产生不同的价值判断。

2.认知具有挑选性。认知的挑选性是个体认知时的一种倾向性。在众多外界刺激中,个体总是挑选那些刺激明显、出现频率高、符合自己内心需要的刺激,从而形成认知。认知挑选性具有的特征是:认知主体只能看到事物的表面特点,认识不够深入,由于个体受到主观因素影响,认知主体常常夸张、曲解认知对象,从而影响认知的精确性。

3.认知受到各因素相互作用、相互影响。美国社会心理学家费斯廷格认为,认知是个体对环境、他人及自身行为的看法、信念、知识和态度的总和,每一认知结构均由诸多基本的认知元素构成。认知元素之间相互作用、相互影响,在这个过程中会产生冲突和矛盾。例如,个体想要买一件物品,该物品的价格、颜色、质地、形状等诸多元素会影响个体的评价。认知元素之间相互作用产生的矛盾和冲突,使人感到焦虑和不开心。于是乎,人们想尽办法减轻这种冲突,尽量避免这些矛盾元素。当人们的认知系统在协调的时候,人们会努力保持这种关系。

4.认知有理性和非理性。根据认知的合理性,人们把认知分为理性认知和

① 宋翠微.生命关键词 第二分册 心智·情绪[M].上海:上海社会科学院出版社,2015:197.

非理性认知。理性认知指人们对周围的事物的客观和合理的信念和看法。非理性认知指人们对周围的事物存在主观的偏见和不合理的看法。认知在某种程度上影响人们的情绪和行为，合理认知通常给人们带来健康心理，不合理认知有可能使人产生不健康的心理状态。

韦斯勒等人总结出了人们非理性认知表现出的三个特点。一是绝对化的要求。这是存在于人们非理性认知中最为普遍的一种，对事物绝对化的要求表现在个体以自我的想法为起点，认为某一事物必定会发生或者不会产生这样的想法。具有这类想法的人经常会运用"必须"和"应该"这样的词汇。二是过分概括化。过分概括化是一种以偏概全的不合理思维方式的表现。埃利斯曾说过，过分概括化是不合逻辑的，就貌似评价一本书的封面就判定一本书的好坏。三是糟糕至极。糟糕至极是一种认为如果一件不好的事发生将是非常可怕、非常糟糕是一场灾难的想法。

5. 认知包括自我认知和对别人的认知。自我认知指对自己身体状态的认知（身高、性别、体重、相貌等），对自己心理状况的认知（性格、气质、爱好、感情、理想等），对自我社会关系的认知（社会地位、作用和人际关系是否和谐等）。对别人的认知指对身体状态、心理状况以及社会关系的认知。在认知他人、形成有关他人的印象过程中常常受人际认知心理效应（首因效应、近因效应、晕轮效应、刻板效应和投射效应）的影响，有可能发生这样或那样的偏差。

（二）认知能力的概念

目前，由于对认知的界定没有统一的定论，因此，学界关于认知能力的界定也尚未形成统一定论。通过梳理文献，大致有以下四种观点。第一种强调认知水平，认知能力指人们在认识外界事物的过程中，有人表现得敏锐、聪慧，而有人却显得迟钝、笨拙。第二种强调信息加工，认知能力指人们在信息接收、储存、加工和应用信息的能力上存在差异，或者说他们认知能力的发展水平迥异。第三种强调心理学，认知能力指人脑加工、储存和提取应用信息的能力，即人们对事物的构成、性能、与他物的关系、发展的动力、发展方向以及基本规律的把握能力。[①]它是人们成功完成活动最重要的心理条件。知觉、记忆、注意、思维

① 陈翔川. 探讨影响用户检索行为的认知因素[J]. 企业导报，2012(6)：260.

和想象的能力都被认为是认知能力。人们认识客观世界获得各种各样的知识,主要依赖于人的认知能力。美国心理学家加涅经过研究认为,认知能力主要包括五种:言语信息(回答世界是什么的问题的能力);智慧技能(回答为什么和怎么办的问题的能力);认知策略(有意识地调节与监控自己的认知加工过程的能力);态度(情绪和情感的反应,形成学习者的态度,指使学习者形成影响行为选择的内部状态或倾向);动作技能(有组织、协调统一的肌肉动作构成的活动)。①第四种强调社会学的作用,认知能力指有机体对环境和现实生活的反映性和感知力,对于人类而言,认知就是通过对作用于主体感知系统的信息进行加工处理,以实现对这些信息的识别和理解,进而把握信息所表征的意义的过程。认知的结果,使得主体能够在某种程度上认识自我和周围世界的本质特征,知晓某种对象的本质属性,从而推测事物向着哪个方向发展,知晓事物的发展方向和进程的影响因素,从而采取有针对性的措施,达到最佳效果。②

概括而言,认知能力可分为一般认知能力、特殊认知能力和创造力等。一般认知能力也即我们通常所说的智力,它是保证人们有效进行认知活动的各种稳定心理特点的有机结合,包括感知能力、注意力、记忆力、想象力、言语能力和思维能力等因素的综合。特殊认知能力是指人们从事某种专门活动所应该具有的某种能力,如绘画能力、音乐能力、数学能力等。创造力是指产生新思想、发现和创造新事物的能力,它是成功地完成各种创造性活动所必需的心理品质。本书中所谈的认知能力主要是指一般认知能力。③

(三)认知能力的特征

美国认知教育心理学家奥苏伯尔指出,良好的认知能力具有三个显著特征:一是对已有的知识具有较高的抽象和概括水平,越是具有较高的抽象和概括水平越能同化新知识;二是原有知识的稳定性,知识掌握越牢固越容易迁移,促进新知识的形成;三是新旧知识之间的可辨性,新知识和旧知识之间越容易辨识,就越不会相互干扰,这有助于新知识的保持和形成。因此,学生的原有知

① 宋亦芳.社区数字化学习资源建设研究[M].上海:上海科学技术出版社,2013:218.

② 张前进.心理学的新解说[M].兰州:甘肃人民出版社,2009:182.

③ 张茂林,杜晓新.特殊儿童认知训练[M].南京:南京师范大学出版社,2015:2.

识结构是影响他们学习的重要因素之一。[①]

1.认知能力的层次性

为了能够更好反映学生的认知能力特征，首先需要了解认知能力的层次性。美国著名教育心理学家布鲁姆将认知能力按照智力活动的复杂程度划分为六个层次。

①识记：记忆或重复以前呈现过的信息的能力，即知识保持能力。

②理解：用自己的语言来解释说明所获得的信息的能力。

③应用：将知识如概念、原理或定律等，应用于新情况的能力，即知识迁移能力。

④分析：将复杂的知识分解为若干个彼此相关的组成部分的能力。

⑤综合：将有关的知识元素综合起来形成新知识块或新模式的能力。

⑥评价：根据已有的知识或给定的标准对事物作出评价和鉴定的能力。

以上六个层次的认知能力划分是按照智力活动从简单到复杂，从具体到抽象的程度依次递增，即识记和理解属于较为低级层次的认知能力，而应用、分析、综合和评价则属于较为复杂的认知能力；可见，教师应当重点培养学生的高级认知能力。[②]

2.认知能力构成要素的特征

人一生的认知能力具有不同的发展规律和特点，每一个阶段也具有不同的特点，中小学处于身心发展的快速增长时期，同时他们的认知能力也在快速增长，其认知能力特征主要表现在以下几个方面。

(1)感知能力的特征

感知能力指人脑对作用于感觉器官的各种事物加以反映并整合为一个完整印象的能力，具体包括听觉、视觉、味觉、嗅觉和触觉等，其中观察能力是感知能力中最为重要的部分，在中小学阶段，人的观察能力是发展最为迅速的。感知能力具有以下四个方面特点。

① 童一秋.中国远程教育与校园网建设实务全书[M].南京：银声音像出版社，2003：182.

② 何克抗.认知型学生模型的建造：全国计算机辅助教育学会第五届学术年会论文集[C].全国计算机辅助教育学会：中国人工智能学会计算机辅助教育专业委员会，1991：7.

一是观察目的性明确。中小学阶段逐步形成在目的性指导下有意识地观察。他们在同时接受到成百上千的信息时,能够准确而迅速筛选并捕捉到自己所需的信息。

二是注意力更持久。低年级小学生注意力的特点是无意注意占优势,注意力不稳定、不持久,容易被一些新奇刺激所吸引。小学高年级和中学生注意力更持久,同时也会受观察目标和任务的不同而有所差异。

三是观察的精确性更高。相关研究表明,初三和高一学生视觉和听觉的感受性都已经达到成人水平,这个阶段青少年开始对事物细节变得敏锐,能够感受到事物的细节变化。因此,这个阶段的青少年,尤其女性,往往开始变得敏感。

四是观察具有概括性。这个时候青少年观察变得全面而深刻,其一是他们信息提取能力和分析能力不断提升;其二是他们不再满足于事物的表面现象,开始探究事物的本质。

(2)记忆能力的特征

记忆是一个人所感知过的事物、经历过的事件在人脑中的反映,是人脑积累经验的功能表现。记忆包括两个方面:一是记,即记住、记牢,使人脑对感知过的特定事物、体验过的情感、从事过的动作等形成较为稳固的联系,并在一定时间保持;二是忆,即回忆之前人脑感知过的事物能够重现的过程。①人一生记忆能力最强的年龄大约在16~18岁,并持续到35岁左右,之后开始下降,可见青少年时期是人一生中记忆的黄金时期。②初中阶段,青少年的理解记忆迅速变为主要记忆方式,同时,机械记忆能力开始下降,而且运用得相对较少。③中小学生形象记忆有所发展,对公式、概念、定律等抽象记忆能力大幅度提升,这是因为中小学生的大脑发育逐渐成熟,与此同时,对抽象思维记忆的锻炼逐渐增强。④中学生有目的的记忆能力不断增强,他们会依据目的需要有计划、有组织地对一些知识进行记忆,而无意识记忆能力也在发展。[①]

(3)思维能力的特征

中小学生思维能力的发展可以用突飞猛进来形容。一是小学生以形象思

① 张宝歌,梁欣.青少年心理咨询与辅导[M].长春:吉林大学出版社,2010:7.

维为主，高中阶段抽象思维能力进一步发展，能够运用理论指导和综合分析各种材料，得出一定的理性结论。二是中小学生思维的深刻性和批判性逐渐增强，随着年龄的增长，他们试图对事物作出较为全面而深刻的评价，也开始对权威提出质疑，逐渐形成批判思维，敢于发表自己的看法。三是思维创造性逐渐发展，青少年时期是思维活动形成原创和独创的关键时期，这个阶段也是创造发明的关键时期，若在这个阶段培养兴趣爱好，可以有效促进创造思维走向成熟。四是中小学生由于身心不够成熟，思维也存在一定的主观性和片面性，他们往往会受到自己喜好和情绪的影响，所以对事物的理解和判定就难免存在偏颇，从另一个角度而言，教师和家长需要积极引导和帮助。

(4)想象能力的特征

一是随着年龄的增长想象的创造性逐渐突显。中学生想象的创造力开始增强，小学生以再想象为主。二是想象的现实性成分增加。小学生的想象带有童话色彩，中学生的想象更多带有现实主义成分，具有可实现性。三是想象中开始渗透理想、追求、愿望、力量等主观理性色彩。小学生主体意识在想象中表现不够清晰明确，中学阶段有意识的想象逐渐增多。

二、中小学生认知能力的主要构成

根据前面认知能力的内涵界定，认知能力分为一般认知能力、特殊认知能力和创造力。这里一般认知能力主要包括知觉、注意力、记忆力、想象力、言语能力等因素的综合。

(一)知觉

1.知觉的定义

知觉是人脑对客观事物整体的、直观的反映。知觉与感觉有十分密切的联系，统称感知。整体的反映就是知觉不只反映事物的个别属性，还综合了多方面的信息，包括提取长时记忆中的有关信息，运用思维的过程。直观的反映就是知觉对象的形象特征被保留，有别于抽象思维通过语词符号来标记对象的特征。①

2.知觉种类

依据不同的评价标准可以将知觉分为不同的种类。

(1)知觉是多种分析器综合协调运转的结果。根据分析器在知觉过程中所起的作用，可以把知觉分为视知觉、听知觉、嗅知觉、味知觉等；例如人们看书或看电视的时候主要是视知觉，人们欣赏音乐的时候主要是听知觉，人们品尝食物的时候主要是味知觉等。

(2)根据知觉对象的不同，可将知觉分为物体知觉和社会知觉，知觉还有一种特殊的形态叫作错觉。

①物体知觉。

除对人的知觉以外，其他各种知觉都可称为物体知觉。事实上，对人的知觉和对物体的知觉有着明显的不同。第一，对物体的知觉是单向的，对人的知觉是双向的，相对而言，对人的知觉更为复杂多变。第二，对物体的知觉关注的更多是自然属性，相对来说较为稳定，而对人的知觉则更多关注的是其社会属性，较为易变。第三，物体知觉较少受个人偏好的影响，社会知觉常受个人偏好的影响。②

②社会知觉。

社会知觉就是对人的知觉，即对由人的社会实践所构成的社会现象的知觉，具体包括对他人的知觉、对自己的知觉、对人与人之间关系的知觉等。人是社会的人，不可避免要和各种各样的人交往，友好交往的前提是要充分了解对方。我们可以通过语言、面部表情、目光、身体姿态等形成对他人的一个印象。在社会知觉中人们通常会出现以下四种偏差。一是首因效应。在与陌生人初次交往的时候，经常会受到对方给我们留下的第一印象的影响，这叫首因效应。第一印象深刻牢固，会给人一种较为固定的印象，这种印象影甚至响着今后的交往关系，这在社会知觉中起着重要作用。二是晕轮效应。晕轮效应是指在对人的某些品质、特征形成了清晰、鲜明的印象之后，遮盖了其他品质和特征的知

① 《彩图科技百科全书》编辑部.人的心理世界[M].上海：上海科学技术出版社，2014：8.

② 车丽萍.管理心理学(第2版)[M].武汉：武汉大学出版社，2016：102.

觉，往往会以偏概全，这便是晕轮效应的体现。即当一个人对另一个人的主要品质、特征形成良好或不良印象后，就会影响他对这个人其余一切好或不好的看法。三是刻板印象。这是对社会各类人相对固定的看法，或者是对人概括、泛化的看法。例如，在日常生活中，人们普遍认为山东人身材魁梧、正直豪爽、吃苦耐劳，一旦形成这样的刻板印象，人们就会认为山东人都具有这样的特性。四是近因效应。与熟悉的人或朋友交往的时候，受到最新获得信息的强烈影响，这种现象叫近因效应。因此，我们了解一个人既要看他过去的行为，更要看他现在的表现。①

③错觉。

错觉是在特定条件下，人对客观事物所产生的带有某种固定倾向的、歪曲的知觉。错觉是一种特殊的知觉，其产生的原因是外界的客观刺激，因而不是通过主观努力就可以纠正的。错觉不存在个体差异。最常见的错觉是视错觉。②

(3)根据人脑所反映的事物特性分类，可把知觉分为空间知觉、时间知觉和运动知觉，这也是知觉的常用分类。

①空间知觉。

空间知觉是人脑对外界事物的空间特性的一种反映，具体包括形状知觉、大小知觉、方位知觉、距离知觉等，其原理是凭借视觉、听觉、动觉、平衡觉等的相互协调活动，并加以已有经验而形成的。③在日常生活中，常见的空间知觉表现形式如我们上下楼梯要知道每级台阶的高度，有多少级台阶，否则会摔跤。

形状知觉指对物体的轮廓和边界的整体认知。形状知觉是靠视觉、触摸觉和动觉来实现的。物体在视网膜上投影的形状，眼睛观察物体时沿着对象轮廓进行运动的动觉刺激，都是物体形状的信号。当用手触摸到物体形状的时候，触摸觉和动觉就起着重要的作用，这些一系列的刺激，给人大脑提供了物体基本轮廓的信息，经过大脑的综合分析，便产生了形状知觉。

① 《国家教师资格考试专用系列教材》编委会．教育教学知识与能力经典题解及上机考试题库：小学2014最新版[M]．北京：教育科学出版社，2013：112.

② 马雅菊，蒙宗宏．心理学基础[M]．杨凌：西北农林科技大学出版社，2015：34.

③ 冯建新．心理学基础[M]．西安：陕西师范大学出版，2012：42.

大小知觉指对物体长短、面积和体积的大小的知觉。大小知觉主要依靠视觉获得,这取决于物体在视网膜上投影的大小和观察者与事物之间的距离。在距离相同的情况下,投影越大,物体越大;投影越小,物体越小。大小知觉还受到每个个体对物体的熟悉程度、周围物体的参照的影响,个体相对熟悉的物体其大小知觉不会随着观察距离、视网膜投影的改变而改变。

方位知觉是对人或物体的空间控制和方向的知觉,动物和人类都具有方位知觉的能力。例如,燕子能够在找到食物后重返自己的窝,人能准确分辨东、南、西、北等。方位知觉是各种感觉相互协调、相互作用的结果。不同物种在方位知觉中凭借的感官不同而有所差异,例如,鸽子主要受地球磁场的影响,蝙蝠主要依靠回声定位,而人则是主要依靠视觉和听觉来辨别方位。通过视觉进行方位判断必须借助参照物,参照物可以是自己、太阳的位置等。由于人的两只耳朵分别在人的头部两侧,因此,同一声源到达耳朵的距离不同,左右两只耳朵感受到的声音强度和时间存在一定的差异,这种差异是人判断声音的方位知觉的主要线索。

距离知觉是对物体的深度和距离的判断知觉。主要线索有两种。一是生理线索,包括水晶体的调节和视轴符合。关于水晶体的调节,人的眼睛在观察事物的时候,水晶体作出相应的调节变化,视网膜上可以呈现清晰的图像。当人在看远处的事物时,水晶体变得扁平,当人在看近处的事物时,水晶体变得凸起。眼睛的这种调节只有在1~2米内有效,而且也不够精确。关于视轴辐合,人的眼睛在观看东西的时候,两只眼睛的视轴要指向所有看到的东西,人的两只眼睛的视轴必须进行一定的辐合运动。观看近处的事物时,两只眼睛的视轴往中间聚合,观看远处的事物时,两只眼睛的视轴要类似于平行。二是单眼线索,包括对象的重叠、线条透视、空气透视、明暗阴影和运动视差。关于对象的重叠,一个物体部分掩盖另一个物体,被遮挡物体看起来就显得较远。关于线条透视,两条向远方延展的平行线看起来十分趋近。关于空气透视,物体反射的光线在传递过程中有变化,包括空气引起的折射现象。关于明暗阴影,指物体距离光源的远近和感光角度不同,远的物体显得灰暗,近的物体色彩鲜明。关于运动视差,当观察者与周围环境中的物体相对运动时,远近不同的物体在运动速度和运动方向上有差异，近处物体移动相对较快，方向呈相反状态，远处物体移动相对较慢，并且两者方向相同。

②时间知觉。

时间知觉是个体对直接作用于感觉器官的客观事件的持续性和顺序性的反映。[①]时间知觉有四种形态：对时间的分辨、对时间的确认、对持续时间的估量、对时间的预测。在日常生活中，我们对时间的知觉可以依据自然界的周期性变化，例如太阳的升落、昼夜交替、月亮的盈亏、四季的变化等。与此同时，我们也可以借助自身的生物节律，如人每隔4~6小时会感到饥饿，还可以借助时钟、日历等计时工具。时间知觉的个体差异十分明显，有经验的运动员能十分准确地把握时间来控制动作的节奏，有经验的教师能够准确把握授课的时间分配和教学进度。影响时间知觉的因素较多，大体包括以下几个方面。

一是兴趣。人们对自己感兴趣的东西，不会感觉到时间的流逝，会感到时间过得快，从而造成对时间的估计不足；相反，对自己不感兴趣的事情，会觉得时间过得很慢，出现对时间的高估。例如，有的同学对历史感兴趣而对数学不感兴趣，当上历史课时，他们会感觉到时间飞逝，不知不觉就下课了；相反，他在上数学课时，感到时间过得异常缓慢。

二是情绪。对时间长短的感受与个体的心情密切相关，当心情愉悦的时候，感觉到时间过得很快，在心情烦躁的时候，感觉到时间过得异常缓慢。例如，当某人要与久别的朋友聚会，在焦急等待的时候，哪怕是10分钟，也会感觉时间很漫长；朋友到了后即使通宵畅谈也会感觉时间过得很快。

三是在一定时间内事件发生的性质。在一定的时间内，事件发生的数量越多，性质越发复杂，时间就会短暂，相反，人们就会把时间估计得较长。例如，同是45分钟的一节课，如果内容丰富，教师讲得绘声绘色、惟妙惟肖、跌宕起伏，学生就会感觉到时间短暂；如果课堂内容枯燥无味，学生就会感觉到课堂时间较长。

四是一定时间内事件发生的数量。如果在一定时间内，事件发生的数量越多，人们就会感到时间短暂；如果在一定时间内，事件的数量较少，人们通常倾向于把时间估计得较长。[②]

① 中国聋儿康复研究中心.听力言语语言康复词汇 教育学部分[M].北京：华夏出版社，2013：242.
② 李寿欣.普通心理学[M].济南：山东人民出版社，2013：98.

五是感觉通道的性质。在判断时间的精确性方面，听觉、触觉、视觉有差异，三者呈现出逐渐降低的趋势。

③运动知觉。

运动知觉就是我们通过身体的运动对外部远近高低的感觉和知觉。[①]例如，当我们转动头部观看周围的景物时，不难发现，周围的景物离我们越近，移动速度就越快。运动知觉对动物和人的适应性行为有重要意义。[②]它为动物提供了敌人来临的信号以及捕捉食物的信号，例如，猫捉老鼠成功的秘诀在于对猎物运动速度的正确知觉。它也为人类的正常生活提供了必要条件，例如，开车行进过程中，遇到突然开过来的车辆，我们要正确估计它们的行驶速度。运动知觉是通过多种分析器综合协调的结果，并且情况十分复杂，实际运动的物体可以被知觉为静止的，静止的物体也可以被知觉为运动的，运动知觉分为真动知觉和似动知觉。真动知觉是指物体发生实际的空间位移所产生的运动知觉，即物体在按一定的速度或加速度从一处向另一处连续位移时，人所产生的对物体在运动的知觉。运动知觉直接依赖于对象运动的速度。如果物体运动得太慢，人感觉不到它的移动，例如钟表上时针的运动、自然界中花朵的绽放等；如果物体运动得太快，我们同样也感觉不到它的移动，比如高速运转的车轮、电风扇的扇叶等。似动知觉指在一定的时间和空间条件下，人们在静止的物体间感受到了运动，似动知觉的主要形式有四种。一是动静运动。当两个物体按照一定的空间间隔和时间距离相继呈现的时候，人们看到原来两个静止的物体连续运动的现象。二是自主运动。自主运动通常发生在周围空间没有相应参照物的时候，这也与光点空间位置的不确定有关。如人们注视黑暗中一个微弱、静止的光点片刻后感到光点在来回移动的现象。与此同时，这与个体的个性有一定的关联性，场依存型的人比场独立型的人更容易感受到自主运动知觉。三是诱发运动。某个物体的自身运动使相邻静止的物体产生运动的现象，被称为诱发运动。四是运动后效。当个体在注视往一个方向运动的物体后，如果继续将注视点转向静止的物体，会看到静止的物体似乎朝相反的方向运动。[③]

① 吴晓莉，周丰，陈艳利.设计认知设计心理与用户研究[M].南京：东南大学出版社，2013：22.

② 马雅菊，蒙宗宏.心理学基础[M].咸阳：西北农林科技大学出版社，2015：32.

③ 马雅菊，蒙宗宏.心理学基础[M].咸阳：西北农林科技大学出版社，2015：33.

（二）注意力

1.注意力的内涵

注意是个体内心活动集中在一定的对象，它贯穿整个心理过程。因为只有当个体首先注意到一定事物，才可能去观察、思考和记忆等。注意力是主体运用注意的能力，注意的对象既包括个体自身的所有行为、思想观念、心理状态，也包括客观外部事物和现象。[①]注意力属于心理学的范畴，它是指把自己的感知和思维等心理活动指向某一事物的能力。人们是在特定的活动瞬间依赖意识和需要选择其他特定的对象而从原来注意的对象转移。因此，注意的对象又被称为主体选择的客体。[②]

2.注意力的特征

注意力有三个显著特征。一是指向性，指人的心理活动有选择地指向一些现象而忽视其他现象，指向性也表现为一种心理选择，对出现的诸多刺激，选择其中的一个刺激。二是集中性，指人的心理活动停留在选择对象上，集中性表现为对其他刺激的屏蔽。注意力也可以被认为是选择某些刺激自动屏蔽其他刺激。根据经济学的稀缺假设，人的注意力也可以被认为是稀缺的，人在注意某些事物的同时，会忽视其他某些事物和现象。1997年美国学者迈克尔·歌德海伯发表了题为《注意力购买者》的文章，指出现代社会信息非常丰富，信息资源本身不缺乏，而是人们的注意力缺乏。[③]三是发展性，新生儿就有注意能力，即先天的定向反射，包括心率、血流、瞳孔、脑电等多方面的相应变化。定向反射在成人期也能观察到，是无意注意的最初形态。研究表明，人在3岁左右，有意注意开始出现，个体能注意到周围环境中的变化并和认知过程结合起来。[④]

3.注意力的种类

注意的种类有两种。一是有意注意（随意注意）。有意注意是根据人们意识的需要，把精力集中在某一事物上，当人们在实践活动中，提高了某一活动的

① 王有文.高等数学学习论[M].北京：中央民族大学出版社，2016：175.
② 石岚君.校园智力类活动指导手册[M].长春：吉林出版集团有限责任公司，2013：44.
③ 彭健.文化众筹从兴趣到信任[M].北京：知识产权出版社，2016：99.
④ 周学平，鲜跃勇，夏谦.心理原理与应用[M].北京：北京理工大学出版社，2012：16.

熟练程度,注意过程不再需要意志的努力而熟练完成。注意是自觉,有目的的,人的这种有意识集中和保持注意的能力,是在生活实践过程中逐渐发展起来的。二是无意注意(不随意注意)。无意注意是由于突然的外界刺激引起的注意,不需要意志的努力。①例如,学生们都在认真听课,突然门口有人大声说话,大家注意都被转移到门口,这就是无意注意。

(三)记忆力

1.记忆力的内涵

记忆力是通过识记、保持、再认和回忆客观事物所反映的内容和经验的能力。识记是指通过个体的学习而在大脑中留下痕迹的过程;保持是指这些痕迹在大脑中保存下来;再认是保存的信息通过联系现实的刺激,再次回忆出当初的信息的过程;回忆是指将这些存储在大脑中的记忆痕迹再次激活的过程。识记是个体学习的过程,保持、再认和回忆则是通过学习获得的记忆痕迹由短时记忆转换为长时记忆的牢固过程。

2.记忆的种类

根据记忆方式来分类,记忆可分为两种类型。一是概念记忆,就是对某一事物的回忆。二是行为记忆,就是对某一行为、动作或技能等的回忆。如在考试中需要回忆某个定义的时候,运用概念记忆;在游泳、开车、骑自行车时,运用行为记忆。行为记忆比概念记忆持续时间更长,难以遗忘。

根据持续时间来分类,记忆可分为三种类型:感觉记忆、短时记忆和长时记忆。感觉记忆只是最初印象在大脑中的一个反应,换而言之,就是个体注意到的事物所给大脑的第一刺激印象,感觉记忆通常不够牢固,容易遗忘。短时记忆和长时记忆引起人的大脑结构发生变化,建立固定联系。短时记忆引起细胞结构的改变,但是不够牢固,需要反复练习才能转变为长时记忆。②长时记忆是通过在日常生活中反复练习,让身体肌肉形成记忆,成为习惯性动作。例如骑自行车和游泳,一旦形成长时记忆,哪怕是相隔几十年,仍然能够被回忆。

---

① 阎玉芳.小学生智力训练快乐营[M].呼和浩特:内蒙古人民出版社,2006:57.

② 郑学宾.你为什么加班[M].长春:时代文艺出版社,2011:139.

（四）想象力

想象力远比知识重要，因为知识是有限的，而想象力却是无限的，想象力是推动世界发展的重要源泉。想象力也是知识进化的重要来源之一，同时，想象力对于一个人是否取得成功具有至关重要的作用。①

1.想象力的定义

想象力是个体在已有形象基础上，在头脑中创造出新的形象的能力。在创造性的想象中，个体运用想象力去创造希望实现的事物的清晰形象，紧接着，持续不断的将注意力集中在这个思想或画面上，给予它以肯定性的能量，直到最后成为客观现实。②

想象力是人类进步的重要源泉，倘若没有想象力，我们将不会实现创造发明，不能发现新的事物定理。爱因斯坦发现相对论、牛顿从苹果落地想象到万有引力，这些都是因为他们运用了想象力的结果。根据现代科学推论人类最早的想象力来源于火，我们的祖先通过跳动的火焰展开想象，想着如何才能把火保持下来，想着如何利用火取暖，等等。就这样，逐渐通过想象力创造了文字、语言、科技，发明了一些新的事物。

2.想象力的种类

空间想象力。空间想象力主要是指在头脑中浮现出真实物体的形状或形象。例如，日常生活中建造师在建筑房屋之前需要考虑房子的形状，机械工程师在组装机器之前需要考虑各种零配件的形状以及如何组装，甚至要想象机械系统的运转情况，这些职业都需要具备发达的空间想象力。

搜索想象力。在日常生活中，需要解决一些具体问题时，个体考虑采用什么材料，在头脑中进行搜索的过程便运用了搜索想象力。例如，司马光在紧急情况下需要救人，他在头脑中迅速联想，想着用什么办法可以快速地砸碎缸，头脑灵机一动，他赶紧拿起一块石头砸碎缸。又如，在工程队从事道路施工时，需要用红灯泡提醒过路的人，但非常不巧，红灯泡用完了，大家都愣在那里不知所

① [德]老卡尔·威特，小卡尔·威特.卡尔·威特教育全书[M].《卡尔·威特教育全书》编委会编，译.北京：中国妇女出版社，2018：294.

② 石岚君.校园智力类活动指导手册[M].长春：吉林出版集团有限责任公司，2013：148.

措，一个年轻人灵机一动，找到一块红布裹上，就这样轻松解决了问题。可见，这位年轻人运用了搜索联想，充分发挥了想象作用。

重新组合。创造新的事物，个体需要在头脑中将各要素进行重新组合。例如，时装设计师设计服装，首先需要在头脑中考虑采用什么布料、设计什么样式、什么颜色；其次，设计师需要在头脑中重新组合这些颜色、布料、样式等，最终在头脑中形成搭配合理、令人赏心悦目的服装构想。

综合考虑。在做事之前，个体需要考虑可能发生的情况，并采取相应的应对策略。例如，两个棋手在下棋之前，就要充分考虑自己走一步棋后，对方该如何走。如果对方的走法不加考虑的话，那么将无法提高自己的下棋水平。围棋、象棋等棋类都是如此，专业棋手的想象力更是令人叹为观止。又如，餐饮店发生火灾，消防员需要考虑餐饮店会不会有顾客被困在里面；在营救顾客后，清理现场需要考虑餐饮店是否存在再次引起火灾爆炸的隐患，餐饮店周围是否存在易燃易爆的物品，是否可能引起二次灾害；等等，这些情况消防员都应该在头脑中进行模拟，随后制订较为完善的营救方案。

头脑演示。小说家、科幻作家、编剧、导演等这类型职业的人员，在工作的时候都需要在头脑中演示，他们需要在头脑中模拟事情的发生、发展情况。在实际生活中，我们会发现，许多事情所需要的想象力可能是多种形式的。例如，篮球教练员，他们既要在头脑中演练战术组合，也要考虑比赛过程中出现的种种情况；作家动手写作时不仅需要进行词语的排列组合让词语更加顺畅，还需要在头脑中模拟故事情节如何展开。①

以上想象力的形式没有穷尽所有的想象力，但是无论是哪种形式的想象力，都有一个共同的特点，那就是需要在头脑中模拟事物的形象、模拟事情的发展情况，并在头脑中反复演练。

（五）言语能力

1.言语能力的定义

言语能力是理解和运用语言文字进行思想和信息交流沟通的重要能力，具体包括概念的形成和同化，以及与言语相关的抽象思维、分析、概括能力等。已

① 石岚君.校园智力类活动指导手册[M].长春：吉林出版集团有限责任公司，2013：153.

有相关研究表明，言语能力是“晶体智力”的典型代表，与个体受教育程度、学习和吸收知识的能力有紧密关系。如果接受了良好的教育，并且具有较强的学习能力和学习动机的个体通常具有较高的言语能力。语言在人类社会中具有非常重要的作用，个体的言语能力也是学习、工作和生活中最为基本的认知能力之一。[①]

2.言语能力的结构

言语能力包括组织能力和语用能力。组织能力又包括语法能力和篇章能力。语法能力指对词汇、形态、句法、语音文字的掌握程度，篇章能力指对语句的接受程度以及对词语的修辞组织能力。语用能力包括言语功能能力和语言文化能力。言语功能能力指对词语概念功能的掌握程度、操作功能的运用程度、根据已经掌握的词汇联想的启发功能，以及根据已有词汇产生想象功能。语言文化能力指掌握方言的能力、语言变体的运用能力、在一定文化参照物下言语象征能力的运用等。

三、中小学生的认知能力发展

认知能力的发展是个体心理发展的一个重要方面，它包括个体在感觉、注意、记忆、观察、思维、言语等方面的发展。从出生到十六七岁，个体的认知能力呈现不断增长；十六七岁到40岁是个体认知能力发展水平的一个高峰期，在此期间，个体各种认知能力都处于较高水平；40岁后有不同程度的下降。[②]

中小学生处于寻求知识阶段，对任何新鲜事物都具有浓厚兴趣，各种认知能力在学习中迅速提高。中小学生认知能力的水平高低，不仅影响他们身心健康，而且也影响他们对周围环境的适应能力。

中小学生认知能力的发展主要存在两种观点。一是认为中小学生认知能力的发展是连续的，是一种平缓的、持续增长的发展过程；二是认为中小学生认知能力发展是阶段性的，在发展过程中某些能力出现陡增的情况，而其他能力则处于没有发展的状态。

① 张侃.科技部科技基础性工作专项“国民重要心理特征调查”指标与工具[M].北京：世界图书出版公司北京公司，2015:6.

② 周学平，鲜跃勇，夏谦.心理原理与应用[M].北京：北京理工大学出版社，2012:16.

（一）认知能力发展的表现

新生儿只具有一些先天的本能性的反射活动，我们称为无条件反射，例如吸吮反射、抓握反射、觅食反射等，这些都是婴儿维持生存本能和防御他人伤害的基本反射能力。这些反射活动只是认知能力发展的必要基础，个体认知能力发展都以此为前提。

个体认知能力的发展首先表现为各种心理机能的发展，随着个体的逐渐成长，其感知能力、注意能力、记忆能力、思维能力、语言能力等逐渐发展起来，从原来只是具备简单的反射活动，到后来形成复杂的心理过程。在记忆能力方面，婴幼儿时期记忆时间短、内容少，容易记住带有欢乐、恐惧等情绪的场景，随着年龄的增长，他们的记忆内容更加丰富，记忆的保持时间更长。在思维能力发展方面，婴幼儿最初的思维和客观物体及行动是紧密相连的，离开了实际事物他们便没办法思考问题；随着年龄的增长，小学生逐渐学会综合、分析和比较等思维方法①。

（二）认知能力发展的动因

中小学生认知能力发展与学习关系非常紧密。一定的认知能力发展水平是中小学生进行学习活动的必要前提，与此同时，学习活动又有力促进中小学生各项认知能力的发展。在中小学生认知能力发展过程中，社会和学校教育不断对中小学生提出各种新的要求，每当这些新的要求超出中小学生的认知能力发展水平时，就不得不促使中小学生进行学习，学习的过程也同时在发展中小学生的认知能力。新的学习需要在一定的社会情境下，因为社会发展和教育的要求不断在中小学生内心深处内化而形成，这样的过程促使中小学生不断积极探索新的知识，解决生活中和学习中遇到的新问题，反映了中小学生在认知能力发展过程中动态的过程。原有的认知能力发展水平是指中小学生通过一定的认知活动，已经形成的认知能力现状，是中小学生过去认知活动的结果反映。新的学习需要和已有的认知活动处于动态的“矛盾—平衡—矛盾”过程之中。当新的学习需求足够强烈时，两者之间的矛盾加剧，促使中小学生不断学习，从

① 方富熹，方格，林佩芬. 幼儿认知发展与教育[M]. 北京：北京师范大学出版社，2003：5.

而促进中小学生认知能力的发展，逐渐趋向平衡状态。需要强调的是，在这个动态平衡过程中，教育和训练的作用不容忽视。教育和训练为中小学生创设一定的学习情境，并向中小学生提出新的学习要求，通过采取行之有效的教育方式和训练方法，激发中小学生的学习动机，从而有效促进中小学生将社会和教育的需求转化为自身的内在需求。

（三）影响认知能力发展的主要因素

影响中小学生认知能力发展的主要因素有两大类。一是生物因素。生物因素主要包括先天的遗传和后天的成熟，这些是中小学生认知能力发展的物质基础和前提条件，这些也为形成新的行为和思维模式提供了可能。二是环境因素。环境因素包括影响中小学生发展的所有外部因素，包括自然环境、社会环境以及教育环境等。

1.遗传

良好的遗传因素和生理发育是婴幼儿认知能力发展的重要物质基础。倘若没有这些基础，认知能力将失去自然发展的前提。显而易见，遗传基因的优劣对中小学生的认知能力发展起着至关重要的作用。英国遗传学家高尔顿坚持以遗传学的观点来解释个体之间的能力差异。他于1869年发表了《遗传的天才》，其中明确提出：一个人的能力主要由遗传决定，受到遗传因素的影响较大。遗传决定论强调遗传因素在个体的认知能力发展过程中起着重要作用，认为个体的心理发展主要由先天的、不变的遗传基因决定，心理发展的过程是先天遗传素质自我发展、自我成长的过程，个体的心理发展是心理成熟的结果，而社会和学校教育的作用较小。也就是说，每个人的智力在受孕胚胎的基因中就已经确定。

2.成熟

成熟是指个体的成长，特别是指神经系统和内分泌系统的成熟。成熟是中小学生认知能力发展的重要因素，这是中小学生形成新的思维模式和行为方式的重要前提。在美国心理学发展史上，美国心理学家格赛尔提出的“成熟决定论”具有较大影响。在他看来，中小学生的生理成熟决定着心理成熟的发展。换而言之，随着中小学生年龄的增长和各个器官的成熟，心理功能也随着发展，最后达到成熟。成熟决定论的主要观点是，中小学生的心理发展是由内在身心发展规律决定，心理发展是生理发展的自然结果，成熟是影响发展的重要因素。因为中小学生生理发展是按照一定的顺序进展的，各个系统器官成熟的时间和速度存在较大差异，这种差异表现在不同的中小学生的心理发展速度和水平的差别。

3.社会环境和教育

社会环境的概念有广义和狭义之分。[①]狭义的社会环境指组织生存和发展的具体环境。例如，相对于中小学生而言，则包括家庭环境、邻里氛围、生活环境、学校氛围等。这些社会环境在一定程度上影响着中小学生认知能力发展的水平。广义的社会环境则包括社会政治环境、经济环境、文化环境等大的范畴。例如，在当今信息技术迅猛发展的时代，中小学生能接触到各种各样的信息，或许他们了解到的信息老师或家长都未曾知晓，因此，现代中小学生认知能力在不断提升。中小学生由于所处的家庭环境、社区环境和教育影响的不同，他们的认知能力也存在一定的差异。教育作为促进中小学生认知能力发展的重要条件，同时也在一定程度上制约着认知能力的发展方向。学习是人类经验积累的重要方式，虽然中小学生学习形式多种多样，但是所有的学习都是一种提高认识、获得经验的过程。教育就是通过学习和教育的相互作用、相互影响，充分发掘中小学生身上蕴藏着的发展潜能，持续不断地将中小学生发展的可能性转化为现实性的一种重要方式。

第三节 基于认知能力的教学研究

基于认知能力的教学研究可以追溯到20世纪30年代的认知心理学。教育的对象是人，以皮亚杰为代表的现代认知心理学家致力于儿童智力发展的研究，儿童处于不同的认知阶段会呈现不同的认知方式和认知能力水平，需要不同的教学方式。

① 崔晋文.思想政治教育中的美育问题研究[M].武汉：武汉大学出版社，2021：151.

一、基于认知能力的教学目标确立

教学目标指向人的全面发展，最终指向教育的最终目标。根据皮亚杰认知发展的阶段理论，人在不同的认知阶段具有不同的认知方式和认知能力水平，教学目标应该具有连续性和具体性。克拉斯沃尔和佩恩确定了三个连续具体性层次的目标，并分别概括为总体目标、教育目标和教学指导目标，其中第三层次的目标现在一般称为教学目标。[①]总体目标是需要大量时间和教学等来实现的学习结果，指向人的最终成人成才教育目的。教育目标是在总体目标指导下，为实现教育或课程推进过程最后要实现的目标而制订的有步骤的目标。教学目标指在课堂课时教学或是其他具体的有限时间内达到的学习效果。基于学习者的认知能力，教学目标应该是在符合学习者认知能力水平、认知方式等基础上来确定的。

1.确立依据

人的认知能力（或水平，包括认知方式）在不同的时间、场景等，其感知、理解、记忆、思维等过程中所表现出来的能力（水平）具有不同的特点。皮亚杰认为个体认知发展从不成熟到成熟一般要经历四个阶段，具体内容见表2-1。[②]

表2-1　皮亚杰的认知发展四阶段理论

阶段	大致年龄	阶段的主要特征
感觉运动阶段	从出生到2岁	从被动反应到积极而有意的主动反应，“客体永久性”概阶段念的形成，通过操纵物体来了解其属性；该阶段形成了以后复杂认知结构的基础
前运算阶段	2~7岁	发展了运用符号来表征客观物体的能力，认知具有如下特点：具体形象性、不可逆性、刻板性、自我中心主义
具体运算阶段	7~11岁	掌握了一定的逻辑运算能力，但只能将逻辑运算应用于具体的事物，还不能扩展到抽象的概念；此阶段儿童的认知具有以下特点：守恒性、逆向性、结合性、同一性和重复性

① [美]洛林·W.安德森等.布卢姆教育目标分类学：分类学视野下的学与教及其测评（完整版）[M].蒋小平，张琴美，罗晶晶，译.北京：外语教学与研究出版社，2009：12.

② 张大均.教育心理学[M].北京：人民教育出版社，2015：44.

续表

阶段	大致年龄	阶段的主要特征
形式运算阶段	11岁以后	能够进行抽象思维和纯符号思维，此阶段个体认知发展的特点是具有假设—演绎推理能力、命题推理能力、组合分析

由此可见，人在学习过程中具有不同的认知方式和认知能力水平，所以教学目标的设立要遵循学生的认知能力水平。

不同年龄阶段的学生处在不同的知识水平，具有不同的认知方式和能力水平，在设置教学目标的过程中要注意认知水平的差异。认知水平的差异主要表现为智力水平的差异，而智力水平的差异又表现为智力发展水平的差异和智力发展速度的差异。[①]基于认知能力的差异，教学中要设置不同的教育目标。对智力超常学生的教育目标应进行多元智能的充分开发，对其进行高学历教育和个性优化教育。对智力落后学生的教育目标则应根据其智力落后的承度来确定。如对于轻度智力落后学生，教育目标是通过训练使其能够掌握较高的生活能力，较好地适应社会生活；对于中等智力落后学生，教育目标是通过训练使其能够掌握一些简单的生活技能和社交能力；对于重度智力落后学生，教育目标是通过训练使其掌握一些简单的生活技能。[②]

2.表述方式

教学目标是组织、设计、实施、评价教学的出发点，是判断学生是否达到期望的起点。美国著名课程大师泰勒认为，用可观察的行为来体现某种学习过程的结果是最有效的目标表述形式，他称之为行为目标。在泰勒思想的影响下，美国行为派心理学家马杰在著作《准备教学目标》中系统地提出了用行为术语陈述教学目标的理论与技术。马杰的行为目标陈述法认为，教学目标应该陈述“学生能做什么以证明他的成绩以及教师怎样知道学生能做什么”，也就是用可以观察或是测量到的学生预期学习过程中或是学习后的行为变化来描述的目标。

行为目标的陈述一般模式是行为主义心理中的刺激——反应模式，即陈述在教学中呈现什么样的条件或是刺激，期待学生会有什么样的行为或是反应。

① 张大均.教育心理学[M].北京：人民教育出版社，2015：494.

② 张大均.教育心理学[M].北京：人民教育出版社，2015：499.

1962年，马杰在《程序教学目标的编写》一书中提出学习目标三要素：一是要明确指出要达到的具体行为，也就是做什么的问题；二是明确指出做出这种具体行为要具备的条件，也就是要怎么做的问题；三是明确指出评价这种行为的具体标准，也就是做得怎么样的问题。

这种目标要素在具体的教学中逐步形成了改进学习目标的ABCD学习目标模式。

①A（Audience）分析学习对象。

②B（Behaviour）学习后，学习者应该能达到的目标行为。

③C（Conditions）学习者在什么样的情况下可以形成目标行为，即教学条件。

④D（Degree）评价行为目标达成度的评价标准。

例如，在写教学计划时，对于能力目标直接描述为“使学生能够有感情地朗读课文”，这个目标表述就不够具体可测量，我们利用ABCD学习目标模式可以将其改为：学生能够准确、流利地读出文章，并且能够读出标点符号所代表的语气。

又如，数学教学中学生计算能力的目标可以按照ABCD学习目标模式进行描述：给学生出50道基础口算题，在5分钟内能够按照100%的正确率做出来。

在这条目标表述中，学习者是学生，行为是做出50道题，条件是5分钟内，标准是正确率为100%，这就是很清晰地按照ABCD模式编写的教学目标。这种表述方式可以让目标变得具体可测量。

3. 目标内容

正如加涅所著《教学设计原理》一书中所指出的那样，设计者开始任何教学设计以前必须能回答的问题是：经过教学之后学习者将能做哪些他们以前不会做的事？教学之后学习者将会有何变化？新的课程理念提出了教学目标的三领域——知识与能力，过程与方法，情感、态度和价值观。可以具体细化为五个维度——知识、技能、情感态度、学习策略、文化意识，这正是基于学生认知能力的目标内容。

（1）教学目标中知识与能力并重。

(2)教学目标重视学生获得的体验过程,重视学生方法的获得与情感的体验。

(3)教学目标强调文化意识,有利于学生了解中西方文化,传承中华优秀文化,借鉴国外先进文化。

(4)根据学生认知能力连续性的特点,教学目标针对课程目标、课时目标有重点。

(5)根据学生认知能力水平不均衡的特点,教学目标分层化。

二、基于认知能力的教学内容组织

教学内容是在具体教学中教学目标的具体化,是实现教学目标的基本保证。教学内容的组织在教学中一般称为教学内容的设计,包括教学内容的选择与组织。一般来说,教学内容的设计总是依据一定的理论观点,对教学内容从宏观和微观两个层面进行设计。教学内容设计的理论是教学内容设计的前提。教学内容的宏观设计就是确定教材内容的取舍和排列顺序的过程。教学内容的微观设计就是在教学对象和教材固定的情况下,科学谨慎地分析教材,重组并改选教学内容。[①]值得一提的是,无论是微观设计还是宏观设计,我们都要明确教育对象和教材这个前提。教育指向的是人,设计教育活动和教学内容,除遵循社会、教育本身发展规律之外,还要基于学生的认知能力。

1.对教材内容的整体把握

人认知能力的发展具有过程性和连续性,教材正是基于人的成长规律与发展需求而编写的,对于教材内容的整体把握是对学生认知能力发展的认同与实践。在进行教学内容的选择时需要先了解教材的组织方式,分析教学内容的编排意图和特点,把教学内容与人的认知能力密切融合。同时,在学科教学中,准确把握学科的性质以及学科在人的认知发展中所处的地位,紧扣学科核心概念,确定教学中的重难点,突破人的认知发展的重难点。

① 张大均.教育心理学[M].北京:人民教育出版社,2015:296.

2.对课程标准的积极理解

钻研课程标准，准确把握教学内容在课程体系中的地位和作用。在整个教学课程之前，教师通过钻研课程标准，既可以领悟所授课程在学校课程中的地位、教学主旨和要求，又能对课程所覆盖的主要课题、要目或章节及其教学要点做到心中有数。在对具体内容的教学时，教师通过钻研课程标准，可以深化对不同层次的事实、概念、原理和规则等教学内容纵横联系的认识。①

3.对教材内容的重组与改造

教材的编写基本上是适宜于全国大部分学生的，但是不同地区、不同成长环境的学生可能处于不同的认知能力水平，具有不同的方式，所以任何版本的教材要完全适应于所有的学生是非常困难的，这就需要教师在选择时对教材内容进行重组与改造。

(1)基于学生的知识储备和认知发展水平，灵活调控教学内容的深度与广度，力求使新知识的教学既要有利于发展学生的潜在水平，又要与学生的现有水平相衔接。②

(2)基于学生的认知方式特点，可利用多媒体等一些新颖有意义的教学设备，在教学内容的新颖性和多样性上下功夫。

4.情境化组织形式

基于认知能力水平和认知方式的教学内容组织，要依据学生的知觉力、注意力、记忆力、想象力、知识力、言语能力和思维能力等，选择符合学生认知能力发展的、与教学目标相适宜的教学内容组织形式。而在教学内容组织的过程中，我们不能孤立地组织每个认知过程发展需要的内容，最好的方法是选择情境化的教学内容组织形式，主要包括：设置适应教学内容的包含学生各个认知过程的情境，在这个情境中学生可以在已有的认知能力水平和认知方式基础上，通过调动知觉力、注意力、记忆力、想象力、知识力、言语能力和思维力能力等获得亲身体验的整体性认知成长。

① 张大均.教育心理学[M].北京：人民教育出版社，2015：298.
② 张大均.教育心理学[M].北京：人民教育出版社，2015：299.

三、基于认知能力的教学策略选择

教学策略包括教的策略和学的策略，一般狭义的教学策略指的是教的策略。基于认知能力的教学策略主要指在进行教学方法、教学组织形式、教学媒介的选择上要以学生的认知能力水平和认知方式为依据，选择适宜学生认知能力的教学策略。只有针对学习者的认知能力水平和认知方式进行教学策略选择，才能使教学的策略更具针对性和适应性。在分析学习者的知识水平、能力水平、学习风格等基础上采取衔接型和发展型的教学策略。

衔接型教学策略即教学策略的选择是与学生的知识水平、能力现状以及学习风格相匹配的教学策略；发展型教学策略即依据学生的认知能力寻找其最近发展区，选择经过努力可以实现的教学策略。

1.先行组织者策略

皮亚杰认知发展理论认为孩子出生时就具备有限的感觉和运动图式，如看、听、吸吮和抓取，并通过经验来协调这些图式，这就是整个认知发展过程的起点。[①]也就是说，学生本身是具有自己的认知规律的，有自己的认知方式，学生不是空着脑袋进入教室，而是带着已经接触到的、积累的经验与知识开始学习的。所以，教学策略应该是在基于学生认知能力与通过努力可以达到的潜力区，也就是心理学上所提到的最近发展区这一部分进行策略实施。

教师在教学中帮助学生由已有认知能力水平达到最近发展区高度水平所提供的教学内容与方法等就成为教学的先行组织者策略。

2.教学言语适宜策略

学生认知能力的发展其中一个重要的方面就是言语能力的发展，而学生言语能力的发展既是对学生头脑内部认知发展的工具，又是学生认知能力发展的直观表现，是实现和评价教学目标的重要工具。

首先，教学言语适宜策略基于学生的言语理解与加工能力水平，选择适应于学生认知范围内的语言，或是基于其认知能力处于其最近发展区的言语内容。

① [美]博伊德，比.儿童发展心理学（第13版）[M].夏卫萍，译.北京：电子工业出版社，2016:132.

其次，教学言语适宜策略基于学生的言语理解与加工方式，选择学生偏爱的语言表述形式。

3.因知施教策略

因知施教策略是根据学生在认知发展过程中，因其年龄、所处区域、家庭环境等的不同而形成了不同的认知能力水平和认知方式差异而采取的有针对性的教学策略，以保证教学目标的有效达成。因此，因知施教也可以称之为针对学生认知能力水平和认知方式的教学组织策略。因知施教是依据学生在观察力、注意力、记忆力、知识力、想象力等所处水平和获得方式的不同而采取的相应教学策略。

4.板书结构化策略

随着现代科学技术在教育领域的应用与飞速发展，越来越多的多媒体手段应用于课堂教学，甚至在课堂教学中逐渐形成了多媒体取代黑板书写的形势。现代科技是否可以取代板书？板书是否已经过时？

当然不是。在教育心理学中，板书可以在教学中起到“脚手架”的作用。正如建造一座高楼，楼房的建筑需要提前规划蓝图，需要首先建造楼房的框架。同样地，学生的学习也需要一套支撑认知的线索，这线索可以称之为学习的“脚手架”。

儿童认知发展心理学上，皮亚杰认为图式是儿童适应社会与学习的认知结构，也就是儿童通过一些质化的动作或是图形等来获得认知的发展。板书结构化策略是使教学内容的逻辑结构、课堂教学的设计程度、学生的认知结构在板书中达到艺术性和科学性高度统一的方法。①

依据学生认知能力与认知方式的不同，我们结合教学内容可以选择更有效的板书形式，例如总结概括型、对比型、横向纵向深度延伸型、表格型、思维导图型等。当然在板书结构化策略的使用过程中，还要有利于学生的记忆和思考，特别突出启发性。

① 张大均.教育心理学[M].北京：人民教育出版社，2015：329.

四、基于认知能力的教学评价实施

教学评价是基于教学目标对教育过程中学生、教师的发展变化进行评价的活动。教学评价既有对教师、学生的评价，又有对教师教的方法、策略和学生学的方法、状态、效果等的评价。基于学生认知能力的教学评价，即符合学生目前或是经过努力可以达到的认知能力水平和认知方式所采取的教学评价的方向、内容、方式、主体等。

也就是说，基于学生认知能力的教学评价，无论是评价的方向、内容，还是评价的主体都应该基于学生的认知能力水平和认知方式，或是基于学生的认知能力和认知方式的最近发展区。

教学中基于学生的认知能力，可以选择对于教学目标的实现更加有效的评价类型。

1.认知能力水平的评价

学生的认知能力具有发展性、阶段性和不均衡性特点，在教学中要根据学生言语行为等的表现，及时对学生进行知觉力、观察力、知识力等的评价。评价学生对于目标的注意广度和深度、对于知识积累的深浅等，引导学生获得认知的发展。

2.认知方式的评价

在学生的课堂表现中，教师要注意观察学生的认知方式。例如，观察学生想象力的丰富性、言语理解与表达能力的深浅等，及时做出方向性的引导，促进教学目标的实现。

教学评价随着新课程改革的推进，课堂教学方式的转变，学生主体地位的凸显，学习过程不再是简单知识的传授和文字符号的传递，而是学习者或是大脑中或是行为上主动的认知过程。

教学评价在实施过程中要具有基于学生认知水平、认知能力水平以及认知方式等特点。评价应该具有方向性，以引发学生更新、更深的思维方式；评价的内容应该具有时效性，承上启下，承接认知发展过程等。

第四节　基于认知能力的教学案例分析

案例一

我们的节假日

重庆市璧山区金剑小学张玉华执教的统编版《道德与法治》二年级上册第一单元“我们的节假日”，第4课《团团圆圆过中秋》，无论是对教学内容的确立，教学内容的选取组织，还是教学策略的选择，教学评价的实施，都是基于学生认知能力来的。其教学过程如下。

趣味引入（2分钟）

同学们，大家喜欢听歌吗？看谁的耳朵灵敏，听听歌词里都说了什么？能猜到是什么节日吗？（播放：中秋节的歌曲）

生：月亮、吃月饼、桂花……（贴月亮）

师：能猜到是什么节日了吗？（板书：中秋节）

师：恭喜你们，真会倾听，那这首中秋节的歌好听吗？我们一起来学一学吧！

在同学们悦耳动听的歌声中，今天我们就一起走进中秋节。想知道中秋节怎么过吗？待会再讲！我们今天这样过中秋节！（板书：我们这样过中秋）

【评析】用歌声唤起学生的注意力和思考力，在听歌词猜节日中自主发现主题，走进中秋氛围。

活动一　童言话中秋

过渡：首先让我们走进活动一，童言话中秋。（课件）

1.中秋节的时间（2分钟）

师：关于中秋节，你都知道些什么？

生：中秋节是八月十五。

师：准确地说，应该是农历八月十五，因为中秋节是我们的传统节日。那谁会找一找，今年的中秋节是公历几月几日？（课件：日历、日期跳出来）

2.中秋节的来历(3分钟)

师:除了日期,你们还收集到什么?

生:嫦娥的故事,中秋节的来历……

师:你们收集的资料很丰富,关于中秋节的来历,老师这里有一个动画,一起瞧瞧。(放中秋节介绍视频)

3.讲故事(5分钟)

师:来而不往非礼也,既然老师都送给大家这么精彩的故事,那你们有故事给我分享吗?今天我们就要举行中秋故事会,比一比,谁的故事讲得好,有小礼物送给你们。

现在,倾听要求:小组(同桌)两人之间互相讲一讲,音乐结束时讨论结束。待会上台给大家分享,开始吧!

(1)学生两人互相讲故事练习。(配乐:爷爷为我打月饼)

(2)学生自主上台讲故事。(2~3个,注意不要重复故事主题)

师:感谢几位故事大王的精彩表演,奖励你们(发月饼),先把礼物收好,待会再吃。

师:同学们觉得他们讲的故事怎么样?你怎么知道这个故事的?

生:爸爸妈妈讲的,书里面看到的,网上查的……

师:你们能从不同的途径收集故事,真是能干的孩子。听了你们的故事,这个中秋变得真有趣。(板书:有趣)

【评析】设计符合学生认知方式的动画、故事,孩子们在快乐的活动中知道中秋的基本知识,展示自己收集信息的成果,锻炼了课标要求的言语表达能力。

活动二 童眼看中秋

过渡:接着我们来到了第二个活动,童眼看中秋。(出示课件)

1.我们这么过(2分钟)

(1)团圆过中秋

师:听了那么多古人过中秋节的故事,那以往过中秋节,你跟家人之间有什么故事呢?

生:跟家人一起吃月饼、看月亮、到公园玩、看花灯、旅游……

师:那你的心情怎么样?

生:开心、好玩、快乐、幸福……

师:和家人在一起,我们的中秋很幸福!(贴幸福)

(2)不能团圆过中秋(5分钟)

师:有没有中秋节家长没有办法跟你们一起过的时候?

师:每逢佳节倍思亲,你现在最想和谁过?

生:和爸爸妈妈、在外读书的姐姐……

师:听了你们的思念,我真想变成一只魔法玉兔,让你们和家人团聚,玉兔给你们带来了一个小惊喜,一起来看。(视频或者现场视频通话)

师:这是谁的妈妈呀? 听了妈妈的中秋思念,你想对妈妈说点什么?

师小结:孩子们,虽然我们有时与亲人相隔千里,但我们的思念依然能在中秋团聚,所以,这一天我们更要团团圆圆地过。(板书:团圆)

2.少数民族过中秋(5分钟)

(1)少数民族风俗

师:除了刚才我们说到的这些习俗,你还知道少数民族怎么过中秋吗?(介绍图片PPT)

师:你觉得他们的中秋节怎么样?

生:我觉得他们的活动很好玩、新鲜、服装漂亮……

(2)学拜月舞

师:领略了少数民族的中秋风情,大家想不想来体验一下? 其实,我们班就有一位能歌善舞的土家族姑娘,我们听听她是怎么说的吧?(本班土家族孩子介绍中秋)

张同学:我们土家族的中秋习俗之一是拜月舞,请跟我一起来学……

师:请全体起立,我们一起来跳一跳吧!(配乐)

师:感谢张同学给我们带来的优美舞蹈和漂亮的土家族服饰,你是美丽的舞蹈仙子。

3.国外这么过(5分钟)

(1)看国外朋友视频

师:我们中华优秀传统文化真是博大精深,现在咱们放眼世界,想知道我们的中秋节在国外朋友眼里是什么样吗? 我们采访到一位国外朋友,我们听他说一说。(放视频)

(2)外交小大使

师:刚才这位小朋友说对中国的传统节日不是很了解,你能给他说说吗?

生:你好,我叫XXX,欢迎你来到中国,我们大中国有着非常丰富的优秀传统文化,中秋节就是传统文化中的一个,它是一个非常有意思的节日,在这一天……希望你在中国过一个快乐团圆的中秋节。

师:你们不仅介绍了中秋节,还交到了好朋友呢!

【评析】从了解中秋节的时间、来历和故事,学生能够了解中秋节的起源,再通过少数民族舞蹈的体验和与国外友人的交流,增强了中秋节的趣味性,增加了对中秋节认识的宽度和对中华优秀传统文化的喜爱程度,通过观察、体验、表达,充分感受中秋节的丰富多彩。

活动三 童心过中秋

过渡:现在,我们就要进入最有趣的活动“童心过中秋”啦,大家期待吗?

1.猜灯谜(5分钟)

师:让我们一起走进中秋晚会现场,今天不仅邀请了土家族的姑娘、外国小朋友、家长朋友,还有一位特殊人物,她是玉兔的朋友——嫦娥仙子! 她今天给你们带来了特殊的礼物!(拿出月饼)

生:月饼!

师:可嫦娥姐姐的家乡有个习俗,要猜灯谜,猜对了,你们组的同学才可以获得美味的月饼。

师:请各小组同学齐心协力,在组长的组织下,猜出灯谜,方可领取我们的美味哟!(分发花灯,课件出示规则,播放《八月十五月儿圆》歌曲)

师:恭喜你们,都猜对了,请组长领取并分发美味。

2.吃月饼(放做月饼的视频)(3分钟)

师:每一个月饼都饱含着我们美好的中秋祝福,大家边吃边看,月饼是怎么诞生的吧!

师:吃完了嫦娥仙子的月饼,感觉怎么样啊?

生:很甜蜜,很开心……

师:我们今天还要甜甜蜜蜜地过中秋节。(板书:甜蜜)

3.说愿望(2分钟)

师:嫦娥仙子的月饼可是具有神奇魔力的,它可以帮你们实现愿望,你想许什么愿望呢?

生:我希望成为宇航员到月亮上去见嫦娥仙子,我的愿望是爸爸妈妈回家工作,多陪陪我……

师:其他同学也有好多愿望呢?那全体起立,双手合十,默念你的愿望!(舒缓音乐)

师:你们的愿望相信嫦娥仙子都听到了,祝你们梦想成真!

师总结:今天,我们一起度过了一个有趣、幸福、团圆、自豪和甜蜜的中秋节,这样过中秋节大家喜欢吗?(喜欢)老师也很喜欢,同时老师也送给你们一个美好的祝福,祝大家学习进步,月圆人圆事事圆!

今天的中秋节到此结束,谢谢大家,再见!

【评析】在中秋晚会的情境设计下请出嫦娥,引出传统灯谜活动,并组织学生小组合作,赢取月饼。再从吃月饼到做月饼,从而品味中秋的甜蜜与美好,中秋许愿将整个课堂升华成孩子们心中的思念。

此时,回过头来看张玉华老师在上课之前所做的分析与计划,无一不是基于学生的认知能力而设计的。

教材分析

通过了解中秋节的由来、节日的意义、节日中的习俗,让学生感受浓浓的节日氛围、感受生活的美好。

学情分析

二年级学生的认知具有直观性、浅表性,对于中国传统习俗知道不多,知识面较窄,对实际生活中的中秋节了解也不多,只限于知道要吃月饼,没有感受到中秋的月圆也代表着人的团圆等层次的内容。

在本单元《团团圆圆过中秋》这一课中,能让学生感受到浓浓的节日气氛,体验活动的乐趣,从而体会家人之间的亲情,升华对中华优秀传统文化的喜爱之情。

教学目标

1.知道中秋节的来历、日期、少数民族特色活动,培养学生对传统节日的兴趣。

2.体验节日活动,从不同途径搜集节日的信息,提高自主观察和收集整理信息的能力。

3.体会节日的欢乐,从活动中体会快乐、甜蜜等情感,加深对节日的喜爱,感受团圆之情。

教学重难点

了解中秋节的时间、来历和故事,了解中秋节在各民族之间和国内、国外的情况,体会中秋团圆的内涵,从而珍视亲情,唤起对中华优秀传统文化的喜爱之情。

教学方法

访谈对话、游戏体验、收集整理、观察发现、小组合作。

教学准备

1.老师制作多媒体课件、布景道具(玉兔、嫦娥、星星、月亮)、月饼、视频。

2.学生采用多种形式收集中秋知识。

教学评价

1.针对学生的言语行为等表现及时对学生进行肯定性的评价。

2.针对学生的言语思考方向及时对学生进行思维方向性和想象力的引导评价。

案例二

晏子使楚

清华大学附属小学窦桂梅在执教《晏子使楚》时,基于学生的年龄特点和思维、智力等发展的阶段特点,特意在教学中提供了一些背景知识,也就是一些先行材料,从而建立起学生认知能力与教学目标间的联系,引导并深化学生的认知感受和体验。

如学生在理解尊重的环节中,教师提供了以下几则补充资料。

材料一:

一天,韩信在街上闲逛。忽然,一个地痞无赖冲上前去,挡住了他的去路。这个无赖很是嚣张，故意用一些侮辱性的语言来羞辱韩信，说韩信虽然身高且佩带宝剑，但其实只不过是一个无能的羸弱之人罢了。街上聚集了不少看热闹的人，听闻此话，都开始哈哈嘲笑起来。那地痞无赖却更加得意起来，于是大叫："韩信，你若是条汉子，不怕死，就来刺我吧！若贪生怕死，懦弱无能，便从我裤裆下钻过去！"说罢，便开始站作骑马式，叉开双腿立在街上。韩信看了看那个地痞无赖，虽然感到很难堪，却仍是忍气吞声，伏下身子，从那无赖胯下钻了过去。周围的人都哄哄大笑，那地痞也越发张扬、神气，但韩信却像什么事情都未发生似的，起身而去。

从此，这件事便常被人们拿来说笑。

然而，韩信所受的胯下之辱恰恰表现了韩信忍辱负重、大智若愚的非凡气度。少年时这一特殊的经历锻炼了韩信百折不挠、虚怀若谷的性格，而这一性格成就了他日后成为杰出的将领。

材料二：

在一条从山上流下来的小溪边，一只狼和一只小羊碰巧同一时刻来喝水。

狼非常想吃小羊，可是它觉得当着面应该要想出个借口来。

狼就故意找茬，气冲冲地说："你怎么敢到我的溪边来，把水弄脏，害得我不能喝？你安的什么心？"小羊吃了一惊，温和地说："我不明白我怎么会把水弄脏。您站在上游，水是从您那儿流到我这儿的，不是从我这儿流到您那儿的。"

"就算这样吧。"狼说，"你总是个坏家伙，我听说，去年你在背地里说我的坏话。"

"啊，亲爱的狼先生，那是不会有的事，去年我还没出世呢。"可怜的小羊喊道。

狼觉得用不着再争辩了，就龇着牙咆哮着逼近小羊，说："你这个小坏蛋！说我坏话的不是你就是你爸爸，反正都一样。"说着就扑到小羊身上，抓住它，把它吃掉了。

材料三：

1. 晏子对曰："齐之临淄三百闾，张袂成阴，挥汗成雨，比肩继踵而在，何为无人。"

2. 一人之辩，重于九鼎之宝，三寸之舌，强于百万之师 。

3. 橘生淮南则为橘，生于淮北则为枳 。

材料四：

有位外交官这样说："晏子的语言，虽给人的感觉是有理有据，但我觉得是在做语言游戏，逞口舌之能进行外交对话，谈不上真正意义上的智慧，也获得不了真正的尊重。"（课件打出）

材料五：

有一位历史学家对"晏子使楚"给出了这样的评价：一个人的智慧不能代表国

家的智慧，一次外交胜利并不能获得国家永久的尊重，“晏子使楚”与国家真正的尊严无关。（课件打出）

【评析】在教学中，教师提供给学生或熟悉或不太熟悉的材料，建构了学生知识、经验、情感、思维方面的最近发展区，让学生在这些“养料”的基础上，增加对文本的感受，实现认知的深向发展。

例如，《韩信胯下受辱》引起学生思考，也是引发学生对“自尊”的思考。接下来，通过对材料中晏子的“看了看”与韩信的“看了看”背后所蕴含的不同意义的探索和体会，明白这受辱对晏子和韩信都是一种考验。韩信面对的是地痞无赖对他个人的欺侮，而晏子面对的除了对他本身的羞辱，还有对他的国家——齐国的侮辱。因此，韩信可以忍辱负重、大智若愚，最终成为杰出将领。晏子则不卑不亢，用自己的聪明才智和能言善辩，赢得了楚王对自己的尊重，也保存了齐国的尊严。

《狼与小羊》引人深思，小羊与狼的对决，不管有理没理，弱者都逃脱不了被吃的命运。这继续引导学生对自尊的深层次理解和体验。

同时，将古文的有关材料和现代文的有关片段呈现在学生面前，既可以让学生继续感受、体验、解读文本，又能为学生提供主题积累素材。

外交官、历史学家的评论发人深省，引导学生辩论思考，多角度看待晏子的表现，在前面体验感知的基础上，最终明晰尊重这个主题：对晏子的尊重——对人的尊重，对人的尊重——对国家的尊重，对国家的尊重——自我的尊重。

面对这样一篇难度较高的文章，利用教学先行的组织策略，巧妙借助一系列的文史资料，层层深化，如春风化雨般润泽了学生心灵，升华了学生对尊重的认识，比较全面、深入地解读了文本。通过设计这样“质”之高、“量”之大的课程资源，在一定程度上扩充并联系了学生继续学习的背景知识，并与广阔的社会生活相联系，把教学引向深处，引向学生的认知世界和精神世界，这就是基于学生认知能力的教学效果。

第三章　思维发展与教学

“学而不思则罔，思而不学则殆。”自古以来，人们都很重视思维能力的培养。思维能力是构成智力的主要成分，发展思维能力是智育的核心任务。但是，思维是什么？思维的发展是怎样的？中小学生思维发展的具体特点和规律是什么？我们如何根据中小学生思维发展的特点来帮助我们的教学，从而进一步促进学生的智育发展？我们希望学生能在获取知识的过程中，应用思维的方法，经历思维的过程，让学科教学成为培养学生思维发展的重要渠道，促进学生思维发展。

第一节　思维发展概述

虽然人们很早以前就意识到自己有思维能力，但是把思维当作科学研究的对象来加以研究还得追溯到19世纪末至20世纪初。从心理学开始，思维的研究逐步从唯心、主观向着辩证唯物的方向发展，其中取得的众多成就正广泛地影响着我们的教育。鉴往知来，我们着重从思维在心理学、教育学、哲学、逻辑学等领域的研究概况进行梳理。随着时代的发展，人们对于思维的认识与研究也朝着更多领域拓展开来，这将使思维的研究越来越丰富。

一、思维的概念溯源

思维过程千差万别、丰富多彩，对思维的研究可在众多领域展开。思维是什么呢？通过查阅文献，我们对思维的定义进行了以下梳理。

美国著名教育、心理学家杜威谈到，思维就是有意识地努力去发现我们所做的事和所造成的结果之间的特定的联结，使两者连接起来。①

美国教育心理学家布鲁纳提出，思维是对给出的信息的超越。②

苏联心理学家列昂节夫认为，原则上，思维也同感觉和知觉一样，是脑的反射活动，虽然是特殊的反射活动。思维就是认识（虽然不能把认识归结为思维）。③

美国心理学家伯尼尔这样描述，思维主要是一个内在的（而且可能是非行为的）过程，它是运用不直接存在的事物或物体的符号表征而进行的，但又是由某个外部事件所激起的，思维的作用是产生和控制某个外显行为。④

苏联心理学家克鲁捷茨基谈到，思维是对周围世界的间接的和概括的认识（反映）过程。它的反映本质是：（1）反映对象和现象的一般的和本质的特性，包括不能直接知觉的特性在内；（2）反映对象和现象之间的实质性的关系和规律性的联系。⑤

我国心理学家朱智贤教授认为，所谓思维，是人脑对客观事物的一种间接的、概括的反映，是客观事物的本质和规律的反映，换句话说，它是人脑对客观事物的本质和事物内在规律性关系的间接与概括反映。⑥

我国学者汤建民认为，人们在对事物的认识之初，对客观事物的认识反而往往是错误的，但又有谁能说它不是思维呢？他从思维的程序和思维的方法及工具角度提出，思维是人脑以已有的知识为中介去认识和把握客体的一种具有类比性质的加工过程。⑦

我们也沿用我国学者关于思维的一个比较公认的界定就是朱智贤和林崇德给出的定义：思维是人脑对客观事物的本质和事物内在规律性关系的间接与概括反映。

① [美]杜威.民主主义与教育[M].王承绪，译.北京：人民教育出版社，1990：153.
② 邵志芳.思维心理学[M].上海：华东师范大学出版社，2001：2.
③ [苏联]A.H.列昂节夫等.苏联心理科学第一卷[M].孙日华，洪宝林，卢盛忠等，译.北京：科学出版社，1962：312-313.
④ 邵志芳.思维心理学[M].上海：华东师范大学出版社，2001：1-2.
⑤ [苏联]克鲁捷茨基；心理学[M].赵璧如，译.北京：人民教育出版社，1984：182.
⑥ 朱智贤，林崇德.思维发展心理学[M].北京：北京师范大学出版社，1986：7.
⑦ 汤建民.从“思维是什么”到“如何思维”——关于思维分类和思维定义的再思考[J].哈尔滨学院学报，2005，26(1)：11-15.

二、思维的心理学研究

（一）符兹堡学派关于思维的心理学研究

思维是人的心理现象，自然被包括在心理学的研究对象中。当心理的研究逐步从哲学中分化出来，从以实验的方法来研究起，心理学便获得了科学的面貌。科学的心理学是从1879年德国的冯特在莱比锡建立第一个心理实验室开始。冯特研究了感觉、知觉、注意、情感、意志、观念、联想，但没有真正研究过思维。他认为对于思维这种高级心理过程，无法从实验室中找出来，也无法借助客观外在的行为表现揭示思维过程的规律性。尽管如此，冯特及其实验室的建立，也为后人对思维的研究作了一系列的准备，给予了有益的启发。

以研究思维而著名的符兹堡学派是由德国心理学家屈尔佩和他的学生共同创立的。屈尔佩是冯特的学生，受冯特的影响，他认同有心理过程就有脑生理过程伴随着。但和冯特不同的是，屈尔佩深信思维过程可以用实验来进行研究。符兹堡学派认为思维是没有意象（表象）参加的，即所谓无意象（表象）思维。符兹堡学派看到了思维不等于表象，是合理的，但他们却把思维和表象加以割裂，那就是错误的。他们在研究中还提出了决定倾向的理论：当人在解决一个课题时，课题便成了他心理活动指向的目标，直至问题的解决。这一看法肯定了人高度的自觉能动性这一事实，但他们未能作出进一步的实验分析。总的来说，符兹堡学派关于思维的研究对后世的影响并不很大。

（二）格式塔学派关于思维的心理学研究

格式塔心理学诞生于1912年，主要代表人物有韦特海墨、考夫卡、苛勒，这三人都是屈尔佩的学生。他们的主要观点是知觉的“完形”理论。冯特的内容心理学致力于感知元素的精密分析，然后再探讨其结合为知觉整体的规律。格式塔心理学则认为心理现象是完整的格式塔，是完形的，不能被人为地区分为元素。格式塔心理学派认为思维是一个过程，是由问题情境中的紧张产生的。在问题情境中能否产生紧张，也就是能否构成思维过程的课题，这在思维活动中起动力作用。提到格式塔心理学派，不得不提到著名的黑猩猩实验和苛勒的“完形顿悟说”。他们认为，思维过程从紧张到解除紧张，是由问题情境的不断改组而最后解决的。这种由重建格式塔获得新完形而实现问题解决的过程称为顿悟。格式塔学派正确地肯定了思维中问题解决的顿悟现象,这实质上是一种自觉思维。[①]另外,他们还进行了创造性思维的研究。韦特海墨研究了创造性思维,他不仅研究了爱因斯坦等大科学家发明的思维,还研究了学生解题的思维。韦特海墨认为创造的思维与问题中的某些格式塔的顿悟有关,打破旧的格式塔,并发现新的格式塔,这就是创造性思维。

总之,格式塔学派强调完形、整体、结构,这对思维的研究无疑是有价值的。在研究思维时,涉及儿童思维的研究以及从动物到人的心理学思维发展的问题,他们是很有贡献的。但是格式塔学派的局限性体现在:首先,他们强调完形结构是先天的,并且认为意识经验是第一性的,这就导致唯心主义的错误;其次,他们把顿悟与尝试错误完全对立起来。我们认为,尝试错误与顿悟是相互补充的过程,而不是相互排斥的过程。一般的思维过程,既包括尝试,也包括顿悟,往往经过尝试错误的阶段而得到顿悟。因此,把尝试错误和顿悟割裂开来是片面的,不利于思维的全面深入研究。

(三)行为主义关于思维的心理学研究

行为主义是美国现代心理学主要流派之一,代表人物有华生、斯金纳等。华生认为,行为是有机体适应环境的全部活动。为了便于对行为进行客观的实验研究,他把行为和引起行为的环境影响作为两个简单的要素,即刺激和反应。华生强调,反应是由特定的刺激引起的,这些刺激可以是简单的,比如投在视网膜上的光波;可以是复杂的,比如社会生活中一组复杂的刺激。华生还认为,心理学研究的目的在于确定刺激和反应之间的规律,以便人们在已知刺激后,能预测将会发生怎样的反应,或者已知反应后,能够指出有效刺激的性质。

行为主义认为思维是无声的语言,是行为。但行为主义并不承认思维是脑的机能,而是全身肌肉,特别是喉头肌肉的内隐活动。行为主义提出思维的发展,先是大声地对白,逐步过渡到嘴唇活动,最后出现内隐活动(无声词的活动)。并且,在对儿童思维或学习的研究方法上,行为主义反对内省,提倡实验,即条件反射。行为主义认为思维、学习等都是通过条件反射习得的。华生还验

① 苏富忠.思维论[M].香港:香港中联出版社,1992:8.

证了“刺激—反应”关系中专一性的不足，即刺激的泛化。对于某一刺激的条件反应也可能来自具有共同特征的其他刺激。

可以看出，行为主义认为思维与语言，尤其是内部语言有着密切的联系，有一定的合理性。他们认为思维不是脑的机能是不对的，但也确实与全身肌肉都有关。但是行为主义将思维的研究，仅仅停留在“刺激—反应”的模式下，忽略了思维的意识性和主观能动性。并且，他们研究的仅仅是再现性思维，而忽视了创造性思维，由此反映出行为主义机械唯物论的片面性。

（四）维列鲁学派关于思维的心理学研究

维果茨基是维列鲁学派的创始人，维列鲁学派是以维果茨基、列昂节夫和鲁利亚为代表形成的心理学派，是苏联最大的一个心理学派。

维果茨基试图用马克思主义的基本观点来建立新的心理学和儿童心理学。他的主要著作有《思维与语言》《高级心理机能的发展》，直到今天，他的思想仍然具有指导性意义。第一，他提出了文化历史发展观，认为人的心理活动，在本质上与动物不同的那些高级的心理机能（思维、有意注意、逻辑记忆）都是在社会环境中发展起来的，受社会历史发展规律的制约。第二，他强调儿童思维的发展与教育有密不可分的关系。维果斯基认为，教学可以定义为人为的发展，教学创造着并决定着儿童智力的发展，教学应当走在发展的前面。同时，维果茨基提出了“最近发展区”思想。龚浩然等人认为教学创造着最近发展区，儿童第一个发展水平与第二个发展水平之间的动力状态是由教学决定的。[①]第三，他分析了智力形成的过程。在思维发生的研究中，维果茨基提出了内化学说。新的高级的社会历史心理活动形式，首先是作为外部形式的活动而形成的，以后才内化，转为内部活动，才能默默地在头脑中进行。第四，他提出了儿童思维与语言发展的理论，主要体现在《思维与语言》这本著作中。维果茨基认为，思维是人的过去经验参与解决他面临的新问题，是人脑借助于言语实现的分析综合活动。他在研究儿童思维的时候，注意到思维与其他心理现象的关系，尤其是思维与情绪、情感因素的联系。他还认为，不联系情绪，便不能理解思维，尤其是儿童思维的发展。

① 龚浩然，黄秀兰. 介绍维果茨基关于教学与智力发展的关系的思想[J]. 外国心理学，1981，(3)：15-22.

可以看出,苏联心理学对儿童思维的研究是以辩证唯物主义的认识论作为基本原则,克服了唯心主义的内省派和机械唯物主义的行为派在思维心理学上的片面性,运用内外因唯物辩证法,揭示了儿童思维发展的动力。维列鲁学派强调的儿童思维发展的年龄特征、思维发展心理学要为教育服务、科学的研究方法等都对国际心理学发展做出了重大的贡献。

(五)日内瓦学派关于思维的心理学研究

皮亚杰是瑞士日内瓦学派的创始人。皮亚杰毕生研究儿童的思维活动,他把认知、智力、思维、心理视为同义语。皮亚杰认为,智力或思维的本质就是适应。人在适应自然与社会的过程中,内因与外因相互作用,从而导致了智力的发展。皮亚杰关于儿童心理结构的发展涉及图式、同化、顺应和平衡。图式就是动作的结构或组织,这些动作在相同或类似的环境中由于重复而引起迁移或概括。[①]个体通过同化和顺应两种方式来达到机体和环境的平衡。同化是环境因素纳入机体已有的图式或结构中,以加强和丰富机体的动作。此时,图式只有量的变化。当已有图式不能同化环境因素时,则必须适应环境的需要,改变内部图式,这便引起图式的质变,谓之顺应。平衡就是同化与顺应间的平衡。这样,在主客体的相互作用下,儿童的认知结构就是从平衡到不平衡再到平衡的过程。

(六)现代认知心理学关于思维的心理学研究

20世纪60年代发展起来的认知心理学利用电子计算机为工具,开辟了思维研究的一个崭新领域。他们把人解决问题的思维过程编制成计算机程序,用计算机把它模拟出来。这种模拟人脑的电子计算机可以从根本上改变行为主义者把人脑看成"黑箱"的历史,从而有可能用程序或流程图来说明人的认知、思维的内部奥秘。现代认知心理学认为思维是人的信息加工过程,这个信息加工系统的结构如图3-1所示。

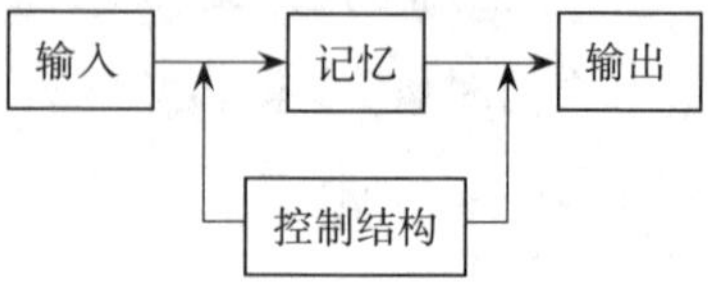

图3-1 信息加工系统结构图

① [瑞士]皮亚杰,海尔德.儿童心理学[M].吴福元,译.北京:商务印书馆,1980:5.

认知心理学最大的特点就是把心理学、思维心理学、控制信息论、计算机科学结合起来,这无疑具有重要的时代意义。但是人的心理、意识思维是人在社会实践活动的产物,是认识和情感意志辩证统一的产物,所以相对于充满辩证性思维的人而言,电子计算机的模拟仍是困难重重。

三、思维的教育学研究

思维在教育学的研究不能与心理学割裂开来,思维在心理学上的研究成果往往也被用于教育方面。比如皮亚杰的思维发展阶段论,至今仍被用于教育学。在教育学发展史上,关于思维,杜威著有《我们怎样思维》一书,并提出著名的“思维五步法”。

杜威认为思维较好的方式就是反省思维。他将反省思维定义为:现有的事物暗示了别的事物(或真理),从而引导出信念,此信念以事物本身之间的实在关系为依据,即以暗示的事物和被暗示的事物之间的关系为依据。[①]从反思性思维的功能来说,就在于将经验得到的模糊、疑难、矛盾和某种纷乱的情境,转化为清晰、连贯、确定和和谐的情境。[②]在杜威看来,整个反思性思维的过程就是感觉问题所在,观察各方面的情况,提出假定的结论并进行推理,积极地进行实验的检验。[③]具体来说,它分为以下五个阶段。

第一阶段,一个疑难的情境。杜威认为,这个情境处于困惑、迷乱、怀疑的状态。于是,采取了暗示的形式,并在暗示中寻找可能的解决方法。

第二阶段,确定疑难的所在,并从疑难中提出问题。杜威认为,在一个疑难的情境中,人们就要思考疑难究竟在哪里以及疑难是什么,找到疑难和确定疑难的性质。

第三阶段,通过观察和其他心智活动以及搜集事实材料,提出解决疑难的各种假设。杜威认为,人们对疑难越有明确的认识,也就越能得到更好的实际可行的解决问题的观念。观察和其他心智活动以及搜集事实材料,使人们能够

① [美]杜威.我们怎样思维·经验与教育[M].姜文闵,译.北京:人民教育出版社,2005:18.
② [美]杜威.杜威教育论著选[M].赵祥麟,王承绪,编译.上海:华东师范大学出版社,1981:298.
③ [美]杜威.民主主义与教育[M].王承绪,译.北京:人民教育出版社,1990:161.

修改或扩展原来的暗示,成为确定的推测,即假设。

第四阶段,推断哪一种假设能解决疑难。杜威认为,在寻求解决疑难的方法时,推断是十分重要的。但是,推断要依靠人们头脑中已经具备的知识积累。通过推断,有些最初看来表面上是遥远的和不着边际的假设转变成恰当的和有效的假设。通过推断,一个观念得到了发展,从而有助于提出一些可作为中介的因素,并指导心智从一种推论到另一种相反的推论。

第五阶段,用行动检验假设。杜威认为,人们通过行动对推断的假设加以检验,这是思维过程的一个重要阶段,对养成良好的思维习惯来说是必需的。如果这种假设被验证或被证实了,没有相反的事实表明要修正这种假设,那么它就是确定无疑的结果。相反地,如果这种假设最终被否定了,那表明它没有被验证或被证实。尽管这是一种失败,但真正善于思维的人可以从失败中得到教益和学到东西。

反省思维的这五个阶段即称作思维五步法。

胡适曾把杜威提出的这五个阶段概括为:细心搜求事实,大胆提出假设,再细心求证实。①

我国在有关思维的教育学方面的研究主要是以与学科结合的方式。我们来看数学思维研究的历程:初步探索阶段(1978—1988年),数学思维研究关注的是数学思维的理论探讨、某些要素研究、数学思维的实证,但这个阶段对问题的研究不是十分深入,除了林崇德关于数学思维品质的研究外,没有形成系统的研究局面。逐步发展阶段(1989—1999年),这一阶段出现了数学思维的专著。从1989年开始,出版了一系列数学思维的论著和专著,特别是任樟辉的《数学思维论》(1996年),讨论了数学思维的特征、结构和形式、一般方法、辩证应用、数学思维过程和规律等,是一本比较有代表性的著作。不仅如此,关于数学思维的论题覆盖面有了较大扩展,认识也在不断加深。深化研究阶段(2000—2008年),这一阶段,有关数学思维研究的学位论文逐渐增多,进一步关注数学思维品质问题,数学思维的培养有进一步研究。②那么,2009—2019年的发展是怎样的呢?通过在中国知网上以篇名“数学思维”搜索,期刊和硕博论文

① 胡适.胡适文存(卷三)[M].上海:亚东图书馆,1930:99.

② 喻平,连四清,武锡环.中国数学教育心理研究30年[M].北京:科学出版社,2011:278-279.

一共有3004篇,比起2000—2008年的872篇,数量上出现了一个“井喷”的态势。可以看出,人们对数学思维的研究更加重视,在研究上进一步关注如何提高学生的数学思维能力,更加注重方式方法的探索。

四、思维的其他学科研究

(一)思维的哲学研究

对思维的研究,最早展开于哲学领域,具体存在于认识论中。在哲学中,思维被当成认识的重要构成部分——理性认识。在哲学思想史上,由于对思维及其成果的不同理解而形成不同的哲学派别。

古希腊的柏拉图指出,世界由“理念世界”和“现象世界”所组成,他把理念视为万物的创造者。后来黑格尔指出,“绝对观念”是宇宙之源,万物之本,世界的运动变化乃是“绝对观念”自我发展的结果。他们以自己的思维把握万事万物,形成相应的观念。他们断言,观念、理念是更为本质的东西,是现实世界的模本和创造者。这些客观唯心主义者为思维的研究提供了一个超物质的世界观框架。

苏富忠认为,比较起来,主观唯心主义者把心理、意识牢牢地放在活生生的个人机体之中,倒是比客观唯心主义者更接近真理。①王阳明主张“心外无物”“心外无理”,就是主观唯心主义的典型代表。他们为认识和思维的研究提供了一个身心二元论的世界观框架。历史上的唯物主义则从物质中寻找认识和思维的根源。

从德谟克利特的灵魂原子说、范缜的形神相即说,到费尔巴哈的精神与肉体统一说,都是唯物地理解意识和思维的能力。恩格斯指出:全部哲学,特别是近代哲学的重大的基本问题,是思维和存在的关系问题。②辩证唯物主义哲学则正确地回答了这两个方面的问题,即存在是第一性的,思维是第二性的,现实世界是可以认识的。辩证唯物主义的认识论,集中地体现了唯物主义和辩证法的统一,强调了实践在认识过程中对思维的决定作用,科学地阐明了认识在实

① 苏富忠.思维论[M].香港:香港中联出版社,1992:4.
② 马克思,恩格斯.马克思恩格斯选集(第四卷)[M].北京:人民教育出版社,1963:219.

践的基础上发生和发展的规律，揭示了感知（感性认识）到思维（理性认识），思维反作用于实践（从理性认识回到实践）的两个飞跃的重要意义。这是哲学认识论研究思维的重点。

（二）思维的逻辑学研究

在思维的哲学研究不断展开的同时，思维的逻辑学研究也早就开始了。面对人们思维的大量成果——概念、命题、推理、证明、理论等，学者们随之展开了以这些成果的共同结构规律为对象的研究。逻辑学以思维的逻辑形式为对象，取得了多方面的研究成果。

先秦时代的墨家论述逻辑的任务说："夫辩者，将以明是非之分，审治乱之纪，明同异之处，察名实之理，处利害，决嫌疑。焉摹略万物之然，论求群言之比。"为"辩"规定了"明是非""审治乱""别同异""察名实""处利害""决嫌疑"六大逻辑任务。儒家的荀子曰："故知者为之分别制名以指实；上以明贵贱，下以辩同异。"在中国古代的逻辑思想中，如何正确地展开思维和表达追求占有重要地位，但政治的、伦理的任务始终贯穿其间，这是它的特点，也是它的局限。

在印度，伴随着佛教的兴起，因明逻辑也就出现了。因，指推理的根据、理由、原因；明，指显明、知识、学问。因明便提供了一套思维辩论中以结构与组织为论题的理论。立"宗""因""喻"三支作法而为言论之法。"宗"支相当于三段论的结论，却被放在第一位。先示论题，然后再示相当于小前提的"因"支，最后再讲相当于大前提的"喻"支。因明学重在证明，这是其独具的特征。

西方的逻辑学则着眼于辩论和推理，他们试图找到推理的逻辑规则或规律。形式逻辑的创始人亚里士多德在《工具论》中提出了矛盾律、排中律、同一律三个形式逻辑的基本规律，并研究了概念、判断、推理等思维的逻辑形式。他的学说促进了数学思维与其他科学思维的统一，促进了形式思维能力的发展。

逻辑研究的另一个方面是辩证逻辑。思维本是充满了辩证法的心理过程。黑格尔的"正题—反题—合题"辩证法思想，使辩证思维达到了一个崭新的水平。在马克思主义的著作中，摒弃了黑格尔不合理的观念，辩证思维发展得更为丰富。

不仅如此，思维也是生理学，特别是神经心理学的研究对象。研究表明，思维活动与脑波的快波有关。一个人由安静状态转入思维状态（比如解数学题）

时，α波消失，β则出现。[①]思维也是语言学，特别是心理语言学的研究对象。思维不仅有形式，而且有内容。思维的内容主要是通过语言表达出来的。随着人工智能的出现，智能机是人类思维的物化，这对思维的研究提出了一个新的方向。总之，思维在多门学科的研究中，既有分工又有联系，虽有着各自的局限性，但也在共同揭示着思维的奥秘，推动着思维的发展。

第二节　中小学生的思维构成与发展

思维活动是一种极为复杂及内隐的心理现象。我们只有通过其外显的表征现象来判定思维品质如何。了解中小学生的思维构成，把握思维发展的特点，才能促进他们的思维发展。

一、思维的内涵特征

朱智贤、林崇德指出，我们要研究思维，就必须分析思维的特殊性及其表现，也就是要研究其区别于其他心理现象的各种特性。[②]思维的特殊性主要体现在概括性、间接性、逻辑性、目的性四个方面。

（一）思维的概括性

概括性是思维最显著的特性。思维之所以能揭示事物的本质属性和内在规律性的关系，主要来自抽象和概括的过程，即思维是概括的反映。抽象过程即是在思想上抽取出区别于某种事物的本质属性，舍弃非本质属性的过程。概括过程则是在抽象过程的基础上，将一般的、共同的属性结合起来，甚至推广到同类事物的本质属性的过程。

概括性在思维活动中的作用非常重要。首先，抽象和概括是人们掌握概念的直接前提。其次，概括是思维活动的速度、广度、深度、灵活迁移程度、创造程

① 赵国球，陈金清．思维过程与脑波的应用[J]．社会科学动态，1999(11)：23-24.

② 朱智贤，林崇德．思维发展心理学[M]．北京：北京师范大学出版社，1986：11.

度等智力品质的基础。迁移就是概括。[①]一个人的智力和思维能力越发展，其概括性就越高，知识系统性就越强，迁移就越灵活。

（二）思维的间接性

思维是凭借知识经验对客观事物进行的间接反映。首先，思维凭借知识经验，能对没有直接作用于感觉器官的事物及其属性加以反映。例如，望梅止渴、画饼充饥。其次，思维凭借知识经验，还能对根本不能直接感知的事物及其属性进行反映。例如，小学高年级学生就能理解一艘星际飞船以每秒5万千米的速度飞行，它飞向某一遥远星球比光速慢6倍，然而我们谁也不能直接感知或想象每秒30万千米和每秒5万千米运动的两个物体的速度差别。不仅如此，思维凭借知识经验，能在对现实事物认识的基础上进行蔓延式的扩展。例如，预计发展趋势就是这方面的表现形式。

（三）思维的逻辑性

思维的逻辑性就是指思维过程有一定的形式和方法，是按照一定规律进行的。首先，思维的初级阶段也就是形式逻辑思维阶段，遵循同一律、排中律和矛盾律三个法则。遵循同一律，使思维具有确定性；遵循排中律，使思维消除不确定性；遵循矛盾律，使思维保持一惯性，即不互相矛盾。其次，思维的高级阶段也就是辩证逻辑思维阶段，遵循对立统一、量变质变、否定之否定的思维规律。

（四）思维的目的性

思维的目的性主要体现在解决问题的活动中，它总是指向于解决某个任务。它的问题性，既表现在解决问题过程（发现问题、明确问题、提出假设、检验假设）的思维活动上，还表现在对思维任务或问题的理解上。离开了理解，就不能解决问题。从思维心理结构出发，理解是把新的知识经验纳入已有的认识结构而产生的，它是旧思维系统的应用，也是新思维系统的建立。

① [苏联]谢·列·鲁宾斯坦.心理学的原则和发展道路[M].赵璧如，译.北京：生活·读书·新知三联书店，1965：31.

二、思维的主要构成

思维活动是一种极为复杂的心理现象，它具有多种形态，不会只有某一种固定的模式。因此，思维的分类也是多样的，在心理学、逻辑学等领域其分类的方式也是不同的。

（一）思维的分类

在心理学中，思维的类型按思维的抽象性来分，可将其分为直观行动思维、具体形象思维和抽象逻辑思维。

按思维的智力品质来分，可分为再现性思维和创造性思维。再现性思维就是一般思维活动，而创造性思维是人类思维的高级过程。创造性思维是再现性思维的发展，再现性思维是创造性思维的基础。

按思维的意识性来分，可分为我向思维和现实性思维。我向思维是一种原始思维的方式，只凭直觉、想象、幻想，没有考虑到客观实际，是幼儿、文化不发达的人以及某些精神病患者的思维特征。现实性思维是正常人的思维，它的特点是对客观真实具有适应性。一般来说，现实性思维主要是指逻辑思维。

结合青少年儿童思维发展的年龄特征，我们常采取心理学中对思维的分类方式。不管是种系发展还是个体发展，思维发展都要经历三个阶段。

1.直观行动思维

直观行动思维是指直接与物质活动相联系的思维，又叫感知运动（或动作）思维。在个体发展上，最初的思维就是直观行动思维。这种思维主要是协调感知和行动，在直接接触外界事物时产生直观行动的初步概括，感知和动作中断，思维也就终止。

直观行动思维在个体发展中体现出向两方面转化的趋势，一是它在思维中的成分逐步减少，具体形象思维逐步增加；二是向高水平的操作思维（也叫实践思维）发展。对成人来说，操作思维中有形象思维和抽象逻辑思维成分参加，有过去的知识经验作中介，有明确的自我意识（思维的批判性）的作用，这时的操作思维就不是低级的直观行动思维。它在人类的实践活动中，也具有重要意义。例如，运动员对技能和技巧的掌握，就需要发达的操作思维作为认识基础。

2.具体形象思维

具体形象思维是以具体表象为材料的思维，它是一般的形象思维的初级形态。个体思维发展到这个阶段，主体身上虽然也保持着思维与实际动作的联系，但这种联系不像以前那样密切、那样直接。儿童可以脱离面前的直接刺激物和动作，借助于表象进行思考。

具体形象思维是抽象逻辑思维的直接基础，它通过表象概括，发挥言语的作用，逐渐发展为抽象逻辑思维。具体形象思维也是一般的形象思维或语言形象思维的基础，通过抽象逻辑成分的渗入和个体语言的发展，形象思维本身也在发展着，并产生新的质。所以，形象思维又叫形象逻辑思维。它以表象或形象为思维的重要材料，借助鲜明生动的语言作为物质外壳，在认识中带有强烈的情绪色彩，它是文艺创作中不可缺少的一种特殊的思维活动。

3.抽象逻辑思维

抽象逻辑思维是在实践活动和感性经验的基础上，以抽象概念为形式的思维，是人类思维的核心形态。

抽象逻辑思维尽管也依靠于表象和实际动作，但它主要是以概念、判断和推理的形式表现出来。

抽象逻辑思维就其形式来说，可分为形式逻辑思维和辩证逻辑思维。形式逻辑是初等逻辑，辩证逻辑是高等逻辑，两者既有联系又有区别，相辅相成。形式逻辑的概念具有确定性和抽象性，辩证逻辑的概念具有灵活性和具体性。形式逻辑反对思维的自相矛盾。辩证逻辑强调思维反映事物的内在矛盾，这是由事物的相对稳定性和事物的辩证关系决定的。

辩证逻辑思维是抽象逻辑思维的高级阶段，所以它必须在抽象逻辑思维的初级阶段也就是形式逻辑的基础上才能形成。从形式逻辑向辩证逻辑发展，这是抽象逻辑思维发展的一个重要方面。

思维发展的阶段以及三种思维之间的关系如图3-2所示，他们各自遵循一些规律。

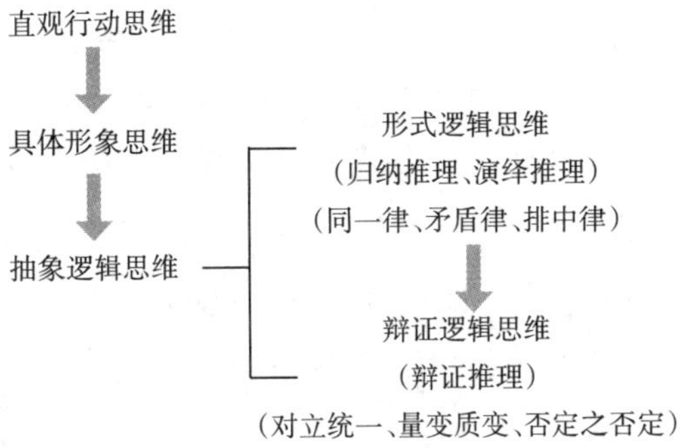

图3-2　思维发展的三个阶段

前面提到，抽象逻辑思维是一切正常人的思维，但是在思维的发展中，却又存在着强烈的个体差异，这种个性差异就是思维品质。发展和培养思维品质，是发展和培养思维能力的主要途径。

（二）思维品质

最早提及思维品质的是苏联心理学家斯米尔诺夫1956年在《心理学》“思维”一章里提出的：广度和深度，独立性和灵活性，顺序性和敏捷性等。[1]到20世纪70年代，苏联的波果斯洛夫斯基在《普通心理学》中指出，属于智慧品质的有求知欲、钻研性、智慧的深度、智慧的灵活性、逻辑学、论据充足性、批判性等等。[2]在思维品质的研究上，最具代表性的当属赞可夫，他是维列鲁学派的成员之一。他提出了著名的五条教学论原则：高难度、高速度、重理性、理解学习过程和对于差等生要下功夫。[3]在培养思维能力上，他强调深刻性、灵活性和创造性的思维品质，这是提高教学质量的重要途径。

在西方，美国心理学家吉尔福特最早提出思维品质。他把思维的创造性品质分析为：对问题的敏感性、流畅性、灵活性、独创性、细致性和再定义能力。在吉尔福特的研究基础上，欧美心理学家继续深入研究，他们重视思维的速度、难度或深度、周密度三个方面。

我国的杨清教授在《心理学概论》中探讨了思维品质的批判性、机动性、广阔性和敏捷性。朱智贤教授在《关于思维心理研究的几个基本问题》一文中，不

① [苏联]阿·阿·斯米尔诺夫等.心理学[M].朱智贤，等译.北京：人民教育出版社，1957：261-312.
② 林崇德，辛涛.智力的培养[M].杭州：浙江人民出版社，1996：92.
③ 林崇德，辛涛.智力的培养[M].杭州：浙江人民出版社，1996：73.

仅提出思维品质的发展有个别差异，还有年龄阶段差异，更是在思维的敏捷性、灵活性、深刻性等一些年龄特征上有了一定的实证研究结果。朱智贤、林崇德在《思维发展心理学》中提出思维的品质主要包括敏捷性、灵活性、深刻性、独创性和批判性五个方面。[①]邵志芳在《思维心理学》一书中也认为思维的品质包括敏捷性、灵活性、深刻性、创造性和批判性等诸方面。[②]

综上所述，尽管不同国家、不同学派对思维品质的观点不尽相同，但都强调了深度或深刻性、灵活性、独立性。总体来说，我国大部分学者对思维品质的研究，集中体现在思维的敏捷性、灵活性、深刻性、独创性和批判性这几个方面。[③]本书认为思维的品质集中体现在以下六个方面：深刻性、广阔性、灵活性、独创性、批判性、敏捷性。

1.思维的深刻性

思维的深刻性是一切思维品质的基础。深刻性是指思维活动的抽象和概括程度。它表现为在思维活动中深入地思考问题，由表及里，产生概括，善于抓住事物的本质及内在联系，善于透过现象认识事物内在的规律性，预见事物的发展进程。

2.思维的广阔性

思维的广阔性是指思维活动作用范围的广泛和全面的程度。它表现为思路开阔，能全面地分析问题，多方向地思考问题，多角度地研究问题。思维的广阔性有助于培养发散性思维。

3.思维的灵活性

顾名思义，思维的灵活性就是指思维的灵活程度。它体现在思维的起点灵活、思维的过程灵活、思维的结果灵活，表现在解决问题上，就是多解和求异，从这个意义上说，思维的灵活性品质也可以叫作发散性思维。那么，发散性思维或思维的灵活性的实质是什么呢？林崇德从研究小学儿童运算思维的灵活性

① 朱智贤，林崇德.思维发展心理学[M].北京：北京师范大学出版社，1986：48.
② 邵志芳.思维心理学[M].上海：华东师范大学出版社，2001.
③ 赵雪.小学生数学思维品质的调查研究[D].武汉：华中师范大学，2010.

实验得出，其实质就是“迁移”。[1]我们通常所说的“举一反三”“触类旁通”，就是指发散性思维强，思维的灵活性好。思维的广阔性着重在知识面的“广”，思维的灵活性着重在方法上的“活”，两者既有联系又有区别。

4.思维的独创性

思维的独创性是指独立思考创造出有价值的具有新颖的智力品质。它产生于个体对思维材料进行高度概括后集中而系统的迁移。思维灵活性的实质是迁移，而思维的独创性又需要个体作集中而系统地迁移。这就说明灵活性是独创性的基础，独创性是灵活性的发展。思维的独创性有三个特点：一是独特性，二是发散性，三是新颖性。当然，我们认为思维的独创性不仅仅是局限在科学家、发明家身上的思想形态，其实，我们每个人都有具备这种思维品质的可能。例如，小学生在自编解决问题的题目时，也可以说是他们独创性的一种表现。思维的独创性和创造性思维的关系在学术界没有统一的看法，我们认为，它们有着密切的联系，可以通过培养学生的创造性思维来提高思维独创性这一品质。

5.思维的批判性

思维的批判性是指思维活动中独立分析和批判的程度，是思维活动中善于严格估计思维材料和精细地检查思维过程的品质。其实质是思维过程中自我意识作用的结果，即个体通过控制自己的意识而相应地调节自己的思维，进行自我反馈的过程。这样的思维结果也具有正确性。老子曾说：“知人者智，自知者明。”这正说明人在思维活动中，自我意识的监控所表现出来的批判性体现着一个人思维活动的水平。

6.思维的敏捷性

思维的敏捷性是指思维活动的迅速程度，反映出智力的敏锐力。敏捷性好的表现在思考问题时反应速度快，思考敏捷，而敏捷性不好的则相对迟缓，反应较慢。我们在培养青少年敏捷性思维的同时，应注意克服思维的轻率性。

教师作为教学过程的组织者，帮助学生在教学活动中更好地发展智力水平

---

① 林崇德.小学儿童运算思惟灵活性发展的研究[J].心理学报，1983(4)：419-428.

显得尤为重要。教师必须加强中小学生思维品质的发展和培养,才能更好地发展他们的智力水平。然而,现状不容乐观。赵雪在调查研究中发现:教师们在教学过程中仍然看重和强调着数学知识点的落实和掌握,而不是对学生数学思维品质的培养。[①]吴星、梅婷婷等在高中生化学思维品质的调查研究中发现:平时教学中对学生独创性和批判性化学思维品质的培养并没有给予充分的重视。[②]冯俊在分析造成学生数学思维品质能力低下的原因上提到,教师忽视了学生的年龄特征,为了突出数学的应用性,肆意地补充生活中的例子,不切实际地讲解过于抽象的知识,过多地强化特殊技能、技巧都是忽视了学生的年龄特点,这样学生思维品质不但没有得到培养,反而觉得更加迷茫。不仅如此,还应关注数学思维发展的关键期,在数学教学中,必须抓紧成熟期前学生思维品质的培养,及时促进学生思维品质的优化发展。[③]

三、中小学生的思维发展

(一)小学生思维的发展

儿童思维的发展是一个非常复杂而漫长的过程,它经历了直观行动思维、具体形象思维和逻辑抽象思维三个阶段。2岁儿童的思维属于直观行动思维,即协调、感知和行动,接触外界事物时产生直观行动的初步概括。2至7岁儿童的思维属于具体形象思维,在思维中以具体表象为特征。7岁之后儿童的思维逐渐地出现逻辑抽象思维。

1.小学生思维发展的基本特点

虽说7岁之后儿童的思维逐渐地出现逻辑抽象思维,但才踏入小学的学生思维基本还是停留在具体形象思维,这就产生了要求发展逻辑抽象思维的新需求与原有的具体形象思维的矛盾。这个矛盾,使小学生的思维处于具体形象思维到逻辑抽象思维的过渡阶段,它的基本特点是:从以具体形象思维为主要形

① 赵雪.小学生数学思维品质的调查研究[D].武汉:华中师范大学,2010.

② 吴星,梅婷婷,吕林.高中生化学思维品质发展现状研究[J].化学教育,2016(1):45-51.

③ 冯俊.发挥课本例题习题功效,培养学生数学思维品质[D].南京:南京师范大学,2007.

式逐步过渡到以抽象逻辑思维为主要形式。但这种抽象逻辑思维很大程度上仍然是直接与感性经验相联系的，仍然具有很大成分的具体形象性。①

如何来理解来这个基本特点呢？朱智贤和林崇德在《思维发展心理学》中提出可以从以下五个方面来理解。

第一，整个小学时期内，逐步过渡到以抽象思维为主要形式，但小学生的思维仍然带有很大的具体性。

第二，小学生的思维由具体形象思维到抽象逻辑思维的过渡，是思维发展过程中的飞跃或质变。这个质变关键期，也就是关键年龄，一般地认为在四年级。这个转折点到底何时出现，跟教师水平、教学方法，不同学科、不同教材，小学生的个体差异这三方面都有着密切的联系。如果教学得法，这个关键期可以提前到三年级，相反可能延后至五年级。

第三，小学阶段，儿童逐渐具备了人类思维的完整结构，同时这个思维结构还有待进一步完善和发展。

第四，小学生的思维，在从具体形象思维向抽象逻辑思维的发展过程中，存在着不平衡性。这里的不平衡性是指，一个学生可能在数学的学习中达到了较高的抽象水平，可以离开具体事物进行抽象的思考，但是在英语的学习中，仍旧停留在比较具体的表象水平上，对于英语的学习还是感到比较大的困难。

第五，只有正确认识小学生思维发展的基本特点，正确估计小学阶段儿童思维发展的性质，才能正确组织小学的教育和教学工作。

2.小学生思维基本过程的发展

小学生思维发展过程的趋势可归纳为：从简单到复杂，从具体到抽象，从不能辨别到辨别，从不连续的到有组织的，从自我的到社会化的。小学生思维的发展，集中体现在概括能力和比较能力的提高上。

(1)小学生概括能力的发展

小学生的知识经验并不丰富，他们在进行概括时，不能充分利用某一概念包含的所有特征或属性，只能利用自己所理解的那部分特征。整体来说，在概括能力的发展上，小学生逐渐从事物外部特点的概括转为本质属性的概括；逐

① 林崇德，叶忠根．小学生心理学[M]．安徽：安徽人民出版社，1981：66.

渐从对少数的简单的事物概括转为对较为复杂的事物进行概括。具体地说,小学生概括的水平大体上经历着这样三个阶段。第一阶段是直观形象水平,这一阶段也就是低年级学生所处的阶段,他们关注的是事物的外表或外部的、直观的、形象的特征。第二阶段是形象抽象水平,中年级学生的概括水平属于这个阶段,这是一种过渡的状态,是从形象水平向抽象水平过渡的状态。第三阶段是初步本质抽象水平,高年级儿童处于这一阶段,他们有了一定的知识经验积累,已能对事物的本质特征及事物的内部联系进行初步的抽象概括,但要进行高度的抽象活动,还是显得非常困难。

(2)小学生比较能力的发展

在教学中,比较起着重要的作用。学生要正确理解一个事物的概念或者本质,不仅要找出事物的相同点,还需要找出事物的不同点。苏联心理学家列维托夫通过实验研究发现,低年级儿童进行比较时,常表现出困难,不善于分清本质的与非本质的特点。小学生对于事物的不同点要比相同点容易发现,因而在教学过程中,最好从不同点开始,然后再过渡到相同点。在进行比较时,最好从较为悬殊的特点入手,再比较细微的差异。

魏鋹、黄秀英等通过研究儿童比较具体实物、字形、词义和课文内容异同能力的特点,得出了更为细致的、开拓性的研究结果。他们通过实验结果发现:首先,比较异同点的难度首先跟事物本身的抽象直接相关。各年级在比较具体实物时,一般容易找出不同点;对字形、词义一般容易找出相同点;而对课文内容,则又易于找出不同点,不易找出相同点。因为这四者从具体到抽象依次是:具体事物—字形—词义—课文内容。其次,比较异同点的难度还跟事物的差异性有关。对象间差异愈小,愈难形成分化,愈难找出其差异点。比较对象不太明显的部分易被强的部分所掩蔽,是不容易被察觉的。所以,当差异点不太明显时,儿童就不容易找出不同点。最后,比较异同点的难度还跟比较的方式联系紧密。直接感知的条件下进行比较,都比通过语言引起表象进行比较的效果好。同时可看到,这种影响对低年级较大。不仅如此,他们还获得两个结论。①

第一,小学生比较能力的发展是随年龄和年级的增长而不断提高的。从正

① 魏鋹,黄秀英,宋静瑶,王其芬.小学生比较能力发展特点的研究[J].心理学报,1964(3):74-80.

确区分具体事物逐步发展到区分抽象事物的异同;从区分个别部分的异同逐步发展到区分许多部分的关系的异同;从直接感知条件下进行比较逐步发展到运用语言在头脑中引起表象的条件下进行比较。

第二,小学生比较能力发展的特点,不是在一切条件下,对任何一种对象进行比较时都是相同的。在某些条件下,对某些对象进行比较时,既能在相似事物中找出相同点,又能找出其细微差别;而在一些条件下,对另一些对象进行比较时则又不同,不能笼统地认为儿童(尤其是低年级儿童)一般容易找出相异点。

找出事物的不同点和相同点对于厘清事物的本质起着至关重要的作用,这就是概括抽象的基础,也是正确掌握概念的前提。

(3)小学生推理能力的发展

推理是由一个判断或许多判断推出另一个新的判断的思维过程。

推理可分为直接推理和间接推理,而间接推理主要包括演绎推理、归纳推理和类比推理。

苏联心理学家鲁宾斯坦、沙尔达科夫等人都研究过小学儿童推理能力发展的特点和阶段性问题。鲁宾斯坦认为,小学生推理能力的发展,主要分为以下两个阶段:第一阶段(一、二年级),推理是建立在直接观察所提供的直观前提之上的;第二阶段(三、四年级),开始能以抽象前提为基础进行推理。

我国心理学工作者在小学生推理能力发展的研究中也做了不少的工作。朱智贤、林崇德的研究结果发现,小学儿童推理的发展趋势如下:第一,小学生在演绎与归纳推理能力的发展上,既存在着普遍的年龄特征,也表现出一定的个体差异。第二,在小学阶段,随着年龄的增长、年级的升高,推理范围的抽象度在不断加大,推理步骤更加简练,推理的正确性、合理性,推理品质的逻辑性、自觉性也不断加强。第三,小学生在运算能力的发展中,掌握演绎与归纳两种推理形式的趋势和水平是相近的(归纳与演绎的相关系数 r=0.79)。①

邵瑞珍等人研究了小学生类比推理发展的特点,研究表明,小学生类比思维发展的年龄阶段性是存在的,即低、中、高各年级在发展水平上有显著的差

① 王耘,叶忠根,林崇德.小学生心理学[M].杭州:浙江教育出版社,2007:177.

异，又在达到某阶段的年龄界限上表现出可变性。①

周镐等人曾研究了小学生直接推理的特点，研究采用团体问卷和个别谈话相结合的方法，研究结果明显地反映出三个发展阶段：一、二年级为一个阶段，三、四年级为一个阶段，到五年级时为另一个阶段。四、五年级之间有一个思维发展的加速期。②

林慧慧在《黑白棋策略教学对小六学生的推理能力、创造力与问题解决能力之影响研究》中认为，实验组与控制组在瑞文推理测验与科学创造力测验的后测得分有显著差异，但是在问题解决测验无显著差异。③

王小宁在对小学生的数学推理能力中调查得出，小学生的数学推理能力整体较高，并随着年级的升高不断提高。在五年级，大多数学生的数学推理能力达到较高水平。小学四、五年级是学生数学推理能力发展的一个关键期。④

鉴于上述小学生直接推理和演绎、归纳、类比等间接推理发展的趋势，可以看到小学生的逻辑思维在全面发展着，逐渐成为思维的主要形式。教师可以考虑在小学四、五年级加强对学生进行推理能力的培养。

3.小学生思维品质的发展

整体来说，小学生的思维品质随着年龄的增长、年级的升高而发展，小学生思维品质在个体间的差异更为显著。林崇德曾通过调查小学生的作业完成时间来分析思维的敏捷性差异，调查发现：从三年级开始，年级越高差异越大，四、五年级中有的优秀生完成作业时间往往是一般学生的一半，是差等生的三分之一。他还强调，不应该把这种差异看作是学习的好坏，而是掌握知识的多少或练习习惯的紧张程度，并且还有很重要的思维概括能力与思维过程速度的差异。

在整个小学阶段，小学生抽象逻辑思维的自觉性刚开始发展，但仍带有很大的不自觉性。尤其是低年级学生虽能够进行简单的判断和推理，但还是不能

① 中国心理学会发展心理、教育心理专业委员会.发展心理、教育心理论文选[M].北京：人民教育出版社，1980：26-38.

② 周镐，古茂盛，鲍碧君.小学生直接推理特点的调查研究[J].教育研究与实验，1985(4)：49-57.

③ 林慧慧.黑白棋策略教学对小六学童的推理能力、创造力与问题解决能力之影响研究[D].台北市立教育大学，2007.

④ 王小宁.小学生数学推理能力发展的研究[D].南京师范大学，2013.

自觉地调节、检查或论证自己的思维过程。他们能解决问题,但无法说出自己是如何思考和如何解决的。到中段后,随着学生内部言语的发展,这些问题便得到自然地好转。

(二)中学生思维的发展

1.中学生思维发展的基本特点

中学生的年龄一般为12至18岁。初中生一般为12、13岁至14、15岁,高中生一般为15、16岁至17、18岁。

中学生思维的基本特点是:整个中学阶段,中学生的思维能力得到迅速地发展,他们抽象逻辑思维处于优势地位。但初中生和高中生的思维是不同的。在初中生的思维中,抽象逻辑思维虽然开始占优势,可是在很大程度上还属于经验型,他们的逻辑思维需要感性经验的直接支持。而高中生的抽象逻辑思维属于理论型,能够用理论作指导来分析综合各种事实材料,从而不断扩大自己的知识领域。

初二年级是抽象逻辑思维的新起步,是中学阶段运算思维的质变时期,这个阶段是思维发展的关键期。

高一年级或高二年级是抽象逻辑思维发展趋于初步定型或成熟的时期。也就是说成熟前思维发展变化的可塑性大,成熟后可塑性小,与其成年期的思维水平相比,尽管有一些进步,但基本上保持一致。

2.中学生形式逻辑思维的发展

形式逻辑思维是完整的表象过渡为抽象的规定阶段,其基本特征是在反映客观现实的基础上,以感性认识为前提,建立上升式的抽象,在形式逻辑法则的支配下,坚持固定分明的界限,坚持思维的确定性、无矛盾性和论证性。

青少年形式逻辑思维发展的特点为:从初一年级起,学生就开始具备各种推理能力(这里主要指归纳推理和演绎推理)和运用推理的能力,但这只是初步的;初三学生的推理能力比起初一学生来说,已有质的区别;高二学生的推理能力已属于基本成熟。青少年归纳推理和演绎推理的发展水平有差异,但趋势是一致的。在关于形式逻辑法则的运用上,青少年掌握矛盾律和同一律的能力明显高于排中律。[①]整体来说，形式逻辑思维在初一就开始占优势，高二已趋于基本成熟。

3.中学生辩证逻辑思维的发展

我国真正大规模对青少年辩证思维的研究，还是20世纪80年代朱智贤教授领导下的对全国23个省、自治区、直辖市在校青少年辩证逻辑思维的调查研究。此研究的被试对象为初一、初三、高二的学生，试题22道，满分50分，分为辩证思维的概念、判断、推理三个部分。辩证逻辑思维的推理和形式逻辑的推理特征不一样，辩证逻辑思维的推理试题是从辩证运动观点来研究推理形式，矛盾本性是其中一个重要内容。调查数据如表3-1、3-2所示。[②]

表3-1　不同年级辩证逻辑思维发展水平的比较

年级(人数)	总分数	平均分(%)	标准差
初一(4397人)	83407	18.97(37.94%)	7.73
高二(4229人)	99651	22.64(45.28%)	7.68
初三(4401人)	112876	26.69(53.38%)	8.40

* 平均分数的满分为50分。

表3-2　各年级间的均数差异考验

年级	均数差	标准差	Z	P
初一~初三	3.67	0.164	22.38	<0.01
高二~初三	4.05	0.173	23.41	<0.01
高二~初一	7.72	0.174	44.37	<0.01

从表3-1、3-2可以得知，在校青少年辩证逻辑思维发展的趋势是：初一学生已经开始掌握辩证逻辑思维的各种形式，但水平较为低下，仅仅是一个良好的开始；初三学生正处于迅速发展的阶段，是一个重要的转折时期；高二学生得分中的正确率已超过半数，这表明他们的辩证逻辑思维已趋于占优势的地位。青少年辩证思维发展的速度是相当迅速的。整个中学阶段是青少年辩证逻辑思维从出现到迅速发展再到占优势的关键时期。

① 朱智贤，林崇德.思惟发展心理学[M].北京：北京师范大学出版社，1986：526-527.
② 林崇德.学习与发展[M].北京：北京教育出版社，1992：257.

表3-3 不同年级辩证逻辑思维三种形式发展水平的比较

年级(人数)	概念		判断		推理	
	平均数	正确率(%)	平均数	正确率(%)	平均数	正确率(%)
初一(4397人)	6.545	46.75	7.365	49.10	5.640	26.86
初三(4401人)	7.800	55.71	8.174	54.49	6.866	32.70
高二(4229人)	9.192	65.66	9.581	63.87	7.790	37.10

从表3-3可以看出，青少年在掌握辩证逻辑思维的概念、判断、推理的三种形式中，发展趋势是：辩证概念和辩证判断的发展似乎是同步的，在每一年级中，两者几乎处于同一发展水平。而辩证推理的发展，则远远落后于前两者，即使到高二阶段，其正确率的百分比也远远不足一半。

1992年，汪馥郁教授从多个维度对来自全国不同省份的12所不同类型学校的学生进行了关于辩证思维的个体发育研究。其形式逻辑思维和辩证逻辑思维的比较结果如表3-4所示。

表3-4 青少年形式逻辑思维发展与辩证思维发展的比较

年级(人数)	形式逻辑思维		辩证逻辑思维	
	平均分数	正确率*	平均分数	正确率*
初二(60人)	54.67	54.67%	28.28	28.28%
高二(75人)	82.00	82.00%	38.43	38.43%

*正确率是指被测样本所得平均分数占全部测题总分数的比率。

数据说明，青少年在进入14、15岁时，形式逻辑思维确已发展到较高程度，到17、18岁时，其形式逻辑思维也只是开始进入成熟状态。我们从表3-4中可以看出，初二学生已进入辩证思维发展的萌芽状态后期。辩证思维的后继发展，并不是在青少年形式逻辑思维发展已宣告完成之后才开始的，而是在青少年形式逻辑思维正向成熟期发展的过程中，就开始了辩证思维方面的发生与发展。[①]可以看出，在教学中，应该把握好关键期和成熟期，在思维发展成熟前培养各种思维品质就显得尤其重要。

① 汪馥郁.关于辩证思维的个体发育研究[J].辽宁教育行政学院学报，1992(2)：63-76.

4.中学生思维品质的发展

随着年龄的增长,知识难度的增加,教育教学要求的提高,学生进入中学阶段后,他们在思维品质上的发展又体现出以下特点。

第一,深刻性的发展。思维的深刻性是指思维过程的抽象程度,它是一切其他思维品质的基础。前面所阐述的中学生形式逻辑思维和辩证逻辑思维的发展特点,实际上就是说明中学生思维能力的抽象程度或深刻性的差异,在此不再赘述。

第二,敏捷性的发展。研究表明,中学生在数学运算中敏捷程度有显著差异。从初二开始更为显著,年级越高,差异越大;初三以后,运算过程中速度的个体差异逐渐趋于稳定;高中阶段,这种差异基本定型。培养中学生的思维敏捷性是十分重要的,尤其是在定型期前。

第三,灵活性的发展。中学生思维的灵活性发展是有规律的。研究发现:中学生的思维品质灵活性随年龄增大而发展,到高一,学生灵活性的差异趋向基本定型。[①]前面我们提到,思维的灵活性品质从某种意义上也可叫发散思维。张志能在调查中学生发散思维时发现:学生成绩的好与差,与中学生的发散思维水平没有明显联系;家庭的知识结构、教育以及社会影响对中学生发散思维水平的高低有明显影响。[②]沈德立、吕勇等人通过对比实验研究发现:对中学生进行发散思维训练是可行的,可以在短期内得到明显的成效。[③]

第四,独创性的发展。在中学阶段,他们思维的新颖性在发展,但独创性还不成熟,它的成熟,比其他思维品质要晚。2013年,刘桂荣在研究中发现:初一年级显著高于小学阶段得分,创造力发展在初一年级有一个飞跃,然后继续增长,在初二年级达到高峰,高一年级稳定于最高水平,高二年级下降到与初一年级相当的水平。[④]

第五,批判性的发展。初中生思维的批判性是极为不成熟的,容易产生片面性与表面性,容易肯定一切或否定一切;高中生思维的批判性则比较强,他们

① 林崇德.中学生心理学[M].北京:北京出版社,1983:136.
② 张志能.对中学生发散思维的测试及分析[J].贵州教育学院学报(社会科学版),1991(2):27-32.
③ 沈德立,吕勇,马丽丽.中学生发散思维能力培养的实验研究[J].心理学探新.2000,20(4):26-31.
④ 刘桂荣.中小学生创造性思维的发展特点及影响因素研究[D].山东:山东师范大学,2013.

在思考问题时不肯盲从，喜欢探求事物表面现象的根本原因，他们在提出争论的观点时，往往要求具有一定说服力的逻辑论证。杨金苗通过文献查找发现，不管是哪一类人群，哪一些领域，我国的批判性思维水平都有待于提高。他在高中化学学习现状调查中得出：从整体上看，高二年级学生的批判性思维意向水平最高，其次是高三，高一最低。①

第三节　基于思维发展的教学研究

思维能力是构成智力的主要成分，发展思维能力是智育的核心任务。在教学中，应注意挖掘课程内容的思维因素，把握思维发展的教学目标，选择与组织有助于促进学生思维发展的教学策略，让学生在获取知识的过程中，应用思维的方法经历思维的过程，让学科教学成为培养学生思维发展的重要渠道，促进学生思维发展。

一、基于思维发展的教学目标确立

基于思维发展的教学目标，是对通过教学学生思维发展水平的预期。虽然思维的发展具有阶段性、连续性、渐进性，有一个由量变到质变的过程，很难通过几节课的教学就明显判断出学生的思维发展程度，但是，确立思维发展的教学目标，无论是对教师制订学期课程纲要（教学计划）、开展单元教学设计，还是编写课时教学方案、评价学生的学业水平等，都具有导向作用、调控作用、评价作用。为此，在课程层面和教学层面，都应重视思维发展教学目标的设计。

确立学生思维发展的教学目标，一方面应以反映儿童与少年思维发展规律，揭示儿童与少年思维发展特点和实际水平的理论研究成果为依据。另一方面应以学科课程标准为准绳，以课程内容为载体，以学科课程标准中有关学生思维发展的课程目标为标准，设计基于思维发展的教学目标。就整个义务教育

① 杨金苗.高中生化学批判性思维的现状调查与发展策略研究——以曹妃甸区一中为例[D].石家庄：河北师范大学，2015.

阶段的教育而言，应通过学科教学使学生形象思维活动、直觉思维、逻辑思维、创造思维、批判思维得到发展，形成多样化的思维方式，培养学生的思维品质。

（一）形成多样化的思维方式

思维方式是认识事物的角度、方式和方法的总称，它既是观察分析问题的思维起点，又引领着思考的方向与具体方法。林崇德教授等人关于中国学生核心素养发展研究成果指出，科学精神主要是学生在学习、理解、运用科学知识和技能等方面所形成的价值标准、思维方式和行为表现。可见，培养学生的思维方式，有助于促进学生思维发展，也有助于培养学生的科学精神。

1. 培养发散思维与聚合思维。发散思维对培养学生的创新意识和思维品质的灵活性、广阔性具有重要作用；聚合思维对优化思维过程，获得更加满意的思维结果优势明显，这两种思维方式是对立统一的。因此，学科教学一方面应注意培养学生从一个条件或事实出发，从多方面思考得到多种可能的结果的思维方式；另一方面应注意培养学生善于将条件或事实聚合起来朝着一个方向思考，得到确定结果的思维方式，并促进两种思维方式协调发展。

2. 培养直觉思维与逻辑思维。一方面使学生能在已有经验的基础上，利用想象、猜想、直觉对问题迅速做出领悟、理解或给出答案，发展直觉思维能力。另一方面培养学生能按照一定的逻辑规律与方法，依据事物间的内在联系，有步骤、有根据地通过逻辑推理得到新的结论，发展逻辑思维能力。同时，使学生能恰当交替使用这两种思维方式，利用直觉思维发现新的结论，为问题解决提供方向引领，通过逻辑思维对直觉思维做出检验，积累更多的知识经验，为下次直觉思维的产生与应用做好铺垫。

3. 培养归纳思维与演绎思维。归纳与演绎也是思维方向相反的两种思维方法。归纳思维是发现新的事实、获得新的结论的重要思维方式；演绎思维是用来证明归纳思维获得的结果是否正确，以及完善知识结构、形成知识体系的重要思维方式。通过教学，一方面应让学生养成善于从个别的、特殊的经验和事实出发，得出普遍的、一般性的结论的思维方式。特别应利用5~9年级这个归纳思维发展的高效期，促进学生归纳思维方式快速发展。另一方面也有必要培养学生善于从普遍的、一般性的前提出发，得出个别性的、特殊性的结论的思维方式。特别是随着年级的升高，应注意逐步发展学生应用三段论进行逻辑推理的思维能力。

4.培养联想思维与类比思维。联想与类比都是发现性的思维方式，它们具有密切联系。联想是进行类比、归纳、猜想等合情推理的基础，通过联想与类比可以帮助学生发现新的知识。通过教学，让学生形成根据当前问题和事物间的联系展开联想或猜想的思维习惯，逐步形成善于以正在寻找的事物相类似的、相反的或相接近的事物为起点，展开联想与类比的思维方式。

5.培养正向思维和逆向思维方式。正向思维和逆向思维是思考方向截然相反的两种思维方式，但正向思维与逆向思维都是解决问题的思考方向。因此，应注意培养学生在分析思考问题时，既能按常规的思维方向，从正面直接分析问题，也能根据问题的实际情况及时灵活调整思考方向，选择与常规思路相反的方向，用间接的方式思考问题，形成正向思考有困难时能自觉从反向思考分析解决问题的思维习惯，促进思维监控能力培养。

（二）提升学生的思维品质

思维品质是人思维能力差异的表现，是衡量思维能力发展水平的主要指标，提升学生的思维品质是基于思维发展的主要目标。

1.把握本质，提升思维的深刻性。思维的深刻性表现在具有抽象概括能力和把握事物本质的能力。教学中应让学生在思考和研究问题时，经过去粗取精、去伪存真、由此及彼、由表及里的思维过程，逐步培养学生把握事物本质的能力，形成善于从复杂的情境和外在形式中整体把握事物的内在联系和规律，提升抽象、想象、概括和推理能力，实现对事物的理性认识。

2.广开思路，培养思维的广阔性。思维的广阔性与多样化的思维方式和思维的灵活性密切相关，这有助于促进学生创新思维发展。通过教学，一方面让学生善于变通，善于从多方面、多角度、多层次去思考问题，发现事物多方面的联系，找到解决问题的不同思路和办法，培养学生善于变通的能力。另一方面注意让学生整体把握学习内容，抓住事物本质，促进概括迁移能力的提升。

3.突出变通，培养思维灵活性。思维的广阔性与思维的灵活性具有一定的联系和区别，思维的广阔性集中表现在思路和方法的“广”，思维的灵活性主要表现在思路和方法的“活”。培养思维的灵活性,一方面应注意培养学生面对问题时要善于从不同角度、不同方面去分析思考,得出多种合理灵活的结论的思维习惯,培养学生善于抓住问题的实质并进行迁移类比的能力。另一方面培养学生具有灵活变通的意识,善于适时调整思考的起点、方向、方法,善于克服思维定式,善于监控调节自己的思维。

4.注重概括,培养思维敏捷性。思维的敏捷性指思维过程的反应速度,一般需要以思维的深刻性、灵活性为基础。培养思维的敏捷性,一方面应注意让学生把握学习内容的本质,提升思维的概括性品质。另一方面注意让学生在分析思考问题的过程中,能对思维材料进行迅速归纳概括,对思维过程进行适当压缩,迅速、正确地做出判断和得出结论。

5.鼓励创新,培养思维的独创性品质。思维的独创性是人类思维的高级形态,在人类的创造发明以及学生的学习过程中发挥着重要作用。培养学生思维的独创性,应注意培养学生的问题意识,培养学生独立思考的习惯,使学生逐步养成积极思考、大胆猜想、广开思路的习惯,不断独立发现新知识的能力。

6.强化自我意识,培养思维批判性。思维批判性是指思维活动中善于严格估计思维材料和精细地检查思维过程的智力品质。[①]培养思维的批判性品质,一是注意培养学生对思维的深刻性、独立性、广阔性等品质的综合运用。二是让学生对自己的思维过程具有自我意识,养成自我监控思维过程的习惯。三是让学生能比较清晰地认识自己的思维过程,善于对自己的思维过程及时做出自我检查和自我调控。四是让学生善于对自己的思维结果进行及时检验反思。

（三）发展学生逻辑思维能力

逻辑思维能力是思维能力的核心。小学生的思维特点处于从具体形象思维向抽象逻辑思维过渡的阶段,初中学生的思维水平进入形式运算阶段,是逻辑思维发展最快的时期,也是由形式逻辑思维向理论逻辑思维过渡的时期。培养学生的逻辑思维能力是基于思维发展的重要教学目标任务之一。

1.逐步提高学生掌握概念的水平。小学阶段的教学,应注意让学生能借助具体情境和直观手段,逐步感悟事物的本质属性,抽象出概念、命题、规律、模型

① 曹才翰,章建跃.中学数学教学概论[M].北京:北京师范大学出版社,2012:206.

以及思想观点等，初步理解概念的本质属性。初中阶段的教学，应注意让学生能借助感性经验的直接支撑，促进学生抽象逻辑思维发展，进一步提高学生把握概念的本质，区分概念的主次特征，深度理解概念，能对概念作具体的解释，提高学生运用概念分析问题、构建命题进行逻辑推理的水平。

2.发展归纳与类比思维能力。5~9年级是归纳推理发展的最快阶段，9~12岁儿童类比推理发展最为迅速。教学中，应结合学生的思维发展水平，注意培养学生的归纳与类比推理能力，借助直观情境体验感受归纳推理、类比推理和统计推断的过程，让学生能在抽象的基础上进行归纳概括，能将一类事物的共同本质属性聚合起来，或抓住两类事物之间的联系进行类比，从而形成观点、法则、公式、定律等结论性知识，提升学生的归纳推理和类比推理能力，形成从特殊到一般的思维模式，积累合情推理的经验。

3.逐步发展演绎推理能力。小学生从三年级开始，三段论式的推理能力会逐步发生较大的转变，即能运用命题思维进行演绎推理的学生明显增加，到五年级基本上具有初步的命题思维能力。为此，演绎推理能力的培养应注意从小学阶段开始，让学生能通过一些具体的推理活动，对演绎推理获得初步的体验与感悟，积累命题推理经验。特别是对初中学生而言，应着力培养学生的演绎推理能力，了解如像直言三段论、选言三段论、假言三段论、省略三段论、复合三段论等演绎推理的形式，感悟矛盾律、排中律、同一律等逻辑推理规则，并随着学生年龄的增长逐步提升对其掌握的水平。此外，还应注意培养学生的逻辑思维品质，提高学生能够在一些比较复杂的情境中把握事物之间的关系，把握事物的发展脉络，初步形成重论据、有条理、有逻辑分析思考问题与交流表达的思维品质。

4.逐步培养学生的辩证逻辑思维。虽然说辩证逻辑思维是思维的最高形态，但研究表明，小学阶段学生的辩证逻辑思维也有萌芽，初中阶段是由形式逻辑思维向辩证逻辑思维过渡的关键期。因此，在小学阶段，应让学生初步感悟到事物之间是互相联系的，初步认识到事物是运动变化的，初步感悟到事物间的关系是相对的，促进辩证逻辑思维的萌芽。在初中阶段，应让学生结合特殊和一般、抽象和具体、归纳和演绎、理论与实践，超越日常生活经验的界限，从全面的、发展的、运动变化的、对立统一的角度分析思考问题和解决问题，做出判断推理，逐步提升学生透过现象把握事物本质的能力、全面分析问题的能力、分清问题主次的能力、具体问题具体分析的能力。

（四）培养创新思维能力

当今时代，培养学生的创新意识和创新思维，为培养具有创造能力的人才打好基础是教育的核心任务。培养学生的创新思维，应着力突出以下教学目标。

1.注重促进学生思维的全面发展。各学科的教学，应结合各学科特点，以促进学生思维的全面发展，为创新思维发展奠定基础。比如语文学科，通过对文章的阅读、理解与想象，对课文主题思想的挖掘，促进学生形象思维、抽象思维发展；数学学科应特别注意发展学生的直觉思维、形象思维、抽象思维；物理、化学、生物等实验性较强的学科，既要注意在实验观察中发展形象思维，也要在对客观事物的性质、结构、状态的分析研究中发展抽象思维；体育、音乐、美术等学科，应注意发挥运动觉、听觉、视觉优势，促进学生形象思维发展。

2.培养直观想象素养。注意以直觉思维、形象思维培养为突破口，促进学生创新思维的产生。

3.初步感悟跨界思维。跨界思维是在创新时代和互联网背景下产生的一种思维方式，它是用大世界、大眼光、多角度、多视野看待问题和提出解决问题方案的思维方式。培养跨界思维有助于促进学生创新思维的培养。对中小学生而言，这种方式的培养是十分初步的，重点在于培养学生这方面的意识，让学生能初步了解创意的视野，具有打破思维界限的意识，获得一些将两个或多个领域的思维模式、思维方法进行重新组合解决本学科问题的初步体验。

4.让学生学会独立思考，勇于质疑，善于发现并提出新的问题，善于提出新的思路和方法。

（五）发展思维监控能力

思维监控能力主要表现在具有自我意识，能对自己的思维活动进行及时的反思和质疑，能对思维活动进行及时的调节和修正，从而提高思维活动的有效性和思维质量。

1.强化自我意识，培养思维的监控意识和习惯。在平常的教学活动中，特别是初始阶段，能在教师适时的提示下，反思思维过程，逐步养成有思维就有反思监控思维的意识和习惯。

2.了解一些元认知知识，初步掌握一些思维监控的知识，明确对思维的监控就是要明确我在思考什么？我是怎样思考的？这个思考的方法能解决当前的问题吗？

3.获得思维监控的实际体验，让学生在思维过程中能获得对自己的思维过程、方法、结果等做出合理的认识、判断、评估等实际体验，及时调节思维活动。

二、基于思维发展的教学内容组织

（一）深钻教材，用好教材中的思维发展内容

学科教材是学科知识的载体，为学生的学习提供了学习主题、具体内容、基本线索和知识结构，是实现教学目标的重要资源。教材中的学科内容承载着课程目标，蕴含着促进学生思维发展的功能。为此，学科教学促进学生思维发展，首先应充分发挥教材内容中蕴含的思维发展功能。

1.整体把握教材中的思维发展内容

学科教材促进学生思维发展的目标，既体现在学科各个方面的内容中，也贯通在学科知识的发展进程中。基于思维发展的教学内容组织，应从课程的高度整体把握学科教材中各内容所蕴含的促进学生思维发展的功能，以便在教学设计时能充分发挥这些功能。

以义务教育阶段的数学学科为例。从总体上看，发展多样化的思维方式，提升思维品质，培养逻辑思维、创新思维和批判思维等是促进学生数学思维发展的总目标。数学思维发展的目标内容主要体现在对数学课程标准的数学思考中，具体包括：建立数感、符号意识和空间观念，初步形成几何直观和运算能力，发展形象思维与抽象思维；体会统计方法的意义，发展数据分析观念，感受随机现象；在参与观察、实验、猜想、证明、综合实践等数学活动中，发展合情推理和演绎推理能力，清晰地表达自己的想法；学会独立思考，体会数学的基本思

想和思维方式。数学学科的思维发展目标不仅包括在数与代数、图形与几何、统计与概率、综合与实践四个方面的教材内容中,还体现在这四个内容知识的发展过程中。比如,归纳思维方式和演绎思维方式,既体现在数的概念形成、运算法则的归纳、规律的发现与归纳等数与代数的内容中,也体现在图形概念的形成、命题的建构、公式的归纳与推导中,还体现在运用这些知识做出判断、推理、解决问题的过程中。为此,教学中就应充分把握这些内容中蕴含的促进学生思维发展的功能,搞好教学设计。

2.凝练单元教材中的思维发展内容

几乎所有的教材都是分单元或分章节编写的,单元或章节的教学内容具有相对的独立性和完整性,也体现着思维训练的重点。因此,组织教材中的思维发展内容,应整体把握单元或章节中思维发展的内容,凝练出单元教学内容中的思维发展目标,做好单元教学整体设计。

以人教版数学学科四年级上册第五单元编排的“平行四边形认识”为例,“平行四边形和梯形”属于图形概念的教学,重点是探索图形的特征,建构平行四边形和梯形的概念。为此,发展学生的抽象概括能力、直觉思维能力、逻辑推理能力,培养空间观念,感悟归纳的思维方式,就是本单元思维发展的目标。这些目标具体体现在建立平行、垂直、平行四边形、梯形等概念中,体现在对这些几何图形特征的探索中,体现在应用这些概念去分析、判断、解决问题中。而八年级下册第十八章“平行四边形”,该单元思维发展的目标与小学密切联系,仍然具有发展抽象概括能力、直观想象能力、逻辑推理能力,促进数学抽象逻辑推理、直观想象等目标要求,但重点感悟演绎思维、顺向思维和逆向思维的思维方式,而这些目标具体体现在对平行四边形的性质定理、判定定理的提出与逻辑推理的验证中,体现在应用这些定理解决问题中。可见,整体把握教材单元中促进学生思维发展的内容,凝练单元思维发展目标,并把握好单元目标发展的连续性,有助于促进学生思维发展。

3.挖掘例题习题中思维发展的内容

教材中思维发展的目标,最终还要在例题、习题或课文的具体内容中体现出来。为此,深入分析例题、习题和课文中的思维要素,是组织思维发展教学内容的落脚点。例如，“平行四边形和梯形”单元的思维发展目标，教材第56~58页例1和例2建立平行与垂直概念的建构中，以及在画垂线的内容中，都具体包含着对图形特征的抽象和图形位置关系的直观想象，从而发展学生的抽象思维和直观形象思维。教材第64页例1建立平行四边形概念以及底和高的概念，就具有对平行四边形边的特征的抽象归纳，形成平行四边形的概念，进而发展抽象概括能力、归纳推理能力、形象思维能力，感悟归纳推理的思维方式的功能。

（二）改编教材，使教材内容的思维发展功能更突出

为了发挥教材中对促进学生思维发展的功能，可以在深入把握教材编写意图的基础上，根据教学的实际情况，对教材中的某些内容做适当的改编，使教材内容的思维发展功能更加突出。

1.组合教学内容

组合教学内容就是对教材中某些内容的结构、前后顺序、结合方式等进行适当的调整，使教学内容的思维功能更加突出。例如，人教版小学数学六年级下册“圆柱与圆锥”的认识，教材按圆柱（认识、表面积、体积、问题解决）和圆锥（认识、体积）两个小节编排，如在教学中将内容做适当重新组合，将圆柱和圆锥的认识安排在一节课教学，这样学生对图形的认识更加集中，也有助于促进学生对图形形状的直观想象和图形特征的抽象，更好地促进学生数学抽象思维和空间观念的发展。

2.改编教学内容

改编教学内容就是对教材中的某些内容做适当的改造，既可以是舍去一些对思维发展作用不大的内容题材，也可以对原教材的内容做一些改造，从而放大教材内容中的思维发展功能。例如，人教版小学数学四年级上册“平行四边形的高”的认识，我们可以将其改造成学生自主建构底和高的概念：先想象从平行四边形的一边向对边画垂线是什么样的；再动手画一画这条垂线；最后交流总结画法，归纳解释平行四边形底和高的概念。这样有助于促进学生空间观念和抽象概括能力的发展。

3.补充教学内容

教材内容的编写是精练和简约的，有些内容体现思维发展不一定显得全面和完善。为此，我们可以根据学科思维发展的目标要求，结合教学实际，适当补充一些有助于促进学生思维发展的内容素材，更好地凸显教学内容的思维发展功能。例如，西南大学版小学数学教材二年级下册数数(认识计算单位千和万)，为了更好地培养学生的数感，促进学生对1 000、10 000的理解，教学中还可以适当补充生活中含有1 000、10 000这些数的实际情境题材，比如“千字文”中的1 000个字例含有10个100个字，1 000本作业本摞起来比老师(1.6 m)还高，10 000本这样的作业本摞起来比学校二层楼还高，等等。

(三)转变方式，让课堂生成丰富的思维发展内容

从促进思维发展的角度看教学内容组织，既要充分用好教材内容本身所具有的思维发展功能，也要注意转变教与学的方式，使课堂上能生成更多的有助于学生思维发展的课程资源，并善于及时捕捉和利用这些资源，彰显课堂教学的思维容量。

1.捕捉独立思考中的课程资源

独立思考是思维方式之一，在独立思考的基础上开展合作交流，有助于促进学生思维的发展。捕捉独立思考的课程资源，一方面应给学生独立思考的机会，让学生具有独立思考的问题意识，有独立思考的时间和思维空间，让思维在独立思考中创生。另一方面应充分利用好学生在独立思考中产生的思维发展内容，使这些内容得以外显、强化、交流，不但使这些思维发展内容对学生本人受益，而且使这些思维发展内容对他人有用。

2.捕捉合作交流中的课程资源

合作学习是在独立思考基础上进行思维成果的互享、思维方法的互鉴、思维疑惑的互释。合作学习既有助于促进全体学生的思维发展，也有助于促进学生思维的全面发展，特别是对发展思维深刻性、广阔性、批判性等品质具有积极的作用。利用好合作学习中的思维发展内容，一方面应注意激发学生合作交流的需要，使学生的思维处于积极、兴奋状态。同时，注意使合作学习的内容具有

开放性、思考性，这有助于学生自主思考和展开广泛深入的交流。另一方面应注意捕捉合作学习中的思维发展内容，及时抓住有助于学生思维发展的闪光点、创新点、分歧点，以及问题与错误、特殊的情感体验等资源，并恰当地给以利用。比如，强化合作交流中的思维闪光点，让其他学生对他人的思维过程、方法、成果进行分析评价，对合作交流中产生的问题引发学生争辩、讨论等，从而促进学生思维的深刻性、广阔性、批判性等品质的提升。

3.捕捉自主探究中的课程资源

自主探究是一种有较高思维参与的学习活动，它需要学生的思维真正地动起来，并运用多种思维方法求得问题的解决。教学中利用自主学习方式中的思维发展内容，一方面应注意根据教学内容的特点设计自主探究活动，引导学生根据学习内容的特点采用动手实践、独立思考、合作交流等方式开展自主探究。另一方面应注意利用好这些活动中有助于学生思维发展的内容。比如，让学生在自主探究中注意运用观察、比较、分类、猜想、实验以及分析综合等思维方法，组织学生反思交流，分享探究经验和情感体验，进一步促进学生思维发展。

三、基于思维发展的教学策略选择

（一）注重思维情感培养，引发思维内在动力

美国心理学家格塞尔关于思维心理结构的设想认为，从横向上看思维的整体性由思维的材料、思维的过程、思维的能力和思维的动机构成，其中思维的动机包括情感、需要、态度等因素。林崇德教授认为，思维结构中包含思维中的认知因素与非认知因素。兴趣、动机、意志等非认知因素，既是思维的构成要素，也是促进学生思维发展的动力。为此，教学中应加强思维情感的培养，激发学生思维发展的动力。

1.培养学生积极主动的思考兴趣

积极主动的思考兴趣对思考的欲望、动力直接产生推动作用。培养学生积极主动思考的兴趣，一是思考的问题具有挑战性，能激发学生的挑战潜能，从而

对问题产生思考的兴趣。二是通过问题情境的生动趣味性、直观形象性以及呈现的美感等，激发学生对学习内容的思考兴趣。三是让学生感受到自己是学习的主人，认识到学习是自我发展的需要，激发学生主动思考的欲望和内驱力。四是对学生的思维成果及时给予正面强化，让学生在思维活动中获得成功的体验，在成功体验中增强对思考的热情，特别是对学习困难的学生，更应注意使他们获得思考的成功体验。

2.引发学生思维发展的内在动力

思维发展的动力是推动学生积极思考，促进思维发展的核心要素。朱智贤教授认为，在儿童主体和客体事物相互作用的过程中，亦即在儿童不断积极活动的过程中，社会和教育向儿童提出的要求所引起的新的需要和儿童已有的心理水平或心理状态之间的矛盾，是儿童心理发展的内因或内部矛盾，这个内因或内部矛盾，就是儿童心理不断向前发展的动力。①但思维内部矛盾的运动离不开外因的激发和推动，教育就是激发学生思维发展内容矛盾的外在条件，因此，在教学中应不断向学生提出新的问题或思维活动要求。

具体来说，一是应根据教学目标任务，向学生提出有助于激发思考，促进思维发展的问题，让学生产生解决问题、达到心理满足的需要。二是根据学生的实际心理水平把握问题的难度，并尽可能让学生保持中等强度的学习动机，使思维处于最佳状态。三是恰当使用合作与竞争的学习活动，最大限度调动学生思考的积极性，让学生的好胜心理成为推动积极思考的动力。例如，一位教师在教学分数的初步认识后，先出示2个圆(学生用“2”个表示)，再出示1个圆(学生用“1”个表示)，接着出示半个圆(学生用“半个”表示)，出示圆的三分之一(学生用“小半个”表示)，出示圆的四分之一(学生用“小小半个”表示)。显然，学生的思维平衡点是用生活经验来表达当前数量。接着，教师拿走2个圆和1个圆，并提出问题：“这半个圆、小半个圆、小小半个圆，用数学知识该如何表示呢?”这一问题就打破了学生的认知平衡，激发了思维发展的内部矛盾，产生了思维发展的动力。

① 朱智贤.儿童心理学[M].北京:人民教育出版社,2003:79.

3.锻炼勤奋顽强的性格意志

勤奋、顽强的性格意志是促进学生思维良好发展的心理保证。学生在学习与发展过程中，必然会遇到种种矛盾和困难，如果学生没有刚毅顽强的性格和百折不挠的意志力，必将阻碍思维能力的发展。为此，应锻炼学生顽强的毅力和坚韧的意志，一方面注意让学生认识到顽强的毅力和坚韧的意志对学习发展的重要意义；另一方面学生通过完成具有一定难度的挑战性问题，以及对克服困难取得思维成果的学习行为给予正强化，不断磨炼学生的毅力和意志。

（二）体验思维过程方法，积累思维活动经验

人类的思维过程是一个复杂的、高级的认识过程，反映了事物的相互联系及其发展变化的规律。学生在学习思考过程中，必将凭借诸如分析与综合、观察与实验、比较与分类等一些具体的思维方法去获取知识，实现思维的目的。同时，通过这些思维活动，也必将促进学生获得思维过程与方法的体验，提升思维经验，促进思维能力的发展。

1.观察与实验

观察与实验是学生学习活动中常用的方法，也是思维过程中的思维方法。在教学活动中，一方面，应注意突出观察中的思维成分，比如观察之前有明确的观察目的（任务或问题）、观察计划，观察时尽量做到专心仔细、突出重点，对一些重大的观察活动，事前还可以做好观察准备，比如了解观察对象的背景等。另一方面，学生学习中的实验既包括物理、化学、生物等科学实验，也包括数学学习中的动手操作、综合实践等一般意义上的实验，作为思维活动的实验，应注意实验活动情境的设计，将实验与观察、记忆、思考、想象结合，增添实验中的思维成分。

例如，化学实验“测量空气中氧气的含量”，教师可以在实验之前提出问题，引导学生观察与思考，以提高观察的目的性和针对性。在实验中，学生不但观察到“吸气瓶中的磷燃烧使水面上升了$\frac{1}{5}$”等实验现象，还应思考吸气瓶中的磷燃烧后水面为什么会上升？上升$\frac{1}{5}$说明了什么问题？进而推理得出，由于吸气

瓶中磷燃烧将瓶中的氧气消耗了，留出空间，因此水面上升。上升$\frac{1}{5}$的高度，说明空气中氧气约占20%。可见，这样的观察与实验，具有了明显的思维内容，有助于促进学生思维发展。

2.比较与分类

比较是一种确定事物相同点和不同点的思维方法，是一种判断性的思维活动。它是根据一定的标准，把彼此有联系的事物加以对照，从而确定其相同与相异之点，进而对事物进行初步分类。分类就是在比较的基础上确定事物的异同，然后根据一定的标准对事物进行分别归类，以便分类对事物进行进一步的研究。教学中，一方面注意让学生把握比较的意义、原则和方法，明确比较的目的，明确要具有一定的联系的对象才能比较。比如，语文中说明文与记叙文写作方法的比较，数学中两个图形特征的比较，体育中长跑与短跑呼吸方法的比较，美术中国画与油画表现技法的比较等都是具有联系的对象，都可以通过比较，深刻把握对象的本质属性。另一方面在比较基础上进行分类，应注意让学生掌握分类的依据。比如，数学中对图形的分类，应抓住图形的特征这一属性；物理学中对物质材料的分类，则可以根据材料的材质这一属性；生物学中对动物的分类，可以用脊椎这一属性作为分类标准。

3.分析与综合

分析与综合是最基本、最常用的思维方法，可以说任何思维活动都离不开分析与综合的参与。所谓分析就是从事物的组成要素、特征、属性、关系等不同的角度，把事物或问题分解成各个部分加以辨析的思维方法，其目的在于辨析。所谓综合就是在对事物的各个组成部分融会贯通的基础上，实现整体的融合，实现对事物的整体认识和问题的解决。可见，分析与综合是对立统一的思维方法，综合是分析的目标，分析是综合的基础。牛顿也曾经指出，一般地说，从结果到原因，从特殊原因到普遍原因，一直论证到最普遍的原因为止，这就是分析的方法；而综合的方法则假定原因已经找到，并且已经把它们立为原理，再用这些原理去解释由它们发生的现象,并证明这些解释的正确性。[①]可见,分析与综合的思维方法,既有助于学生解决问题,也有助于促进学生思维能力发展。

教学中,一方面要结合学科特点,注意让学生应用这两种思维方法分析解决问题,逐步掌握分析与综合思维方法,增强运用分析与综合法分析问题、解决问题的体验,积累分析思维的经验。另一方面应注意学生的年龄特征和思维发展水平,对小学生特别是小学低年级学生来说,主要通过对具体问题的解决来体验分析与综合的方法,初步获得分析与综合的思维经验。而对于小学高年级及中学生而言,不但要通过较为复杂的问题来提升分析与综合的能力,而且还应逐步掌握一些分析与综合程序和具体的操作方法,促进学生复合推理能力的发展。

4.抽象与概括

抽象就是在思想上把握事物的本质属性,使认识上升到理性阶段。概括就是在思想上把各个事物(对象)的本质属性联系起来,推广到该类的一切事物中去,从而形成对这类事物的普遍认识,使思维从个别推广到一般。抽象与概括紧密联系,抽象是概括的基础,概括是更高层次、更广范围的抽象。抽象与概括既是思维过程的重要阶段,也是认识事物的必要思维方法,在教学中应重点加以培养。

一方面,应结合具体内容的学习,让学生经历抽象与概括的过程,学习抽象与概括的一些具体方法,形成“将现实事物只从学科本质的角度进行抽象——对现实事物通过一般化、理想化处理,最后得到超越现实的模型——用符号、结构表示抽象结果”的思维模式。例如,初中物理“阿基米德原理”的教学,先提出猜想:浮力的大小可以用称重的方法测量,但浮力与哪些因素有关呢?然后实验:用称重法测量浸没在水中不同深度的铁块所受浮力的大小;用称重法测量浸没在水中不同体积的铁块所受浮力的大小;用称重法测量同一铁块浸没在水中和浸没在酒精中所受浮力的大小;用两块体积相同、形状不同的橡皮泥浸没水中,用称重法分别测量其所受浮力的大小。可以看出,这些观察实验方法,就

① [美]H.S.塞耶.牛顿自然哲学著作选[M].上海外国自然科学哲学著作编译组,译.上海:上海人民出版社,1974.:212

是学生在对事物进行比较、分析，并在分析的基础上抽象出事物的本质。在此基础上，将这些本质属性联系起来，形成“物体在液体中所受浮力的大小与物体排开液体的体积和液体的密度有关，与物体浸没时物体所处的深度和物体的形状无关”这一概括化的结论，实现了抽象与概括的统一。

另一方面，抽象与概括的层次应适合学生的年龄特征和思维水平。学生抽象的水平是从借助具体事物进行较低层次的抽象（几乎还属于感性认识的过程），逐步发展到借助表象或概念进行的较高层次的抽象。同时，抽象也应注意时机，这个时机既包括在一节课内抽象的时机，也包括在不同发展阶段的时机。比如，小学三年级学生认识分数，只是结合情境，在操作的基础上初步感悟分数的意义，抽象出一个个具体的简单分数，但就在这节课内，如果要抽象出形如$\frac{1}{2}$这个分数，就应让学生在感知了多种能用$\frac{1}{2}$表示的材料后再进行抽象，才显得时机恰当。而到了五年级，学生的抽象概括水平有了发展，进一步抽象出单位“1”和分数的概念。概括也是一样，具有感性概括、理性概括、迁移性概括等不同的层次水平，教学中就应根据学生的年龄特征和认知水平，把握概括的层次。

（三）针对思维发展特征，注重直观形象支撑

小学生的思维发展能达到具体运算水平，是离不开具体事物支撑的。初中生的思维发展虽然能达到形式运算水平，但遇到复杂的、十分抽象的思维活动时，还是需要借助一些直观材料来辅助其思考。因此，根据学生思维发展的阶段性特征和学生实际思维发展水平，适度加强直观教学，有助于促进学生思维更好地发展。

1.借助实验操作提供感性支撑

实验操作有助于切实解决学习内容的抽象性与学生思维的具体形象性之间的矛盾。在教学中，应针对学习内容的抽象程度等教学实际，让学生通过操作、实验等活动，将掌握知识的智力活动过程转化为一种系列化的动作程序，把高度抽象的知识还原成看得见、摸得着的物化过程，帮助学生对知识的理解，促进学生动作思维、直观形象思维的发展。为了使实验操作能更好地促进思维的发展，一是应让学生明确操作的目的和任务，做到操作前有思考。二是在实验

操作过程中注意运用观察、比较等思维方法，突出实验操作中的思考成分。三是在实验操作基础上注意知识的内化，将实验操作中的发现、收获、感悟等提炼成学科知识，促进学生抽象概括能力、逻辑推理能力和直观想象能力的发展。

2. 设置问题情境提供形象支撑

问题情境是承载知识的背景材料或课程资源。好的问题情境可以激发学生的学习兴趣，感悟知识的来源和应用价值，引发学生的思考，为思维活动提供表象支撑。设置恰当的问题情境，一是注意情境呈现方式的多样化，可以根据教学实际，通过语言描述、画面展示、视频动态呈现等形式直观生动地呈现情境。二是情境的设置应突出情境的真实性、科学性、趣味性，特别应突出情境的思考性，通过情境激发学生开展积极的思维活动。例如，小学生学习诗歌《望庐山瀑布》，如果给学生提供一幅情境图，将有助于学生对古诗的理解，培养思维的深刻性品质，引发学生直观想象，促进形象思维发展。再如，小学六年级学生学习反比例，设置同体积的水倒入不同底面积的容器中水的高度不同的问题情境，有助于学生理解“底面积、高、水的体积”三者之间变与不变的关系，理解反比例的意义，促进学生形象思维与抽象思维发展。

3. 借助表象支撑促进思维发展

表象具有直观性和概括性，它是从感知过渡到思维的中间环节。借助表象支撑，不仅有助于促进抽象思维发展，还能促进形象思维发展。在教学中，一是根据学科特点和学习内容的特点，发展学生多种类型的表象。观察、操作是数学学习中常用的思维方法和学习方式，可以结合学生对学习材料的观察、操作发展学生的视觉表象。例如，在认识几何图形教学中，通过观察形成图形形状的表象；在教学分数的初步认识中，通过操作形成将一个圆片、一张长方形（正方形）纸片平均分成2份取1份的动作与视觉表象及$\frac{1}{2}$的表象；体育课短跑的教学，通过教师的示范和学生的练习，形成短跑起跑动作的运动表象；在音乐教学中，学生通过对歌曲的理解与想象，形成歌曲中表现的情境的听觉表象。二是提高表象的质量。同一事件的表象，在不同学生头脑里存在着个体差异，教学中应尽可能缩小这种差异，让学生形成的表象更加丰富、清晰、完整、精准和稳定。例如,学生学习李白的《静夜诗》,通过理解诗句描写的意境后,应让学生通过想象、观察插图等手段,在头脑中尽可能形成意境的画面,形成清晰的、丰富的、稳定的表象,促进学生形象思维发展。三是提高表象的概括性。表象概括性水平的高低影响着表象的提取利用。为此,应尽可能帮助学生对头脑中的表象进行一定的归类整理与概括提升,以便于学生在形象思维活动时对表象进行有效加工利用,也便于学生对表象系统进行有序的逻辑概括,直至形成抽象逻辑思维。例如,小学一年级学生学习初步认识长方形,通过对物体面的抽象,头脑中会形成丰富的长方形的表象(如图3-3)。但同时还应帮助学生提升概括,形成更具一般性的长方形表象,即头脑中形成的长方形大致都是一样的(如图3-4)。

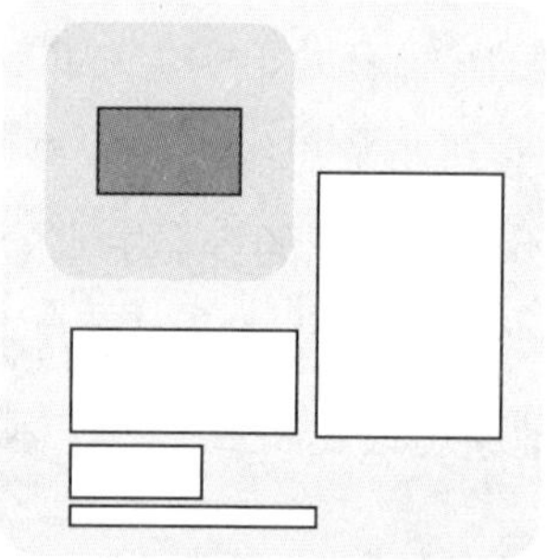

图3-3 长方形

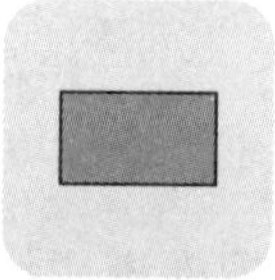

图3-4 长方形

(四)变革课堂教学,提供思维发展的平台

培养学生的思维能力,关键应让学生参与到卓有成效的教学活动中去,让学生能根据学习内容的特点,采用合适的学习方式,充分、扎实地经历思维的过程,积极主动地参与到思维活动中去。

1.实施多样化的学习方式

《基础教育课程改革纲要(试行)》指出,倡导学生主动参与、乐于探究、勤于动手,培养学生搜集和处理信息的能力、获取新知识的能力、分析和解决问题的能力以及交流与合作的能力。多样化的学习方式,有助于学生自主学习,也有助于学生多种思维能力的发展。具体来说,一是根据不同的内容选择不同的学习方式,更好发挥学习方式的思维发展功能。例如,语文教学中精读课文的教学，教师应加大指导成分，引导学生将独立思考与合作交流等方式相结合来理解课文，促进思维发展；略读课文的教学，教师应放手，让学生将精读课文学习到的学习方法和思维方式，迁移到略读课文的学习中去，让学生通过独立思考、自主探索，促进思维深刻性、独创性、批判性品质发展。二是根据学生的思维发展水平选择学习方式，使学习方式更好地适应学生的思维发展。例如，小学一年级学生认识100以内的数，对位置值、十进制的理解十分困难，由此应加强直观和体验，让学生通过动手操作、合作交流等方式学习，帮助学生对知识的理解，促进学生动作思维和直观形象思维的发展。小学高年级学生认识百分数，可以提供丰富的感性材料，让学生通过独立思考、自主学习、合作交流等方式理解百分数的意义，培养数学抽象、归纳概括能力，促进思维深刻性、独创性等品质的发展。对小学生而言，动手实践的学习方式应用较多，而对初中学生而言，更多的是让学生采用独立思考、自主探索、合作交流等方式学习。三是运用现代信息技术直观形象展示知识的形成过程与学生的思考过程，促进学生思维发展。例如，在历史学科的教学中，通过多媒体技术还原历史事件，不但有助于学生对历史事件的理解，也有助于发展想象思维；在地理学科的教学中，通过信息技术动态展示地球的结构、地壳的运动等，有助于促进学生形象思维的培养发展，更好地理解地理相关概念。

2.设置凸显思维发展的学习活动

在教学活动中促进学生思维发展，需要具有思考空间的问题来激发学生的思考，需要学生经历观察、比较、分类、分析、综合等思维活动使思维发展得以落实。具体来说，一是设置具有思考空间的学习活动。学习内容是否具有问题性、思考性、挑战性，直接影响着学生的思维发展。为此，应尽可能将教学目标和学习任务转化成一个个探索的问题，并把握好问题的思维空间，使学生通过努力思考能完成学习任务。例如，统编版小学语文二年级上册课文《植物妈妈有办法》的教学，在学生初步理解了课文的含义后，再读课文思考问题：这首诗一共有几小节？诗里讲了哪几位植物妈妈？植物妈妈在什么方面有办法？可见，三个问题的设计由易到难，特别是第3个问题，需要学生去进行简单归纳概括，总结出“植物妈妈在传播种子方面有办法”，促进学生抽象概括能力发展。

而在三年级上册学习《司马光》时，学生在理解课文的基础上，提出问题“说说你眼中的司马光是个怎样的人？”可见，这样的问题具有较大的思维空间，有助于学生思维的深刻性、广阔性、独创性等多种思维品质的发展。二是让学生有充分的思考时间。思维是有过程的，学生经历思维的过程需要时间保证。学习中无论是独立思考还是合作交流，无论是动手实践，还是自主探索，都应给学生充足的思考时间，让学生有时间经历观察、比较、分类、分析、综合等思维活动过程，让思维活动真正在学生头脑中发生，让学生在经历思维过程、感悟思维方法活动中思维能力得以培养。例如，在小学数学“长方形的面积”教学中，设计让学生用一些边长1 cm的小正方形拼摆成一个大的长方形后，各组将拼摆的长方形的长、宽、面积填入表格，教师提出问题：“从表中你能发现长方形的面积与长和宽有什么关系？”当学生发现并总结出“长方形的面积=长×宽”后，再次提出问题：“你能解释为什么长方形的面积=长×宽吗？”可见，这样的问题让学生将公式推导的思维过程进行外化，有助于促进学生归纳推理能力、演绎推理能力和思维深刻性品质的培养。

3.外化学生的思维活动

思维活动本是在大脑中进行的认识活动，但这种认识活动有的是可以通过语言或行为表现出来的。将学生头脑中的思维过程、思维方法、思维结果通过一定的形式外化出来，不但可以了解思维活动存在的问题，而且也可以让学生对自己的思维活动获得直观、清晰的认识。在教学中，一是通过语言将思维的思考过程表达出来。例如，在问题解决学习中，让学生在问题解决后说一说解决问题的过程、方法，说一说这样思考解决的理由，说一说他们对问题解决的感受（包括认知和情感的）等。对于文科教学，让学生说一说他们对文章、历史事件的理解，说一说对人物的评价等都有助于学生思维发展。二是通过思维导图、知识结构图、模型图、流程图、概念图、表格等将思维过程或结果表达出来。例如，对运算定律的整理，可以让学生用思维导图展示思维过程（如图3-5）。三是通过表演活动外化思维活动，特别是对一些文科的教学，通过表演活动，有助于学生对课文、任务、历史事件、客观事实的理解，促进思维发展。

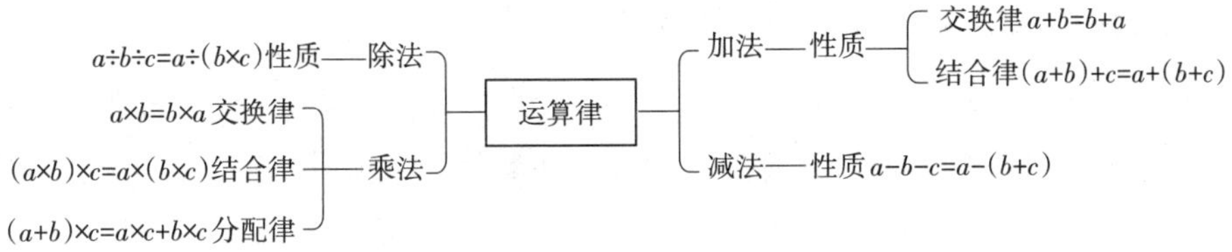

图 3−5　运算律

四、基于思维发展的教学评价实施

基于思维发展的教学评价，是对教学活动凸显学生思维发展情况进行分析判断的过程。基于学生思维发展的教学评价，除要坚持常规教学评价的一些原则、手段外，还应以促进学生思维发展为根本目的，不仅要评价教学内容的挖掘和组织是否体现思维发展的功能，还要评价教学的组织实施是否有助于促进学生的思维发展。

（一）明确基于思维发展的教学评价内容

基于思维发展的教学评价内容，应重点关注常规教学评价中对教学目标的设置与达成、教学内容的选择与组织、教学过程的组织与实施等是否关注学生思维发展、培养学生思维能力的评价内容。

1.评价教学目标的设置是否关注学生思维发展

基于思维发展的课堂教学目标设置，既要关注知识与技能，能力与核心素养，情感、态度和价值观等目标的整体实现，也应将思维能力培养作为教学的重点目标。一方面，评价教学设计是否将思维发展目标要求融入教学目标的设置；另一方面，关注预设的思维发展教学目标是否在教学过程中得到落实。例如，西南大学版小学数学五年级上册关于平行四边形的面积的教学目标评价，一方面就应看教学设计是否将“学生能根据长方形的面积计算公式以及平行四边形与长方形的关系，推导出平行四边形的面积计算公式，能清楚表达平行四边形的面积计算公式的推导过程，发展学生的推理能力”这一目标作为该课教学的重要教学目标。另一方面看教学过程是否体现了让学生经历、体验平行四边形面积计算公式的推导过程，是否突出推理能力培养。

2.评价教学内容的组织是否凸显思维发展功能

基于思维发展的课堂教学内容评价，应关注课程资源的选择、教学内容的组织是否有助于凸显内容本身的思维发展功能。一方面，应分析教学内容的组织是否充分发挥了教材内容本身所具有的思维发展功能。例如，中小学语文中的很多课文，都具有促进学生直觉思维、形象思维、逻辑思维、创造思维发展的功能。因此，教学评价就应关注教师的教学设计与实施，看是否注意让学生在阅读与鉴赏、表达与交流、梳理与探索等学习活动展开联想与想象，从而丰富学生对现实生活和文学形象的感受和理解，丰富运用语言进行逻辑表达，促进思维发展。另一方面，注意评价教师是否创造性运用教材，是否关注课堂生成的思维发展功能。例如，西南大学版小学数学五年级下册关于分数的意义的教学，由于教材上只是呈现了几个关于$\frac{1}{4}$的题材就归纳概括出分数的定义，显然材料的代表性不够。因此，就可以关注教师的教学设计与实施是否对课程资源进行了补充与改造，丰富表示不同大小、不同分母的分数的题材，促进学生抽象能力、推理能力的发展。

3.评价教学过程与方法是否注重促进学生思维发展

基于思维发展的教学评价内容，还应关注教学过程和方法的评价，分析教学过程、教学方法和手段、学习方式以及学习评价是否有助于促进学生思维发展。例如，一位教师执教圆柱和圆锥的教学，他先从生活中有关圆柱、圆锥的事物情境引出课题，随后学生分组触摸、观察手中的圆柱、圆锥实物，发现圆柱、圆锥各有什么特征，然后全班汇报他们的发现(圆柱:上下是两个大小相等的圆……)，最后教师将学生的口头表达板书出来。可见，通过这样的教学方式，学生可以多样化地感悟图形特征，经历图形特征的直观想象和抽象过程，有助于学生形象思维能力、抽象概括能力发展，因此应给予良好的教学评价。

4.学生思维发展的教学效果评价

基于学生思维发展的教学效果评价，一方面应坚持思维过程与思维结果评价相结合，通过观察、分析学生的作业、试卷并与学生交流等方式，评估学生的思维过程是否流畅、富有逻辑，思维方法是否多样、恰当。同时，还应关注思维品质是否得到培养，思维结果是否正确。例如，对问题解决的教学，可以通过学生解决问题的结果是否正确、思路是否清晰、过程方法是否简洁等方面来评价学生逻辑思维发展状况。另一方面应坚持及时检测思维发展效果与关注思维的长期发展结合，既要及时通过一道作业练习题、一节课的教学了解学生的思维发展，也要关注通过一个单元、一个学期、一个(或几个)学段的教学促进学生思维发展的水平，甚至关注各个学科的融合，促进学生思维发展的效果。例如，对学生逻辑思维能力的评价，不但要关注某个例题、习题教学中学生表现出的逻辑思维水平，也应关注经过学期(学年)、学段的教学，学生逻辑思维发展水平是否达到课程目标要求。

(二)注意采用多样化的评价方式

基于思维发展的评价方式，应围绕学生思维发展这一教学目标，采用教学方案分析、课堂观察、学生学习作品分析等方式，全面评价促进学生思维发展的教学行为与教学效果。

1.基于思维发展的教学方案分析与评价

基于学生思维发展的教学评价，可以通过对教师的教学方案设计(有时还可以结合学期教学纲要、单元教学设计)进行分析，主要看：是否设计了促进现实思维发展的教学目标；教学内容的容量是否符合学生的接受能力；思维发展的目标是否体现在教学过程的设计中；课堂练习、实践应用是否体现对学生思维发展的检测。

2.课堂教学观察与分析

基于学生思维发展的课堂教学实施的评价，首先应根据思维发展的目标、内容等确定评价的维度和评价要点，研制基于思维发展的课堂教学评价量表(如表3-5)。其次进行课堂观察、课后访谈，收集基于学生思维发展的师生教学行为和教学效果的信息。最后还应对课堂观察收集的有关信息做出归类整理、分析判断、提炼概括。

表3-5　基于现实思维发展的课堂观察评价量表

<table>
<tr><td rowspan="2">教师</td><td>性别</td><td>男</td><td colspan="2">女</td><td rowspan="2">学科</td><td rowspan="2" colspan="2"></td><td rowspan="2">班级</td><td rowspan="2"></td></tr>
<tr><td>年龄层次</td><td>老</td><td>中</td><td>青</td></tr>
<tr><td>教学内容</td><td colspan="4"></td><td>学校</td><td colspan="2"></td><td>班额</td><td></td></tr>
<tr><td rowspan="2">评价维度</td><td rowspan="2" colspan="4">评价内容</td><td colspan="4">评价等级</td><td rowspan="2">说明</td></tr>
<tr><td>优</td><td>良</td><td>中</td><td>差</td></tr>
<tr><td rowspan="2">教学内容的思维发展功能</td><td colspan="4">教材中的思维发展功能得到充分利用</td><td></td><td></td><td></td><td></td><td></td></tr>
<tr><td colspan="4">创造性使用教材凸显教学内容的思维发展功能</td><td></td><td></td><td></td><td></td><td></td></tr>
<tr><td rowspan="6">教学过程凸显学生思维发展</td><td colspan="4">设计的问题具有思考的空间</td><td></td><td></td><td></td><td></td><td></td></tr>
<tr><td colspan="4">学生在教学中具有充足的思考时间</td><td></td><td></td><td></td><td></td><td></td></tr>
<tr><td colspan="4">注重学生通过观察、比较、分类、猜想、想象、分析、综合、抽象、概括等思维方法经历思维过程</td><td></td><td></td><td></td><td></td><td></td></tr>
<tr><td colspan="4">注意激发思维发展动力，培养积极的思维情感</td><td></td><td></td><td></td><td></td><td></td></tr>
<tr><td colspan="4">思维发展要求符合学生的实际发展水平，教师注意对学生的思维进行适时、恰当的引发、启发、点拨</td><td></td><td></td><td></td><td></td><td></td></tr>
<tr><td colspan="4">引导学生恰当采用多样化的思维方式分析思考问题，突出思维品质培养</td><td></td><td></td><td></td><td></td><td></td></tr>
<tr><td rowspan="3">思维发展目标的落实与达成</td><td colspan="4">思维发展目标在教学过程中得到明显体现</td><td></td><td></td><td></td><td></td><td></td></tr>
<tr><td colspan="4">学生思考的积极主动性强，课堂上学生思维活跃</td><td></td><td></td><td></td><td></td><td></td></tr>
<tr><td colspan="4">达成本节课思维发展教学目标，学生思维能力得到良好培养</td><td></td><td></td><td></td><td></td><td></td></tr>
<tr><td>合计</td><td colspan="4"></td><td></td><td></td><td></td><td></td><td></td></tr>
</table>

3.学生学习书面作品分析

学生学习的书面作品主要包括课堂练习与作业，各种形成性的检测与期末、毕业考试试卷，以及学生的实践活动报告等，通过对这些作品的分析，了解学生思维发展水平。例如，语文可以通过学生的作文评价学生的写作能力，以及逻辑思维、形象思维等能力；数学可以通过分析学生解决问题的思路、方法及结果的正确性，评价学生的逻辑推理能力及思维的深刻性、广阔性、灵活性等品质。

（三）恰当解释与利用评价结果

对基于学生思维发展的教学评价的结果，还应做出解释和报告，以便更好发挥教学评价的功能。具体包括：一是对评价收集的信息做出综合的分析，一方面评价收集的信息应尽可能全面；另一方面对信息的分析解释应注重科学性，避免随意性，注意运用思维发展的心理学原理等理论支撑，适当应用统计方法，坚持定性分析与定量分析结合。二是分析解释的标准，应坚持思维发展目标与儿童的实际思维发展水平结合，适当参考教学的条件、师资等背景资料，做出客观、科学、合理的判断，切忌极端评价。三是对评价结果的反馈，应通过适当的形式反馈给有关人员，发挥评价的指导功能和导向功能。

第四节　基于思维发展的教学案例分析

一、基于思维发展的小学语文教学案例分析

——以《雾在哪里》教学为例

【教学内容】

统编版小学语文二年级上册第20课。

【教学流程】

活动一:创设情境,猜想激趣

猜想激趣,发展发散思维。

师:从前有一片雾,是个又顽皮又淘气的孩子,喜欢把许多事物都藏起来,大胆猜一猜,他会把谁藏起来?

生:森林里常常有雾,雾会把森林藏起来。

生:我登山时,山顶有雾,雾会把大山藏起来。

生:有时江面上也有雾,雾会把嘉陵江藏起来。

师:雾究竟会在哪里?会把谁藏起来呢?咱们一起去童话故事里找找吧。

【评析】通过故事引发学生大胆猜想,将学生带入故事情境中,既能唤醒学生对生活的记忆,发散学生的思维,凭直觉感受雾的顽皮,又能紧扣本单元"体会想象之美"的主题,为雾孩子形象的体会做铺垫。

活动二:自主探究,整体感知

1.初读感知,发展形象思维

(1)自由读课文,读准字音,用自己喜欢的方式把课文读通读顺,边读边想:雾在哪里?

(2)初读反馈,板书:飞到海上　来到岸边　躲在城市上空

【评析】学生带着问题初读课文,边读边思考,让学生在自读中初步感知雾孩子顽皮淘气的形象,发展了学生的动作思维和感性形象思维。

2.再读勾画,发展动作思维

师:淘气顽皮的雾孩子都把谁藏起来了呢,听听雾是怎么说的,再读课文,请用横线勾出雾说的话。

3.展示交流,发展集中思维

(1)指明回答所勾句子,课件集中展示句子。

(2)用"雾是个淘气又顽皮的孩子,他把(　　)、(　　)、(　　)和(　　)都藏了起来"的句式说完整。

【评析】学生通过一个句式找出句子中相关的部分，把相关内容进行集中并综合起来说一说，既整体感知雾把谁藏起来了，也培养了学生的集中思维能力。

活动三：品读感悟，聚焦语言

1.披文入境，发展抽象思维

(1)出示语段。

“我要把大海藏起来。”于是，他把大海藏了起来。无论是海水、船只，还是蓝色的远方，都看不见了。

“现在我要把天空连同太阳一起藏起来。”于是，他把天空连同太阳一起藏了起来。霎时，四周变暗了，无论是天空，还是天空中的太阳，都看不见了。

(2)同桌相互听读，一人读一段，用小序号标出每段有几句话。

(3)师生合作读。

师：你发现这两段话在写法上有什么相同的地方吗？

生：都是先写雾说的话，再写雾怎么做的，最后写结果怎样。

生：都有一个句子用了“无论……还是……都……”的句式来写。

【评析】通过动手标注句子序号，多种形式朗读，让学生运用观察、比较、分析、综合的思维方法发现句式特点，并归纳概括，有效促进学生抽象概括能力培养。

2.比较阅读，发展形象思维

师：如果去掉这几个词，再读一读。

老师出示语段，学生读。

师：你喜欢哪一句？为什么？带着这样的感受读一读句子。

师：用上这组词，让我们感受到雾中的景色更美了，雾孩子更淘气更顽皮啦。

【评析】通过去掉关键词，让学生在比较阅读中体会句子表情达意的作用，借助雾景的形象美，加深学生对文本的理解，激发学生对雾孩子这一文学形象的喜爱之情。

3.指导朗读,发展形象思维

师:雾真是一个淘气又顽皮的孩子。那你能根据你想象到的雾调皮的样子,用朗读表现出来吗?

(1)自由读,指名读。

(2)抓关键词想象,读出雾说话时的不同语气。

(3)有感情地朗读5句话。

【评析】想象与阅读结合,学生在有感情的朗读中对文学作品中的形象有了更深刻的感悟,这既培养了学生的语感,也培养了学生的形象思维。

4.拓展说话,发展想象思维

(1)出示森林和学校图。

师:雾来到森林和学校,他又藏起了什么?选择一幅图试着用上刚才的句式说一说。

(2)师:淘气的雾孩子到一处,藏一处。大胆想象一下,他会去哪里?每一次,他又会怎么说呢?学着故事里的样子,和你的同桌说一说吧!

(3)全班分享。

【评析】学生迁移运用上面的句式说话,有助于培养学生的逻辑表达能力;同时也有助于学生自由想象,培养学生的想象力和创新思维。

【总评】小学语文是一门语言与思维相统一的学科。本节课基于语文思维,在遵循小学生语言发展规律、思维发展规律的基础上,关注训练语言表达能力和培养思维能力,学生在对语言的理解和运用过程中,多种思维方式得到培养。

1.在勾画批读中发展动作思维

动作思维的任务是与当前直接感知到的对象相联系的。本课中初读课文时带着问题边读边思考,寻找答案;再读课文时注意勾画相关的语句,这些活动中需要依靠看、读、勾等多个动作与思维共同协作,完成学习任务,学生的动作思维得到了培养。

2.在品读感悟中发展形象思维

形象思维伴随着感情,也离不开想象和联想。本课教学中,通过初读感知"雾在哪里”，再读体会“雾藏了谁”，在比较阅读、感情朗读中对“雾是个淘气又顽皮的孩子”这一形象充分感悟。最后在对课文的仿创训练中，让学生建构新的形象，多层次地培养了学生的形象思维能力。

3.在分析概括中发展抽象思维

语文教学中发展学生的抽象思维，与理解词语、归纳段意、概括主要内容等语文能力的培养是相辅相成的。本课教学中，有对课文整体感知的概括表达，有在比较阅读中对句式共同点的分析归纳等活动，这些都有助于学生抽象思维能力的培养。

4.注重思维方式的整合与转换

在实际的教学中常常是多种思维方式共同作用的，有时一些思维方式会统一在某种思维方式中，如学生在勾画出相关语句之后，用一个句式表达，既培养了学生的集中思维能力，也训练了学生的概括能力。同时，本教学活动注重形象思维与抽象思维方式的转换、集中思维与分散思维的结合与转换、发散思维与集中思维的转换，促进了学生多种思维发展。

（重庆市渝中区人和街小学　刘燕）

二、基于思维发展的小学数学教学案例分析

——以《平行四边形的认识》教学为例

【教学内容】

人教版小学数学四年级上册第64页例1，练习十一第1题。

【教学过程】

活动一：探索图形特征，建构平行四边形的概念

1.猜想特征定向，发展直觉思维

师：请你想一想，为什么它叫平行四边形？

生1：它有四条边，并且上下两条边、左右两条边都是互相平行的。

生2：我感觉它们的对边是相等的。

生3：我认为平行四边形的对角可能也相等。

师：凭直觉，你们的猜想有可能正确，但究竟是不是这样的呢，我们还需要验证。下面先来验证对边是否平行。

【评析】出示课题后，通过对课题（概念名称）的追问引发学生的猜想，学生将课题与平行四边形图形结合观察，唤醒头脑中有关四边形、平行、长度等表象，凭直觉感受到平行四边形具有对边平行、对边相等、对角相等特征，发展直觉思维，培养学生的直觉想象思维能力。

2.操作验证特征，发展动作思维

先课件展示活动要求，然后学生分组验证，教师巡视指导。

3.展示交流发现，发展抽象思维

方法一：画垂线的方法。

生1：我们用画垂线的方法验证了①号图形，先在上下这两条线间画2条垂直线段……所以两组对边是互相平行的。

师：为什么画2条垂直线段，并且长度相等，就知道每组对边互相平行？

生1：平行线之间的距离相等。

方法二：延长对边的方法。

生2：我们是用延长线的方法验证了②号图形，把上下两条边延长，发现……因此就知道平行四边形的每组对边互相平行。

简单展示图形③的方法和结论。

【评析】平行四边形的每组对边到底是不是互相平行的，学生迫切需要求证。教师抓住这一契机设计操作与交流活动，既让数学课堂成为真正意义上的自主学习课堂，学生的主体地位得到尊重，又通过操作促进了学生动作思维发展，为形象思维提供了表象支撑。

4.归纳定义概念，发展抽象思维

（1）总结归纳特征。

师：我们通过验证不同的平行四边形，发现它们有什么相同的特征？

生1：平行四边形的两组对边都互相平行。

生2：平行四边形的两组对边分别平行。

师："分别平行"怎么理解？

生1:左右两条边互相平行,上下两条边也是互相平行的,所以就是两组对边分别平行。

(2)概括定义平行四边形概念。

师:你认为什么样的图形叫作平行四边形呢?

生1:两组对边分别平行的图形叫平行四边形。

生2:这句话还有一个前提是这个图形必须是一个四边形。

生3:所以两组对边分别平行的四边形叫作平行四边形。

【评析】以操作验证为基础,学生在变与不变的辨析中深刻体会到平行四边形对边互相平行这一本质属性,并引导学生尝试用准确简洁的语言归纳特征,定义概念。这有利于学生把握平行四边形的本质属性,发展抽象思维,培养抽象概括能力。

活动二:探索平行四边形对边相等、对角相等的特征

该环节的探索与“活动一”大致相同,学生再次分组操作验证、展示交流、归纳概括,得出平行四边形还具有两组对边分别相等、对角相等的特征。使学生比较全面地把握平行四边形的特征,进一步促进学生抽象思维、形象思维发展。

活动三:展开图形想象,强化空间观念的培养

1.师生共同闭眼想象平行四边形的形状特征。

2.看图想象平行四边形。

师:睁开眼睛,请看,一个平行四边形如果去掉一条边,你还能想象出它原来的样子吗?再去掉一条边,还可以吗?现在呢?(不能)

课件依次出示。

师:看来至少要保留2条相邻的边才能想象出原来这个平行四边形的样子。

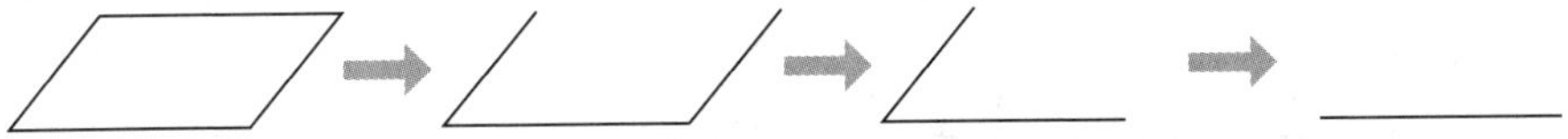

师:如果以这条线段作为平行四边形的一条边,你能在心中想象一个平行四边形吗?先想一想,再用手比画一下。

课件展示具有相同底边,不同形状的平行四边形。

师:根据这一条边可以想象出多少个平行四边形?(无数个)

【评析】能想象出图形的形状、位置关系和运动状况等，是空间观念的具体体现，也是发展形象思维的重要方法。本环节学生通过观察、想象、比画等一系列活动，在“动”与“静”结合中加深对平行四边形特征的掌握，强化平行四边形的表象，促进学生形象思维和空间观念的培养。

【总评】数学思考是数学教学的核心目标。本节课着眼于学生的思维发展，通过一系列富有挑战性的问题，让学生经历概念的抽象、归纳、概括和应用过程，让学生的思维动起来，促进学生多种思维方式发展。

1.在观察猜想中发展直觉思维

几何中的直觉来自于丰富的表象和经验积累，敏锐的想象和迅速的判断是直觉思维重要的两个方面。本节课在揭示课题后，学生以已有知识经验为基础，凭借想象做出平行四边形的对边是平行的等直观猜想，为后面进一步探索平行四边形的特征提供了探索的方向，也让学生获得直观猜想的体验，促进学生直觉思维发展。

2.在具体操作中发展动作思维

动作思维就是以实际操作进行的思维，它不但在操作技能性工作中经常使用，而且青少年在学习活动中也经常会通过这种思维来帮助学习。本节课结合教学内容的特点，学生通过大量的操作活动去发现平行四边形的特征，增加对平行四边形特征的认识与理解，同时为发展形象思维和抽象思维提供了材料支撑。

3.在回忆想象中发展形象思维

形象思维主要包括表象、联想、想象等因素，想象与形象思维联系十分紧密。教学中，学生以头脑中已有平行四边形的形状、特征的表象为思维材料，以“如果闭上眼睛你还能想象它的样子吗？”等问题为引领，让学生在动静结合中将表象与想象结合，不但进一步形成了平行四边形特征的清晰表象，而且发展了学生具体形象思维和空间想象能力。

4.在归纳概括中发展逻辑思维

观察、比较、归纳、抽象、概括等都是抽象逻辑思维的重要过程，也是基本的思维方式。它以概念为材料，通过逻辑规则进行推理，从而建立新的数学概念，形成数学命题。发展抽象逻辑思维能力既是数学学科的育人功能，也是数学教学的核心任务。本节课的教学，学生在观察、操作、交流的基础上，将发现的平行四边形的特征进行归纳、抽象、概括，形成平行四边形的定义，有效促进了学生抽象逻辑思维的发展。

（重庆市渝中区人和街小学　陈思怡）

三、基于思维发展的小学科学教学案例分析

——以《认识其他动物的卵》教学为例

【教学内容】

教科版小学科学三年级下册第二单元第2课。

【教学过程】

活动一：了解学生前概念，理清观察思路

1.观看视频《动物的卵》

2.观察顺序与方法

活动二：解剖观察鸡蛋，了解鸡蛋内部组成

1.明确观察细则

先引导思考，再PPT明确观察步骤、记录方法和注意事项。

2.观察鸡蛋

分组观察生鸡蛋，教师巡视指导，4分钟后每组分发半个熟鸡蛋，对比观察。

【评析】观察是重要的思维方法，通过观看视频揭示课题，激发探究欲，并以学生的前概念为起点，引导学生思考观察顺序、方法和注意事项，培养观察前先思考的习惯。观察活动中，通过半个熟鸡蛋与生鸡蛋的对比观察，帮助学生理解鸡蛋的内部组成，培养学生的对比思维能力。

3.汇报交流

师：哪个组愿意上台分享你们的观察结果呢？

1个小组上台展示记录表，并汇报观察结果。

……

汇报小组:这是我们的发现,大家有什么补充或不赞同的吗?

生:蛋壳确实像你们所说是椭圆形的,但我们还用放大镜看到上面分布着很多的小孔。

师:其他小组赞同他们的说法吗?你们有观察到这一点吗?

生:我们小组也看到了,而且我们发现剥下来的蛋壳碎片是弧形的。

……

汇报小组:还有补充吗?

生1:我们观察到蛋壳里面有两层膜而不是一层。

汇报小组:我们发现是一层。

师:到底是一层膜还是两层膜呢?质疑的小组能不能拿出证据给大家看看呢?

……

汇报小组:感谢大家的补充和质疑,让我们意识到我们的观察应该更仔细。

师:经过大家的认真观察和激烈讨论,我们弄清楚了鸡蛋的组成结构及其特点……

【评析】引导学生梳理观察结果,进行准确、客观的描述,养成有理有据表达的思维习惯和实证意识。同时,在交流中抓准矛盾点,激发相互补充、相互质疑的热情,培养学生的批判思维。

活动三:交流活动,研讨鸡蛋各部分的作用

1.与种子进行类比

师:动物一颗小小的卵就能孕育出一个生命,这跟植物的哪一部分相似?

生:种子。

师:我们知道,种子在发育成一棵小幼苗的过程中各部分都发挥了不同的作用,那今天我们观察的鸡蛋在孵化成一只小鸡的过程中,它的各部分发挥了什么作用呢?

……

2.小组讨论

小组讨论,写出各部分作用。

3.全班交流

小组汇报。

师:你们赞同他们吗？说说为什么赞同或不赞同？

……

师:你这样说是因为观察到了什么吗？

……

师:他认为卵黄膜对卵黄和胚胎都具有保护作用,还有证据,非常棒!

师:经过大家一起讨论分析,我们得出了这样的结果,但是小鸡孵化过程中各部分发挥的作用是不是这样的呢？我们还需要进一步地观察和验证。

【评析】引导学生回忆旧知,将鸡蛋和植物的种子进行类比,理解鸡蛋内部各部分的作用。在交流中,通过启发性的问题和恰当的评价,引导学生修正前概念,并进行相互质疑,培养学生的批判思维和思辨能力。

4.鸡蛋承重游戏

徒手捏鸡蛋、三个鸡蛋驮书本等。

师:今天我们由于时间关系只检验了蛋壳的作用,其他部分的作用希望同学们在后面孵化小鸡的过程中认真观察,收集证据。

【评析】引导学生设计实验验证观点,学会在实践中寻找证据,培养他们的求证思维。利用鸡蛋外壳的承重力,形成认知冲击,促使学生检验和修正自己的观点。

拓展活动:动物的卵的多样性

……

师:刚刚我们观察了鸡的卵,还有很多动物都会产卵(PPT展示其他动物的卵)。这些动物的卵,它们的作用都一样,但为什么看起来如此不同呢？

生:因为各种动物有不同的特征。

生:因为他们的生存环境不同,动物的形态也不同。

……

【评析】引导学生对比观察不同动物的卵，发现它们的不同之处，建立“结构—功能—环境”之间的联系，厘清本课隐藏的内在逻辑，培养学生的思维能力。

【总评】科学思维是科学探究的核心和灵魂，缺少科学思维的活动只是一种形式上的探究。本课在学生前概念的基础上逐层深入，引导学生进行对比观察、准确表述、相互质疑等，激发学生观察前思考、观察中对比、观察后分析，有效促进了学生科学思维发展。

1.矛盾激发培养批判思维

在本课交流中，注重为学生营造一个积极表达自己想法和对他人看法提出疑问的氛围，用问题和恰当的评价引导学生对他人的发言进行思考，并积极表达自己的不同见解，表达质疑，抓准矛盾点，激发学生认知冲突，促进了学生批判思维和质疑精神的培养。

2.表达引导培养求证思维

科学的本质是逻辑实证，因此，培养学生的求证思维和证据意识至关重要。本课利用问题引导学生有根据地表达，比如“你这样说是因为观察到了什么吗？”利用评价引导学生用观察到的现象支撑自己的观点，比如“他认为卵黄膜对卵黄和胚胎都具有保护作用，还有证据，非常棒！”培养了学生的求证思维。

3.多种比较培养抽象思维

善用对比的思维方法是学生最基本、最易于接受和掌握的一种科学学习方法。善用对比，不仅能帮助学生弄清易混难辨的知识，把握知识的内涵与外延，提高应用知识的能力，更是提升学生自主学习能力的有效手段。本课引导学生对生鸡蛋、熟鸡蛋的对比，建立鸡蛋内部组成结构；通过对不同动物的卵进行对比，发现它们的相同和不同之处，帮助学生建立“结构—功能—环境”的联系，既发现了事物的本质，又促进了抽象思维能力发展。

（重庆市两江新区金山小学 廖佳）

四、基于思维发展的小学体育教学案例分析

——以《手运球游戏》一课为例

【教学内容】

华东师大版《小学KDL体育与健康课程》(水平一)主题九:手运球游戏。

【教学过程】

活动一:热身活动,建立目标

1.认识场地,培养空间概念

请学生边运球边观察今天我们上课的这片篮球场地,认识一下它的几条线分别叫什么名字?尽量做到运球不掉球。

生:边线、底线、三分线……

师:场地上有没有你们认识的图形?

生:长方形、圆形。

【评析】创设场景让学生在活动中强化安全意识,学生动起来不发生碰撞、不掉球、多移动且能动脑思考,结合数学知识认识篮球场地上的各种线和图形,让学生观察思考,培养学生的空间概念。

2."叫数造型"游戏,培养思维敏捷性

学生在随意运球时,注意听教师报数字,报几则几个人抱成一团。

师:4,看哪些同学能成功。(学生找同伴抱成一团)

师:我增加难度,给出数字后,同学们能否做出自己喜欢的造型。

师:8,请同学们摆出新颖的造型。

学生根据老师报的数字快速达成共识,摆出各种造型。

【评析】根据老师给出的数字摆出动作造型游戏,在摆造型的过程中同伴要快速找到对方并商量出新颖的造型,既激发了学生团队合作意识,也培养了思维敏捷性和创新思维。

活动二:综合运球游戏,实现多元目标

1.创设“运球找朋友”场景,培养人际交往能力,发展学生动作思维

学生唱着儿歌《找朋友》,一手运球,一手跟随歌词做“敬礼、握手、再见”的动作,游戏中不掉球,则成功交到一个朋友,大家开始交朋友吧!

师:你能换另一只手挑战一下吗?看哪些同学能找到更多的朋友。(继续挑战)

【评析】学生将“唱儿歌、运球、做动作”结合,达到一心几用,提高运球能力的同时,培养学生注意的分配力,发展学生的动作思维。

2.运球舞动丝巾,强化安全知识

师:拿出准备好的丝巾,挑战一下,能否一手运球,一手拿着丝巾舞动出你喜欢的数字?

学生边运球边舞动小丝巾。

师:当看到远处的房子着火时,拨打哪个电话号码?写一写,球不要掉哦!

生:119。(边运球边舞动小丝巾)

【评析】丝巾的运用是继“找朋友”游戏的进一步升华,在边运球边舞动丝巾的游戏中,大脑神经控制身体动作,两手同时做不同的动作,发展学生的动作思维。在舞动丝巾基础上,加入生活中的场景,让学生通过场景联想到自己应该做的行为,既在体育课中渗透了安全知识,又让学生联想给出处理问题的答案,发展学生形象思维。

3.运球“抓尾巴”,总结归纳方法,发展逻辑思维

师:小丝巾变身到裤子后面成为“尾巴”,大家运球抓同伴的“尾巴”。

学生运球“抓尾巴”游戏。

师:边玩边思考有什么好办法能快速抓到别人的“尾巴”,同时又能保护好自己的“尾巴”,最后进行总结。

生:抬头观察,控制好球,出手要快……

【评析】“抓尾巴”游戏胜负的关键在于快速抓到别人的“尾巴”，同时自己的“尾巴”不能被别人抓走。在这样的规则中，学生开始游戏，为了获得胜利，学生会想到很多的办法，最后让学生总结，在归纳中发展学生的逻辑思维。

【总评】有关资料显示，人体运动时大脑和神经细胞长期处于活跃状态，其线粒体、核糖体数量增多，使大脑更能适应快速的思维活动，所以在体育课中学习知识技能是伴有大量的思维活动的。

1.体脑双侧发展动作思维

动作思维是以实际操作进行的思维。在体育教学中，动作思维是基础，在基本身体活动中可以很好地培养学生动作思维。本案例运球“找朋友”游戏，非常巧妙地培养了学生的动作思维，学生完成这一系列动作必须由大脑神经系统支配才能完成，多个动作同时进行，给神经系统支配提出了更高的要求。当学生成功地完成了以上游戏中的系列复杂动作，那么对脑部神经的发展是非常有价值的。

2.探究合作发展创新思维

创新性思维贵在创新。在教学中创设探究合作学习情景，能让学生的思维有机会发生交流与碰撞，虽然体育学科十分强调运动负荷与精讲多练，但体育学科的探究合作可以是身体活动中的合作以及在游戏过程中产生的探究。本课例中的“叫数造型”就是运用了这一点，在游戏中，学生通过老师所给的数字迅速做出本组新颖的造型，让课堂的活动场面生动有趣，激发学生的想象、创新，很好地发展了学生的创造性思维，培养了思维的敏捷性。

3.学科融合发展形象思维

形象思维是以直观形象和表象为支柱的思维过程，主要包括表象、联想、想象等因素，想象与形象思维密不可分。本课例把体育动作学习与其他学科融合，比如通过观察篮球场地上的图形、一手运球一手舞动小丝巾回答老师的问题等活动，学生一边控好手中的篮球，一边积极思考想象并迅速得到答案表达出来，在这样的游戏过程中，经历了联想、想象的过程，形象思维得到发展。

4.归纳总结发展逻辑思维

体育活动中也充满着逻辑性的问题，教师稍加注意和引导会使课堂更有生命力。能学会带着“大脑”去“运动”，这对于学生的成长意义重大。本课例中，“抓尾巴”游戏在规则允许下，给孩子很大的想象空间，可运用多种方法使其获得胜利，左手运球右手去抓、声东击西去抓、两人合作去抓……学生在运动中循序渐进地归纳总结出好方法，充满逻辑性地去了解自己所学的体育技能，形成体育思维。这样既培养了学生的逻辑思维，也锻炼了学生身体的运动灵活性。

（重庆市渝中区人和街小学 胡甘霖）

五、基于思维发展的中学物理教学案例分析

——以《短路》的教学为例

【教学内容】

人教版物理九年级全一册第十五章第二节中短路内容。

【教学过程】

活动一：创设情境，获得感知

1.观察实验现象，奠定思维基础

同学们想一想，是不是处处接通的电路，用电器都要工作呢？

演示实验1：接通电路，观察灯泡发光，用导线试触灯泡两端，观察灯泡发光情况。（如图1）

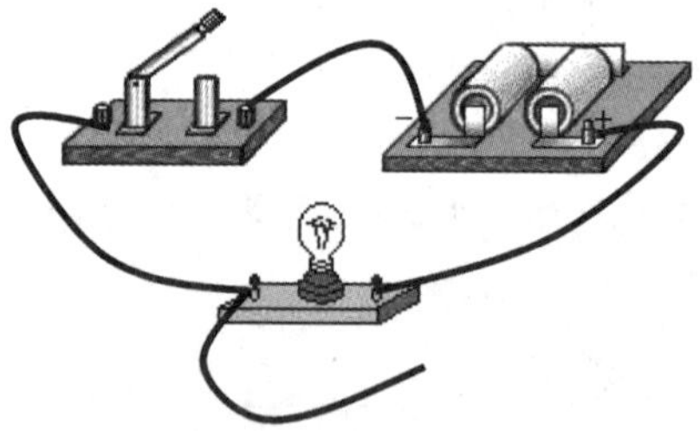

图1 电路连接示意图

生：没有发光。

师：灯泡不发光，电路中有电流通过吗？

生1：灯泡不发光，所以没有电流通过。

生2：因为电路是处处接通，所以电路中有电流通过。

【评析】学生通过前面的学习有一个基本的认知，在灯泡发光时电路中一定有电流通过。那么电路在通路的状态下，灯泡一定会发光吗？本实验创设了一个真实的情境，学生在情境中获得感知，奠定了思维的基础。

2.对比实验现象,收集思维证据

师:我们怎么才能知道灯泡不发光时电路中有没有电流呢?为了让实验效果更明显一些(换用电压为12 V的直流电源,额定电压为12 V的灯泡),我们接入一段剥了皮的细铜线,铜线的一部分绕上棉花,一部分裸露在外,闭合开关,观察灯泡的发光情况。

师:灯泡发光了吗?说明了什么?

生:发光了,说明此时电路中有电流通过。

演示实验2:短路引燃棉花。用一根导线接在灯泡的两端,然后闭合开关,请注意观察实验现象。(如图2)

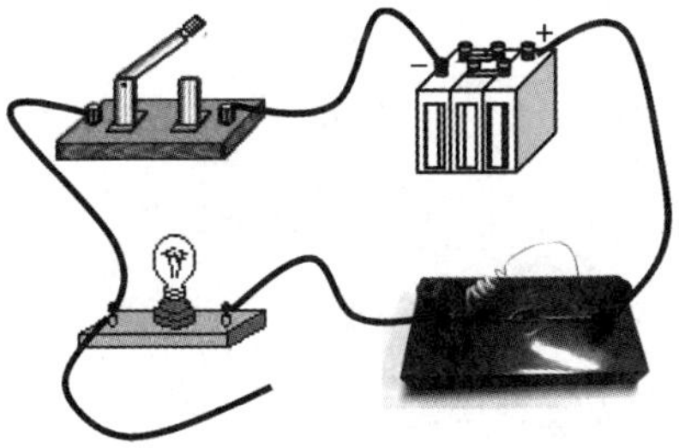

图2 电路连接示意图

【评析】在没有学习电流表之前,学生无法判断灯泡不发光时是否有电流通过。这个环节设计了两个对比实验,通过实验收集到了灯泡不发光时电路中也有电流通过的证据。

活动二:思维加工,形成概念

1.情景现象描述,思维加工铺路

师:请同学们描述刚才的实验现象,当细铜线发热到红炽状态时,电路是否处于通路状态?

生1:是通路,因为细铜线中有电流通过。

生2:看见细铜线慢慢发红,说明电流通过导体时要发热。

生3:细铜线中有电流通过而发热,达到了棉花的燃点引燃了棉花。

【评析】该环节通过学生在观察实验现象的基础上,通过回忆并且描述实验现象,加深并强化了短路时灯泡虽然没有发光,但电路中是有电流通过的这一基本认识。将抽象思维建立在直观可见的实验事实基础上，使抽象的物理概念更加具体。

2. 靶向问题启发，思维加工方法

问题1：在实验中，当用一根导线接在灯泡两端时，灯泡发光没有？是不是处处接通的电路，用电器都要工作呢？

问题2：细铜线发热而引燃了棉花，说明了什么？能分析出原因吗？

【评析】该环节通过两个问题启发，给概念形成的思维加工过程指明方向。直接指向物理属性和本质特征的靶向问题，是概念是否顺利形成的关键。

3. 提炼本质特征，形成物理概念

师：刚才两次实验中，灯泡都不发光的共同原因是什么？

生：因为有外接导线将灯泡的两端直接连接起来。

【评析】该环节着力引导学生对实验情境进行思维加工，形成物理概念，在这个过程中要重视方法引领，实现透过现象看本质的物理概念教学这一宗旨。

活动三：实例分析，熟悉概念

1. 观看案例视频，了解短路危害

观看视频：某大厦火灾的直接原因是电工违规作业，导致电线短路引发火灾。

【评析】通过新闻播出的真实案例视频，了解到生活电路连接如果出现了短路，会带来巨大的损失甚至生命危险。加深了在连接实验电路时不能短路这一规范的操作，熟悉了短路这一物理概念。

2. 变换实验方案，拓展物理概念

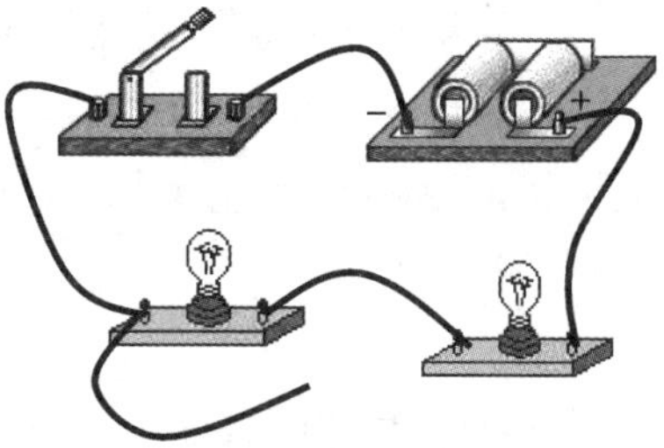

图3　电路连接示意图

师：是不是所有的短路都会带来很大的危害呢？请看老师在电路中接入(串联)两个灯泡，闭合开关，灯泡发光了吗？

生：两个灯泡都发光了。

演示实验3：用电器短接。断开开关，将一段导线短接在一个灯泡的两端，再闭合开关，观察另一个灯泡的发光情况。(如图3)

生：一个灯泡不发光，另一个灯泡发光更亮了。

【评析】在建立了短路概念的基础上，通过实验对概念加以拓展，认识到短路还有另一种形式——用电器短接，观察到用电器短接与电源短路的不同，并分析其本质原因，进而拓展了短路这一物理概念。

活动四：联系实际，用于实践

图4　模拟“炸弹”

师：运用今天的知识制作了一个模拟“炸弹”(实物外观如图4，内有一个充足气的气球)，指示灯发光表示电路已经接通，随时可能发生爆炸。外面有两根导线，请你通过观察拆除其中一根，如果拆除正确，指示灯熄灭，如果拆除错误，“炸弹”立即起爆！

【评析】本环节通过学生的实践操作，运用今天所学的短路知识对电路进行观察、分析、判断等一系列活动并对电路原理进行分析，促进了物理概念的形成，同时也促进了学生科学思维的培养。

【总评】培养学生科学思维是物理课堂教学的核心目标。本教学片段着眼于学生科学思维的培养，通过创设一系列实验情境，让学生经历观察现象、思维加工、概念建立、实践运用等过程，促进了学生科学思维的发展。

1. 真实的情境创设奠定科学思维的基础

在概念教学中，我们需要通过创设典型情境来吸引学生对问题的关注和对现象的认识，这样能够让学生感受到物理存在于真实生活中，培养学生的证据意识，体现了概念建立的价值，教学过程也将变得顺畅，学生更容易轻松投入到课堂活动中来。

2. 着力开展思维加工注重概念形成过程

对情境进行科学有效的思维加工是概念教学的重头戏，也是物理概念形成的关键教学环节。为此，我们在教学中需要从情境现象描述、靶向问题启发和思维加工方法等方面进行精心设计。要着力引导学生对典型情境进行正确的概括、分析、比较、综合、抽象、推理等一系列思维活动，重视方法引领，让学生形成科学思维方法。

3. 有效的实践操作鼓励学生质疑创新思维

一个完整的教学过程要经过由感性到抽象，再由抽象到具体这样两个阶段。在概念形成后，一般要紧贴概念的含义进行有基础性和递进性的练习来熟悉它。物理概念教学的反馈环节，需要我们在吻合概念内容的基础上，适度联系生活实际，让学生能基于证据质疑，培养科学思维中的批判意识。

（重庆市永川区教育科学研究所　韦超）

六、基于思维发展的中学地理教学案例分析

——以高三第二轮专题复习“海岸线的变化”教学为例

【教学内容】

海岸线变化的特征、原因及影响。

【教学过程】

活动一：描述海岸带时空演化，发展时空综合思维

问题：根据老师展示的图示，描述图示期间该区域陆地变化特点，并指出其泥沙主要来源区。

分析：这道题主要考查学生在自然地理时空维度上的掌握情况，还涉及河流要素与时空维度之间的联系。具体思维框架见表1。

表1　要素维度与时空维度的联系

时空维度		要素维度与时空维度的联系
时间(速度)	空间(方向、大小)	
延伸速度越来越快	陆地面积扩大,向东北方向扩展	黄河流向和面积变化的方向一致

【评析】出示问题后,学生据图能较容易回答出陆地面积扩大。但大部分学生不能精准回答扩大的方向,不能结合图示时间说明陆地面积变化的速度,并且缺少对要素维度和时空维度间的联系。据图挖掘地理信息的空间、时间、属性等特征意识不强,需要借助图示思维框架帮助学生建立对空间格局观察、概括、表征的思维方法。

活动二:探究影响海岸线变化的因子,发展要素综合思维

问题1:某校地理小组学生在滨海公路沿线的山坡上,看到了几千以来形成的海浪侵蚀地貌。结合图文材料,回答下题。

据图判断,古海蚀地貌在此出现,反映了几千年以来该地区是(　　)。

A.陆地相对上升　　B.海水沉积作用加强

C.海面相对上升　　D.海浪侵蚀作用加强

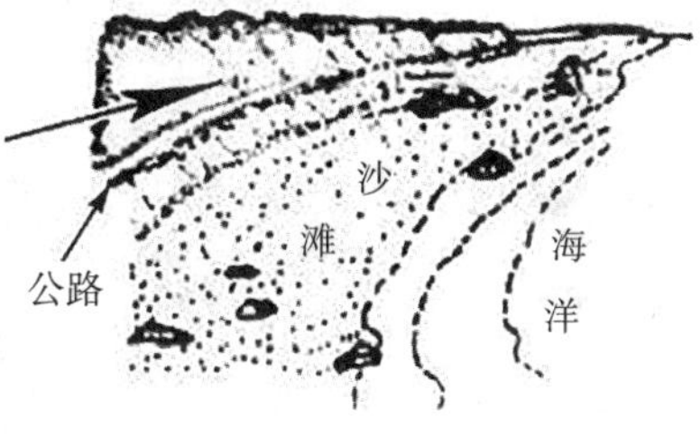

问题2:观察海岸线变化,推测教师出示的两幅图对应的是暖期还是冰期?简单说明原因。

分析:以上两个问题考查了全球环境变化过程中自然地理要素的变化对海岸线变化的影响,测试学生自然要素的维度。具体思维框架见表2。

表2　要素维度与时空维度的联系

要素维度	要素变化	要素维度与时空维的度的联系
地壳运动	海面相对下降，陆面相对上升	山坡上看到了几千前形成的海浪侵蚀地貌，据此判断海岸线向海洋推进
气候变化	甲是冰期，乙是暖期	甲海岸线向海洋推进，乙海岸线向陆地推进。暖期气温高，冰川融化和海水膨胀导致海平面上升

【评析】学生根据图文信息正确判断海岸线的变化，由于分别是地壳运动和气候变化单个地理要素变化对海岸线的影响，由果导因，学生回答难度较小。新构造运动、海平面大尺度起伏等环境变化过程是构筑海岸轮廓和骨架、决定海岸沉积、侵蚀方向和速率的作用力，是较长时间尺度海岸发育和变化的背景要素，而气候变暖则构成20世纪以来全球及区域海岸线变化的重要影响因素。

活动三：探究海岸线变化对经济社会和生态环境的影响，发展地方综合思维

问题：下图是某海湾围海造地前后的对比图。指出围海造地前后的变化，并就其中一项变化，说明其对环境带来的负面影响。

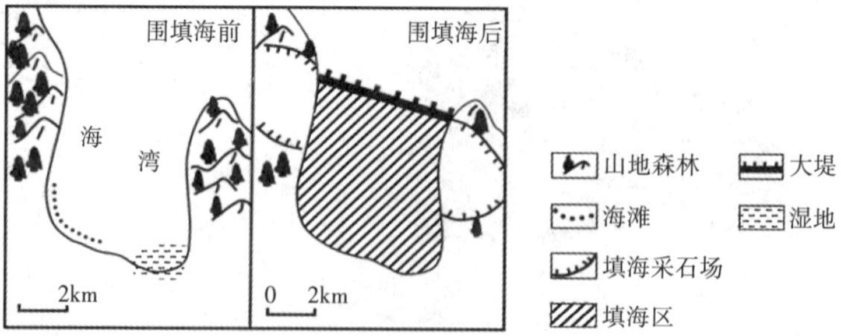

分析：对比填海造地前后地理要素变化，并分析其要素变化对区域地理环境的影响。具体思维框架见表3。

表3　要素维度与地方维度、时空维度的联系

要素维度				时空维度	要素维度与地方维度、时空维度间的联系
湿地	山林	海滩	海湾		
湿地消失	森林减少，建采石场	海滩消失	海湾消失，新增人造大堤和填海造地	填海造地使海岸生态环境的时空演化	湿地减少使生物多样性下降。破坏山林诱发岩坡崩塌、滑坡等地质灾害，破坏海滩旅游资源，填海土地排水不畅、诱发次生盐碱（渍）化。海湾消失渔业和养殖业迁出，影响渔民的生产生活

【评析】本部分是探究海岸线变动对地理环境及人类活动的影响，再次体现了地理综合思维的时空综合、要素综合、区域综合。通过建立思维框架，引导学生从模糊整体认识上升到理性综合结构思维的建构。考虑学生实际认知水平，授课时通过贝壳生活环境和黄河改道迁徙两段视频，让学生对海岸环境有了一个具象认识，帮助学生深刻理解要素维度与地方维度、时空维度的相互联系。

【总评】《普通高中地理课程标准（2017年版2020年修订）》中指出，综合思维指人们全面、系统、动态地认识地理事物和现象的思维品质和能力。综合思维是学生分析、理解地理过程、地理规律、人地关系系统的重要思想和方法。综合思维包含要素综合、时空综合和地方综合，三个维度之间是一种相互联系、相互依存的关系，基于不同的目的，可以从不同视角进行分析。但是只强调综合思维三个视角中的一个或两个，完全忽视其他的视角是不行的。地理综合思维具有系统性、全面性、整体性。

海岸线（带）作为地球关键带的组成部分，表现了岩石、水、空气和生物复杂的相互作用，并表现了人类活动和自然环境的相互作用，反映了能量和物质的迁移和转化。在各种时间尺度和空间尺度上理解和认识其过程，关系着人类在地球上的可持续发展。通过对海岸线这一地球关键带重要组成部分的变动、成因、影响的层层分析，深刻解析了地理环境的整体性，体现了地理学科综合性、空间性和动态性三大特质，聚焦培养了学生的地理综合思维，实现了地理核心素养落地。

1.加强地理图像信息解读，建立时空综合思维

通过对地理图像信息的解读和地理事象的分析，强化对地理空间规律的理解与时间过程的关联，强化尺度转换思想，关注空间尺度包括从全球尺度到局部的地方性尺度，转换空间分析尺度，能够更宏观或更微观地了解地理过程和现象，以及这些过程在不同尺度上是如何相互联系的。本节课探讨了全球环境变化过程和海岸带环境变化过程的时空演变，有助于增强对海岸线(带)环境变化过程及其变化机理的了解。

2.加强整体原理理解应用，建立要素综合思维

整体性不仅是地理学科的基本原理之一，也是地理学核心思想之一，它能够帮助学生更好地建构地理学科的知识体系，提高学生的综合思维能力。地理事象不是单一要素就能决定的，而是诸多要素共同作用的结果，其成因往往是一果多因的。地理要素综合又可以分为三个层面：多个自然要素综合、多个人文要素综合、多个自然和人文要素综合。本节课通过试题，引导学生分析海岸线(带)的多个地理要素作用过程及其变化带来的对其他要素和地理环境的影响，体现了地理环境的整体性。

3.加强区域认知方法探索，建立地方综合思维

区域认知是地理学基本的认知方法。学生掌握区域认知方法，就能够形成从区域的视角认识地理现象的意识和习惯。地方综合是立足一个具体的地方或区域，综合分析区域自然和人文要素对区域特征形成的影响以及区域人地关系问题，地方综合也是一个地方或区域各种自然要素与人文要素相互作用形成的整体特征。地方与地方之间会表现出明显的差异性，是因为海岸线(带)环境变化过程除了海岸环境要素综合作用外，人类活动也干扰了其过程，简而言之是海陆间角力和人海间的拉锯。

4.加强综合思维维度联系，发挥地方综合统领

分析任何地理要素总是基于一定的地方和区域才有意义，要素综合离不开地方综合和时空综合，时空综合需要通过要素综合、地方综合来体现，地方综合是要素综合和时空综合在一个地方或区域上的具体体现，所以具有一定的统领性。在本节课中，无论分析海岸线的变动还是分析其成因和影响，都注重了综合思维三个维度的联系，通过搭设思维框架，帮助学生建立综合思维模式，有效促进了学生思维发展，提升了学生地理核心素养。

（重庆市巴蜀中学 杨华）

第四章　创新意识与教学

21世纪是一个经济全球化、文化多元化、科技信息化的时代，国际竞争也日益表现为激烈的人才竞争和综合国力的竞争，而人才竞争的核心是创新型人才的竞争。因此，许多国家都把创新型人才的吸纳和培养，把强调和注重学生的创新意识和创新能力的培养，作为构建国家创新体系的重要内容，并作为教育发展和改革的主攻方向。明确创新意识的内涵和主要构成以及教学中如何培养学生的创新意识显得尤其重要。

第一节　创新意识概述

人类对创新意识的认识经历了一段漫长的过程，随着人类认识的不断深化，不同阶段的学者先后产生过许多与创新意识相联系的概念，如创造力、创造才能、创新品质、创新素养等，虽然很多概念在内涵表述上是一致的，但是迄今为止却没有一个明确的、学术界公认的关于创新意识的统一认识。

一、创新意识概念溯源

1912年，美国经济学家熊彼特出版了他的著作*The Economist of Rhetoric*，在这部著作中，他首次从经济学角度提出了创新理论。1939年，他把创新界定为“生产函数的变动”“企业对生产要素之新的组合”，创新即是将新组合引入新体系中的过程。他提出的创新包含技术的创新和组织管理上的创新，两者均可以引起生产函数的变化。美国学者德伯拉•爱弥顿和瑞士心理学家皮亚杰共同提出了创新意识的概念。德伯拉•爱弥顿表达了知识创新的思想，指出创新意识在推进社会进步过程中的重要意义，并强调了创新意识的合理应用。皮亚杰在发生认识论中指出，人们的认识过程就是一个建构的过程，它包含主体和客体两个要素，这两个要素之间靠动作来连接，创新意识亦是如此，也都需要在实践活动中建构与发展。

我国关于创新理论的研究最早起源于陶行知先生提出的创新性教育。1919年，陶行知在他的《第一流的教育家》一文中说道："敢探未发明的新理，即是创造精神。"①后来他在上海的大夏大学做《创造的教育》主题演讲时，开宗明义地指出，创造两字的意义是"由行动而发生思想，由思想产生新价值"的过程，随后他明确提出了创造教育的理念，并把创造教育视为行的最高境界。②

中华人民共和国成立后，许多教育工作者也开展了关于创新性教育的试验。他们发现，我国人才培养中的关键弱点在于教育在整体上仍停留在传统教育层面，缺乏对学生创新精神和创新意识的培养。

1999年，刘助柏在《知识创新思维方法论》中提出，创新意识是人脑对客观世界未知探求的反映，是正常人脑可以激发的一种机能。

2000年，张武升在《教育创新论》中将创新意识定义为：创新意识是指学生对创新活动的一种理性觉识，它反映了学生对于创新的认识水平和自觉主动水平。同时，他还认为创新意识分三个层面：一是对创新的认知；二是产生对创新的渴望、需求，即一种内在动力；三是升华为行为的渴求，即产生创新动机。

2002年，王极盛、丁新华认为，创新意识是创新活动的内部心理倾向，表现为好奇心、求知欲、怀疑感和创新需求等方面。③

2005年，赵家骥在《创造教育论纲》中将创新意识定义为：创新意识是指改变环境和条件的意识，或改变环境和条件的自觉性，对已有的条件进行改造、革新和完善的意识。创新意识表现为创新的渴望的心理倾向。

2006年，高道才在《广义创新学》中提出，创新意识乃是人们对已经存在的思想观念与外界事物的本质掌握的探索、突破和改进的思维警觉。

---

① 陶行知著；华中师范学院教育科学研究所主编．陶行知全集（第一卷）[M]．长沙：湖南教育出版社，1984：114.

② 王文岭，徐志辉．陶行知论创造教育[M]．成都：四川教育出版社，2010：100-108.

③ 王极盛，丁新华．中学生创新心理素质与人格特征的相关研究[J]．中国临床心理学杂志，2002(4)：36.

2006年，王复亮在《创新教育学概论》中指出，个体对创新的认识、需求、欲望和激情，即是创新意识，它可以反映出对创新的迫切程度。

2010年，孙敬全、孙柳燕在《创新意识》中指出，创新意识是一种求新求异、求真求实、求变的意识，具有新颖性、特殊性和科学性。

也有学者认为，创新意识是个体对创新活动的感知，并由此产生的心理活动，包括创新的动机、兴趣等。

二、创新意识的心理学研究

19世纪中叶，高尔顿的《遗传的天才》出版之后，心理学家们对创新的研究产生了巨大热情，表现为心理学的各分支学科都从不同的研究视野对创新开始了深入系统地科学研究。需要特别说明的是，在国内外的心理学相关文献中，学者们较少使用"创新意识"这个概念，他们对于创新意识的论述更多是将其作为个体创造力的一种必不可少的因素进行探究，而国外较常见的相关概念也主要是"伟大的头脑""伟大的人""伟大的思想"等。

（一）生理心理学关于创新意识的研究

生理心理学对创新意识的研究主要是脑机制的研究，主要采用割裂脑研究和脑解剖研究两种方式，聚焦于探索创新意识的脑机能定位问题。美国心理生物学家斯佩里，从1961年开始，就把"裂脑人"作为研究大脑两半球各种机能的研究对象，长时间对"裂脑人"进行了一系列的实验研究。他的研究证实，人的左脑和右脑分工不同，两半球的功能既独立又完整。左脑主要从事逻辑思维，思维方式具有连续性、延续性和分析性，左脑被称为"意识脑""语言脑""学术脑"；右脑主要从事形象思维，是创新意识的源泉，右脑被称为"潜意识脑""本能脑""创造脑""艺术脑"等。斯佩里还认为右脑潜力无限，只有把右脑的潜力充分挖掘出来，才能表现出人类无穷的创造才能，并且指出右脑发达的人会突然爆发出创新创造灵感。

那么，这是否就证明人的创新意识完全由右脑决定呢？事实上并非如此，虽然创新与右脑息息相关，但意识却属于左脑负责的层面，因此创新意识并非右脑的特殊功能,而是大脑两个半球实现整合与协同的过程。后来,有许多研究都注重通过对脑电波的研究来获取相关证据。比如,马丁代尔和哈森福斯的研究表明,脑电波活动在创造过程的不同阶段表现出差异,他们通过测量人体右颞后区的脑电波发现,至少对于创新意识特别强的个体来说,α波出现的频率在灵感阶段比酝酿阶段更多。他们据此提出,皮层低唤醒会分散注意力,而这反过来会促进提供原发性顿悟的联想。[①]

(二)认知心理学关于创新意识的研究

创新意识的认知心理学研究取向认为,创新是每个个体都可能经历的基本的认知加工过程。

最初,研究者们关注创新的认知加工阶段,提出了很多理论观点,如美国心理学家沃拉斯提出创新发展的四个阶段:准备期、酝酿期、豁朗期和验证期。[②]后来芝加哥大学教授契克森米哈赖在这四个阶段的基础上又在其后补充了一个“精致化”的阶段,他认为个体在这个阶段最难,花费精力最多。也有研究者认为创新要经历八个过程:问题界定、信息搜集、信息组织、观念联合、观念产生、观念评价、计划执行以及解决方案的监控。

美国心理学家西蒙顿根据创新的新颖性和适用性两个特性,提出了盲目变化和选择保留理论。该理论认为,创新过程要经历盲目变化、选择和保留三个一般性过程。个体在盲目变化过程中不断产生新颖、独特的想法,且在这过程不会去管这些想法是否有价值;在选择过程中将对盲目变化过程中产生的各种新颖想法进行比较,然后作出抉择;最后在保留过程中将选择有价值的解决办法保留下来。这三个过程具有跨领域特性,但创造者可以根据自身情况做适当的调整。

随着研究的深入,研究者们由关注认知加工不同阶段(或过程)的划分转向考察影响每个加工阶段的因素,如问题表征在问题发现和问题界定中的作用,不同认知策略在观念产生和评价过程中的作用,还有作为认知内容的样例或原

① C Martindale, N Hasenfus. EEG differences as a function of creativity, stage of the creative process, and effort to be original[J]. Biological Psychology, 1978, 6(3):157-167.

② 黄希庭. 心理学导论[M]. 北京:人民教育出版社,1991:463.

型知识在创造性认知过程中的启发作用等。

（三）发展心理学关于创新意识的研究

创新意识在个体成长过程中的发展变化是创新意识的发展心理学取向研究的主要问题。有研究者认为，随着个体自我意识的发展，创新意识在幼儿阶段会自然萌发，并且随着年龄的增长和社会认识的深入，呈现出非常不稳定的发展态势。[①]但这并不意味着创新意识能够随着其年龄的增长而不断丰富。贾绪计、林崇德的研究发现，创造力的发展整体趋势是逐步上升的，但存在高峰和低谷阶段，当具体到不同年龄段、不同创造力类型、不同测量工具或实验任务时，儿童的创造力发展模式可能有所差异。[②]

美国心理学家托兰斯指出，幼儿在2–3岁时就能用自己独特的方式去发现事物的真理，具有一定的创新意识；4–5岁时能巧妙地抓住机会认识事物，并从不同的角度来理解；到入学时，他们可以通过操作进行新的组合，在组合过程中发现事物之间众多新的联系，从而产生更多新颖的想法，即创新意识更进一步发展。他们认为3–5岁是儿童创新意识发展的关键期。

我国一些研究者发现儿童创新意识发展呈先上升后下降的现象，特别是随着儿童的入学，其创新意识有明显的下降趋势。有人认为，这是由于入学后，儿童的游戏活动被学习活动替代，而学校的环境又不利于学生的创新意识发展而造成的。[③]比如托兰斯的研究发现，富有创造性的孩子往往在学校里被视为调皮捣蛋、喜欢胡思乱想的学生，常常得不到老师、同学的信任和接纳。[④]

然而又有研究者提出假设，根据现象学的意识理论，倘若儿童始终能够从与环境的互动中获得良好的反馈与支持，那么他们活跃的创新意识状态就很可能始终保持。他们认为，入学并不是儿童创新意识变化的绝对时间点，互动的恶化才是变化的根由。倘若儿童在入学前也不能与环境发生较好的互动，其创新意识必然会弱化；但如果学校能够肯定和鼓励儿童的创新，那么儿童的创新

① 冯婉桢．现象学视域中幼儿创新意识的内涵、表现及其培养[J]．学前教育研究，2009(12):15–18.

② 贾绪计，林崇德．创造力研究：心理学领域的四种取向[J]．北京师范大学学报(社会科学版)，2014(1):63.

③ 冯婉桢．现象学视域中幼儿创新意识的内涵、表现及其培养[J]．学前教育研究，2009(12):15–18.

④ 施建农，徐凡．超常儿童发展心理学[M]．合肥：安徽教育出版社，2004:291.

意识也肯定不会大幅衰退。①

同时，研究者们还关心成年后个体创新意识的发展性问题。王极盛在《青年心理学》一书中指出，青年的创造意识强，对创造充满激情和憧憬，正处于大觉醒时期。②佩尔兹和安德鲁斯研究发现，人的创造活动有两个高峰期：第一个高峰期是30岁后半期至40岁后半期，第二个高峰期在55岁左右。对于第二个高峰期出现的原因，佩尔兹和安德鲁斯解释为：55岁时，人已度过了身心多变的更年期，迎来了家庭、经济、地位的稳定，又重新积累了知识，对工作充满信心和责任感，从而引发出强烈的创造欲望。③

（四）人格心理学关于创新意识的研究

美国学者托兰斯为了探明富有创造性的儿童都具备哪些人格特征，专门对中小学儿童做了大量的调查和研究，并将自己和他人多方面的研究结果加以综合分析，请专家评定，最后得出结论：创新意识强的个体最重要的特征是有强烈的好奇心、坚定的信念、善于利用自己的直觉、沉醉于自己正在从事的工作、态度乐观、感受性高、思维独立性强、不迷信权威、富有想象力、富于幽默感、成就动机强等。④我们发现，其中的绝大多数人格特征正是幼儿期的典型性格特点。

我国心理学家林崇德等人分析了不同领域创造者的心理特征，发现一个富于创新的人，具有刚毅的性格、坚强的意志、健康的情感、良好的习惯以及积极的个性意识倾向性等特征。在科学领域，高创造者通常具有强烈的内部动机、开放深刻的思维方式、自主牵引的性格特征、以问题为导向的知识构架以及拥有较高的智力水平；在艺术和人文社科领域，高创造者的心理特征突出表现在创新动机方面，它不仅包括关注活动过程本身的内在兴趣，而且还包括价值内在化程度较高的外部动机以及内在兴趣紧密联系的情感体验。⑤

在实证研究方面，费斯特和格雷戈里的研究表明，大五人格中的经验开放性维度对不同领域（如科学、艺术）的创新意识和不同创新分析水平（如创造性

① 冯婉桢．现象学视域中幼儿创新意识的内涵、表现及其培养[J]．学前教育研究，2009(12)：15-18.

② 王极盛．青年心理学[M]．北京：中国社会科学出版社，1983：63.

③ 陈尚云，刘彦奎，汪小容等．创造心理学概论[M]．成都：电子科技大学出版社，2001：62.

④ 董奇．E·P·托兰斯的创造力研究工作[J]．心理发展与教育，1985(1)：42.

⑤ 林崇德，胡卫平．创造性人才的成长规律和培养模式[J]．北京师范大学学报（社会科学版），2012(1)：39.

思维风格、创造性成就）有较强的预测作用。随着人格理论更高层次的元特质的提出，研究者们开始思考在预测创造性上元特质与大五人格有哪些差异？元特质由稳定性与可塑性两个维度组成，西尔维亚等人的研究显示，元特质的稳定性对某些创新（如日常创新行为等）有显著的负向预测作用，而可塑性能正向预测创新的各个方面（如日常创新行为、发散思维、创造性成就等）。他们发现，稳定性和可塑性对日常创新行为具有相反的预测作用，那么它们之间是否存在交互效应呢？答案是此二者交互效应不显著。

有学者曾经怀疑精神病人是否与创新意识有关联？阿尔卡和伦科对精神质与创造力的元分析表明：当用独特性作为创造性指标，采用艾森克人格问卷（EPQ）测量精神质时，创造性和精神质关系的效应值可达0.5；而在其他大多数情况下（如用适用性、流畅性作为创造力指标，采用Scl-90测量精神质），平均效应值只有0.1~0.2。由此推测，精神质和创造性之间的联系不是普遍存在的，更可能是一种偶然或特定条件下产生的关系。内特尔分析了精神分裂人格特质对创新意识是促进还是阻碍？认为这受制于变异量（如基因）与神经发展条件的影响。

（五）社会心理学关于创新意识的研究

创新意识的生理心理学取向、认知心理学取向、发展心理学取向和人格心理学取向均把创新意识视为纯粹的个体现象，社会心理学取向则是对它们的有效矫正或有益补充。

20世纪70年代，创新研究视野的一个重要转变是从仅关注个体转向为关注个体周围的社会环境。阿马比尔在《创造力的社会心理学》一书中从评价、奖励与任务限制、榜样及学校教育、社会促进、家庭、社会政治文化等方面，集中探讨了最有利于促进创造力发挥的社会条件，同时他也发现社会因素对创造力的影响并非都是积极的，有些社会因素（如获得好评和物质奖励、反应受到限制、在监督下工作等）是创造性的“杀手”，这些“杀手”会阻碍个体的创造力。①

西蒙顿认为，社会心理学家主要从人际、团体、社会文化三个层面关注人的创新意识发展。一是在人际层面主要研究行为模仿和人际心理距离对创新意

① 王映学，寇冬泉，张大均．创造力的心理学研究进展与研究取向[J]．心理科学，2007(2).

识的影响。阿什顿·詹姆斯和沙特兰认为，在社会互动中，行为不被同伴模仿会激发发散思维，促进个体创新意识的发展；波尔曼和埃尼克认为，个体为他人做决策比为自己做决策更容易激发创新意识。二是在团体层面主要研究团体规范、团体性质等对创新意识的影响。贡卡洛和斯塔认为，启动个体主义规范比启动集体主义规范更容易产生创新意识；李树祥等人认为，团队集体创新意识的提高依赖于团队成员的表层多样性（如年龄、性别）和深层多样性（如价值观、认知）。三是在社会文化层面，更广范围的时代精神或时代思想有助于激发创新意识。随着社会心理学研究的不断深入，研究者越来越深刻地认识到很多创造行为是发生在合作情境中的，所以，社会心理学关于创新意识的研究主要集中在合作创造力方面。

三、创新意识的教育学研究

教育学关于创新意识的研究，最具代表的是苏联教育家苏霍姆林斯基提出人的全面和谐发展理论和我国近代教育家陶行知先生提出的创造性教育。

（一）人的全面和谐发展理论

人的全面和谐发展理论由苏联教育家苏霍姆林斯基提出。他认为，教育要培养个性全面、和谐发展的人，这种人是德、智、体、美、劳全面发展的人，而且必须是具有好奇的、创造性的和不断探求的人。苏霍姆林斯基把创造力及创新意识的培养视作他智育系统的重要组成部分。他特别强调，真正合格的智育，在于把人引向全面丰富多彩的生活。由此，为了唤醒儿童天性中的好奇心，苏霍姆林斯基开设了思维课。思维课最中心的任务是提高认识，增强创新意识，发展思维能力。目的是让儿童在自然的课堂里发现问题、寻找问题，并用自己的探索和努力去解决问题。他把这种在自然界上的课叫作到生动的思想源头那里去旅行，并认为这是一种创造性劳动。苏霍姆林斯基重视全面发展学生各方面的素质，他认为每门学科知识对形成和发展儿童的创造能力都有一定的教育潜力，所以他要求学生全面地、系统地、有计划地学好学校开设的课程。苏霍姆林斯基强调，学校不应当只是知识的仓库，而应当是思维的发源地。教师要善于激发学生的学习热情和创新意识，培养学生的思维能力，开发学生的智力，真正为国家培养创新型人才。

（二）创造性教育

我国近代教育家陶行知先生在《创造宣言》中指出，处处是创造之地，天天是创造之日，人人是创造之人，我们至少走两步退一步，向着创造之路迈进吧。他强调，教育不能创造什么，但他能启发解放儿童创造力，以从事于创造工作。他主张，教育是要在儿童自身的基础上，过滤并运用环境的影响，以培养、加强、发挥这种创造力，使他长得更有力量，以贡献于民族与人类。可见，陶行知把培养儿童的创造力作为教育的宗旨和立足点。

陶行知还认为，儿童的生活才是儿童的教育。这是一种生活即教育的主张。为了实践这一主张，就需要从成人的束缚中把儿童解放出来，从而他提出了著名的“六大解放”。

（1）解放儿童的脑，使他们能想。

（2）解放儿童的双手，使他们能干。

（3）解放儿童的眼睛，使他们能看。

（4）解放儿童的嘴，使他们能说。

（5）解放儿童的空间，使他们能到大自然、大社会之中去扩大眼界，各学所需，各教所知，各尽所能。

（6）解放儿童的时间，给他们以空闲来消化学问，并且学一些自己渴望的学问，干一些自己想干的事情。决不能把儿童的时间全部占满，使儿童失去学习人生的机会，养成无意创造的倾向。

这“六大解放”是陶行知实施创造教育的理论基础。他认为要培养学生的创造思维和创造能力，必须要参加生产劳动和生活实践。陶行知充分强调了培养创新意识和动手实践能力的重要性。

（三）关于创新意识的教育实践研究

在苏联教育家苏霍姆林斯基提出人的全面和谐发展理论和我国近代教育家陶行知先生提出的创造性教育基础上，教育界特别是当今素质教育把对学生创新意识的培养作为研究的一个热点，其研究焦点主要集中在创新意识的产生及动力、结构及构成要素、影响因素以及培养对策等方面。

1.关于创新意识的产生及动力研究

关于创新意识的产生及动力研究，不同研究者有不同的论述。胡博远认为，创新意识产生的动力源于批判意识，创新意识的源泉植根于人丰富高尚的情感，自由的环境氛围有利于创新意识的产生。①华伟、何贤蓉认为，创新意识是在人的创新欲望基础上产生的，是人的创新内在需求在观念上的反映。它包括对创新意义、重要性的认识，创新的责任感、迫切感和对创新理论、方法、技巧在观念上的理解和把握程度，其核心是创新的责任感、迫切感。②

2.关于创新意识的结构及构成要素研究

在教育中培养学生的创新意识，要对创新意识的构成要素进行分析。冯正刚认为，创新意识的结构主要由创新的基础意识、质态意识、导向意识、实践意识和配套意识5个方面构成，这5个方面的主要结构又包含了13个具体因素。③彭宗祥、井兰柱认为，创新意识主要有6种表现形式，依次为创新需要、创新动机、创新兴趣、创新理想、创新信念、创新世界观。他们还指出这6种表现形式具有层次性、递进性的特点，并在此基础上提出了在培养创新意识的过程中应坚持循序渐进的原则。④

裴光亚认为创新意识包括三大要素：一是创新品质，包括好奇心和求知欲，属于动力系统；二是创新思维，强调独立思考，属于智能系统；三是创新方式，关于问题的一个序列：发现—提出—探索—研究，属于工作系统。⑤杨凌认为，创新意识包括批判精神、怀疑精神、创造性思维等基本要素。⑥还有研究者认为创新意识应包括独立意识、自主意识、合作意识、怀疑意识、问题意识、发现意识、抗挫折的风险意识、捕捉机遇和灵感的意识等。

① 胡博远.关于创新意识诸因素的断想[J].洛阳师专学报，2000(1)：28-30.

② 华伟，何贤蓉.论创新意识[J].上海轻工业，1999(6)：38-40.

③ 冯正刚.创新意识“结构”初探[J].广东社会科学，2002(1)：1-6.

④ 彭宗祥，井兰柱.论创新意识的层次性及其培养[J].煤炭高等教育，2000(3)：38-39.

⑤ 裴光亚.创新意识与数学教学[J].中学数学，2002(7)：15-18.

⑥ 杨凌.影响学生创新意识形成的教育因素[J].辽宁医学院学报(社会科学版)，2007，5(1)：79-80+87.

3.创新意识的影响因素研究

针对创新意识的影响因素研究，杨凌提出影响创新意识形成的主要因素有教育体制、教师素质、教学方法和学业评定规则等[①]；王秀民认为影响创新意识的因素包括教育思想、课程设置和教师素质等方面[②]；沈玉兰、刘鹏飞分析了传统文化对创新意识的消极影响，从另一个角度对创新意识形成的影响因素进行了探讨[③]；姜瑛俐等人探讨了教育教学评价对创新意识形成的影响[④]；吴大锶、陈建源等人从教师视角对学生创新意识形成的影响因素做了相应研究[⑤⑥]；成玉丽、韩国栋和曹璟等人都论证了学习环境与创新意识的关系，认为良好和谐的学习氛围是形成创新意识的重要因素之一[⑦⑧]。

4.创新意识的培养对策研究

我国教育界尤其是基础教育领域对课堂中培养学生的创新意识已做了大量的研究和论述，成果丰厚，研究者们一致认为学生的创新意识应从小就开始培养。但纵观这些研究，大多是一线中小学教师，从某一学科的角度，从课堂教学和课外活动等方面，就如何培养学生的创新意识来进行探讨和研究，而对创新意识作系统、全面、深入的研究较少，特别是没有从宏观角度分析我国目前中小学生的培养模式对学生创新意识的影响。

总之，我国关于创新意识的培养研究发展速度很快，但总体还很薄弱。如姜海龙和刘书文认为，培养创新意识与创新能力是时代发展的必然要求，但是，在传统教育观念的影响下，我国现行的教育体制还不利于创新人才的培养，不利于创新教育的顺利开展。[⑨]因此，强化创新意识，培养创新能力，就要转变传统教育观念，对现实教育体制进行改革。

① 杨凌.影响学生创新意识形成的教育因素[J].辽宁医学院学报(社会科学版)，2007，5(1)：79-80+87.

② 王秀民.学生创新意识的培养与研究[J].教学研究，2007，30(4)：374-376.

③ 沈玉兰，刘鹏飞.浅论传统文化对创新意识的消极影响[J].中国特色社会主义研究，2006(4)：53-55.

④ 姜瑛俐，李祖超.构建培养创新型教师的课程结构[J].武汉水利电力大学学报(社会科学版)，1999(6)：48-51.

⑤ 吴大锶.培养小学生创新意识的教师教学行为的实践研究[J].上海教育，2006(17)：57.

⑥ 陈建源.教师的创新意识与学生创造力的培养[J].宁德师专学报(哲学社会科学版)，2001(1)：100-101+104.

⑦ 成玉丽，韩国栋.创新意识培养方法探微[J].山东教育，2002(C5)：94.

⑧ 曹璟.学生自主学习与创新意识的培养[J].教育理论与实践，2006(18)：47-48.

⑨ 姜海龙，刘书文.着力建设和谐文化促进和谐社会发展[J].理论界，2006(11)：36-38.

四、创新意识的其他学科研究

(一)创新意识的哲学研究

马克思主义哲学是关于自然界、人类社会创新和人的思维发展的一般规律的科学,是无产阶级的科学的世界观与方法论,是一切学科研究的根本指导思想。马克思主义哲学关于创新意识的研究主要体现在人的本质论、人的认识本质论、科学方法论等方面。

马克思主义认为,人的本质并不是单个人所固有的抽象事物。在其现实性上,它是一切社会关系的总和。[①]从人的劳动演化过程来看,劳动由“最初的动物式的本能的劳动形式”到“专属于人的劳动”,[②]其根本动力是人的不断创新。人类如果没有创新意识,那么人就没有创造思维,也就没有创造性劳动,连劳动本身这一人类最本质的特征也就不会存在,人只能是四肢爬行的一种动物。人之所以区别和超越于其他动物之处,就在于人能够以人的能动创造,主动地改造自然,创造出自然界和人类社会相融发展。

马克思主义从人的本质出发,认为人不仅适应环境,而且改变环境。这种主动适应环境、改变环境的活动是按照自己的意志和意识,有目的地进行选择。人的认识不同于动物的反映活动,而是一种能动的具有创新意识、创新思维和创造性的活动。这种创新推动着人自身和人类社会发展以及社会关系的发展。所以,当今世界各个国家和民族之间的差距,不仅表现在文化类型和生命形式等方面的差别,更体现在创新意识、创新精神和创新能力所达到的层次和境界的差异。其根本差距就是创新意识和创新水平的差距。正是从这个意义上讲,创新是一个民族的灵魂,是一个国家兴旺发达的不竭动力。

(二)创新意识的社会学研究

社会学是一门把社会作为整体,研究社会各个组成部分及其相互联系,探讨社会的发生、发展及其规律的一门综合性的社会科学。社会学认为,个人是

① 马克思,恩格斯.马克思恩格斯选集第1卷[M].中共中央马克思恩格斯列宁斯大林著作编译局,译.北京:人民出版社,1972:18.

② 马克思,恩格斯.马克思恩格斯全集第23卷[M].中共中央马克思恩格斯列宁斯大林著作编译局,译.北京:人民出版社,1972:202.

社会中的人，个人对社会具有依赖性，人的创新意识和创新活动的发展来源于社会，并在社会实践中体现出来，不可能超越时代背景和社会大环境所提供的社会历史条件。纵观各国历史，有的历史时期文化繁荣、人才辈出；有的历史时期则文化专制、死气沉沉，这都是社会历史大环境影响的结果。社会环境中各种制度环境、传统习俗、文化禁忌、政策环境等因素都可能制约个体创新意识和创新活动的发展。阿瑞提在研究社会、文化与人的创造力之间的关系时，把能促进和提高人的创造力的文化和社会称为创造基因，并认为创造力的两个必要条件是具有潜在的创造个人以及适合创造基因的文化。而这种社会文化对个体创新意识发展既有积极的影响，又有消极的影响。如创新意识的发展和创新能力的形成受社会对不同思想、观点以及外来文化的态度的影响；社会创新意识和创新能力的高低取决于社会环境能提供的物质、机会、自由发展等条件。

随着社会对创新需求的不断增加，艺术学、统计学、管理学、经济学、传播学等各学科都将创新意识纳入其研究的重要内容。研究认为创新意识特别是对艺术设计、企业发展等具有非常重要的作用，因此要关注培养全社会公民的创新意识。

第二节 中小学生创新意识的构成与发展

知识经济时代，知识体系的创新力度、速度不断提高，只有具备创新意识和善于创造、开拓的人才能适应时代的要求。因此，在教育教学过程中，培养学生的创新意识，了解创新意识的构成并促进创新意识的发展至关重要。

一、创新意识的内涵及特征

本书在梳理创新意识相关文献的基础上，聚焦中小学创新意识培养，认为创新意识是指个体对客观世界的创新认识活动，也包括个体对创新与创新价值性、重要性的一种认识水平、认识程度以及由此形成的对创新意识的认识，即以这种意识在实践活动的过程中，以变换新角度、新途径为前提而探寻认识事物和解决问题。因此创新意识具有质疑性、目的性、变革性、新颖性。

质疑性。创新的独创以思维的批判性和质疑性为前提，不被固化和盲从的思想即是创新意识产生的前提。质疑是创新意识形成的逻辑起点和先决条件，因此，质疑性是创新意识的关键特性，在整个创新实践活动中有着不可或缺的地位。

目的性。创新意识是以创新为目的的意识。创新主体为解决实际问题，满足个人需要或社会需要，不断进行创新实践，在与社会互动的过程中具有明确的价值追求与理性自觉。这样的自觉性因为创新意识而具有目的性的特征。

变革性。《易经》中说："穷则变，变则通……"意思就是在没有办法解决问题时要思变，学会改变方式、方法、结构等。创新意识不能被禁锢在当前的知识理论体系中，应该遵循历史辩证法，不断变革。

新颖性。创新就是扬弃、革除不合时宜的旧事物或旧内容，确立新事物的过程。要想形成创新成果，就要有新颖的认识事物的方式，创新主体只有在不断求新的意识下，才能创造出新产品、新思想、新作品。

二、创新意识的构成

（一）创新意识的基础

创新主体在认识客观事物本质规律的基础上，为满足自身和社会发展需要，对原有客观事物的反思和批判，以积极的情绪、情感和态度投入到创新活动之中，以改造、变革已有事物、认知为目标，自觉创造新事物、研究新问题、提出新方法。因此，创新意识由质疑意识、问题意识、批判意识、求新求变意识四个方面构成。

质疑意识即求异。两千多年前，伟大诗人屈原在他的著作《天问》中提出了170多个问题，他对自然和社会的传统观念提出了多方面的质疑，给我们后人提供了思考、研究和解决问题的空间。在创新发明史中，我们可以看出，创新学说的开端往往是对固有的观念、传统的理论进行大质疑，提出自己的问题，这也是从事创新活动的基础。

问题意识,学起于思,思源于疑。有问题才能促使学生去思考、去探索和创新。问题往往是创新活动的开始,没有思考的目标性,就很难有动力深入学习,只有提出了问题,才能去寻求知识,培养能力,解决问题。心理学认为,疑最容易引起探究反射,思想也就应运而生。

批判意识本着求真、求实、唯物辩证的科学态度,在明确的创新目标指引下,在创新活动中,在前人成果的基础上进行推陈出新的过程。要从旧过渡或转变到新,就要打破原有的束缚,并在旧的基础上形成新观念,这个心路历程需要从主体批判、否定开始。批判、否定并不等于全盘的否定和驳斥,它不是单纯地为了否定而否定,而是反思和扬弃已存在的思维方法、观点和观念。通过分析、综合、演绎、归纳和连续辩证否定的环节,取其精华,去其糟粕,去伪存真,获得和形成新的思想和方法,发展自己的独特见解。在这里,批判、否定就成了创新的前导,是由旧到新转变的桥梁和中介。从根本上说,没有批判、否定,就不会展开真正的创新活动。①

求新求变意识。创新的基本特征就是新颖性,新颖即相对于过去是没有的,且相对于同类型的事物也是独特而存在的。从某种意义上讲也是于旧事物的一种变革,即改变事物的部分或全部本质。求变即变革,也是破旧立新的一个过程,在改变方法、途径、结构、数量的基础上,谋求创新。因此创新意识也是求新求变的意识。

(二)创新性思维是创新意识构成统一的关键

思维是意识的核心,是实现感觉、知觉、思维三者统一的关键。创新性思维即是创新意识的核心。创新性思维是个体将质疑意识、问题意识、求新求变意识、批判意识统一的关键。创新性思维主要包括联系性思维、积木式思维、问题式思维、直觉思维。

史蒂夫·乔布斯曾说:“创造就是联系事物。”弗朗斯·约翰松提出了“美第奇效应”这一术语,旨在某一地理空间或者市场空间内产生的火花,许多新奇的想法结合在一起,创造出惊人的新事物。可见联系性思维是创新性思维的关键。由于发散思维与聚合思维都是寻找或打破事物之间的联系,因此我们认为发散

① 蔡秋旋.《中国近现代史纲要》课教学培养大学生创新意识研究[D].暨南大学,2017.

思维与聚合思维统一于联系性思维中。

联系性思维需要大量的基础素材，在实际生活中积极收集素材（包括知识、技能、见解、经验等）是创新者的一个共同点，就像孩子喜欢收集积木一样。这就是积木思维的重要性，没有可加工的内容，就没有可联系并创新出的组合。当然，大多数创新者不会等待灵感的突袭，而是对现状不断提出"破坏性"问题，以求更好地理解现状以及发现其他的可能性。因此，创新者常常保持发问的习惯，这就是问题式思维。

直觉思维是指对一个问题未经逐步分析，仅依据内因的感知迅速地对问题答案做出判断、猜想、设想，或者在对疑难百思不得其解时，突然对问题有灵感和顿悟，甚至对未来事物的结果有预感、预言等，都是直觉思维的一种心理现象。直觉思维不仅在创造性思维活动的关键阶段起着极为重要的作用，还是人生命活动、延缓衰老的重要保证。直觉思维完全可以有意识地加以训练和培养。

（三）创新意识构成系统模型

创新意识一般是由个体所经历的某些源自对环境的感觉而产生的冲动开始的，在兴趣与好奇心的激发下，创新思维将感觉、知觉等认知活动联系起来，在创新意识的推动下，经过或长或短的时间达到创新的目标。创新者反复经过这样的过程，最终形成创新意识。图4-1描述了创新意识构成的系统模型，系统内的各要素相互关联，其中创新性思维是系统各要素连接的关键点，也是系统的核心。因此，在运用创新意识构成的系统模型时，要特别关注创新性思维。

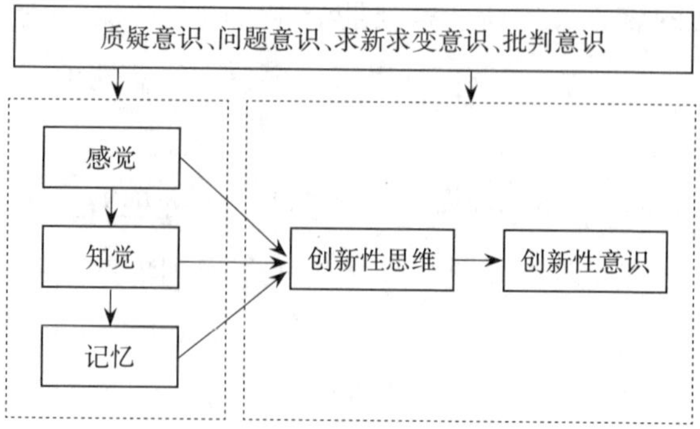

图4-1　创新意识构成系统模型

三、中小学生创新意识发展

创新是知识经济时代的不竭动力,创新意识和创新能力是知识经济时代合格人才的必备素质。当前,创新教育已成为了素质教育的核心,创新意识是从事创新活动的起点,也是创新教育的起点。中小学教育为适应时代的要求,应重视学生创新意识的培养,这是提升中小学生创新能力的前提和关键。

(一)中小学生创新意识发展的内涵及特点

发展是指事物由小到大、由简到繁、由低级到高级、由旧质到新质的运动变化过程。事物发展的过程意味着量变到质变的辩证统一,也是事物内部矛盾运动的结果。中小学生创新意识的发展可以认为是人在创新活动中,质疑意识、问题意识、求新求变意识、批判意识不断完善和不断成熟的过程。

根据发展心理学家皮亚杰的观点,个体认知是在不断适应变化的社会环境中发展起来的,且存在阶段性的特点。龚春燕、龚泠西在《创新教育学》中认为,个体身心发展存在不平衡性,其中在心理方面,表现在感知成熟在先,思维成熟在后,情感成熟更后。由于创新意识是一种认知活动,因此中小学生的创新意识发展存在阶段性、不平衡性、个体差异性等。

1.阶段性

中小学生的认知发展主要集中在皮亚杰所述的具体运算阶段和形式运算阶段,这两个阶段都以发展抽象思维和逻辑思维作为创新意识发展的主要内容。但创新意识不仅仅是抽象思维的发展,而是抽象思维与形象思维的统一,也是发散思维与收敛思维的统一,因此联系性思维在创新意识发展过程中至关重要。

2.不平衡性

创新意识发展的不平衡性是指不同方面在各年龄段呈现出不同的成熟度。根据研究显示,当具体到不同年龄段、不同创造力类型、不同测量工具或实验任务时,创造力的发展模式可能有所差异。言语发散思维的流畅性和灵活性维度在青少年早期就达到成人水平；视觉—空间发散思维呈非线性发展，在15-16岁达到最高水平。[①]

3.个体差异性

因个体身心发展存在个体差异性，则创新意识发展也具有个体差异性，且这样的差异不仅是由个人的先天素质、内在机能的差异造成的，还受主体在发展过程中自我努力程度以及外界环境的影响。

4.不稳定性和可塑性

中小学生创新意识的不稳定性指中小学生个体在情绪和动机方面难以保持稳定的倾向，在与社会互动的过程中易受外界的影响。可塑性反映了个体在认知和行为方面，探索和参与新异事物的灵活性，它由经验开放性和外向性构成。

5.创新意识发展与环境的关系

创新主体的生活、成长、接受教育等情况，直接影响到他们创新意识的形成情况以及发展情况，这是创新意识的另一重要特征。环境是中小学生创新意识发展时空中各种条件的总和。社会文化、家庭教育与学校教育环境对中小学生创新意识的发展起着重要的塑造作用，甚至可以说起着决定性作用。开放、自由、民主、先进文化教育、发达的科学技术环境直接或间接影响着学生的志趣、性格、思维、表达能力。在这样的环境下，学生的创造性容易被激发，自信心得到增强，有利于学生创新意识的发展。当然，反之若像传统教育强调秩序、律己、知识的复制，学生则容易谦虚有余而自信不足、升学有余而能力不足。因此，在学校教育中，要注意创新文化的营造，激发学生的创新兴趣，增强学生的创新信心。

（二）中小学生创新意识的发展阶段

中小学是儿童和青少年生理、心理的快速发展期，也是人生接受创新教育、培养创新意识、促进身心健康发展的重要时期。根据学生心理发展水平和创新

① 贾绪计，林崇德.创造力研究：心理学领域的四种取向[J].北京师范大学学报(社会科学版)，2014(1)：61-67.

意识发展特点，我们将中小学生创新意识发展分成3个学段，即小学低年级（1-2年级），小学中、高年级（3-6年级）和初中年级（7-9年级），这也符合国家中小学课程标准的要求。3个学段在创新意识构成方面呈现出不同的发展重点及层次，且前后衔接、逐段递进、完整有序。如表4-1所示。

表4-1　中小学生创新意识发展阶段

阶段	感知觉与体验	创新思维	创新意识（发展重点）
第一阶段	需引导关注周围环境与生活情境，需引导注意所感知觉的事物与生活、学习的关系	思维的开始一般来源于问题，问题式思维是第一阶段学生首先要培养的。第一阶段的学生主要是积累直接经验和感性认识的材料，主要以发展积木式思维为主	由于第一阶段的学生还不善于向自己的学习和生活提出要求，需要在成年人的监督和启发下积累知识和完成任务。因此这一阶段以发展质疑意识和问题意识为主，同时过渡引导培养求新求变意识和批判意识
第二阶段	具有感知觉的自主性和相对独立性，但仍易受外界环境的影响，容易盲从。将自己与生活、学习的素材联系起来，发现兴趣，具有一定的创新能力	此时经历了关键性的转折年龄，重点培养问题式思维、联系性思维。在区别事物本质的同时利用联系性思维进行创新	在质疑意识、问题意识逐渐成熟的情况下，重点培养求新求变意识、批判意识
第三阶段	主动体验，感知、熟悉、理解和运用生活素材，能较独立运用素材创新，并对创新成果进行展示与评价	联系性思维、直觉思维	质疑意识、问题意识、求新求变意识，适当引导批判意识，避免片面性、偏激性思维

第一阶段：小学1-2年级。小学1-2年级的学生在认知、语言、思维等方面存在障碍，如视觉记忆、空间定向和信息加工过程都存在障碍，听觉辨别能力差，语音意识方面存在明显的不足。因此，在此阶段需引导学生关注周围环境与生活情境，注意所感知觉的事物与生活、学习的关系，不断学习知识和积累创新素材，培养积木式思维，激发探索兴趣。在创新思维方面要重点培养好奇心和求知欲，开启思维培养，重点培养问题式思维，使学生学会问问题，一问多思，并在问题中增加记忆储存，酝酿灵感。

第二阶段:小学3-6年级。此时学生经历了关键性的转折年龄,认知、语言、思维等方面有了一个质的飞跃。如10岁左右小学生的形象思维向抽象思维过渡,具有感知觉的自主性和相对独立性,但仍易受外界环境的影响,容易盲从。此时需要细心观察学生,帮助学生将自己与生活、学习的素材联系起来,发现兴趣,表现初步的创新和简单描述。这一阶段重点培养问题式思维和联系性思维。问题式思维是在培养一问多思的基础上,多问、多思以扩宽问题,再在区别事物本质的同时利用联系性思维进行创新。此时注意联系思维是发散思维和聚合思维的统一,其目的都是将外在的事物与内在的经验知识进行联系。在学生质疑意识、问题意识逐渐成熟的情况下,重点培养其求新求变意识和批判意识。

第三阶段:初中7-9年级。此阶段学生能主动体验,感知、熟悉、理解和运用生活素材,能较独立运用素材创新,并对创新成果进行展示与评价,能综合运用联系性思维、积木式思维、问题式思维、直觉思维。但重点应尊重学生的灵感,引导他们按照自己的创新思维进行大胆发问,提出见解,并按照科学的程序不断修正,得出正确的结论。充分发展学生质疑意识、问题意识、求新求变意识,此时由于学生的创造性和批判性明显加强,因此要注意适当引导,避免过分怀疑和批评态度,避免片面性、偏激性思维。

(三)中小学生创新意识有效培养

创新意识是人脑对客观世界创新性的主观反映,创新意识的发展离不开与客观世界的互动——即实践。中小学生的创新兴趣较浓,但创新动机不明确,情感易受外界影响,且思维处于初级向高级的过渡状态,质朴、简单,因此其创新意识的发展需要他人的有效指导,并在实践中不断发展和提升。我们将实践过程中他人的有效指导简称为有效培养,所谓有效培养即是突出达到预期创新效果、提高创新效率,能获得良好的外部效益(创新文化的塑造)。任何有效培养都离不开目标(宗旨)、程序(技能)、环境(文化)三要素的相互影响。如图4-2所示。

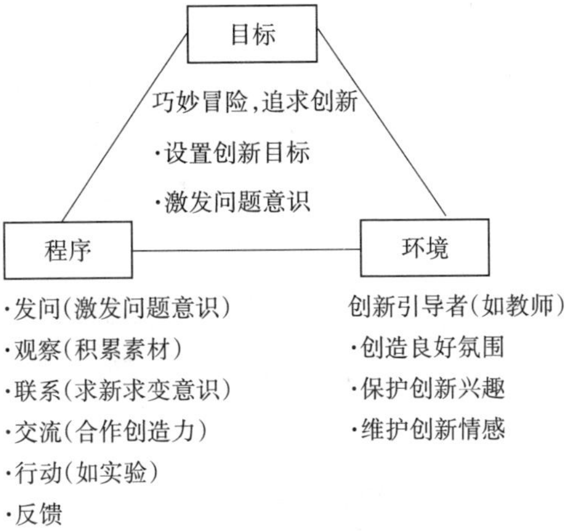

图4-2　中学生创新意识发展模型

1. 目标

创新意识的培养有赖于创新活动的开展，创新活动犹如一个项目实践，需要设置明确的创新目标。目标是前行的灯塔，指引创新活动方向，但这样的目标必须是学生所感兴趣和愿意尝试达成的目标。这样才能激发学生的创新动机，巧妙冒险，不断尝试，追求创新。创新动机是达到创新目标的原动力，同时中小学生的创新意识培养，最重要的就是巩固和加强创新意志。创新意志的一个特征就是具有自觉的目的性。一方面，意志能推动人不畏劳苦、不断努力；另一方面，意志能提高观察和有意注意的维持，促进问题思维活动的开展。美国社会心理学家马斯洛指出，创新可分为两个阶段，第一阶段为即兴和灵感阶段，在这一阶段中，个体被强烈的兴趣和激情激活，即创新兴趣与创新动机；第二阶段为从灵感阶段发展到高度激动，即创新意志和积极的创新情感，在这一阶段中需要持续的、创新的积极性，同时仍需要进行艰辛的劳作。

2. 程序

创新意识发展程序可概括为发问、观察、联系、交流（合作创造力）、行动（如实验）、反馈六个环节。创新意识发展程序的每一个环节也是创新意识形成所需要的技能。

发问：即创新需要问题意识、问题思维。发问是创新意识的开始，能够催生其他的发现行为。管理大师德鲁克在《管理实践》一书中评论道:最重要、最艰辛的工作从来不是找到对的答案,而是问出正确的问题。问题意识对于创新者来说不仅是一种智力练习,还是一种很重要的思维习惯。值得注意的是,创新意识中的发问,首先要重视问题意识的养成,其次是提出有意义、有质量的问题,提高问题质量的能力。

观察:即培养积木思维,发展问题意识、求新意识、批判意识。观察是人感知外界信息最重要的过程。从心理学角度来看,有目的、有计划、比较持久的知觉过程叫作观察。所谓知觉,是指作用于感觉器官的客观事物的各种属性在人脑中的综合反映。观察不同于一般的知觉,它不是那种毫无目的没有控制的无意知觉,也不是毫无计划时间短暂的一般有意知觉,而是有意知觉的高级形式。它是观察者根据一定的目的或任务,拟定一定的计划,然后按照计划对一定的事物进行系统而持久的知觉过程。科学观察在科学认识中具有重要的作用,它是人们有目的、有计划地感知和描述客观事物,获取客观事实的一种科学认识方法。

联系:创新思维的实质即对事物间的联系进行前所未有的思考,从而创造出新事物的思维方法。前面我们已经论述了创新思维在创新意识中的关键性作用,在创新活动中将问题与观察的客观事物建立联系,是发展创新意识至关重要的环节。因此,在中小学生创新意识发展过程中,应不断训练学生的创新思维,建立联系习惯。

交流:在创新活动过程中,能在教师的指导下进行师生交流,提炼分析材料,在头脑中筛选有用信息,产生新的、有价值的想法。此外,学生之间的交流有利于分享资源,加强合作。创新并不仅仅是一个人的闭门造车,大多数的创新来自于人与人的互动过程,因此加强交流有利于创新意识的发展。

行动:实践是认识客观事物的唯一通道,创新意识的形成离不开实践。在创新活动中,将产生的新想法付诸行动,最终凝结成创新成果,才是创新意识培养的真正目的。中小学生行动的形式包括实验、表演、研究性学习等。

反馈:创新意志与创新成果之间有明显的因果关系,创新成果是艰苦劳动的结果,是意志活动的结晶;同时,创新成果的反馈又能加强和巩固创新意志。学生的每一种创意都应该在实践活动得到检验,获得反馈信息,这样学生才能得到创造的体验。通过一定的活动形式鼓励学生自己探索，让学生在冲突中寻求解决问题的方法，在应对困难和危机中增强面对困难的信心和勇气，这正是创新活动的实质所在。

3.环境

吉尔福特指出，在安全和自由这两者的心理条件中，存在着我们可以获得建设性创造力的最大限度机会。这就意味着心理安全和自由是进行创新的基本条件。创新活动是社会实践的一种形式，个人创新意识的形成和创新能力的发挥都受外界环境的影响。一个人的创新意识和创新能力的形成与发展，不仅依赖于个人的努力，也依赖于教育的作用。因此，在学校教育过程中，要激发学生的创新兴趣，培养中小学生的创新意识，首先必须营造一个民主、自由、宽松、和谐的创新文化环境，这样学生才可以大胆地发挥创新意识。除了宽松的环境，教师在创新活动中要有意识地激发和保护学生的创新兴趣，在学生提出创新想法时尽量给予支持与鼓励，同时维护学生在创新过程中获得的有利于创新的情感，消除学生的消极情绪，促使学生的创新活动能深入开展。

第三节　基于创新意识的教学研究

近年来，随着社会对于创新需求的不断增加，教育界关于培养学生创新意识的呼声越来越高，并已逐渐成为基础教育研究的热点。人们普遍认为创新意识的培养应该是当前教育改革的主旋律。在基础教育各学科的教学中，培养中小学生的创新意识关键是要找准方向，明确创新意识发展的教学目标，合理选择与组织有助于学生创新意识发展的教学内容，利用促进创新意识发展的多种教学策略，协调处理好影响学生创新意识发展的各方面因素，通过正确的方法和科学的途径激发和培养学生的创新意识。

一、基于创新意识的教学目标确立

（一）教学目标确立的依据

教学目标是教学将使学生发生何种变化的明确表述，是指在教学活动中期待学生达到的学习结果。在教学过程中，教学活动以教学目标为导向，且始终围绕实现教学目标而进行，所以教学目标是教学的起点，也是教学的终点，它关系到教学的最终指向。如果教师对教学目标不明确，教学的随意性将增大，课堂教学的效果也将大打折扣，更谈不上学科教育目标的达成。

1. 读懂学科课程标准对创新意识的要求

课程标准是对学生在一段时间内所学习内容和能力发展程度的表述，是教师施教的指导纲要。它不仅阐述了学科课程目标、实施建议，还包括课程的性质、地位与基本理念。各学科课程标准都对学生的创新意识培养提出了要求，这就要求每位教师在设计学科课程创新意识教学目标时，先要“吃透”课程标准中对创新意识的要求，把握其内涵和精髓，为教学目标设置做指导，保证创新意识培养在学科课堂教学中的落地落实。只有这样才能确保教学朝着正确的方向开展，否则会造成教学目标定位不够准确或目标设计偏差等问题。以数学学科为例，数学课程标准指出，创新意识的培养是现代数学教育的基本任务，应体现在数学教与学的过程之中。学生自己发现和提出问题是创新的基础；独立思考、学会思考是创新的核心；归纳概括得到猜想和规律，并加以验证，是创新的重要方法。[①]这既强调了培养学生创新意识的重要性，又为我们指明了培养创新意识的有效途径。王晓辉结合数学学科特点，指出数学创新意识是对自然界和社会中的数学现象具有好奇心，不断追求新知，独立思考，会从数学的角度发现和提出问题，进行探索和研究。[②]基于此，可以将数学学科创新意识教学目标确立为：以开发学生的潜在智力、培养创造能力、激发思维活力为指导方向，重视培养学生的质疑意识、问题意识、求新求变意识、批判意识，不断强调数学知识的活性，促进学生数学认知、数学思维、数学能力和数学情感四个方面的协调发展。

① 中华人民共和国教育部. 义务教育数学课程标准(2011年版)[S]. 北京：北京师范大学出版社，2012：3.
② 王晓辉. 数学课程与教学论[M]. 长春：东北师范大学出版社，2005：12.

2.挖掘学科教材中承载的创新意识

教材的研发和编写是由学科专家依据课程标准的要求，结合社会的需求、学科发展的现状以及学生的实际情况而得以完成的。课堂教学活动中，教材作为主要载体，是不可或缺的重要教学工具，它以精练的语言和典型的案例来阐释基本的事实和原理，以具体的方式体现课程标准所要求的内容。在学科教学中，注重培养学生的创新意识，需要教师在教学目标的设计中，研究教材内容的特点以及其呈现的方式，分析教材是如何体现课程标准的要求，思考怎样对教材内容加以组织或者以怎样的方式呈现给学生，才能达到课程标准的要求。

3.把握学生的实际情况和需要

学科课程标准和教材是教学目标制订的重要依据。因此，教师在设计课堂教学目标时，不仅要根据课程标准和教材来进行设计，而且要提前考虑到学生当前的知识水平、认知能力、创新意识发展特征、学习兴趣等因素，准确把握学生的实际情况和需求，做到使教学目标能够适应大部分学生的学习需求。

（二）教学目标体系

创造意识是驱使个体进行创造行为的必要心理动机，没有创造意识的人不可能进行创造和发明。许多调查结论都指出，学生普遍具有创造潜能，在适当的教育下，它可能在每一个学生身上发展和显现。当然，由于受年龄、知识、经验等因素的限制，我们不能奢望所有学生在中小学阶段都具有很强的创造能力，但有一点毋庸置疑，那就是创造教育关键在于创造意识的激发，并且必须从小就开始，使学生从小就爱创造、敢创造。培养学生的创新意识，即以培养学生创造力为中心，加强质疑意识、问题意识、求新求变意识、批判意识的培养，使创新才能得到充分发展，为培养创新人才打好基础。

1.培养质疑意识

学贵有疑，疑是学习的需要，是思维的开端，是创新的基础。因为有了疑问才会提出问题，有了问题才能使人积极思维，有了积极思维才会有创新。换句话说，只有学生能质疑、会质疑，才有创新的可能。许多教育专家在论述创新教育理论的内涵和本质时指出，现代教育不但要求学生掌握“双基”，更要培养学生的主动性和创造性。主动性包括向老师提出问题、主动读书生疑、与同伴交流质疑生疑等;创造性包括善于在学习中生疑,发现问题、质疑问题、解决问题,其中提出问题是分析问题、解决问题的前提和基础。所以在课堂教学中培养学生的质疑意识,既是落实创新教育的切入点,也是突破口。培养学生的质疑意识,就是要鼓励学生不唯书、不唯上,有敢于质疑问难的勇气和精神。

2. 培养问题意识

问题意识主要是指学生具有自由探讨,积极思考,敢于发现问题、提出问题、阐述问题的自觉心理活动,是学生创新意识的一个重要组成部分,是创新人才成长的关键因素之一。英国科学哲学家波普尔认为,科学的第一特征就是它始于问题、实践及理论问题。他甚至认为,科学和知识的增长永远始于问题,终于问题——越来越深化的问题,越来越启发新问题的问题。爱因斯坦也强调,发现问题和系统阐述问题可能要比得到解答更为重要。解答可能仅仅是教学或实验技能问题,而提出新问题、新的可能性,从新的角度去考虑问题,则要求创新性的想象,而且标志着科学的真正进步。[①]美国小学教育目标中指出,我们好学生的标准是能独立思考,对学习有求知欲,经常问为什么。可见,学生问题意识的培养主要在于激发学生对问题保持敏感性和好奇心,让学生敢问、会问、善问,并形成自己的独立见解,养成良好的思考问题习惯。

3. 培养求新求变意识

求新求变意识最显著的表现是追求新颖性、独特性,即能突破常规、大胆探求、另辟蹊径,利用新思想、新方法,得出标新立异的想法。发展求异思维是培养学生创造思维和创新意识的重要手段。培养学生求新求变意识主要在于启发诱导学生积极思考,激发质疑问题的勇气和兴趣,鼓励标新立异、异想天开、发表独立见解,提倡好问、多问、深问、怪问。

4. 培养批判意识

批判意识是学生进行批判活动的自觉性与能动性,或者是对其所进行的批判活动的认识和了解,强烈的批判意识与情感因素相结合就会形成批判精神,

① 叶澜.关于我国教育实验科学性问题的思考[J].教育研究,1992(12):41-47.

进而形成批判性人格。[①]具有批判意识和批判精神的主体,能以立足现实又高于现实的眼光来看待社会,不满足于流行的观点和人人都认为如此的固有模式与现状,通过反思—质疑—驳斥并提出建设性的新观念,从而使其达到更合理、更完美的境界。国际教育中高度重视对学生批判意识的培养。国际21世纪教育委员会在向联合国教科文组织提交的报告《教育——财富蕴藏其中》表达了这样的观念:教育应该使每个人能够形成一种独立自主、富有批判精神的意识及能力。基于此,培养学生的批判意识应做到:展示教学内容并给予适当的分析;给学生思考、理解问题的时间和机会,鼓励他们从不同的角度提出自己的疑问或假设;组织学生讨论,倾听学生的不同意见,鼓励他们提供证据。

(三)教学目标的具体操作指标

创新意识的培养要在各学科课程中落地落实,就需要将目标体系中的质疑意识、问题意识、求新求变意识和批判意识等内容具体化,具有可操作性。在推进创新教育过程中,很多学校做了关于创新意识具体指标的实践探索,对学校培养学生创新意识具有很好的指导作用。我们结合上海闸北区和田路小学和浙江省教育科学研究院提出的操作指标[②],尝试将创新意识四项目标内容分解成以下具体操作指标。

1.对事物有广泛的兴趣,有寻根究底的探索精神。不迷信已有的结论,敢于发问,善于发问,乐于发问,逐步养成质疑问难的习惯。

2.有接触新事物的意愿和探索意向,能突破常规,大胆探求,另辟蹊径,利用新思想、新方法,得出标新立异的想法。

3.在解决问题时,能逐步养成思维的发散性、集中性与新颖性,并逐步养成主动地、多渠道地求知习惯。

4.注意力能高度集中,对周围世界有敏锐的观察力。能从多角度观察事物,发现事物的特点。

5.喜欢动手,善于把事物重新组合与排列,创造新的事物,有试图用各种新

① 孟娟,张登巧.论学生批判意识的缺失与对策[J].湘潭师范学院学报(社会科学版),2003(3):118-121.

② 李武南,张国良.课堂创新教学的理论与实践[M].杭州:浙江大学出版社,2009:63.

的创造技法去解决问题的习惯。

6.想象力丰富,能由此及彼,举一反三,不断地产生新的设想。

7.保持好奇心,不满足于现有的知识,对流行的传统观念和现成的结论持分析和批判的态度。

8.讨论发言时,能不管对错,真实说出心里话,并提出自己的见解,敢于向权威、向教材、向教师挑战。

以上八项具体操作指标只是为学科创新意识的培养提供常规框架,各学科在制订具体教学目标时需要根据学科特点作适当调整。

二、基于创新意识的教学内容组织

教学目标与教学内容有着内在的联系。教学目标决定教学内容,教学内容实现教学目标。教学内容作为教学内在结构的核心要素,对教学目标实现、学习活动方式安排具有重要意义。因此,在分析了基于创新意识的目标结构后,还需要深入探讨创新意识内容。创新意识的培养在具体实施过程中,根据不同的个体、不同的阶段、不同的环境,其内容应有所区别。但就创新意识的整体而言,从创新意识构成要素的阐释,其教学目标应包括质疑意识、问题意识、求新求变意识、批判意识等几个方面。这些因素在创新意识结构中的地位与作用各不相同,但它们是相互联系、相互促进的。教师要把培养学生创新意识作为一个重要目的和基本原则,通过把握预设性创新意识教学内容和抓住教学过程中生成性创新意识教学内容,将培养学生的创新意识渗透到教学的各个环节。

(一)把握预设性创新意识教学内容

预设性资源是指教师为开展教学活动,在课堂教学之前已经准备好的一切教学资源,包括教材、教案、教师参考用书等。这些是在课堂教学开展之前就已经存在的教学资源。

1.深入挖掘学科教材中的创新意识教学内容

各学科教材依据相应课程标准要求编写,蕴含着丰富的关于创新意识的内容。这就需要教师仔细加强教材研究，深入挖掘学科教材中的创新意识教学内容。

例如，《数星星的孩子》一文讲述了天文学家张衡乐于观察的故事，告诉学生，科学家伟大发明是从日常生活中的观察开始的，明确了创新意识培养的重要方法是要善于观察；《想别人没想到的》通过画骆驼的故事启发学生在日常生活中要善于寻找思考问题的新角度……像这些包含了关于发现、发明、科学、科技相关的故事和幻想类文章，容易激发学生的创新兴趣，让他们认识到，只要留心观察、细心思考、大胆想象，创新就可能随时随处发生，进而激发学生的创新意识。

2.合理调整教材中创新意识教学内容的结构

学科教材强调的是学科知识结构和学生的身心发展水平，而在统筹创新意识培养的内容方面稍显不足。这就要求教师在培养学生创新意识时，要有目的地对教材中关于创新意识的内容进行重组，以适应创新型人才的培养。如为进一步激发学生的学习积极性，培养学生的创新精神，一般可以把初中历史教材中的四大发明和三次科技革命作为学生创新意识培养与教育的重点内容进行重组和谋划。可以通过比较三次科技革命的异同，激发学生学习科技史的兴趣，培养学生发现问题、解决问题的能力，进而提高学生的创新意识。

3.选取或更新贴合学生实际的创新意识教学内容

除深入挖掘学科教材中本身体现的创新意识教学内容外，教师还应根据教材知识内容、学校自身情况和学生的需要，选取或更新贴合学生实际的创新意识教学内容，使教学内容能够引发学生的学习兴趣，或者满足学生对文化背景的好奇心，从而激发学生的创新意识。以《综合探究：中国如何应对全球化的挑战》一文中的“遵守游戏规则，运用游戏规则”为例。教材中提供的案例是保护知识产权，打击盗版光盘，但是在当今互联网+时代，学生对光盘的接触与认识很少，不能真切形象地体会教材所要表达的内容。那么教师就可以选取贴合学生生活的关于视频和音乐软件在维护知识产权方面的案例来进行讲解。

（二）抓住教学过程中生成性创新意识教学内容

生成性资源是指在特定的课堂情境中，师生、生生、师生与文本，围绕多元教学目标展开的教学过程，以及在开展对话、交流、合作、探究的课堂教学中，即时生成的、超出教师预设方案之外的新情况、新问题。生成的核心就是创造，过程即创造。

1.善用良好教学环境蕴含的创新意识教学内容

心理学研究和实践证明，自由、宽松、安全的氛围可以使人的智慧得到最充分的发挥。学生只有在轻松愉快、没有压力、没有顾忌的情绪状态下，才能对所学的知识、所研究的问题产生浓厚的兴趣，才能积极主动地参与到探究、尝试、发现、创新的过程中来，才能敢想、敢说、敢做，才能不断地激发创新意识。也即是说，良好的教学环境本身就是一种培养学生创新意识的教学内容。

例：人教版小学数学一年级上册"第几"教学片段

师：为了欢度国庆，街道边挂着五颜六色的灯笼，可漂亮啦！让我们一起去看看（出示课件）。可是有些漂亮的灯笼被汽车给挡住了，小朋友们能仔细观察课件中的信息，然后告诉老师被车挡住的灯笼是第几个，一共有几个被挡住吗？

小朋友们一个个都把小手举得很高，气氛很活跃。老师心想孩子们应该能顺利利用才学到的"第几"来解决这个问题。于是随机请了一位学生回答问题。

生：老师，把车开走！（这话一说，在场所有人都笑了。一年级的小朋友思维很开放，敢想、敢说。"把车开走"正是这位小朋友利用生活经验得出的便捷的答案，富有经验的老师没有批评这位小朋友，而是利用孩子有趣的回答，鼓励、启发他善于从数学的角度思考问题，提高孩子学习数学的兴趣）

师：你的生活经验真丰富！你的回答也很可爱，没错，车开走了我们就可以很容易地得出答案。但是，可惜司机暂时没在旁边，不能把车子开走，能不能动动你聪明的脑袋，利用我们刚刚学过的知识来找出被车挡住的灯笼是第几个，一共有几个被挡住呢？

正是教师鼓励的话语和温馨的教学氛围，让这位小朋友重新用数学的眼光去解决问题，也把原来可爱的回答引导到数学思维的角度上来。这种宽容、温馨的教学环境本身就是培养学生创新意识的教学内容。

2.善用探究发现蕴含的创新意识教学内容

人民教育出版社张孝达先生曾指出，数学教育的一个重要目标就是培养学生的创新意识和创新能力，而让学生主动地参与数学活动的全过程，则是实现这个目标唯一的、至少是最主要的方法。这里的过程是指观察、实验、猜测、推理、验证等探究活动过程。他认为，在数学中让学生经历的探究过程主要有让学生经历数学知识的形成过程和解决实际问题的过程两大类，无论是在掌握知识还是解决问题的探究过程中，学生的创新意识都会得到培养和发展，所以说让学生经历探究过程是培养学生创新意识的重要途径。

3.善用问题解决蕴含的创新意识教学内容

问题解决是一种能力，它包括发现问题、提出问题、分析问题和解决问题四个层面。[1]从本质上讲，问题解决的过程就是一种创造性的活动。在教学中，教师应根据课程内容，结合学生的实际，努力创设"具有智力挑战特征，没有现成方法、程序或算法可以直接套用的那类问题。[2]要解决这样的问题，需要学生经过深层次的思考、分析、抽象、概括等过程，在这个过程中，学生可以真正认识、感悟和理解，发展创新意识。

例：人教版小学数学三年级下册"连乘解决问题"教学片段

老师出示问题：商场新进了一批风筝，每箱装了10个，每个风筝15元，一共运来了5箱，问需要付多少钱？

学生开始独立思考、计算，再与同桌简单交流。

生：我是这样列式的15×10×5=750（元），先算出一箱的价格15×10=150（元），再乘5就是总价格。

师：嗯，不错，思路清晰，解题过程很完整。还有不同的解题方法吗？

生：我的列式是15×10×5=750（元），先算出总个数10×5=50，再用"单价×数量=总价"计算出总金额。

师：很棒！懂得利用公式去解决问题。

突然一个学生站起来说他有不同的想法。

生：我的列式是15×5=75（元），75×10=750（元）

这位学生的话音刚落，班上便有学生马上反驳："这样列式不对，虽然最终答案

① 李树臣．深入研究课程标准，加强数学能力培养[J]．中学数学杂志，2016(4)：5-8.
② 李树臣．实施问题解决策略 让学生真正会学习[J]．中学教研(数学)，2014(12)：14-18.

一样，可是这样列式没有实际意义。”

老师也没有预想到有这种解法，正想点拨这位学生的错误。

师：虽然在乘法算式中交换两个乘数位置积不变，但是我们在解决实际问题中列的乘法算式要具有实际意义，这种解题方式虽然最终答案一样，可是列式没有实际含义。

生：老师，我的算式是有实际含义的。

师：好，请你讲讲你的解题思路。

生：我从每个箱子中拿出1个风筝，一共拿出了5个，15×5=75（元）是表示这5个风筝的总价，而每个箱子中都有10个风筝，5个箱子风筝的总金额其实就是75元的10倍，因此75×10=750（元）。

老师和同学们纷纷点头表示赞同。

师：真棒！你能够从自己独特的角度去解读题目，并且有了自己特别的算法，连老师都没想到呢，老师也很佩服你，不仅佩服你的聪明，更佩服你有勇于探究、独立思考的精神！

这节课中出现了教师预设的两种解题想法，同时也出现了大家都没有预料到的解题方法，在大家几乎都认为这位学生的解题出现问题时，教师没有马上否定，而是给予学生展示解题思路的机会，正是由于教师宽容地对待非预设性问题，才会发现学生以自己独立的思考带来的创新意识的精彩之处。把课堂中学生表现出的创新意识转化为有效的教学资源，使教学内容不断得到深化，知识不断内化为学生自己的认知，师生共同成长。

三、基于创新意识的教学策略

在实际的课堂教学过程中，师生课堂行为是否达到课程目标所要求的实际变化程度是衡量课程实施程度的一个重要指标。课程实施想要达到预期的效果，课堂教学策略就显得极其重要。

（一）营造良好氛围，创设创新环境

课堂教学中培养学生的创新意识，是以民主、宽松、和谐的师生关系为基础，教师必须用尊重、相信、平等、友好的情感去感染学生，使课堂充满爱的气氛。学生在这种氛围中才能不断激发创新意识。

1.尊重学生人格,建立民主、平等、友好的师生关系

尊重学生的人格应是培养学生创新意识的基础。师生之间的民主、亲密、平等、和谐的关系,是培养学生创新意识的主要前提。师生之间在年龄、阅历、学识、能力等方面虽然存在差异,但在人格上是平等的。在教学过程中,教师要努力为学生创设一个宽松、和谐、民主、平等的学习氛围,培养学生不惟师、不惟书、只惟实的良好学风,让学生能在课堂上有安全感,能毫无顾忌、毫无压力地敢想、敢说、敢做、敢为。为此,教师要做到以下"8不,8要":

①不体罚或变相体罚学生,要师生平等,以诚相待。

②不打骂、侮辱学生,要把学生当朋友、当亲人看待。

③不把学生的成绩排名公布,要让学生的成绩成为"隐私"。

④不向家长告其孩子的状,要在家长面前多表扬、鼓励其孩子。

⑤不板着脸孔看待学生,要用友好微笑的脸孔对待学生。

⑥不使用指责、批评语气,要多用表扬、赞美、委婉语言。

⑦不让不会回答问题的学生长时间站立,要让他自由地、体面地坐下。

⑧不要随意打断学生的发言,要让学生把话讲完。

2.实行开放式教学,创设宽松、自由、教学相长的学习环境

宽松、自由、教学相长的学习环境是培养学生创新意识的保证。所以,教师在课堂上不要给学生设置太多的框框条条,而要努力为学生创设一个宽松、自由的开放式课堂学习氛围,使学生在课堂上感到毫无压抑感、毫无拘谨、毫无害怕,感到非常的自由、温暖和开放。这样才能真正让学生在课堂上敢于发表不同意见,敢于质疑问难。美国创造性研究专家托兰斯建议教师在课堂上应遵循五条原则:尊重学生提出的古怪问题;尊重学生的想象性和别出心裁的念头;让学生知道自己的观念是有价值的;间或让学生做些事情,但仅仅是为了练习,而不进行评价;从因果关系上展开评价。托兰斯在调查中发现,所有的这些做法,对学生在课堂上的创造性行为都有明显的积极效果。

(二)强化问题意识,诱发创新欲望

创新源于问题解决,学生创新意识的培养离不开一定的问题情境。强化学生问题意识是诱发学生创新欲望的"催化剂"或"发动机"。爱因斯坦指出,提出

一个问题往往比解决一个问题更重要，因为解决问题也许仅是一个教学上或实验上的技能而已，而提出新的问题、新的可能性、从新的角度去看问题，却需要创造的想象力，而且标志着科学的真正进步。解决问题固然重要，但从某种程度上讲，提出问题比解决问题更重要。那么怎样在教学过程中培养学生的问题意识呢？

1.创设提问题的机会，鼓励学生敢于提问题

一是要改变教学方式，给学生留出提问题的时间。要积极开展启发式、问题式、讨论式、发现式、研究式教学，给学生创设提问题的机会。这个机会可以是每节课留出时间让学生提问题，也可以是为班级或学生备一个问题墙或问题本，要求学生及时记录各种奇思妙想。真正实现从关心学生"今天得了几分"向关心学生"今天提出了几个有意义的问题"转变。

二是要精心设疑，给学生留出提问题的空间。教师通过精心设疑，激发学生提问题的欲望，促使学生为问题而悬，为问题而问，为问题而学，为问题而创。设疑的方法通常有：

(1)在课题上直接设疑

如《飞夺泸定桥》中"飞夺"是什么意思？为什么要用"飞夺"?《草船借箭》中的"借"明明是"骗"来的箭，为什么要用"借"？

(2)在教材重点和关键处设疑

如教学《赤壁之战》一课时，可围绕中心问题"周瑜是怎样按黄盖的计策打败曹军的?"设计一系列小问题：曹操把兵船锁在一起的目的是什么？周瑜和黄盖想用火攻的原因？为什么黄盖能接近曹营？火船是怎么冲进曹营的？火攻的结果又是怎样？

(3)在新旧知识联系上设疑

如在学习了"三角形内角和等于180°"后，怎样得到四边形内角和以及n边形内角和？

(4)在比较上设疑

如《泊船瓜州》诗句中为生动形象表达江南冬去春来的情景，是用"春风又绿江南岸"好，还是用"春风又过江南岸"好？

总之，特别要培养学生学会从无疑处生疑。教师在设疑时，目的要明确，时机要得当，难易要适度，层次要清晰，形式要新颖，方法要灵活，内容要有针对性，问题要有启发性。

三是要实行开放性教学，变句号为问号。教科书上呈现的大部分内容都是学科专家研究总结出来的结论，一般以句号的形式呈现。如“三角形面积等于底乘高的一半”“三角形内角和为180°”。教学过程中，教师可以实行开放性教学，启发学生把教科书中的句号变为问号。如“三角形面积为什么是底乘高的一半？”“三角形的内角和为什么是180°？”然后让学生自己或在老师帮助下把这个问号变为句号。

2.及时解答学生的问题，保护学生提问的积极性

教学过程中，为保护学生提问的积极性，教师应采取有效的方法对学生提出的各种问题及时给予满意的回答。解答学生提问的常用方法有：

直接法。即学生问什么，教师就答什么。这种方式的优点是一针见血，使学生的困惑顿解。缺点是可能会养成学生对教师的依赖思想，不利于学生独立思考能力的培养。

指点法。即教师可根据问题的症结、错误的关键，给学生指出思考的方向，提出思考的线索，由学生自己根据提示解决问题。

反问法。即教师先不对学生提出的问题作正面解答，而是从侧面选择一些能启发学生联想的问题作反问，引导学生自己分析问题，逐步得出结论。

自查法。即教师可提醒学生，通过自己查阅课本、笔记、课外读物和有关工具书寻找答案。这种方法对培养学生的自学能力和养成带着问题看书的好习惯与自觉性有重要作用。

实验法。即指导学生通过动手做实验，提高学生的操作能力以及分析、研究、解决具体问题的能力。这种方法容易调动学生的积极性，而且结果可信且印象深刻。

讨论法。即通过让学生经历讨论、争辩、理解、深化，有所发现、有所提高的过程，最后得出问题答案。这种方法对发挥学生的主体作用，培养思维的独创性和批判性有重要作用。

（三）鼓励发表意见，培养学生的怀疑批判精神

培养学生的怀疑批判精神，就是要告诉学生不能完全对已有的，甚至是权威的、常规的解释、观点、说法无条件接受，而是要抱着怀疑态度和批判精神，突破传统观念，大胆创新，另辟蹊径。

1.爱护和培育学生的好奇心

强烈的好奇心是创新型人才重要的个性品质和素养之一，它对创新意识的培养具有重要的影响和作用。达尔文、伽利略、居里夫人等许多著名的科学家从小就具有超常的好奇心。著名物理学家爱因斯坦说："我没有特别的天赋，我只是有强烈的好奇心。"所以，家长和教师要从小就开始爱护和培育孩子的好奇心，培养孩子的好奇、专注、兴趣等个性品质。

如一个小孩把她母亲刚买回家的金表当成新鲜玩具给摆弄坏了，母亲知道了，就把孩子狠狠地揍了一顿，并把这件事告诉了陶行知先生。陶行知先生则幽默地说："恐怕一个中国的'爱迪生'被你枪毙了。"这位母亲不解其意，先生给她分析说："孩子的这种行为是创造力的一种表现，你不该打孩子，要解放孩子的双手，让他从小有动手的机会。""那我该怎么办？"这位母亲听了先生的话，对自己的行为后悔不迭。"补救的办法是有的。"先生接着说道："你可以和孩子一起把金表送到钟表铺，让孩子站在一旁看修表匠如何修理。这样钟表铺就成了课堂，修表匠成了先生，令郎就成了学生，修理费成了学费，你孩子的好奇心就可以满足，说不定，他还可以学会修理呢！"陶行知先生的这种做法是值得我们借鉴的。孩子的好奇心，无论多么离奇、多么幼稚，都要给予鼓励。要允许孩子犯错误，甚至搞"破坏"，要尽量满足孩子的好奇心和求知欲。孩子有了好奇心和求知欲，才会去思考、探索、创新。

2.鼓励学生敢于发表意见

鼓励学生任何时候都要敢于质疑问难，敢于发表意见，敢于对教科书上的、权威的、专家的观点提出不同的看法。要引导学生正确地认识到，任何学者、权威都不可能穷尽真理长河，任何人都有发现新知识的可能，要树立敢于"班门弄斧""异想天开"的思想。哥白尼的《天体运行论》敢于对古希腊托勒密的"地心

说”提出质疑和挑战，从而提出了“日心说”。伽利略敢于质疑亚里士多德的权威，他设计了一个巧妙的逻辑推论，便把流传1000多年的亚里士多德“落体的速度与落体的重量成正比”的结论推翻。

在教学过程中要指导学生注意：(1)凡事都要问个为什么，到底是否真有道理，经过思考、比较、分析后，提出自己的新观点。如学习《记金华的双龙洞》，可引导学生去思考：课文的题目是《记金华的双龙洞》，文中有两个自然段是描写沿途的景色，而写洞内的双龙时仅用两句话带过，你认为这样安排合理吗？(2)在思考问题时，不仅要从正面深入地想，也要从反面进行设想，提出新的看法。如《董存瑞舍身炸碉堡》，若没把碉堡炸掉怎么办？

（四）培养观察能力，打开创新窗口

观察是指人们有目的、有计划、比较持久地认识某种对象的知觉过程。现代科学证明，人的大脑所获得的信息，百分之八九十是通过视觉、听觉得来的。观察的触角可以伸向寻常小事，于细微中见新奇；可以伸向无人迹处，去发现奇观；可以伸向前辈和名家的“领地”，发现前人的不足。呼啦圈就是露易·马科斯在旅行时，看到土著人的游戏后研制出的，这无疑是他留心观察的结果。爱迪生一生有近2000项发明，这无疑是他比别人更善于观察思考，而这种观察能力又是从小就开始培养的。如，他为了观察鹅下蛋，就独自守在鹅笼旁从早到晚仔细观察，连午饭都不去吃，直到看清鹅下蛋才心满意足地离开鹅笼。不仅爱迪生，许多伟大的作家、画家、科学家，都是以具备高度观察力著称的。如，著名科学家巴浦洛夫把“观察、观察、再观察”作为自己的座右铭；达尔文曾为自己作评价：我既没有突出的理解力，也没有过人的机智，只是在觉察那些稍纵即逝的事物并对其进行精细观察的能力上，我可能在众人之上；哥白尼从小就迷恋在晚上观察天空，探索天空的奥秘；鲁迅先生曾教导青年文学爱好者“如果要创作，第一须观察”。因此，观察对于中小学生的学习是必不可少的，它不仅是学生增长知识的重要途径，还是学生智力发展的重要基础。没有观察就没有丰富的想象和创造性的思维。观察能力不是天生就有的，必须从小培养。培养学生的观察能力可以从以下几个方面入手。

1.培养良好的观察心理品质

(1)细心。即观察时要细致,要注意每一个细微的变化。不细心就不能对事物进行深入的观察,就不能留下深刻的记忆,就概括不出事物变化发展的规律。所以观察不仅要亲眼看,还要深入看,要方方面面、里里外外、周密细致、精细观察。

(2)耐心。对复杂事物的观察,往往需要有顽强的毅力和付出艰苦的劳动。有些现象稍纵即逝,需要进行重复观察;有些现象变化缓慢,需要长期观察;有些现象因试验失败,需要再试验再重新观察。如果没有耐心,就不可能获得准确、可靠、理想的观察结果。

(3)思考。在观察过程中,教师要指导学生边观察、边思考,多问几个为什么。善于思考的人,往往能从人们习以为常的现象中获得重要的发现。因此,观察后要进行认真地思考、分析、比较、综合、概括,作出合理判断,得出正确结论。

(4)求实。要抱着实事求是的态度,真实记录观察结果,不能凭主观想象任意修改或编造数据。

(5)求新。在观察时,既要注意意料中的结果,又要注意意料外的新情况、新问题、新属性、新境界,这有可能发现意想不到的重要事实。

2.创造良好的观察条件

教学中,教师要积极为学生创造各种有利观察的条件,使学生观察问题更迅速、更全面。常用方法有:

(1)运用直观教学。如进行圆柱体体积教学时,师生都拿出事先准备好的模型,教师先引导学生观察、分析、探索,然后再让学生自己总结出圆柱体体积计算公式。

(2)提供观察材料。教师提供(或教师指导学生自行准备)的观察材料,要尽量符合学生感知事物的规律。因此,教学中要尽可能多地使用各种直观教具、活动教具、演示实验、电化教学,有条件的要把多媒体引入课堂。这些都容易被学生感知,使学生的观察更迅速、更完整。

(3)印发观察提纲。观察提纲可以设计一些思考题,让学生边观察、边思考、边记录。

（4）开辟园地。如可在家里种植物、养小动物，在学校搞生物实验园地、气象园地，在教室里开辟生物角等，以此方便学生系统观察，激发其观察兴趣，逐步养成观察习惯。

（5）到大自然中去。如可以经常带学生到雪地、河边、田野等地方，一边感受自然的风景，增强热爱家乡、热爱祖国的情感，一边有目的地仔细观察，记录思考，得出结果。

3.教给观察方法

（1）自然观察法。就是在自然条件下直接用眼睛去看周围存在的、发生的、各式各样的事物或现象，不需要其他条件。自然观察又分随意观察和定向观察。

（2）间接观察法。就是观察者利用别人观察所得到的材料，进行分析、研究、归纳和概括，作出相应的科学结论。

（3）实验观察法。就是通过让学生动手实验观察，从而推导出结论。如圆锥体的体积计算公式，就可以通过做实验推导出来。物理、化学、生物学科就可更多地通过做实验得到结论。

（4）对比观察法。所谓对比观察法，就是要在比较上下功夫，通过比较发现一些规律性的东西。在观察时运用比较，可以帮助学生更好地理解所观察的现象。

（5）解剖观察法。把被观察的物体各个方面或各个组成部分分解开来，认真地进行观察，可以使学生对事物了解得更加清楚。如计算几何体的表面积就可用此方法。

（6）排列观察法。就是把已知条件列出来，通过对排列好的条件进行认真观察，从而得出结论的方法。

（7）定期观察法。就是在比较短的时期内，对某些事物或现象进行预定的观察。如学习天文知识，观察某一次彗星、某一次日食或月食现象，就可采用定期观察法。

观察的方法远不止以上几种，各学科教师都可结合学科的特点和教学风格，创造出更多的行之有效的观察方法。

四、基于创新意识的教学评价

评价是建立在事实基础上所作出的价值判断。它伴随着人类有目的的活动而产生,并随着人类活动目的性的增强而发展,且贯穿于人类有目的活动的始终。教学评价是指依据教学目标,在对教学实施条件、过程及其结果全面而又准确把握的基础上进行价值判断的活动。要实施好基于创新意识的教学评价,则有必要把握创新意识的教学评价的特点、原则和方法。

(一)基于创新意识的教学评价的特点

基于创新意识的教学评价一方面继承了传统教育评价的优点,另一方面又克服了传统教育评价存在的不足,体现了教育在新时代发展的需要。具有以下特点:

1.评价功能的发展性

创造教育理论认为,人人都有创造能力,且人与人之间先天的创造潜能差异通常是很小的,后天的教育和环境才是人的创造能力发展的关键因素。所以,在培养学生创新意识的过程中,尤其需要强调评价的发展性功能,主张通过对学校、教师和学生的多元评价,最终促使学生素质的全面发展。强调评价的主要功能和根本意义,既不是鉴定和选择,也不是警戒和惩罚,而是在于检查教育目标的达成度,及时根据获取的反馈信息,调整教学步伐,改进教学策略与方法,促进学生创造潜能的充分发展。

2.评价主体的广泛性

传统评价观念认为,评价主体局限于教育行政部门、学校领导和教师,受教育者是评价的对象。这种评价是一种自上而下的评价,被评价者仅仅是评价活动被动的参与者。然而,在教育实践中,学校教育只有和家庭教育紧密结合,才能发挥教育的整体合力,不致出现教育效果相互抵消的现象。同时,家长不仅要重视学校、教师的评价,而且可直接对子女及学校、教师作出经常性的评价。所以,家长也应成为评价的主体。学生是教学活动的直接参与者,他们对自己的发展情况以及对学校的工作、教师的教学都有发言权。关注教育的社会机构也经常对各学校的总体情况作出评价。所以，基于创新意识的评价主张的评价者和评价对象互为主体，不仅包括教育行政部门、学校和教师，还应包括学生、家长及相关社会机构。

3.评价内容的全面性

传统对学校的评价往往以升学率为重要指标，对教师的评价以所教授班级的平均成绩为重要指标，对学生的评价以学生的考试成绩为重要指标。这种评价内容的片面性严重制约了学校的发展和学生创造能力的发展，不利于教育活动的开展和学生素质的培养。基于学生创新意识培养的评价内容应是广泛与全面的，关于创新意识内在的质疑、问题、求新求变、批判意识都应该纳入评价内容，并且细化为具体的指标，在评价体系中占有一席之地。

4.评价结果的激励性

课程与教学评价主要具有导向、诊断、激励、改进、选拔五种目的。①然而长期以来受传统考试制度影响，评价结果主要用来把评价对象分成三六九等，以此进行奖励和惩处，其评价依旧是以选拔和甄别为目的。基于创新意识培养的评价应以发展观为指导，更注重其评价的导向、诊断、激励和改进的目的。强调通过评价结果激发学生的创新意识，体验到创造的乐趣，获得创造成功的喜悦，从而进一步调动学生创造的积极性和主动性，促进学生创造能力的快速发展。

（二）基于创新意识的教学评价的原则

评价原则是指在评价活动中必须遵循的基本的要求和准则，是开展评价活动的指导方针，是在评价实践中总结出来的、带有规律性的认识。②在培养学生创新意识的评价中应遵循以下原则。

1.客观性原则

客观性原则是指在进行教育评价时必须采取客观的、实事求是的态度，不能主观臆断或掺杂个人感情，应使评价信息代表评价对象的真实水平。评价信息的正确性和科学性取决于评价的客观性，正确的评价信息对引导和激励评价

① 潘洪建，刘华，蔡澄.课程与教学论基础[M].镇江：江苏大学出版社，2012：322.

② 宋文红，薛振田，董振娟.现代创造教育论[M].北京：中国海洋大学出版社，2004：249.

对象向着既定的目标前进,以及科学决策、改进方法具有重要意义。客观性原则贯穿创造教育评价活动的始终,不仅评价指标的设计、评价过程的组织要客观,而且评价结果的处理及评价信息的反馈也要客观。

2.全面性原则

全面性原则是指在评价标准中不能过分地突出某一个项目而忽视其他项目,在评价的过程中不能偏听偏信,没有充分收集有关信息就进行判断。由于创新意识的各要素是相互作用、相互影响的,因此评价必然应是全面的。贯彻全面性原则,一方面要抓住评价标准的全面性,另一方面还要抓住评价过程收集信息的全面性。对学生的评价不能只看智力因素,还要看质疑意识、问题意识、批判意识等多方面的发展。不能只听教师个人的意见,还要听同学、家长和本人的意见,最后综合各方的意见和信息,进行归纳、分析,做出恰当的评价。总之,评价是用整体的眼光来看问题,而不是以偏概全、一叶障目。

3.差异性原则

评价必须针对不同层次的教育目标和不同的学生个体,采取有差异的评价目标和评价方法。表现为:一是不同学段的评价目标要分级,即中小学各有侧重。如小学生以好奇心和问题意识为主,中学生以质疑、批判、求新求变意识为主。二是不同学生群体的评价目标要分类,即对不同类型的学生要区别对待,采用不同的评价标准和评价方法。因循守旧、按部就班、“齐步走”、“一刀切”是培养学生创新意识的大敌。

4.静态评价与动态评价相结合的原则

静态评价是对评价对象已经达到的水平或已经具备的条件进行判断。在长期的评价过程中,更多的是采取静态评价,只是考察评价对象在特定空间和特定时间的现实状态,而忽视了评价对象过去的发展历程和今后的发展趋势。动态评价是指对评价对象的发展状态的评价。这种评价可以看出评价对象的发展变化历程,从而发现其发展的规律,有利于指导并激发评价对象的进取精神。学生创新意识的培养是一个动态的过程,所以强调把静态评价与动态评价有机结合,既发挥各自的优势,又克服各自的不足,实现优势互补,取长补短。

（三）基于创新意识的教学评价的方法

不同的评价方法有不同的特点和性质，有自己的适用范围和相应的功能。在教学评价中，就是要充分发挥各种评价方法的长处，建立多种方法融合，使评价真正服务于学生的发展。就创新意识的培养而言，评价的方法主要有知识测验、创造力测验、表现性评价等。

1.知识测验

提到知识测验，人们可能会有疑问：知识测验能检测出学生的创新意识吗？其实知识测验是评价学生的一种最常见、最易行的方法，它以蕴含于知识中的智力与能力为载体来反映学生的综合能力。一是创造力的提高不仅与学生的知识量密切相关，而且与学生的智力因素也存在着正相关的关系。因此，考试成绩在一定程度上是可以反映学生创造力水平的。二是考试过程中，很多内容和项目是以学生创新意识相关能力为支撑的，如观察力、问题意识等。

2.创造力测验

创新意识培养的最终目的是培养学生的创造性和创造力。因此，对学生的创造力进行测验是创新意识评价的一种基本方法。目前关于创造力测验最常见的方法主要有发散思维测量和创造力人格测量两种。发散思维测量是过程角度的评价，主要有托兰斯创造思维测验、南加利福尼亚大学测验、芝加哥大学创造力测验、沃利奇—凯根测验等。人格角度的测量主要是指态度、人格、兴趣和传记式测量，主要包括发现才能团体问卷和三个自评量表等。

3.表现性评价

对学生在实际任务中所表现出来的创造力和创新意识的评价称为表现性评价。学生在教学活动中所掌握的知识和发展的能力，可以通过具体的行为和态度表现于外。表现性评价的内容非常广泛，不仅涉及学生的智力因素，还涉及众多的非智力因素。与其他的评价方法相比，表现性评价尤其注重知识和创造技能的结合，强调在实践活动中进行评价。

（1）表现性测验

表现性测验可以是纸笔测验，也可以是非纸笔测验。但这里的纸笔测验不同于传统的纸笔测验，它强调在模拟情境中应用知识和技能的评价方式。在纸笔表现任务中，经常用设计、创作等行为动词，如设计一个流程图、电路图，创作一首诗、一篇作文等。非纸笔测验是指使用除纸笔以外的测验或考核。如要求学生用一套四个三角形拼出不同的几何图形，拼出的几何图形越多越好；在雪地里堆一个雪人，看谁堆得最像真人；把一个气球塞进一个树洞里，看谁能够想出更多的办法把它弄出来；等等。

(3)口头表述

提出某一问题或设定某一主题，学生发表自己的见解。主要考核学生的口头表达能力、逻辑思维能力和概括能力，还可在一定程度上反映学生的思维过程及对所掌握知识的理解力。如课堂提问、讨论、辩论或演讲，讲述解题思路和具体过程等。

(3)情境模拟

情境模拟评价是在对真实情境局部或全部模拟的情境中对学生表现的评价。在很多情境下，学生在模拟情境中所表现出来的能力是其在未来于真实情境下表现出的一种准备。比如，在模拟的工作情境中，相同的任务，不一样的表现，在某种程度上意味着创造力的差异。

(4)调查或实验

调查或实验是在自然和社会学科的教学中，通过实地调查问卷，调查了解社会的真实情况，或通过做实验来验证理论，加强理解，以提高学生运用知识创造性地解决实际问题的能力。如组织学生对所在地区的大气或水污染进行调查，探讨解决污染的新办法和新措施。

(5)作品

学生根据教师的要求，在规定的时间内提交相应的作品，通过展示、公布等方式对学生完成的作品进行比较或评价。如制作一件东西、画一幅画、提交一份报告等。在进行作品评价时，一般要邀请多个相关领域的专家对这些作品进行独立的评价，最后达成一致意见。

(6)项目

对学生完成项目进行评价。设置的项目通常要有一定的挑战性，需要通过创造性的工作才能出色地完成。如要求学生选取社会热点问题写一份研究报告，这就包括选取问题、运用搜集的技能、使用参考资料的技能、选择有用信息的技能、组织和规划报告的技能以及书面语言表达的技能。

(7)档案袋评定

档案袋评定一般是指用档案袋保存、记录，并以文件形式呈现学生一定时期内的学习状况，通常是搜集材料以反映或说明学生在某一时期内取得的进步。档案袋是学生某一时期内所获得知识、技能、能力的真实可见的呈现。

评价方法本身并无好坏之分，如何使用这些评价方法才是影响评价正确性和科学性的关键。只有本着客观性的、科学性的原则才能使评价结果具有可信度。尤其应提醒注意的是，评价方法和评价工具不是万能的，评价分数或结果也不是绝对可靠的，而只能作为一种参考。

第四节　基于创新意识的教学案例分析

一、基于创新意识发展的中学数学教学案例分析

——以“一元二次方程”的教学为例

【教学内容】

人教版数学教科书九年级上册“一元二次方程”。

【教学过程】

活动一：问题引入，理解一元二次方程的概念

1.人像案例引入，明确目标，培养问题意识

师：在设计人体雕像时，使雕像的上部(腰以上)与下部(腰以下)的高度比，等于下部与全部(全身)的高度比，可以增加视觉美感。按此比例，如果雕像的高为2 m，那么它的下部应设计为多高？

学生解题：$x^2+2x-4=0$。

师：这个和我们学过的一元一次方程有什么不同？这类方程如何解？实际生活中会遇到这样的问题吗？

【评析】出示课题后，通过对案例的启发式问题，培养学生的兴趣，学生将现有方程与一元一次方程结合对比，通过观察发现其中的区别与联系，然后凭借解题过程发展学生的问题意识，训练联系性思维。

2.类比一元一次方程，观察交流，发展质疑意识、批判意识，培养积木式思维

学生为一元二次方程概念下定义。先明确案例中的方程式为一元二次方程，请学生相互讨论并分组总结其概念的定义。

案例1：有一块矩形铁皮，长100 cm、宽50 cm，在它的四角各切去一个同样大小的正方形，然后将四周突出部分折起，就能制作一个无盖方盒。如果要制作的无盖方盒的底面积为13 600 cm^2，那么铁皮各角应切去多大的正方形？

案例2：要组织一次排球邀请赛，参赛的每两个队之间都要比赛一场。根据场地和时间等条件，赛程计划安排7天，每天安排4场比赛，比赛组织者应邀请多少个队参赛？

3.组间交流，发展质疑意识

【评析】问题往往是创新活动的开始，通过案例交流促使学生去思考，在信息分享的过程中去探索和创新。学生在列方程式的过程中体会乐趣，并在解答过程中发现一元二次方程的一般形式。列方程即是行动与实践，创新意识的形成与发展离不开创新活动的开展。

4.归纳定义概念，发展创新意识

(1)总结归纳特征

师：我们通过方程式的举例，发现它们有什么相同的特征？

生1：等式两边都是整式。

生2：方程中只有一个未知数。

生3：并且未知数的最高次数是2。

师：一元二次方程的解怎么理解？

生：一元二次方程的根。

(2)概括定义，发展批判意识

师：你认为什么叫作一元二次方程呢？

生：等号两边都是整式，只含有一个未知数（一元）并且未知数的最高次数是2（二次）的方程，叫作一元二次方程。

师：你认为a是否该规定不等于0呢？

生3：是的。

【评析】以对比归纳为主，让学生深刻体会一元二次方程等式特征，一元二次方程的各项系数与常数项思考，并引导学生归纳定义概念，有利于学生把握一元二次方程的本质属性，培养抽象概括能力，发展问题意识、质疑意识和批判意识。

活动二：明确一元二次方程的一般形式，巩固其特征认识

例：将方程$3x(x-1)=5(x+2)$化成一元二次方程的一般形式，并写出其中的二次项系数、一次项系数和常数项。

解：去括号，得$3x^2-3x=5x+10$，移项合并同类项，得一元二次方程的一般形式$3x^2\ \ 8x\ \ 10=0$，其中二次项系数为3，一次项系数为-8，常数项为-10。

【评析】该环节探索与活动一大致相同，学生在观察与实际操作过程中归纳、概括，得出一元二次方程的一般形式。使学生进一步把握一元二次方程的特征，进一步促进学生问题意识、质疑意识和批判意识的发展。

活动三：巩固练习，发展求新求变意识

1. 思考一元二次方程已知根的值可以求常数或者系数的值吗？
2. 例：如果2是方程式$x^2-C=0$的根，那么常数C是多少？求出方程式其他的解。

【评析】本环节学生通过观察、想象、求解等一系列活动，加深对一元二次方程一般形式的掌握，并促进学生总结一元二次方程一般形式的注意事项，培养质疑意识、求新求变意识。

【总评】创新意识在实践活动过程中,以“变换新角度、新途径”为前提,探寻认识事物和解决问题,通过一系列富有挑战性的问题,让学生经历概念的抽象、归纳、概括和应用过程,让学生的意识动起来,促进学生创新意识发展。

二、基于创新意识发展的中学化学教学案例分析

——以“化学是一门以实验为基础的科学”的教学为例

【教学内容】

人教版化学教科书九年级上册“化学是一门以实验为基础的科学”。

【教学过程】

活动一:问题引入,激发兴趣

1. 问题引入,激发兴趣

世界是物质的,化学主要研究物质的组成、结构、性质及变化规律。化学实验是研究物质的重要手段。同学们,你做过蜡烛燃烧实验吗?你仔细观察过燃烧的蜡烛吗?

【评析】从学生熟悉的事物入手,激发学生对实验的兴趣。

2. 燃烧前,观察蜡烛的颜色、状态、形状、硬度,闻一闻气味

用小刀从蜡烛上切下一块石蜡,把它放入水中,观察它是否溶于水,是浮在水面上还是沉入水底,并判断石蜡的密度与水的密度相比是小还是大。

3. 组间交流,培养联系思维、积木思维

【评析】激发学生的实验兴趣,以熟悉事物为切入口,通过积累与观察生活中的材料,发展学生的联系思维与积木思维。学生运用除味觉以外的所有感官,尽可能对一支蜡烛在点燃前、燃烧时和熄灭后的三个阶段进行观察。通过动手操作实物,促使学生去思考、去探索和创新,培养抽象概括能力,发展问题意识和质疑意识。

活动二：点燃蜡烛，推测蜡烛燃烧后生成了什么物质，发展直觉思维

仔细观察燃烧的蜡烛。蜡烛燃烧时发生了哪些变化？火焰分为几层？哪层最明亮？哪层最暗？取一根火柴梗，拿住一端后将另一端迅速平放入火焰中，约1 s后取出。根据火柴梗在火焰不同部位被烧的情况，推测火焰哪一部分的温度最高，哪一部分的温度最低。分别取一个干燥烧杯和一个用澄清石灰水润湿内壁的烧杯，先后罩在火焰上方，仔细观察烧杯内壁上有什么现象发生。

师：蜡烛燃烧时可能发生哪些变化？蜡烛燃烧后的物质到哪里去了？如何验证？蜡烛有哪些性质？

实验步骤：学生分组实验，一边实验一边记录。火焰分外焰、内焰、焰心。设计实验说明火焰温度的高低。(学生讨论，并按方案进行实验)用干燥的烧杯罩在火焰上方，观察，再倒置过来，倒入澄清石灰水振荡，推断生成了什么物质？

【评析】该环节的探索与活动一大致相同，学生在观察与实际操作过程中归纳、概括，学生积极讨论，放开思路，并设计实验说明物质的性质。进一步促进学生问题意识、质疑意识和批判意识的发展。

活动三：蜡烛熄灭后观察现象，发展求新求变意识

师：观察蜡烛熄灭时有什么现象发生。用火柴去点蜡烛刚熄灭时的白烟，蜡烛是否能重新燃烧？(如果实验不成功，学生可以多实验几次)

【评析】本环节学生通过实验、观察、想象等一系列活动，培养学生对科学不断追求的精神，培养求新求变意识。

【总评】对蜡烛及其燃烧的探究活动，体现了化学学习的以下特点：(1)关注物质的性质。例如，石蜡的颜色、状态、气味、硬度、密度、熔点等物理性质，石蜡能否燃烧、燃烧产物能否使澄清石灰水变浑浊等化学性质。(2)关注物质的变化。例如，受热时石蜡熔化等物理变化，燃烧时发光、放热的现象，有二氧化碳和水的生成等化学变化。(3)关注物质变化的过程以及对结果的解释和讨论。对物质在变化前、变化中和变化后的现象，进行系统、细致地观察和描述，而不

是孤立地关注物质的某种性质或变化，经过比较和分析等思考过程，得出可靠的结论。

三、基于创新意识发展的中学物理教学案例分析

——以“动能和势能”为例

【教学内容】

人教版物理教科书八年级下册“动能和势能”。

【教学过程】

活动一：演示实验，引发思考

1. 问题引入，观察思考，发展问题意识，培养联系性思维

教师演示实验，请同学们认真观察，并思考：小球对木块做功了吗？实验操作：让一个小球沿桌面滚动，撞击木块，使木块移动了一段距离。

生：做了功。

师：小球能够对外做功，它有能量吗？

生：(齐声回答)当然有能量。

师：运动的物体有什么能量？有什么特点？这正是我们今天要研究的问题。

【评析】从实验入手，通过视觉与触觉的行动刺激，激发学生问题意识，培养联系性思维。

2. 通过实例列举，发展积木式思维

请大家说说生活中都有哪些种类的能量？

生1：生活中常见的能量有电能、太阳能、风能、水能、热能等。

生2：我所知道的还有化学能、核能。

师：很好，生活中能量无处不在，人们就是利用能量来做功的，下面我们一起来分析生活中一些常见事例中的能量。(教师用多媒体展示动能、势能的事例)

事例：①汹涌的洪水冲击泥石流前行；

②树枝上的苹果；

③拧紧发条的玩具车；

④提起在高处的打桩机重锤；

⑤被射箭运动员用力拉弯的弓；

⑥行驶的汽车。

师：上面事例中的物体都具有能量，一个物体能够对外做功，表示这个物体具有能量，简称能。能量的单位与功的单位相同，也是焦耳。请大家分析、讨论并提出分类的方案，同时说出你的依据。（提示学生从运动和静止的角度分析）

3.组间交流，培养联系思维、积木思维

教师引导学生说说生活中哪些物体具有动能。

生：正在行驶的汽车具有动能，空中飞行的鸟具有动能。

师：请同学们思考在②③④⑤中的物体，它们有些物体尽管静止，但也储存了能量，它们是如何获得能量的？

学生很快发现②与④有一定的高度，③与⑤发生了形变。

教师点评：在地球表面附近与高度相关的能称为重力势能，发生弹性形变而具有的能称为弹性势能。

【评析】激发学生的实验兴趣，以熟悉事物为切入口，通过积累与观察生活中的材料，发展学生的联系思维与积木思维，学生运用创新思维理解动能与势能的概念。通过动手操作实物促使学生去思考、去探索和创新，培养联系思维、积木思维，发展问题意识和质疑意识。

活动二：探究动能的大小与哪些因素有关，发展直觉思维

师：同学们平时可能有观察注意到，在发生交通事故时，高速行驶和低速行驶的汽车撞上障碍物时的破坏程度是不同的。下面我们就通过实验来探究动能的大小与哪些因素有关。（提示：可仿照教科书第67页“实验”进行探究）

师：这是一块带槽的木板，我们把钢球放在斜面上令其滚下，到达平面上打击一个小木块，推动木块做功，根据木块被推动距离的远近来判断钢球具有的动能大小。（注意控制变量法的应用）

教师演示实验一，学生仔细观察实验。

步骤一：教师使小钢球从某一高度由静止开始滚下。（注意木块被推的距离）

步骤二:教师换一个质量大的钢球,从同一位置由静止开始滚下,到达水平面上时和刚才的小钢球具有同样的速度,再观察木块被推动的距离。(很显然,第二次木块被推动的距离比第一次远得多。这说明大钢球做的功多,也就是大钢球具有的动能大)

教师提问:这个实验说明了什么?

生:这个实验说明了物体的动能大小跟它的质量有关。速度相同时,质量越大,动能越大。

教师用同一个钢球演示实验二,学生仔细观察实验。

步骤一:教师让钢球从比较低的位置由静止开始滚下。(注意木块被推的距离)

步骤二:教师让钢球从比较高的位置滚下来,到达水平面上时具有更大的速度,木块被推得更远.

教师提问:这个实验说明了什么?

生:这个实验说明了物体的动能大小跟它的速度有关。同一个物体速度越大,动能越大。

教师鼓励学生的回答,并进行总结和板书。板书:动能的大小与物体的速度、质量有关。质量相同的物体,运动的速度越大,它的动能越大;运动速度相同的物体,质量越大,它的动能也越大。

师:好,下面请大家阅读教科书第68页的“想想议议”,想想为什么?

生:因为大型客车、载货汽车的质量要比小型轿车质量大,因此,若速度相同时,大型客车、载货汽车具有的动能大,一旦出现交通事故,做功多,破坏程度便大一些。所以,为了安全起见,须将大型客车、载货汽车的速度限制得低些。

【评析】该环节的探索与活动一大致相同,学生在观察与实际操作过程中归纳、概括,学生积极讨论,放开思路,并设计实验探究动能的大小与哪些因素有关,进一步促进学生问题意识、质疑意识和批判意识发展。

活动三:事例引入,发展直觉思维

例题1.请同学们思考,生活中遇到这种情景时,你心里有何感觉?为什么?

(1)处在陡峭的悬崖上摇摇欲坠的大石头,当你从它的下方经过时;

(2)静止在地面上的大石头,当你从旁边经过时。

生作答,师点评。

答案:处在陡峭的悬崖上的大石头有高度,有重力势能(能量),当人从它的下方经过时,会感到害怕;静止在地面上的石头,没有动能和重力势能,当人从它的旁边经过时不会害怕。

师举例请大家分析,一个沿竖直方向匀速上升的气球,它的动能、势能将如何变化?

生作答。师引导学生分析气球的质量、速度和高度的变化,从而得出动能和重力势能的变化。

例题2.一架飞机在灾区上方水平匀速飞行,并不断向灾区空投救灾物资,则飞机在这个过程中,动能、势能又如何变化呢?

答案:飞机空投救灾物资后,质量减小,动能和势能也减小。

师:下面我们再一起来探究弹性势能的大小与什么因素有关?请大家设计实验探究。

学生分析:当我们拉伸橡皮筋发生形变弹出石子时,发现形变越大,石子射出距离越大。由此可见,弹性势能的大小与弹性形变大小有关,弹性形变越大,弹性势能越大。

板书:弹性势能的大小与物体发生弹性形变大小有关,弹性形变越大,弹性势能越大。

【评析】本环节学生通过实验、观察、想象等一系列活动,培养学生对科学不断追求的精神,培养求新求变意识和直觉思维。

【总评】这节课的探究学习,从实验入手,通过视觉与触觉的行动刺激,激发学生问题意识,培养联系性思维。通过实验观察与交流讨论,知道了动能、重力势能和弹性势能的概念,知道了生活中经常应用动能、势能做功的事例。学生通过动手探究,知道动能的大小与物体的速度、质量有关;重力势能的大小与物体所处的高度、重力有关;弹性势能的大小与物体发生弹性形变的大小有关。其实,只要大家善于观察生活,勤于思考,物理知识就在身边,发展直觉思维是学好物理的关键。

四、基于创新意识发展的中学英语教学案例分析

——以“I used to be afraid of the dark”为例

【教学内容】

人教版英语教科书九年级全一册。

【教学过程】

活动一：Lead in，观察思考

观察思考，发展问题意识，培养联系性思维

(1)大屏幕展示Ryan Carter的几张照片，引导学生来描述他的长相特点。

T: What does he look like?

S1: He has long curly blonde hair.

S2: He has a round face, two big eyes. He's a little heavy.

T: Does he like his hair? Can you guess?

S1: No, he doesn't. He wants to cut it short.

S2: ...

T: Do you want to know about his story?

S3: Sure. We'd love to.

T: Ryan's hair is soft and beautiful. His mother thinks it's really wonderful. So she can't stand cutting Ryan's beautiful hair. But some of Ryan's friends say that Ryan can't play with them because he looks like a girl.

【评析】从视觉观察入手，通过交流与反馈的刺激，培养学生联系性思维、积木思维。

(2) Words presentation.

①Look at the chart in 1a, then discuss with your group mates. Try to fill in the chart with words to describe people.

Appearance	Personality
tall straight hair	outgoing funny

②Let some students say their answers. Let other students add more.

Appearance: tall, straight hair, short, of medium height, straight/curly hair, long/short hair, heavy, thin, of medium built ...

Personality: Outgoing, shy, funny, serious, cute, quiet, kind, brave, friendly, active

③Learn the new words with the students: humorous, silent, helpful, from time to time, score.

(3)Presentation.

Show two different pictures of some famous people. Talk about their differences.

①Jiang Wen

Jiang Wen used to wear glasses, but he doesn't wear glasses now.

②Zhang yishan

Zhang yishan used to be short, but he is tall now.

T:Explain the use of "used to do/be ..." to the students.

【评析】组间交流,以视觉刺激为切入口,通过积累与观察生活中的材料,发展学生的联系思维与积木思维,让学生运用创新思维理解"used to do/be"的基本句型。通过示例讨论,促使学生去思考、发现自己或他人在外表、性格、兴趣等方面所发生的变化,去探索和创新,发展问题意识和质疑意识。

活动二:Listening,学会描述自己或他人过去常常做的事情的基本句型

1.Listening Work on 2a.

T: Paula has changed a lot in the past few years. Do you want to know what she used to be?

(1)Look at the words in 2a. Let some Studeats read the words aloud. Make sure all the Studeats know the meaning of the words.

_____friendly　_____outgoing　_____serious　_____humorous

_____silent　_____active　_____brave　_____quiet　_____helpful

①humorous *adj.* 有幽默感的;滑稽有趣的

humor(幽默)+ ous → 有幽默感的

e.g. Cartoons are humorous pictures with words.

漫画是附有文字的幽默图片。

②silent *adj.* 不说话的;沉默的

silent *adj.* → silence *n.* 沉默

e.g. Peter seems silent today. What's the matter?

彼特今天似乎很沉默,怎么了?

③helpful *adj.* 有帮助的

help *n.*(帮助)+ ful → helpful *adj.* 有帮助的

e.g. His explanation was more or less helpful.

他的解释多少是有帮助的。

(2) Play the recording for the Studeats to listen and check the words they hear.

(3)Play the recording again to check the answers.

Keys: friendly outgoing silent active brave quiet

2.Work on 2b.

(1)Let students read the sentences below. Explain some main sentences for the students. Make sure they know what to do.

In the past

①Paula used to be really __________. She was always silent in class. She wasn't very__________. She was never brave enough to ask questions.

②She got good grade in ________. She was also good in __________. She used to play the ___________.

Keys: quiet outgoing science music piano

Now

①Now she's more interested in ________. She plays ________ almost every day. She's also on a ________ team.

②She still plays the ________ from time to time.

Keys: sports soccer swim piano

(2)Play the recording for the Studeats to fill in the blanks with the right words.

(3)Play the recording again to check the answers.

(4)Play the recording once more and anwer the questions.

①What class were they?

②What was Paula never brave to do in class?

③What subjects were Paula good at?

④What is Paula interested in now?

Keys: They were in science class.

She was never brave to ask questions to teachers.

Science and music.

Paula is more interested in sports now.

3.Role-play.

(1)Read the conversation and Let students read after the teacher.

(2)Read the conversation again and complete the blanks.

Bill has changed so much! He used to be ________ and ________. His face always ________ ________when he talked to girls! He studied hard and got good ________on his exams. He used to be ________, but now he is________ and ________.

Keys: shy quiet turned red scores thin big strong

(3)Ask students to role-play the conversation in groups.

Alfred: This party is such a great idea!

Gina:I agree. It's been three years since we last saw our primary school classmates.

Alfred: It's interesting to see how people have changed.

Gina: Bill has changed so much! He used to be so shy and quiet.

Alfred: Yeah, his face always turned red when he talked to girls!

Gina: I used to see him reading in the library every day.

Alfred: That's because he was a really good student. He studied hard and got good scores on his exams.

Gina: Did he use to wear glasses?

Alfred: Yes, and he used to be thin, too. But look how big and strong he is now!

Gina: He's so popular now. Look at all the girls around him!

【评析】通过听觉刺激和角色扮演,在行动的过程中学会描述自己或他人过去常常做的事情的基本句型。让学生明白事物是在不断发展、变化的道理,培养学生积极向上的心态,进一步促进学生问题意识、质疑意识和批判意识的发展。

活动三:Language points

1.I used to be afraid of the dark.

used to do sth. 过去常常做某事。

表示过去经常性或习惯性的动作或状态,暗指现在已经不存在了,强调过去与现在的对比。

used to的否定形式有两种:didn't use to或usedn't to。

used to用于疑问句时,可借助助动词did,也可以将used提到主语前。

e.g. They used to be good friends. 他们过去是好朋友。(暗示现在不是了)

Mrs. Brown didn't use to / usedn't to travel in summer. 布朗夫人过去夏天不旅游。

Did you use to / Used you to play the guitar? 他过去弹吉他吗?

【拓展】几个易混结构的比较:

结构	意义	to的作用
used to do sth.	过去常常做某事	不定式符号
use ... to do sth.	用……做……	
be used to do sth.	被用来做……	
be used to doing sth.	习惯于做某事	介词

use ... to do sth. 用……做……

e.g. They use the knife to cut meat. 他们用刀切肉。

be used to do sth. 被用来做某事

e.g. This kind of wood is used to make paper. 这种木头是被用来做纸的。

be / get used to sth. / doing sth. 习惯于某事 / 做某事

e.g. Lucy has been used to (eating) Chinese food. Lucy已经习惯(吃)中餐了。

I think you'll get used to the climate soon. 我想不久你就会习惯这种气候的。

根据所给汉语提示完成英语句子。

(1)My uncle ________________________(以前是个司机), but now he is an actor.

(2)Tom's father ________________(过去常常看书) after lunch.

(3)Mary ________________ (以前常常骑自行车) to work, but now she________ ____________(习惯步行) to work.

(4)The pencil ________________(被用来书写).

Keys: used to be a driver

used to read (books)

used to ride a bike　is used to walking

is used to write

2. She still plays the piano from time to time.

from time to time 是一个固定短语，意为“间或；有时”，常在句中作状语。

e.g. Tom goes to visit his grandmother in the countryside from time to time. 汤姆时常去看望住在农村的奶奶。

3. He studied hard and got good scores on his exams.

score *n.* 得分；进球

e.g. He got high scores in the examination. 他在考试中得了高分。

4. This party is such a great idea!

He used to be so shy and quiet.

such 与 so 辨析

such 为形容词，意为“这（那）样的；主要修饰名词。

so 是副词，意为“这（那）么；如此地”，主要修饰形容词、副词和分词。

e.g. Do you like such weather?　你喜欢这样的天气吗？

I'm so glad to see you. 很高兴见到你。

He can draw so well. 他画得那么好。

当名词前有 many，much，few 或 little 等词修饰时，要用 so 而不用 such。

e.g. There are so many / few people in the hall. 大厅有这么多/这么少的人。

You have so much / little homework today. 你今天有这么多/这么少的作业。

“such + a / an +形容词+可数名词单数”形式相当于“so +形容词+a / an +可数名词单数”形式，表示“如此……的一个……”

e.g. She is such a lovely girl. = She is so lovely a girl. 她是如此可爱的一个女孩。

选用 such 或 so 填空。

(1) The man told us ________ funny a story.

(2) She has ________ a beautiful dress.

(3) How can you get ________ much money to buy the car?

(4) Don't go out in ________ cold weather.

(5) Don't eat ________ quickly.

Keys: so　such　so　such　so

5.Exercise: If time is enough, do some more exercise.

根据汉语提示填空，完成句子。

(1)He has plenty of ________ (幽默的) stories to tell us.

(2)You'd better keep ________(沉默) about what happened.

(3)The lazy cat isn't very ________(有用的) in catching mice.

(4)Tom got the highest ________ (得分) in the exam.

Keys: humorous silent helpful score

用 used to 将下列汉语句子翻译成英语。

(1)他过去常常在卧室抽烟。

(2)汤姆过去常常去那里看电影,但现在他不去了。

Keys: He used to smoke in the bedroom.

Tom used to go to the movies there, but now he doesn't go there.

6.Homework

Recite the conversation in 2d after school.

【评析】本环节学生通过讲解与练习以及课堂及时反馈等一系列活动,可以掌握核心单词与句型,发展求新求变意识和直觉思维。

【总评】组间交流,以视觉刺激为切入口,通过积累与观察生活中的材料,发展学生的联系思维与积木思维,学生运用创新思维理解"used to do/be"的基本句型。通过示例讨论,促使学生去思考、发现自己或他人在外表、性格、兴趣等方面所发生的变化,去探索和创新,发展问题意识和质疑意识。通过听觉刺激和角色扮演,在行动的过程中学会描述自己或他人过去常常做的事情的基本句型。让学生明白事物是在不断发展、变化的道理,培养学生积极向上的心态。进一步促进学生问题意识、质疑意识和批判意识发展。通过讲解与练习以及课堂及时反馈等一系列活动,可以掌握核心单词与句型,发展求新求变意识和直觉思维。

第五章　学习能力与教学

当今时代，信息技术与自媒体高度发达，世界一体化和全球化趋势明显，知识量迅速增长，其更新迭代速度越来越快，这种趋势要求身处其中的人们要学会学习，才能在迅速变幻的世界发展格局中找到自身的定位，实现自身的发展与进步。对处于变革中的学校教育而言，无论是学生还是教师，要适应这种突变的世界格局，就必须不断提升自身的学习能力，在自我学习过程中，教师也必须持续提升自身的教学能力，强化教学水平与教学技巧，促进教学能力和学习能力的突破，从而整体强化受教育者和教育者的适应性水平。基于此，从学理和实践的意义上厘清学习能力的内涵，从教育学、心理学等多个视角廓清学习能力与教学，对当前理解和把握学习能力与教学具有重要的理论和现实意义。

第一节　学习能力概述

要理解什么是学习能力，学习能力和教学的关系是什么，从哪些方面提升学习能力等基本问题，就必须先从概念入手。概念是理论大厦的基石，是学科生命体的细胞。概念的有机建构就成为学科理论，成为知识的价值形态——定义、法则和原理。①对于一个研究来说，最重要的也是最核心的问题便是对概念的追本溯源。有研究者认为，对概念的界定一般意义上有如下三种途径：一是从词源上去找论据；二是从人们自发运用上去找论据；三是从历史考察和回顾来厘清其概念。②因此，在研究学习能力与教学关系之前，有必要追本溯源，从

① 徐继存.教学论学科中的概念问题[J].当代教育与文化，2011(1)：43-48.

② 胡德海.教育学原理[M].兰州：甘肃教育出版社，2006：4.

教育史学研究的视角去厘清学习能力概念的发展历程及基本理论理解，回溯其概念形成原理，以此进一步实现对学习能力的深刻认识。

一、学习能力概念溯源

何为学习能力？不同的研究者对此有不同的认识。有研究认为，学习能力等同于智力。1921年，美国《教育心理学》杂志请17位知名心理学家讨论智力问题时，就有高达29%的人认为学习能力等同于智力。时隔65年，美国《智力》杂志社又召集24位著名专家，由斯腾伯格教授和底特曼教授主持了第二次关于智力问题的讨论，在这次讨论中仍然有高达17%的人把智力与学习能力等同起来。①这是在文献检索过程中能比较早地反映出世界教育发展史上的研究者对学习能力的基本认识，也是人类对学习能力最初步、最浅显的理解和思考。

在教育发展过程中，研究者们逐渐意识到，学习能力不仅仅指的是人的智力发展，也包含其他方面的能力。基于此，有研究者提出应该从认知过程来认识学习能力，由此认为学习能力包括认知过程的主要方面，记忆力、思维能力、观察能力和想象能力才是构成学生学习能力的四要素，这四要素之间相互联系，相互制约，不可分割，同时又有各自的作用。②记忆力是学习能力的基本能力，在整个学习能力的形成体系中起着基础性作用；思维能力是学习能力的核心能力，支撑着学习能力的逻辑体系；观察能力和想象能力是学习能力的延伸，有助于学习能力的进一步深化，以上四种能力相互印证，共同支撑着学习能力的整体发展，是学习能力的显著特征。

随着人们对人的身心发展认识的不断深化，有研究者提出对学习能力认识应该上升到心理过程的层次来分析。认为学习能力不仅应该包括传统的主要认知过程，还应该包括操作和控制等因素，其基本构成涵盖以下内容，即知觉动作综合能力、理解与记忆能力、学习计划和控制能力、学习操作能力。其中，理解与记忆能力是学习能力的基础部分；知觉动作综合能力是一个接受、理解并判断感觉信息后，作出正确动作反应的过程与表现，是基本的心理过程，协调知

① 张仲明，李红．学习能力理论研究述评[J]．西华师范大学学报（哲学社会科学版），2004(4)：136-139.

② 毕华林．学习能力的实质及其结构构建[J]．教育研究，2000(7)：78-80.

觉输入与动作输出，包括视觉动作、听觉动作、触觉动作等技巧；学习计划和控制能力是学习能力发展蜕变的基本要求，在计划的基础上学习，在控制自我、控制环境的基础上展开学习；学习操作能力是学习的基本环节，学习能力的落实主要着眼于学习的操作能力是否有效。林崇德教授对以上学习能力的认知做出了心理学的阐释，他认为知觉动作统合能力指的是有机体将信息的知觉转变为动作反应的能力。

有研究者从系统论的视角出发，认为应该用系统的观点来研究学习能力，并从能力的概念来理解学习能力，提出学习能力就是直接影响学生的学习效率，顺利完成各项学业任务的个性心理特征。结合学生学习的基本实际情况，认为学生的学习能力是按照一定的要素和结构层次组合起来的具有一定层次的结构整体，包括组织学习活动的能力、获取知识的能力、运用知识的能力。其中，组织学习活动的能力不仅仅包含教师，在学生中心理念的引导下，学生也是教学学习活动的主体，承担着组织学习的责任和义务，因此必须具有组织学习活动的能力；获取知识的能力是作为学生的基本能力，是学生在学习过程中的基本权利和基本义务，而知识的获取需要不断地练习和思考，需要具备基本的获取能力；运用知识的能力是学生学习能力的基本归宿，是学生学习能力的基本表征，代表着学生对学习的基本思考和领悟。以上的组织学习活动的能力、获取知识的能力、运用知识的能力构成了一个学习能力的运行闭环，从而保证了学习能力的顺利实现和知识获取途径的进一步深化。

有研究者从教育主体和研究课题的视角，认为学习能力应该研究在校学习生活中学生对完成学业表现出的独立倾向性较强的学习能力，因为学生在学习过程中，主要的时间和精力都是在学校中度过。基于此，研究群体从学习动机的角度来研究学习能力的组成，认为组成学习能力的基本要素很多，但是基本的要素是好奇心、自信心、成绩和功名四个要素。其中，好奇心是学生自具有一般认知以来的基本能力，随着人的发展而趋于稳定，会激发学生探究未知的决心；自信心是学生学习的基本要素，学生具备了自信心，才具备了在知识学习过程中的获取能力，对学习能力的拓展能进一步延伸；成绩和功名是学习能力的外在激发因素，对学习能力的延伸和拓展具有激励作用。

从以上研究发展的过程和基本观点的追溯过程及发展进程可以看出，人们在学习能力概念的实质问题上并没有形成一致的观点，对学习能力的认识暂时未达成共识，这些观点和认识多是从自身的视角和自身学科视野的角度去诠释、论证、实践学习能力。而从追随学习能力概念发展过程中也可以看出，学习能力实质的不同看法会影响在教育实践活动中所持的教育理念、观点和方法，并直接影响对学生学习能力的培养。因此，进一步深入探讨学习能力的实质就成了当今心理学、教育学等学科必须面对的基础理论问题。[①]基于近几十年的研究和积淀，20世纪90年代以来，随着智力理论研究的发展，认知心理学和人本主义心理学逐渐成为心理学研究的主流和显学，并随着验证性因素分析等研究的广泛应用，对学习能力实质的研究也出现了与传统观点不同的趋势，在研究的深度和广度上进行了全面深刻地拓展，出现了集中具有代表性的主流的典型取向观点：一种学习能力信息加工取向的基本观点是毕华林在2000年的时候提出来的；而另外一种关于学习能力学科能力取向的基本观点是由北京师范大学的林崇德教授提出来的。[②]其中，信息加工取向的原始模型是将计算机的功能分解为注意力、信息处理、记忆等，学习能力信息加工取向指的是研究者和理论家试图将学习者的思维分解为几个不同的部分，通过检验学习者如何将他们的注意力集中到问题的最关键方面，处理学习结果并记忆学习结果，从而将学习过程分解为各种各样的组成部分，实现学习能力的系统化。而这一系统化的变化过程是连续的、渐进的和有规律的，其重心不是集中在心理结构和思维方式如何随着年龄的变化而变化，而是集中存在于不同年龄的学习者进行学习过程的横向比较。而学习的学科能力取向认为，心理能力和特定的活动或者认知联系在一起，与学科教育相联系就构成了学生的学科学习能力，而学科的学习能力是学习能力的基本要求。并认为学生学习的学科能力与中国古代的“六艺”和欧洲古代的“七艺”有关，同时借鉴杜威提出的学科知识“心理学化”的观点，使学科知识概括化或者类化为学生的学科能力。在此研究的基础上，研究者认为学科学习能力依学科知识为转移，但学科能力又不能简单地等同于学科知识，而是对学科知识的概括化，从而通过加工活动形成比较稳固的心理特征。

总体来看，目前国内关于学习能力的概念尚未形成统一认识，学者的观点

① 张仲明，李红．学习能力理论研究述评[J].西华师范大学学报(哲学社会科学版)，2004(4)：136-139.
② 林崇德．论学科能力的建构[J].北京师范大学学报(社会科学版)，1997(1)：5-12.

集中在“学科取向”“系统观”和“终身学习能力”上，在对“学习能力”进行关键词检索，并通过文献的可视化分析数据可以看出，在核心期刊、关键期刊上发表相关文章的数量比较集中，以上三个观点的研究占文献总比例高达65%。随着时代的发展、人们对教育的领悟以及教育信息化的进一步推动，学生学习能力概念的内涵和外延被不断完善、拓展，学习能力的研究内容及范围进一步扩大，研究的视角进一步完善，研究的精细化程度进一步提高，研究的理论性进一步增强。但从总体上来看，学习能力概念内涵的综合性仍略显不足，理论研究仍然没有达成相关性统一，且研究的方向较为杂乱，难以实现研究的深度。除此之外，大部分研究者研究的目的多局限在学生学习成绩的提高上，也就是依然未脱离学习能力即学生智力的研究范畴，视野过于狭窄。鉴于此，比较分析各研究观点，研究的系统观强调的是学习能力的多层次性、学习能力的递进性和学习能力的系统性；信息加工取向的研究观点强调学生学习过程中信息的获取以及在实践中应用信息的基本能力；终身学习能力的研究观点认为学习能力是一种适应性能力，应该随着时代的进步不断更新，实现学习能力的时代性和发展性，综合这三者的历史归宿和追溯所形成的学习能力的概念更为全面、充实，更加符合时代发展的需要。基于以上的文献分析和历史追溯，综合系统观、信息加工取向和终身学习能力等不同学习能力的观点，再结合当前关于教育研究的思路，整合当前学习能力的最新理论，我们比较认同的学习能力的基本内涵指的是：由多种能力要素组成的有机系统，包括基本学习能力和拓展学习能力两个基本方面。基本学习能力表现为获取、分析和加工信息的能力；拓展学习能力表现为实践中创造性利用信息和应对各种新问题的适应性能力。[①]对于中小学生学习能力而言，主要指的是中小学生在学习过程中所形成的完成学习目标或任务体现出来的综合素质，是中小学生在已有学习经验的基础上，通过大脑信息的提取、整理、加工，运用一定的学习方法、学习策略，获取知识、运用知识、发现并解决问题的一种学习能力。

① 赵亚翔，蔡子晴，刘晓，余焯雄，陈思蕴.学习能力的构成要素与影响因素——文献内容分析结果[J].民族高等教育研究，2017，5(6)：68-73.

二、学习能力的心理学研究

心理学对学习能力的研究众多，且研究范围较为广阔，研究内容颇为庞杂，研究体系较为全面，从单个词汇理念到多体系、多维度的学习能力理论，均有涉及。学习能力中，智力因素起到了重要的作用。所谓智力因素，是与非智力因素相对的因素之一，通常指记忆力、观察力、思维能力、注意力、想象力等，即认知能力的总和，是人们在对事物的认知中表现出的心理性，是认知活动的操作系统，是学习能力的重要组成部分，智力的高低会直接影响学习能力的高低。一般意义上，学生在学习过程中进行认知活动时，智力因素起直接作用，非智力因素起间接性、动力性作用，两者关系密切。非智力因素是学生进行认知活动的内部动力，发动、维持并调节着学生的认知，间接参与认知过程。基于以上阐释，智力因素对学习能力的影响固然重要，非智力因素对一个人的成功则起着更大的作用。其中对学习能力影响较大的非智力因素可以概括为动机、学习兴趣、情绪情感、人格、自我效能感。[①]20世纪70年代，美国心理学家弗拉维尔提出元认知这一概念，即对认知的认知。重点阐释了学生在学习过程中，一方面进行着各种认知活动(感知、记忆、思维等)，另一方面又要对自己的各种认知活动进行积极的监控和调节。这种对自己的感知、记忆、思维等认知活动本身的再感知、再记忆、再思维被称为元认知，主要包括元认知知识、元认知体验、元认知监控等成分。认知过程的效果如何，在很大程度上取决于元认知过程的运行水平。元认知在学习过程中所起的作用是认识自己的学习能力和学习对象、确定学习目标、选择学习方法、评价学习结果，根据评价结果调整学习目标和学习方法，它是完成学习任务的重要保证。[②]

自我效能感指的是个体对于自己能否完成一件事的能力认识，即我能否做到，通俗来说就是学生在学习过程中的自信心。自我效能感可促进学习者内部学习动机，激发学习者学习的积极动力和内在活力，积极的自我效能感能有效促进学习能力的提升。在学生学习过程中，教师要创造条件激发学生学习的积极自我效能感，刺激学生实现自我突破，促进自身发展。对学生而言，自我效能

① 马晓庆，张海伦.学习能力影响因素研究综述[J].时代教育，2016(15)：146-148.

② 田宝忠.元认知对学习能力的积极影响[J].天津职业院校联合学报，2011(2)：22-25.

感是其实现由被动学习走向主动学习、由被迫学习走向自愿学习的重要推手，更是实现自我发展的重要路径。因此要积极转化不利条件，利用有利因素，实现自我效能感的积极转换，促进自身学习能力的进一步提升。

在教育心理学的研究过程中，学习动机被认为是激发个体进行学习活动，维持已引起的学习活动，并导致行为朝向一定的学习目标的一种内在过程或内部心理状态。一般意义上，把学习动机分为内部动机和外部动机。内部动机指学生的求知欲、学习兴趣等，表现在学生学习能力上，主要指学生自身对知识特别感兴趣，渴望通过自身的研究学习，掌握知识的基本脉络；外部动机指学生为了得到教师或父母的奖励或逃避受到教师或父母的惩罚而努力学习，主要指在实际生活和学习过程中，学生为了父母、亲人以及社会赋予他们的期望而努力学习，或者为了躲避由于学习失误而遭受父母的惩罚等诸多原因，虽不是发自内心但依然努力学习的一种实际表征。这种学习能力是外在的、不稳定的，随时有可能受其他因素的影响而中断学习。

在心理学研究中，心理因素是研究学习能力的基本要素，学生学习能力是否有积极的归因，与学生学习过程中的心理因素关联较大。在学生学习能力发展以及成长的整个过程中，其学习能力的提升过程及提升方法不仅仅是一种外在的行为活动，同时也是一项重要的心理活动。这就要求教师在教学活动过程中，不仅要备好教材，还要通过多种途径与方法，掌握学生的心理活动，理解学生的基本经验，以契合在教学过程中所遇到的学生的心理因素对学习的影响。同时，对学生而言，学习能力的培养不仅要做好外在的学习，如有规划、坚持、刻苦学习，还要注意调适自身的心理，始终以一种积极的自我效能感面对学习，实现学习能力的整合与飞跃。基于以上的研究和思考，大部分研究者认为，学生的学习过程以及学习能力的发展和提高具有不可忽略的重要意义，其中自我效能感和学习动机是学习活动的主要推动力，[1]这两种能力是推动、促进学习能力发展的核心要素。因此，在学习能力培养与教学的过程中，在心理学研究过程中，都必须予以高度重视和积极关注。

① 毕华林.学习能力的实质及其结构构建[J].教育研究，2000(7):78-80.

三、学习能力的教育学研究

学习能力是学生在教育教学过程中表征出来的核心能力，是在学习活动中形成和发展起来的，是表现学生运用科学的学习策略去独立地获取知识信息，在获取知识的基础上加工和利用信息，并通过分析和解决实际问题的一种个性特征。因此，在教育研究过程中，任何学习活动都是在学生已有的知识、技能、策略的定向调节和控制下进行的，如果学生缺乏必要的知识、技能、策略，则学习活动的定向和执行环节就不可能实现，也就无法形成相应的学习能力。由此我们认为，在教育学的整体范畴之内，构成学习能力的基本要素主要是基础知识、基本技能和基本策略，也就是我们教育学研究过程中经常提到的“三基”。其中，基础知识和基本技能是在基本策略的统整、导向下，由外在逐渐转向内化，并不断结构化、网络化、体系化，且经过长期的反复，从而形成相对稳定的结构，即构成了学习者的认知结构。一般意义上来讲，对认知结构的研究分为静态和动态两个视角。认知结构从静态来考察，可以认为是知识在学习者头脑中储存的形式或者记忆的基本方法；认知结构从动态来考察，可以认为是学习者在学习过程中对知识的加工、同化、提取，从而成为形成新知识、处理新知识的先行组织者。它在不断同化、激活、加工、提取、储存学习对象提供的诸多信息，使之处于有序的、组织化和网络化的状态。基于以上分析，大部分研究者认为，教育学视角下学习能力的实质就是结构化、网络化、程序化的知识、技能和策略。①

在教育学研究范畴中，学习动机激发个体进行学习活动，除了要了解、掌握其在心理学上的基本内涵，更为重要的是要思考并了解学习动机的教育学意义。在一般意义上，学生的学习动机无非有以下几种：好奇心、兴趣、家长要求、自我成长，基于以上动机，在教育学研究过程中，学习动机在学习能力成长的过程中具有启动功能、导向功能以及维持和监督功能。所谓学习动机的启动功能，主要指的是在学习过程中学生的自主学习，而自主学习是以学生为中心，是一种主动而非被动的学习，学习效果、学习结果如何，主要取决于学生的学习自

① 赵亚翔，蔡子晴，刘晓，余焯雄，陈思蕴．学习能力的构成要素与影响因素——基于文献内容分析结果[J].民族高等教育研究，2017，5(6)：68-73.

觉性和积极性。在这一过程中，学习动机是引发学生学习行为和提升学生学习能力的内驱力，可以激发学生产生强烈的求知欲、高涨的学习热情、巨大的学习主动性，驱使学生积极采取一系列学习行为去接收信息，并对知识进行有意义建构，从而保证学习能力的不断提升。所谓学习动机的导向功能，描述的背景也是建立在学生自主学习基础之上的，而自主学习作为一种相对独立的学习，要求学生对学习的各种资源、媒体和手段作出自主选择，相对独立地开展学习活动。面对丰富的教育教学信息，特别是面对当今信息爆炸的时代，互联网+、大数据、互联网+教育等多媒体手段蜂拥而出，学生面对诸多的知识内容很容易迷茫困惑、无所适从，而学习动机犹如指南针，能将学生的学习行为引向一定的学习目标，从纷繁的信息中选择有意义的信息，避免无关信息，摒除对实现目标不利的行为，采取有意义的学习行为，直到实现学习目标，提升学习能力。所谓学习动机的维持和监督功能，建构主义理论认为，自主学习实际上是元认知监控的学习，是学生根据自己的学习能力、学习任务，积极主动地调整学习策略的过程。因此，对学生的自我监督、自我调节、自我控制的意识和能力要求颇高。若学生的学习动机强度小，极易半途而废，失败气馁。而强烈的学习动机可以驱使学生严格自律，积极调控学习行为，服从社会发展和自我发展的需要，自觉制订学习目标、拟订学习计划、选择学习方法、战胜学习困难、完成学习任务。基于以上分析，大部分研究者认为，维持已引起的学习活动，并引导行为朝向一定的学习目标的一种内在过程或内部心理状态进行发展，有助于在教育教学过程中对学习能力进行提升和拓展。[①]

近几十年来，在教育学方面对学习能力的研究也突出表现在对教育势的研究。所谓教育势，是教育中的客观存在，是教育领域不同事物间的关联和互动，并呈现出内部潜能和相互作用的总和，是教育深入人心且感化人的一种力量，是人们对教育效力偏爱的直觉典范……教育势是教育由内而外所散发的一种魅力和气质，体现着教育的穿透力、辐射力、感染力和持久力，其本质是内，规律是外，其他都会削弱教育势。教育领域中的不同事物包括教育系统内能相互影响的各类主体事物，主要指学生、教师、学校、教育部门等。[②]在传统社会中，一

① 李伯泰，燕国材．教育心理学[M]．上海：华东师范大学出版社，1993：235.
② 邓杰．论教育势与教育管理蓄势[C]．湖南师范大学，2015.

般意义上学什么就用什么理念和思考，所以对学生的学习能力来说，有势或者无势的问题尚不突出，机械地传承和记忆就足以应对学生所面临的相关问题。在当今信息化时代背景下，学习者面对的是一个创新的时代，创新则需要人们具有创新素质和创新能力，因此，学习能力在教学过程中就显得尤为重要。在以往的各种研究中，因为没有给素质一个逻辑的定义，所以就无法对创新以及创新素质进行科学的研究。在势科学的视域中，素质的逻辑定义是对象结构或功能的序秩（有序）。例如，空调制热的效率大致是电炉的8倍，因为空调的结构比电炉更有序，人们因为思维的有序程度不同而工作效率不同。道德素质是社会性行为的有序，而行为无序像精神病，就无法做道德判断。智慧素质是知识的有序。一般来说，消息的有序是信息，信息的有序是知识，知识的有序是智慧。怎样才能有序？非平衡是有序之源（耗散结构），而势大才能非平衡。大爱产生大的追求，心理不平衡才会追求。从自然到社会，每一种“活”的有序结构都是在某种“势”和某种“流”的非线性、非平衡作用中形成的。知识的有序结构—智慧素质，是在“情感势”和“意识流”的非线性、非平衡作用中形成的（学习过程是在一种向往学习的“情感势”推动下不断去“意识”的过程，“意识”的不断积累产生“意识流”）。[①] 据此，学习能力只有在教师教学和学生学习的过程中不断积累、不断反思、不断尝试，产生情感，进而形成“情感势”；积累意识，形成“意识流”，推动学习能力的发展，从而带动学生在学习上的飞跃和进步。

学习能力的研究也体现在教育管理的过程中。教育和管理像科学一样，本质上是一个求导过程，而学习与学习能力的发展和成长同样如此。一般来讲，如果科学是对自然求导，沟通是对组织求导，激励是对个人求导，经营是对市场求导，那么教育就是对思维求导。在思维过程中构建巨大的知识“差别”之间的紧密“联系”，使思维产生张力，建立思维过程中的信息强势，推动思维的有序、相变和分岔，产生创新。[②]在学习过程中，科学的数学本质是寻找自然过程中的势函数，教育和管理的数学本质是人工构造某种势函数，并在教育和管理的实践中运行这种势函数。所以从本质上来讲，教育和管理是有内在联系的。在一

① [英]戴维·玻姆.整体性与隐缠序：卷展中的宇宙与意识[M].洪定国，张桂权，查有梁，译.上海：上海科技教育出版社，2004：11-14.

② 李德昌.信息人教育学：势科学与教育动力学[M].北京：科学出版社，2007：80.

定意义上,现代社会的课堂教学正在变成育人管理。学习能力在提升过程中必须保证教育管理的连续性,教育发展的自然演化在宏观上是天然连续的,所以是可以进行管理和统整的,教育发展及学习能力的连续性在于教育管理的规范性和教育研究信息流传导的宏观连续性,从而教育发展才能对社会需求持续不断地提出自身的需求。环境、组织及人才的需求性在于国家政策对教育发展的连续性、管理制度的连续性以及学生成长成才规划的连续性,从而教育管理才可以对教育的环境、教育的组织形式及教育的参与成员提出自身的相应要求。教育教学的可持续性则要求受教育者思维的连续性和知识结构的融合性。所以,一方面必须注重培养学生学习过程中的逻辑思维能力,另一方面必须使学生尽力将已学到的知识融会贯通。在此基础上,教育才会可持续,教学能力才能得到更多的发展,学生学习能力才会得到更大的进步。近百年教育研究的历史经验已经雄辩地证明,教学组织过程中组织成员的逻辑思维能力越好,学生对已学到的知识的融合程度就越高,学生的学习能力就越强,而对教育和社会发展产生的影响就越大。

在信息化催生的学习型社会中,人们最重要的社会资本就是个人的学习能力,其主要表现就是个人具有的内在信息力。个人的内在信息力其主要表征就是在信息化社会里,面对纷繁的信息,个人要具备敏锐的判断能力、思考能力、辨别能力,在此基础上获取最有效的信息。一般意义上,人们对于不同的问题,其表现出来的学习能力各有差异,有的人对部分问题的学习能力比较强,有的则比较弱,表现能力的强弱受学习能力的影响而不同。其中,应用相关学科知识的信息力原理来进行透彻的分析则可发现,学习能力的形成主要取决于两个要素:其一,学习者对有关知识的有序结构的理解和把握,对知识相关性的融合;其二,学习者对相关知识的兴趣和好奇心。前者是指学习者对有关问题具有差别性知识及其知识之间的内在联系的把握与理解,即原有知识与现学知识之间融会贯通程度,是一种学习能力内在的知识信息;而后者是指学习者在学习过程中对学习知识信息相关性的整合程度,二者之和就是学习者所具有的内在信息力。这与研究者和学习者在现实中的实际感悟是完全一致的,即学习者对有关问题的已有知识和现有信息的融会贯通程度越高,对有关学习过程中出现问题的知识越有兴趣,对该种问题的学习能力就越强,学生的学习效率就越高。也就是说,学生学习的真正动力,来自感性与理性的互动和融合。对于小学生而言,关注情感成长和培养逻辑思维是启动感性与理性互动机制的关键,当这种情感关注和逻辑培养达到一定的临界点,感性与理性的互动机制就被触发,也就会引起学生学习能力的转换。实际上,学习者更多时候是因为对某个信息喜欢才可能花费时间、精力去理解,同样,只有在学习过程中不断理解的基础上才能更加喜欢。从而使得学习者的喜欢促进理解,理解了就更加喜欢刻苦钻研学习能力的相关过程性。所以,无论是社会人还是学习者常常看到,好学生是用不着督促的,反而心痛的母亲常常催促着早点睡觉。这种学习成长的动力机制本质上是在另一个层次上启动了基本的学习能力的运行机制,运行的这种"正反馈"效应是一切成长和发展的共同逻辑。

四、学习能力的其他学科研究

学科是学生学习能力研究及实践的基础,要理解学生学习能力的相关内容,就必须从学科角度进行切入,进行深入学习、透彻分析,从而反思学生学习能力所面临的相关问题,以问题为契机,进行规律性探索。因此,以下从数学、综合实践活动、语文三个学科切入,了解、认识、分析、思考学生学习能力。

数学教师教学和学生学习能力是相辅相成的。一般意义上讲,从数学知识和数学应用能力出发,知识内容深度逐步加深,难度逐渐增大。数学知识的学习以及能力、态度的培养有效构建了知识体系,包括促进学生阶段性地掌握相关数学知识,构建数学核心素养的养成,将知识结构与生活实际结合在一起,从实际应用的角度认识世界万物的变化,认识数量几率的基本变化规律,使学生增强数学逻辑思维能力,强化数学应用观念,形成数学学习能力的核心观念。在整个小学数学教学的过程中,结合整个阶段的内容学习,引导学生思考知识学习与核心素养养成之间的关系,以数理逻辑的学习为基础,优化学生学习的基本方式,做好数学知识与数学素养之间的转化,正确认识数学学科的本质,优化个人的认知能力和理解能力,为今后学习能力的提升奠定良好的基础。数学学习能力是学生运用科学的学习方法,独立获取信息、加工和利用信息、分析和解决数学实际问题的一种个性特征。也就是说,数学学习能力既与学习活动必需的基本心理能力(观察能力、记忆能力、思维能力等)具有相关性,同时又与分析和解决实际问题的综合能力(实践能力、自学能力、创造能力等)具有高度的相关性,它是二者的综合体现。数学学习能力既是学生学习活动的结果,又是学生进行学习活动所依赖的基础。因此,培养学生的数学学习能力是小学数学教学的根本目的,也是数学教学实施素质教育的突破口。构成数学学习能力的基本要素主要是基础知识、基本技能、基本方法和基本态度,这与大部分学科是相互统一的,前两者在后两者的统整与导向下内化并结构化、网络化,形成相对稳定的数理结构,即构成数学认知结构。从另一个角度来讲,数学学习能力的形成和发展是通过数学知识、技能和方法的获得及其广泛迁移,从而使其得到数学方法不断综合和概括而实现的。数学学习能力的实质就是结构化、网络化、程序化的知识、技能和方法。综上可知,诸多研究者一致认为,学生对数学知识与技能的掌握程度及其结构化、网络化水平是决定其数学学习能力水平高低的重要指标,这进一步验证了学生学习能力与教学之间的重要关系和契合程度的重要性。因此,对学生的学习来说,课堂教学是感性和理性的有机融合,学生学习能力同样如此。教师通过对学生的自主预习进行引导,可以有效提升学生的自主学习能力,并且从学生的预习情况,教师还可以看出学生自主学习能力的高低。现阶段,学生对于预习的重要性认识不足,在课堂教学时,学生仅仅依赖于教师的教授,这就使学生对数学知识的学习过于被动,缺乏自身的理解与看法。因此,教师要在课堂教学前,要求学生对下节课的知识进行预习,使学生逐渐养成良好的预习习惯,①从而形成良好的学习习惯,在此基础上形成较好的学习能力。

小学综合实践活动课程对于学生的探究能力、融合能力和概括总结能力要求较高,并且对于学生自主学习素养也有着较高的要求。因此,在小学综合实践活动的教学过程中,教师需要结合学生的个性特点和实际学习情况,把培养学生自主学习能力作为教学的重点内容,通过多种形式的教学模式和教学途径及方法对学生进行知识的讲解,从而提升学生对综合实践活动课程学习的积极主动性,并在此基础上对自身的知识体系进行完善,进而提升学生的自主学习

① 毕华林,卢巍.化学学习能力构建的教学策略[J].中国教育学刊,1999(5):45-47.

能力。[①]综合实践活动课程是一门综合性、反思性、实践性较强的课程，本身的课程性质要求教师要采取多种实践形式，启发、开拓学生的整体思维能力。对于学生学习能力而言，综合实践活动更加是一门充满自主学习元素的课程，自主学习的过程其实就是理论检验实践的过程，同时也是提升学生学习能力的重要路径。

小学语文是小学阶段的基础必备学科，对于日后的语文学习方式和学习能力都有很大影响，所以这个阶段培养学生的自主学习能力，激发他们的主观能动性，将会有益于他们整个学习生涯。人的发展具有自身的阶段性和年龄段的特点，小学生对事物的好奇心大，自控能力较差，外界带给他们的压力也比较小，这很容易造成小学生因为外界因素导致对学习失去应有的状态，以至于学习能力提升受到影响。因此，如果在这个关键阶段学生能够积极主动地进行知识的学习和积累，将内心的求知欲充分展现出来，就会养成良好的自主学习习惯。这样的学习是发自学生内心深处的，只需要家长和教师稍加引导就会收到良好的效果，特别是针对语文课内容的预习和当堂课内容的思考产生后续学习，对学生今后的学习效率、方式以及思维模式都有很大的影响。小学阶段作为孩子的成长阶段，自主学习的能力可以让他们解决长时间难以集中注意力的问题。当激发了学生自主学习的兴趣，并且培养成习惯，对于语文课文的理解就会有很大改善，学生会主动地去思考课文中故事主人公的行为和思想。综上可知，小学语文学科对学生今后的学习有着较为明显的帮助，培养良好的学习习惯，能够较为良好地提高学生的自身素质。通过研究语文课程标准可以知道，学习语文的目的之一是在学习过程中获得信息，通过对获得的有效信息进行思考、讨论，并结合实际说出自己的看法与见解。德国教育学家第斯多惠曾说过："一个劣等的教师只是奉送真理，而好的教师则教人发现真理。"这就指出教师的职责不仅仅是教导学生学习知识，还要教会其自主学习的能力，给学生一把打开知识探索的钥匙，让学生自己将大门打开。语文自主学习能力的培养，实际上就是让学生把学习到的知识进一步地吸收与理解，提升自己的学习能力[②]。这也进一步验证了学生学习能力的重要性和特殊性，即学生自主学习

① 李宏伟.高中物理教学中学生自主学习能力培养的实践及探索[J].科学咨询，2019(24)：122.

② 白永敬.语文教学中学生自主学习能力的培养[J].文学教育，2019(19)：76.

能力是对整个教学、学习过程进行自主调节的个体心理特征。主动掌握相关学科知识、获取学科技能的综合心理能力，一般意义上可划分为自我定向、自我调控、自我反省这三种基本能力，而辨向、计划、监控、调整、反思、评价是学生学习能力的重要组成部分。据此构建学生的自主学习能力及培养模式，能有效提高学生的基本成绩与自主学习能力，从而在整体上提升自主学习能力的功能性。即对整个自主学习过程进行自主调节的个体心理特征，主动掌握相关学科知识、获取学科技能的综合心理能力。[①]以上能力的有效整合与整体形成会体现学科性的融合趋势，并促进学生学习能力的提升，有效辅助教学的顺利进行。

通过对以上学科的分析表明，目前学生学习能力的自主性受到多重因素的影响，在整个学习能力培养的过程中，需要剥离一些外部因素并整合内部的积极因素，将教师的专注性和指导性充分发挥出来，在学生学习过程中注重培养其自主学习能力和自我创造学习的能力，并将其作为教学的重要目标之一。在此，特别需要指出的是，由于长期受应试教育和传统教学模式的影响，大多数学生的学习和教师的教育教学已形成了以应试为主要目的，课堂教学以教师为中心等传统观念。因此，要提高学生的自主学习能力，教师必须要在教学中促使学生重新审视自己带有偏见的认识，以实现学生自我意识的内在变化和学习观念的彻底改变。[②]同时，教师也要同步转变观念，实现教学能力的前沿性和实践性，从而同步推进学生学习能力的进一步发展。

第二节　中小学生学习能力的构成与发展

基于以上对学习能力概念内涵的分析以及从教育学、心理学及多个学科对教学和学习能力的不同理解，我们从宏观的视角审视了学习能力以及教学的基本特征和研究进展。那么，学习能力在具体的教育教学中是如何体现和展示的呢？其具体发生在学生身上的内涵特征是什么？学习能力的基本构成是什么？

① 裴红冰，张国楚. 数学自主学习能力培养模式探研[J]. 数学教育学报，2005，14(2)：94-96.

② 徐锦芬，彭仁忠，吴卫平. 非英语专业大学生自主性英语学习能力调查与分析[J]. 外语教学与研究（外国语文双月刊），2004，36(1)：64-68.

有哪些发展途径？我们以中小学生为例，去梳理、透析中小学生学习能力的构成及发展，以此强化其实践的可能性和可行性。

一、学习能力的内涵特征

（一）中小学生学习能力的内涵

对学生学习能力的构成与发展进行讨论，面临的首要问题就是“什么是学习能力”，我们的研究便从能力这个概念开始。

1.能力。能力是完成一项目标或者任务所体现出来的综合素质。通常分为一般能力和专门能力。前者指大多数活动共同需要的基本能力，如观察力、思维力、想象力、注意力等；后者指完成某项专门活动所必备的能力，如音乐能力、绘画能力、运动能力、数学能力等。

2.学习能力。当我们将学习与能力联系在一起，组成学习能力这一概念的时候，其实可以有两种基本的理解方式。一是从学习理论上将学习的过程理解为能力形成的过程，学生在不断的学习中将知识与技能转化为自身能力；二是将学习能力理解为学习的能力，即学生所形成的完成学习目标或任务所体现出来的综合素质。也就是说，学生在一定学习活动中所形成的一般能力和专门能力既有智力因素又有非智力因素，是两者交互作用的结果。显然，我们所讨论的学习能力，更多的是在第二种意义上进行的。学习能力包括智力因素和非智力因素。智力因素是一个智能操作系统，它是儿童在学习以及生活中解决各种问题时进行感知、注意、观察、记忆、思维、想象、言语活动能力的总和。非智力因素是一个动力系统，它在儿童的学习以及活动中起着定向、引导、维持、强化等作用，包括需要、欲望、动机、兴趣、情绪和情感、意志、自信心、性格、气质、习惯等。

3.中小学生学习能力。本书中，中小学生学习能力的内涵界定参考学习能力的概念，同时结合中小学生身心发展及学习特点，将中小学生学习能力界定为，中小学生所形成的完成学习目标或任务体现出来的综合素质，是指在已有学习经验的基础上，大脑通过信息的提取、加工，并运用一定的学习策略，获取知识、运用知识、发现并解决问题的一种能力。

（二）学习能力的特征

1. 综合性。学习能力并非某一种单一的能力，它是一种综合性能力，是在学生已有学习经验的基础上，针对新的学习任务，能够有对信息加工的能力，选择合适的学习策略，完成学习任务，并能运用在新的问题中。

2. 交互性。一项学习任务的完成，需要运用学生的已有经验和技能，经历技能和经验的习得、内化、顺应甚至结构重组的过程。在这个过程中，学习能力的各个组成部分交互作用，并且通过师生、生生和学生与媒体的交互作用，不断丰富和完善自身的认知结构和情感品质，形成学生的学习能力。

3. 生成性。学习能力的生成性体现在空间和时间上，它是随着学生年龄的增长、学习内容的增加而不断生成的。学生学习的内容或许在短时间内未能转化、内化为其自身能力，但经过时间的累积，通过学生学习内容的不断增加，以及自身身心的不断发展，不断获得新的技能和经验后，可内化为自身的学习能力。

4. 个体差异性。中小学生学习能力的个体差异性主要体现在外界影响和自身差异两个方面。每个学生的成长环境、学习环境均不相同，故其接触的学习内容及学习方式均不相同。同时每个学生因自身的学习习惯、学习兴趣、学习方法等的不同，致其对不同科目及不同类型学习的接受程度不同，学生的学习能力需经过自身转化、内化形成，所以不同学生的学习能力存在差异。

二、中小学生学习能力的主要构成

中小学生学习能力是一种综合性能力，主要包含三个关键词：信息加工、学习策略、经验整合。

（一）信息加工是学习能力发展的前提

学习能力的形成过程由两个彼此相连的环节构成。第一个环节是知识、技能、经验的习得过程。学习能力并不是人生来就有，而是通过在后天学习过程中，逐渐形成的心理品质。所以学习能力的形成，必须开始于有关信息的加工、提取与整合。作为学习能力的构成要素，获得信息加工能力是必不可少的前提。第二个环节是在上述技能和经验习得的基础上，进行整合及类化的过程。这是固化信息加工策略和形成信息加工体系结构的重要过程。通过信息加工策略的形成，将个别的点滴经验纳入概括性更高、包容性更大的结构中去，从而使所有的经验在一定水平上得到概括化与系统化。

学生学习能力的获得，不是空洞的官能心理，也不是泛泛存在的一般智力，而是必须以信息的加工处理为前提。信息加工由对信息进行加工处理的具体方法和对信息加工过程进行调节两部分组成，也就是说不仅要选择合适的信息加工方法，还要在具体的学习过程中不断调试。

（二）学习策略是学习能力的核心

学生的学习活动是一种运用学习策略的过程。无论是知识和技能的掌握、问题的发现和解决，还是要学会学习，都需要用到一定的学习策略。如果从学习能力的构成和实质来看，学习策略比学科知识和技能具有更高的概括性和更强的迁移性以及更广泛的适用性，在学习能力的形成和发展中具有重要的作用，是学习能力的核心。

学习策略是学生在学习活动中进行有效学习的规则、方法、技巧及调控。学习策略具有方法性和自我调控两大特性。让学生"会学"的一个重要标志，就是学生是否具有能对整个学习过程进行有效的监控，并根据实际情况对学习策略作出相应的选择和调整。

（三）经验整合是学习能力的发展途径

学习能力是学生在学习活动中不断发展起来的，是通过对信息的加工处理和知识的内化整合而形成的比较稳定的心理特征，它需要学生在其获得知识、技能和策略的基础上，通过不断的概括和内化形成。同时，我们认为学习能力的发展途径在于经验的整合，只有将新吸收的东西整合为学生自己的经验，才是学习能力的发展途径。

我们知道知识、技能等要转化为能力，不仅需要习得，更需要运用。故此，经验整合也包含两个方面的内容：一个是在学习过程中不断生成、内化、整合为自身经验，这是经验整合的关键；另一个是在完成学习任务时，根据学生的经验，能够发现新问题，并能运用习得的经验将其解决，解决过程可以是小组合作、交流讨论或是独立完成。以上两个方面是经验整合不可剥离的必经过程，缺少任何一个都是不完整的。经历了这样的过程，学生的学习能力才能得以真正有效的形成和发展，故经验整合是学习能力发展的重要途径。

综上所述，把信息加工、学习策略、经验整合纳入学习能力的构成之中，强调学习能力的实质是结构化、网络化、系统化的，强调学习过程在能力形成和发展中的重要作用。首先，学习能力不同于知识能力，知识 、技能、经验是形成学习能力的基础，这就对学生的学习以及教师的教学都提出了更高的要求；其次这三个关键词把学习能力的培养落到了实处，使其与学习过程形成有机统一的整体，不可剥离，对于教师和学生来说，知识、技能、经验都不是额外的负担和要求，只是提高了教与学的效能。

我们可以用图5-1表示学习能力各构成要素之间的相互关系。

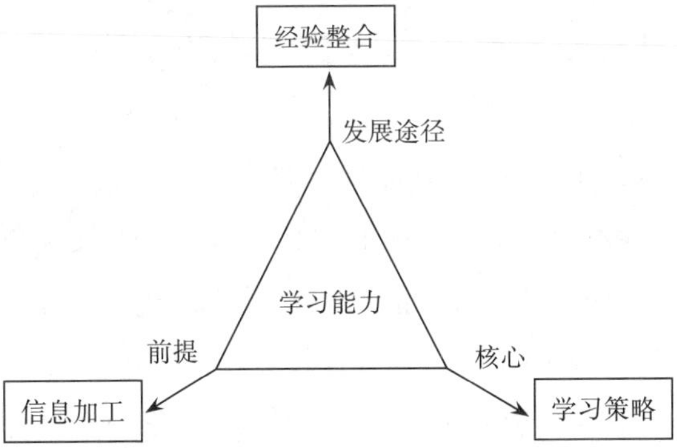

图5-1　学习能力各构成要素之间的相互关系

由上图可以看出，学习能力既是静态结构，又是动态结构。从学习能力的构成和实质看，学习能力的结构是静态的，它是信息加工、学习策略和经验整合的有机统一。从学习能力的形成和发展来看，它的结构是动态的，其动态性体现在学习能力是在学习主体与客体的交互中形成的，并且随着学习活动的丰富和学习内容的深入，学习能力也在不断的完善和发展。

三、中小学生的学习能力发展

学习是教育的永恒话题，现在人们从关注学什么转向更加关注怎样学习，认识和研究学习能力的发展尤为重要，这关系到教育质量状况和人的终身发展能力。美国教育心理学家加涅认为，学习的结果就是形成人类各种操作的能力。他把人类通过学习习得的能力分为言语信息、智慧技能、认知策略、动作技能及态度五种类型。这一分析是在心理学史上第一次把人类习得的知识、技能和能力统一起来，这也正说明了学习能力的培养和发展在教学中有着非常重要的作用。

现在，学校教育也越来越重视能力的培养，中小学生学习能力的形成并不是一蹴而就的，而是需要经历长时间的过程，中小学生学习能力的形成是递进式的。

1.信息加工。信息加工是对知识进行加工操作的硬能力，需要了解学习材料所提供的证据，需要对知识的背景有正确的认识和理解，需要了解知识的来龙去脉。学习者在各种学习材料之间很好地进行解析，去发现、汲取和整理具有学习价值的信息。[①]它包括对知识的认知和理解，认知是读懂材料文字的含义，准确识别材料中的叙述、描述、看法、评价之间的不同以及几者之间的联系。理解需要背景知识和感性经验结合，要觉察学习材料中的关键性要素，理解这些要素是如何联系起来的，识别其中的意义。信息加工最终是在阅读材料的基础上提炼信息，并通过对材料有效信息的分析，综合形成新的意义，再运用新的意义进行判断和推理，获得对材料的规律性认识的过程。

它的发展有三个不同的层次。初级阶段是对信息意思的理解，使内容意义从混沌模糊的状态转化为清晰明了的状态，包括译码和综合理解，译码是字面的理解，综合理解是放在相应的学习内容环境中的理解。

中级阶段时，学习者直接接触承载丰富信息的材料，通过不断解析，获取信息，学习者可以形成知识库，会对知识信息进行联系，这包括对新旧知识间的关系，前后知识间的关系，纵向及横向联系的知识间的关系，并做出相应的理解、诠释，甚至新见解。

① 张仲明，李红．学习能力的成分研究[J]．西南大学学报(社会科学版)，2009(5)：147-153.

高级阶段体现在“加工”两个字上，即在对某个意义表达的专业化和通俗化之间的转化上，对通俗化的表达能够用专业化的语言进行规范表达，比如数学学习中，将解决问题的条件转化为线段信息或数量关系式。同时，能够迅速对信息进行有效加工也是高级阶段的重要特征。

2. 学习策略。学习策略是学习能力的重要构成要素，从一定意义上讲，学习策略是学习能力的核心。学生的学习过程就是一种运用学习策略的活动过程，离开了学习策略的学习和运用，学会学习将成为一句空洞的口号。[①]学习策略是学习方法和学习的调节与控制的有机统一。学习策略是伴随着学习活动的展开而形成的，它是帮助学习者对学习方法和学习内容进行沟通的操作系统。学生在学习过程中会形成多种学习策略，这些学习策略在具体的学习过程中并不是机械地运用，学习者会根据学习内容的特点和预期的学习目标灵活地进行选择、应用和调整其学习策略。

学生经过学习，逐步领会知识和掌握技能、技巧，并在此过程中形成和积累了一些成功的学习经验，这是学生从学习到形成和发展学习策略的过程。当然，这一过程的初期阶段是不断的学习或模仿，经过量变达到质变的过程，逐渐形成自己的策略库。中期阶段，当学生遇到新的学习问题时，首先通过元认知活动，对这个问题进行认识，然后在自己的策略库中进行详细地搜索，看是否拥有解决这一问题的策略和方法，如果拥有就可以顺利地运用并解决这一问题，如果没有就要学习或发现新的学习策略和方法，一旦通过学习和发现解决了这一问题，学生便有了新的学习经验，并通过内化形成新的学习策略。高级阶段，学生除了不断掌握和累计方法以外，更重要的是具有对整个学习过程进行有效的监控，并根据实际情况作出相应的选择和调整。

学习策略有方法性和自我调控两大特征，这两大特征在学习能力形成过程中不断形成和发展，但在不同时期各有侧重，在初期阶段更重要的是方法性，中期阶段形成策略库并逐渐关注调控性，高级阶段更侧重于自我调控。

3. 经验整合。学习能力的形成和发展还有非常重要的一个部分是经验整合，它包含两个方面的内容。一个方面是迁移能力，它是使习得的经验概括化、系统化，用于新问题的解决，通过迁移使已有的知识、技能、学习策略得到进一

① 尹鸿藻，毕华林. 学习能力学[M]. 青岛：青岛海洋大学出版社，2000：82-84.

步验证、充实与熟练，迁移也是由知识、策略等向能力转化的重要环节。学习能力的形成依赖于所掌握知识和技能的概括化，即经验整合的一个方面。迁移能力可以通过多样的方式进行练习和提高，掌握基础知识和基本技能，突出事物之间的联系，为迁移提供必要的条件，同时在教学内容的选择和组织上，也可以更具概括性和系统性，不断在教与学的过程中去发展迁移能力。

另一个方面是应用，就是"做"的能力，是学习者将经验落实运用到具体的学习活动上的能力。它以系统的方式，让学习者在新的学习过程中持续地采取学习行动，完成学习任务的过程，这是经验整合的重要形式。当然，经验整合并不是一成不变的，所谓"在做中学"，故此，应用的过程也是经验迁移能力优化的过程。所以经验整合的两个方面——迁移能力和应用能力，两者是不可分离、相互促进、相互作用的，它们呈螺旋式上升。

综上所述，中小学生学习能力的形成是由浅及深、由表及里的过程，是在不断形成的过程中持续发展、完善和优化的。我们可以用图5-2来表示学习能力的形成机制。

	初级阶段	中级阶段	高级阶段
信息加工	认识和理解	知识库	"加工"
学习策略	学习、收集方法	方法库	选择及调控
经验整合	迁移能力 ←相互促进→ 应用能力		

图5-2　学习能力的形成机制

随着学习活动的进一步深入，学生会遇到一些运用原有学习能力难以解决的新问题，这些新问题能促进学生学习能力的发展，是其原动力。当学生能够通过信息加工对这个问题进行再认识和理解，在自己的"库存"中寻找相关知识及运用适当的方法解决这一问题时，迁移能力便得以最好的诠释；如果未能找到"库存"，则通过"再加工"及时地调控和经验的类比，自己解决了这一问题，那么他便形成了新的学习能力。

总之，学习能力的形成离不开具体的学习活动，因此，在教师的教学中，如果能够考虑去培养和发展学生的学习能力，定能对中小学生学习能力的发展起到很好的促进作用。

第三节　基于学习能力的教学研究

一、基于学习能力的教学目标确立

在世界教育教学发展史上，教学目标作为一个教育学术语最早出现在20世纪30年代。20世纪60年代之后，教学目标随着学校教学的持续发展而受到广泛关注。教学目标在学生学习和教师教学的过程中起着重要的作用，既对教学活动的设计起指导作用，也为学生学习结果的评价提供依据。因此，对于学生学习能力而言，教学目标的内涵是否清晰、教学目标与教学目的的相关及差异性是否清楚、教学目标的表现形式是否有所区分、教学目标的功能是否熟知、教学目标的分类是否明确等，都在一定程度上影响着学生学习能力的组织与实施。有鉴于此，从学生学习能力的视角，厘清教学目标的相关内容，就显得尤为重要。从历史学、阐释学以及教育学的角度综合分析可以看出，本研究中学习能力指的是中小学生所形成的完成学习目标或任务体现出来的综合素质，是指在已有学习经验的基础上，大脑通过信息的提取、加工，运用一定的学习方法、策略，获取知识、运用知识、发现并解决问题的一种能力。

教学目标是对教学活动预期结果的标准和要求的规定或设想。[①]具体指的是教学目标是教学活动的具体载体，是教学活动的结果性预设，而是否能实现教学活动的预期结果、预期标准、预期要求、预期规定和设想，学生的学习能力在其中起着重要的作用。教学目标与学生学习能力的关系具体可以用以下案例加以证实。

有一天，王老师领着五（2）班的同学去郊区农村参观。出发前，他把全班同学分成两个小组，分别布置了任务。他先对第一个小组说："你们注意观察谷物的生

① 王本陆.课程与教学论（第3版）[M].北京：高等教育出版社，2017：136.

长情况，看那里有什么，长得怎样。”然后告诉第二个小组：“你们注意观察蔬菜和水果的生长情况。”参观结束后，王老师让同学们分别把观察所得写下来，结果同学们一般都写得比较详细、具体和生动。接着，王老师又让第一组同学描写蔬菜和水果的生长情况，让第二组同学描写谷物的生长情况，结果只有极个别的学生能够写出自己的印象，大多数学生的叙述是含混、模糊的。[①]

以上案例是比较典型的学生学习能力在教学目标中的作用，教师在开始之前首先交代了本次课程的基本目标，即对相关事物进行仔细观察，但是在交代过程中，对两组同学的教学目标交代的程度不一样，第一组同学的教学目标交代得比较详细，而第二组同学的教学目标交代得较为简洁，导致最终结果不一样。第一组，观察仔细，结论明确；而交代较为粗糙的第二组，所得的结论较为混乱，不明确。由此，我们可以得出，教学目标是否明确，严重影响学生对学习结果的判断和把握，更重要的是，如果学生学习能力也不是很全面和完善，那么学习结果将不得而知。为了进一步厘清基于学习能力的教学目标如何确立，其主要依据是什么，有哪些内在表征，我们首先要思考教学目标的整体性功能，以及学习能力在教学目标确定过程中的主要作用是什么。

一般而言，教学目标具有导向、激励、标准三种功能。导向功能指的是教师根据教学目的，确定各学科、各单元和各课时的教学目标，同时又根据这些教学目标设计教学活动和实施教学；激励功能指的是向学生明确应该达到的目标，能够激励学生朝着认定的学习方向努力，激发学生的学习动力；标准功能指的是在教学活动中，必须随时了解教学活动的效果，在此基础上对教学活动的进度与方法进行调整和改进，并在教学活动结束之后对其进行评价，以便对教学活动进行标准化评定。基于以上教学目标的三种功能，学生学习能力对教学目标的三种功能会产生重大影响。因此，基于学习能力的教学目标的确立也可以概述为：学生在学习过程中，为了确立清晰的教学目标，结合已有学习经验，通过大脑对信息的提取、整理、加工，自觉对相关信息进行提取、整理，从而形成并确立清晰、明了、系统的教学目标。

基于学习能力所确定的教学目标和传统的课堂教学目标略有不同，主要表现在确定教学目标的主体不同、确定教学目标的内容详尽程度不同、教学学习

① 李秉德.教学论[M].北京：人民教育出版社，1999：66.

主体对教学目标的认识程度不同三个方面。首先,确定教学目标的主体不同。传统的课堂教学目标的确定,受赫尔巴特教师中心论的深刻影响,教学目标由教师单方面决定,教师所标识的教学目标,即学生要达到的学习目标,这一目标脱离了学习的主体,学生在不了解教学目标具体情况的背景下开展学习,容易引起因目标混乱而导致目的不明确,而基于学习能力所确定的教学目标是在有学生参与、充分征求学生意见、充分调研学生学习能力的基础上所确立的教学目标,这样的教学目标符合学生的发展特点,契合学生的认知水平,遵循学生基本的学习能力,具有明确性、兼容性等典型特征。其次,确定教学目标的内容详尽程度不同。传统教学目标的确定,由教学的主体——教师一手包办,因此,学生所看到的教学目标都是比较宏观的、非常简洁的、没有任何解释说明的教学目标,而基于学生学习能力所确立的教学目标,是在充分征求学生意见、了解学生学习能力基础上所形成的,教学目标无论是相对于教学主体还是学习主体,都是比较具体而翔实的,有较强的可操作性和可测量性。最后,对教学目标的认识程度不同。传统教学目标的确立,受传统教育思想的影响,即“教师教什么,学生学什么;教师如何教,学生如何学”,这一过程对学生而言,学习过程是被动的,是在对教学目标没有任何理念的基础上的盲目学习,因此结果具有不可预测性,学习能力具有不稳定性,而现代教育讲求以学生为中心,学生参与教学目标的制订,学生的学习能力作为教学目标制订的依据之一,这样的情况,无论是对教师而言,还是对学生而言,二者之间以前的壁垒被打破,双方均了解了学习的基本目标和教学的基本目标,在一定程度上走向了一致,达到了融合,从而能有效实现基于学生学习能力的教学目标的确立和达成。

二、基于学习能力的教学内容组织

在教育教学研究的范畴体系内,教学内容指的是各门学科中特定的事实、观点、原理和问题以及处理它们的方式,是一定的知识、技能、技巧、思想、观点、信念、言语、行为、习惯的总和。[①]具体而言,教学内容一般都指的是课程内容,

① 王本陆.课程与教学论(第3版)[M].北京:高等教育出版社,2017:81.

它是人类文明成果的精华，是学生学习的具体对象，是教师与学生互动的主要中介。从教育发展的角度看，教学内容主要包括学科知识与教材、社会生活经验以及学习者的经验。基于以上梳理，传统教学内容的内涵、特征以及相关内容和现代社会的教学内容差别不大，但在教学内容的组织过程中，其原则、相关要素、基本特征等需要重新厘清，以回应当前基于学生学习能力的教学内容组织。如下论证说明了教学内容组织的相关性。

日本学者佐藤学指出，课程不仅是组织教学内容，还组织知识与学生的关系、知识与教师的关系、学生之间的关系，进而也组织建构社会背景的学校共同体关系。构成教学内容的一种样式是“阶梯型”课程，它是追求效率与生产性的样式，其教育内容与学习活动瞄准最终目标，划分好小步子，然后引导学习者朝最终目标步步攀升来加以组织。它的特征在于，步步攀升的过程是单向的、线性的，一旦在某一级踏空了，就会导致“掉队”。构成教学内容的另一种样式是“登山型”。其特征在于，以大的主题（山）为中心，准备好若干学习的途径（登山路线）。“阶梯型”课程以“目标—成就—评价”为单位组织单元，而“登山型”课程则以“主题—探究（经验）—表达”为单位组织单元。前者以目标的达成为价值，后者的价值在于登山本身的体验及其乐趣。①

综合以上论证，结合历史学、阐释学以及教育学的角度综合分析可以得出，本研究中，学习能力指的是中小学生所形成的完成学习目标或任务体现出来的综合素质，是指在已有学习经验的基础上，大脑通过信息的提取、加工，运用一定的学习方法、策略，获取知识、运用知识、发现并解决问题的一种能力。针对这一学习能力的概念阐释，下文将从基于学生学习能力②的教学内容选择原则、基于学生学习能力的教学内容组织原则、基于学生学习能力的教学内容特征三个方面来展开研究。

（一）基于学生学习能力的教学内容选择原则

当前世界处于一个知识激增的时代，学科门类之多，学科内容之繁，但学生

---

① 佐藤学.学习的快乐—走向对话[M].钟启泉，译.北京：教育科学出版社，2004：118-123.

② 注：本书稿中所提到的学生学习能力如无特别说明，一般指的是中小学学生学习能力，下文将不再解释。

用来学习的时间和精力非常有限，这就在无形中形成了一对矛盾，即知识不断激增与学生学习时间有限之间的矛盾。这一矛盾的出现，直接影响了教师教学的方式与学生学习的效率，特别是在当前教育教学转型的关键时刻，以学生为中心的思想贯穿于教育全过程。因此，为解决上述问题，研究基于学生学习能力的教学内容选择原则显得尤其重要。

一是关注学生学习能力，注重选择的基础性。时代的发展要求学校教育和家庭教育关注学生学习能力，而关注学习能力的基本前提是要注重学生学习内容选择的基础性，这是由教育的基本性质所决定的。基础性主要意味着：教学内容应在体现时代精神的同时选择那些超越不同历史时期而具有恒久价值的相对稳定的知识，教学内容应在尊重多元文化的同时选择那些超越不同地域、民族与文化的共同知识和价值，教学内容应致力于为每一位学生的终身学习、毕生发展奠定知识、能力、人格的基础。[①]即在充分尊重学生为中心的原则下，在关注学生学习能力的基本要求下，重点体现教学内容选择的基础性。

二是关注学生学习能力，凸显选择的时代性。唯物辩证法告诉我们，事物是不断向前发展的，新事物与旧事物处于不断交替之中，教学的内容同样如此。随着时间的不断更替，我们对教学内容的选择也要跟随时代的脚步，删除教学内容中那些陈旧、烦琐的部分，引入与课程目标相匹配的、鲜活的、有时代感的新教学内容，并适时关注学生学习能力与引进新内容的适应性。

三是关注学生学习能力，渗透道德价值观教育。学生学习能力是学生身处社会的基本能力，也是社会对任何个人的基本要求，知识掌握是学生学习的部分内容，而作为一个社会人，个人道德价值观教育才是教育过程中最重要的组成部分，学生学习能力中也包含了对道德价值观的教育，值得注意的是，不同教学内容蕴含着不同的价值观教育，要注重分门别类，关注学生学习能力，因材施教。

（二）基于学生学习能力的教学内容组织原则

学生学习能力直接影响着教学内容的组织与实施。一般意义上，教学内容的组织要遵循以下原则：一是处理好垂直组织与水平组织的关系。在关注学生学习能力的前提下，要将课程要素按照纵向的发展序列组织起来，重点强调学

① 汪霞.小学课程与教学论[M].上海：华东师范大学出版社，2011：94.

习者从已知到未知、从具体到抽象，学生学习能力的发展程度以及人的基本发展规律在有形或无形中影响着这二者之间的关系。二是处理好逻辑顺序与心理顺序的关系。人的发展具有一定的生理顺序，人的思维进步具有一定的逻辑顺序，而学生的学习能力也处于一个不断进步、持续发展的过程，因此，教学内容的组织也需要根据学生的兴趣、需要、经验背景以及学习能力来组织教学内容。三是处理好直线式与螺旋式的关系。按照教育研究中人的发展的一般理论，任何个人的思想进步与发展总是呈现直线式发展与螺旋式递进的关系，在这二者的共同发展中而发展，在发展中要重点关注学生学习能力的进程与进步，以保持与其同步。

（三）基于学生学习能力的教学内容特征整合

学生学习能力从一定程度上来讲，决定着学生学习的预期效果。因此，从整体上看，当前学生学习的内容（狭义上的教学内容）基本特征是：要注重体现并强调教学内容基础中的德育性，强调教学内容稳定中的发展性，强调教学内容精细中的系统性。

一是强调教学内容基础中的德育性。小学各学科课程标准中明确指出，要求课程在注重基础性的同时，要兼顾课程内容的德育性，主要体现在各学科要注重德育教学内容的选择，各学科教学内容要关注德育目标的实现，通过活动课程促进德育功能的落实。二是强调教学内容稳定中的发展性。人格的形成与发展具有稳定性，同时也具有发展性，学生的学习能力处于一个不断发展而渐趋于稳定的过程之中，我国经过八次课程改革，其整体结构是稳定的，具体课程设置也是基本稳定的，因此在对教学内容选择时，要在细节上注重进步与完善，以此对教学内容进行修订。三是强调教学内容精细中的系统性。中小学阶段是基础阶段，所学知识比较零碎，处处体现了精细性的特点，这就使得整个教学内容看起来比较琐碎，因此，在整个过程中，要主要关注教学内容的系统性特征，以此来回应学生学习能力整体发展、局部调整的典型性和特殊性。

三、基于学习能力的教学策略选择

教学策略是对完成特定的教学目标而采用的教学活动的程序、方法、形式和媒体等要素的总体考虑。[1]没有哪种单一的教学策略可以适合所有条件下的教学活动，最好的教学策略就是在一定的具体情况下达到特定教学目标的最为有效的方法论体系。

（一）教学程序的设计

学科教学是以课为单位进行的，一般教学中为使学习者有效地获取知识，将课的类型分为新授课、练习课、复习课等。下面从能力培养的角度对这三种课型的程序加以分析。

1. 新授课

这里的新授课是针对教学过程而言的，指教授新知识的教学时间段，粗略地说，新授课就是以解决言语信息类知识、概念规则等基本智慧技能的学习为主。基于学习能力的教学是以学习者为主体活动进行的，“引导—发现”程序、“示范—模仿”程序、“情境—陶冶”程序、“自学—辅导—训练”程序等教学程序比较适合能力培养的要求。

美国心理学家奥苏贝尔提出的“先行组织者”概念比较有利于指导新授课教学程序的选择。他认为，促进学习和防止干扰的最有利措施，是利用与所学材料适当相关的、学习者最清晰而稳定的材料引导学习者的学习，这些材料被称为“先行组织者”。“先行组织者”的意义在于使学习者在“已经知道的”和“将要学习的”之间架起桥梁。这种课的基本程序是：提出先行组织者—逐步分化—综合贯通。

新授课程对于学习能力中信息加工能力的培养有非常重要的作用，所以，不论选择哪种教学程序，都应当注意将有关材料通过合适的途径展现给学生，让学生有信息加工的过程并从中得到能力的提升。

① 皮连生.教育心理学[M].上海：上海教育出版社，2004：455.

2.练习课

练习课是重要的课型，特别是对理科性质的课程教学更是不可忽视的。基于学习能力培养的练习课，要更加注重学习策略的培养。教师应当从题目开始，按照知识类别、解题方法、能力训练等进行分类，一类一类地带领学生探讨，并且这一过程中要关注对学习方法、学习策略的指导与训练。

3.复习课

有一点要明确，复习不等于重复。因为复习是对知识的整理和系统体系化的过程，基于学习能力的培养，经验整合能力的提升在这一类课型中应当更为重要。

基于问题的教学过程更加适合于学习能力培养的复习课，问题可以是学生提出的，也可以是教师提出的，对问题的解答应当以学生为主进行，在这样的过程中，通过有难度、提示性的问题，激发学生整合已有经验并促进能力的形成和发展。

当然，每一种课型并不是培养某一类单一的能力，只是各类课型有所侧重，这样教师在教学不同类型的课时，会知晓培养哪方面的学习能力，就可以设计出相应的教学程序。

（二）教学方法的选择

教学方法是教师和学生为了达到教学目标，在教学原则的指导下，借助一定的教学手段而进行的师生相互作用的途径、方式等，既有教师教的行为，又有学生学的行为，这两者是相辅相成的。针对不同的教学内容和不同认知的学生，采用恰当的教学方法，才能收获更佳的教学效果。

常见的教学方法有“讲授法”“演示法”“讨论法”等，但“教学有法”而“教无定法”，所以，在教学过程中，不可能只使用某一种单一的教学方法，而是对多种方法进行选择和组合，以使教学过程达到最优化。

比如：教师在教学“1000以内数的认识”时，先出示了古文（千字文），让学生数一数，一共有多少字？学生看到4字一句，5句一行，发现一行20字，于是自发地20、40、60……地数起来，数到100，看到正好组成一段，就又自发地从一行行数转向一段段数，100、200、300……数完，迫不及待报出答案，一共1000字。

教师给以赞赏："大家数得真准，这是我国古代的千字文。"边说边揭示文首的"千字文"三字。千字文乃四言长诗，首尾连贯，音韵谐美。

后又在计数器上边拨珠边数数……边拍手边数数。（让数数这一活动从具体形象向抽象转化发展）①

以上案例中的数学教学法应用很好，把握"数是数出来的"这一中心思想，发现某些事物的源头、渊源或原型，精心选择适当的载体，巧妙选择合适的教学方法。所以，基于学习能力培养的教学方法也不是单一的，但要把握一些原则，要将学生的学习能力培养放在中心位置。教学中要注意顺应学生学习能力发展的规律，建议多种教学方法灵活地组合，组合方式也有若干：如按照学生的心理发展规律，根据教学时间顺序，采用"讲授"（学习信息加工）—"集体讨论"（学习策略培养）—"学生练习"（经验整合过程）的组合；再如根据教师和学生在教学过程中的作用不同，采用"自学"—"辅导"—"交流讨论"的组合等。

（三）能力主线的构建

不论如何设计教学程序、如何组合教学方法，在进行教学策略的选择时，都应注意将学生学习能力的培养作为主线去构建。一般教学中都有"知识主线"，而在以学习能力培养为主的教学中，需要有一条清晰的"能力主线"贯穿始终。

教师应当注意以下几个方面的问题。一是教师应致力于问题情境的创设，要为学生提供充分的信息加工的条件，让学生有基于问题的思考。二是注意学生的主体性。真正的学习不是以教师的教完成的，而是以学生的学为主的，教师在教学过程中只是"帮助者""引导者"，教师可以安排不同的学习方式，比如小组合作学习、动手实践学习等，并且要注意学生的"最近发展区"，给予学生可以去思考的路径。三是重视学习策略的培养。我们说学习策略是学习能力的核心，故此，在教学策略中要注意教学策略的形成和培养。可以从以下途径考虑，比如提供给学生同一问题从不同的侧面认识，适时地对学生的学习状况给予引导性评价，组织学生对自己已经经历的学习过程进行回顾提炼等。

构建以能力为主线、以学习能力培养为重要目标的课堂教学，是基于学习能力培养的教学策略的重要落脚点。

① 曹培英.跨越断层，走出误区："数学课程标准"核心词的解读与实践研究[M].上海：上海教育出版社，2017：7.

四、基于学习能力的教学评价

教学评价是教学系统的重要组成部分，它不仅是检测教学目标是否达成的重要手段，也是达成教学目标必不可少的步骤之一。以下介绍的教学评价是教师在进行教学设计时，为了提高教学目标的达成而进行的评价。

（一）教学评价的实施原则

基于学习能力的教学评价不仅仅是用来监测的，我们认为更为重要的是激励，所以，在进行教学评价时，要遵循以下原则。

1.主动性原则。强调学生是评价活动的真正主体，让学生最大程度地主动投入、参与其中。主动性原则要求教师充分尊重每一位学生，将学生视为成长中的人，在轻松愉悦的氛围中进行自主评价。再者，教师在课堂中要充分调动学生的主观能动性，给予学生更多的自主成长空间，尊重自我评价及生生互评，这样不仅能够培养学生的主体意识，也能让学生在这样的评价过程中实现能力提升。

2.发展性原则。学生的发展是一个可持续的过程，并不是要给予一个准确的鉴定。要让评价内化为学生进步发展的目标和动力，通过学生对自己成长与学习过程的评价，分析自身优劣势，从而提出改进的方向，以促进自身水平的提高。这一原则就对评价的诊断性提出了要求，只有诊断出问题的“症结”，才能“对症下药”，从而促进学生能力的发展。

3.过程性原则。过程性原则是要求关注评价的过程，而不是静态的结果。在评价的过程中，学生的知识技能、情感态度等都会发生一定的变化，我们要对学生的变化水平进行关注，多采用动态性的评价方式，如表现性评价等。而且要注意评价的全面性，在过程中关注学生的全面发展，这样才能保证评价的科学性与有效性。

4.激励性原则。评价要以调动和激发学生的学习情感，唤醒和激活学生学习能动性为核心，同时对学生的成长过程与状态做出正面的、肯定性的评价，从而激励学生不断发展自我，帮助学生树立信心与责任感。激励性原则强调给予学生更多的正面肯定，让内因成为其自身发展的最大动力，让其保持长久的发展活力。

（二）教学评价的实施

在实际的教学中，按照评价的时间来看，有过程性评价和终结性评价。根据教学评价的功能来看有诊断性评价、形成性评价和总结性评价。以下我们根据教学评价功能划分的这三类评价来进行讨论。

1.诊断性评价。这是一个学期开始或一个新学段开始前，对学生进行摸底性检测，通常可以用摸底测试、调查问卷、谈话等方式进行。基于学习能力培养的诊断性评价要注意，不论采用何种形式，都不能只关注知识技能，还要注意对学生学习策略的测验。同时，可以设计一些新的问题，让学生经历发现问题、解决问题的过程，诊断其学习能力。

2.形成性评价。形成性评价是在教学过程中实施的，用于了解教学过程的进展情况。小测验、单元测试、随堂练习等都属于这类评价的范畴。在以培养学习能力为主要目的的教学中，形成性评价也应当注重学习能力的评价，特别是对学习能力形成情况的分析反馈，让学生明确能力方面的要求和目前达成的情况。

形成性评价注重评价的正面激励作用，这类评价在小学阶段更加注重激发学生的学习兴趣，固化其已经形成的学习能力，在中学阶段则更加侧重于查漏，尤其是学生暂未掌握的学习策略可以暴露出来，以便在后续学习中重点关注。

3.总结性评价。这是一学期或一阶段的学习执行结束时所进行的，也是一种目标参照性测试。总结性评价应当是有利于学生发展的，要考虑学生的身心发展状况、学习现状等，在检测学生学习知识掌握情况的基础上，更多地要关注学习能力的形成程度。同时，在进行总结性评价分析时，要注意关注学习能力的个体差异性，进行横向、纵向多方面的比较，及时肯定学生，并对学习能力的提升进行肯定。

第四节　基于学习能力的教学案例分析

在进行基于学习能力的教学案例分析之前，有必要进一步强化学生学习能力的概念内涵，即学生学习能力主要是指学生在学习过程中所形成的完成学习目标或任务体现出来的综合素质，是中小学生在已有学习经验的基础上，基于兴趣、个人特长、直接体验等特征，通过教师引导，从而在大脑中进行信息的提取、整理、加工，运用一定的学习方法、学习策略，获取知识、运用知识、发现并解决问题的一种学习能力。学生学习能力是教师教学的基本依据，也是教师教学结果评价的前提。教育教学实践过程中诸多实际的案例，反映了基于学生学习能力的不同而产生不同的教学方式、教学思路以及教学的效果，以下通过案例形式进行呈现，以此进一步对学生学习方式的特点及重要性予以验证和反思。

（一）基于学生学习能力之学习兴趣——直接体验案例

一次习作课要求学生围绕自己感兴趣的话题搜集资料、展开讨论，并且要整合资料，结合自己的认识，写成一篇习作。可对于四年级的学生来说，他们所感兴趣的话题是什么呢？为了投其所好，我在学生中做了一个简单的调查，发现他们对环保方面的内容特别感兴趣，尤其是关于保护动物的。这让我想起了生活在美丽的可可西里的濒危动物——藏羚羊。我预感这些“高原精灵”的过去、现在与未来一定会激发孩子们习作的欲望。

我从网上找来几张图片，向同学们简单介绍了美丽的可可西里和藏羚羊，布置任务让他们利用课后的时间查找有关资料。当时，同学们还真是挺兴奋的，都说：“社会处处皆语文，哪里有生活，哪里就有语文。”同组的一位老师聊起她看过的一部电影《可可西里》，那原始迷人的自然风光，那震撼人心的屠杀场面，给她留下了刻骨铭心的感受。多好的素材啊！我立刻请电脑老师将影片准备好，用了一个中午的时间组织同学们静静地观看。同学们的心一时间飞向了可可西里，他们时而欢呼，时而愤怒，时而又屏住呼吸凝神观望……

也许是大量的资料已让他们对藏羚羊有了充分地认识，也许是影片带给他们太多的感受。星期五的作文课上，同学们在自然的口语情境中，谈了自己在读资料的过程中感受最深的内容，发表了自己对于这些脆弱生命的极度同情，发出了保护藏羚羊，保护可可西里的呼唤。

最后，我请学生自主思考，谈自己的习作设想。习作欲望:有的准备给那些喜欢穿着打扮的贵夫人们写一封信，告诉她们，披在她们身上的这些象征地位的“沙图什”的真正来历，呼吁贵夫人们不要购买；有的想给盗猎者写一封信，劝告他们停止残忍地捕杀，否则藏羚羊将成为继恐龙以后的又一历史回忆；有的学生想在网上给全国的少年儿童发一封倡议书；有的想写一篇演讲稿，呼吁人们珍爱环境，保护野生动物，让藏羚羊的悲剧不再重演；还有的想以小藏羚羊的口吻写一篇“我要妈妈”

的文章,告诉人们藏羚羊家族的悲剧,以引起人们的同情,停止残忍的猎杀行为。孩子们那一个个来自多角度的创作灵感,无不让我感受到他们鲜活的学习体验。①

在以上基于学生学习能力的案例中,涉及的关键词有学生的学习兴趣、学生的直接感知与体验,这两个元素是学生学习能力的核心要素。就这一案例而言,教师首先要做的是思考“学生的兴趣在什么地方?如何才能激发学生的兴趣?”学生学习能力的基本判断就在于此,只有学生对某个知识点充满了好奇心,愿意去探究、思考某件事情的时候,才是学生学习能力出现的时候。教师搜集图片、视频等资料,激发了学生的好奇心,同时也开启了学生学习能力的大门,让学生由传统的被动学习变为现在的主动探究。在此基础上,教师又通过电影素材等方式,让学生进一步感知、体验世界上目前对野生动物的一些不良做法,进一步激发学生保护动物的意识,也就是让学生从内心深处去直接感知、体验部分人类的错误做法,能进一步强化他们保护动物的意识,这让学生的学习主动性进一步得到提升,也进一步强化了学生的主动学习能力。

(二)基于学生学习能力之学生特长——教师引导案例

以下案例是一位学生描述自己在不同课程上的不同思想活动,具体如下:

内心独白一:今天是星期四。第一节是数学课,那是比较难熬的一节课。我只能假装听课,不敢丝毫怠慢。因为一旦被数学老师发现开小差,就会被批评。课上做作业,我不得不装模作样地乱做,到下课时,赶快抄好作业交差。其实,数学课我一句也听不懂。当老师讲得精彩时,就是我放松一下的时候……

内心独白二:自从进了“活动能力班”,发现一切都变得美好了。每天第一节都是体育课(这样安排是为了可以和其他班级错开),那是我们喜欢的课。十分钟队列操练后,老师就让我们自由活动。有的打羽毛球,有的打乒乓球,有的打篮球……我最喜欢的是打篮球,我个子高,而且活动敏捷,再加上技能好,篮球在我手里,好像有魔力似的,总是乖乖地听我的话。尤其是远投“三分球”,是我的拿手好戏。有一次,在半场处,我用力一投,竟然正中篮圈,引得同学们的一片喝彩声。第二、第三节是文化课。老师根据我们的“胃口”讲解一些知识,直到我们听懂为止。相应的作业我们都在课上完成,负担也不重,我们也乐意完成。第四节是室内活动课,这也是我们喜欢的课。可以下棋,可以打牌,也可以看自己喜欢的书。其他班级自修的时候,电脑房空闲着,学校就让我们上网冲浪,乐得我们跳起来。下午第一节是

① 汪霞.小学课程与教学论[M].上海:华东师范大学出版社,2011:66-67.

品德课或劳动课。有时讲故事,有时播放故事片,有时请名人讲演,通过多种形式教我们做人。劳动课通常是为学校打扫卫生,我们也愿意做,因为我们有使不完的力气。①

以上两段独白来自于同一学校、同一个学生在学校教学内容、教学方式改革前后的不同思想体会和反思。第一段独白中,以教师为中心,以上课学知识为中心,没有充分考虑学生的领悟能力以及学生的学习能力,重点关注了学习成绩,这就导致学生厌学,对学习提不起兴趣,再加之全部都是知识性学习,学生比较容易疲倦,因此就出现了第一段学生的内心独白。而在第二段独白中,由于丰富了课程的形态,增加了许多技能性、活动性课程,充分考虑了学生的兴趣,并且照顾到了学生们的特长爱好,同时教师也对学生的喜好进行积极引导,调整了课程的开设顺序,符合了学生学习的基本规律,也考虑了学生在有限时间内的学习能力,根据学生应有的学习能力开设课程,在此基础上,学生觉得"一切都变得美好了"。并且,学生觉得尊重自身学习能力的课程开设,照顾学生自身特长的内容分配,兼顾教师指导的内容分享,这一切都使得学习的效果进一步凸显,学生的积极性被充分地调动起来。学生基于个人兴趣、个人特长、直接体验等课程特征,通过教师引导在大脑中进行信息的提取、整理、加工,运用一定的学习方法、学习策略,获取知识、运用知识、发现并解决问题的能力得到了进一步的强化。

(三)基于学生学习能力之信息加工——自学教学案例

为培养学生学习能力,教师可通过"任务动机"激发学生的探索欲和求知欲,提高学生的学习参与度,保持学生持久的学习兴趣。

例如,中学英语在学习"movies"单元时,教师采用了图示的方法帮助学生展示与movie有关的词汇信息组块。

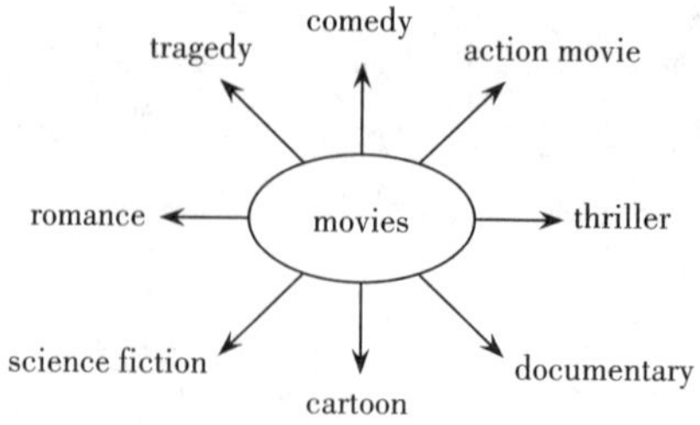

① 顾伟清.教育案例新透视[M].南京:南京大学出版社,2017:166-167.

用这样的图示，提供给学生素材，给予学生充分的时间围绕关键词进行自主学习，随后在小组内进行分享交流学习。

这堂课中，学生学会的不仅是书本上的点滴知识，更是以movie为中心的知识网络。①

通过以上教学片段可以看出，学生知识结构的形成和发展，是在个体已有知识经验基础上，通过个体独立探索和群体合作交流来实现的。学生个体经验的扩展，可以通过语言、符号等间接掌握人类长期积累起来的科学文化知识，也可以通过与群体合作交流直接吸收他人的思想和经验，使学习者在短时间内快捷地了解相关知识技能，使其思想和经验更有准确性和灵活性。

重视引导学生对知识材料进行及时的整理和重组，发现事物的性质、规律以及事物间的内在联系，不断提高知识概括化水平，使学生在言语和概括水平上理解和掌握知识。在学生的学习过程中，实现对知识的概括掌握，实质上就是对学科知识的结构化认识，这是培养学生信息加工能力的基础，也是发展学生学习能力的落脚点，它不能依靠简单记忆来实现，而是对已有经验、技能重新审视，对新知材料的深化加工，对自身认识的突破与发展。

（四）基于学生学习能力之学习策略——教学活动案例

在教学《厘米的认识》时，有这样一个教学活动：

请一高一矮两位同学来到讲台前面，请大家填空：xx比xx高（　　）。

学生填：一点、一些、很多、半个头、一个拳头、5米、10厘米等。

片段一：什么是比较物

板书：xx比xx高（一点）
（一些）
（很多）
（半个头）
（一个拳头）
（5米）
（10厘米）

师：同学们，大家有了这么多不同的答案，真的很棒。这些不同的回答中，你喜欢哪个答案？

① 王宇.中学生自主学习能力的研究[D].东北师范大学，2009.

生1：半个头。

生2：一个拳头。

师：你喜欢半个头，理由呢？

生：半个头有东西，“一点”到底是多少，看不见。

生：拳头也看得见。

师：是，那“米”是什么？“厘米”是什么？“米”能看见吗？“厘米”能看见吗？哪里能找到“米”和“厘米”呢？

……

片段二：标准是什么

师：我们知道了厘米，而且尺子是能找到厘米的地方，老师想问一下，你尺子上的1厘米和你同桌尺子上的1厘米一样长吗？

生：不一样长。

师：为什么？

生：我的尺子这么长（6厘米），他的尺子那么长（12厘米），所以，我们的1厘米也不一样长。

师：好，我们来验证一下好吗？（学生把两把尺子叠对起来观察）

生：一样长。尺子可以不一样长，但1厘米一样长。

师：（拿出米尺）大家尺子上的1厘米跟老师尺子上的1厘米一样长吗？

生：不一样。我们1厘米这样长（用手比画），你尺子上的1厘米这样长（用手比画，大约5厘米）

师：是吗？我们也来比比看？

（每组发一根米尺，小组合作操作）

生：噢，也是一样长的。①

以上教学片段中，教师并没有循规蹈矩地直接让学生拿出尺子观察“1厘米”是多长，而是用两位一高一矮的同学比较身高这一活动，让学生积极讨论、交流。后面又通过两次“比尺子”的操作活动，让学生体悟单位是一种规定，不论什么尺子，不论在哪里，单位都是一样的，并以此感悟“标准”的意义。这样的活动设计，既不脱离学生的已有经验，又对新知有所启发，将“活动”与“发展”紧密联系起来，以活动促发展。小学生处在学习能力发展的初期阶段，以上教学案例，让学生在操作中主动探索，保证学生主体活动、主动发展在教学实践中的落实，同时，教师并没有让他们盲目尝试，而是在教师的指导下逐渐寻求知识的

① 俞正强.种子课[M].北京：教育科学出版社，2013：20-22.

本质，教师的主导作用也非常重要。

我们回顾教学片段会发现，教师在引导中潜移默化教给学生学习的策略，让学生经历了“猜想—验证—回顾”的完整体系，让学生在体验操作中，落实学习策略。基于低段学生的身心发展特点，教师并没有明确说出用了实证的方法，但学生经历了两次比对，已经掌握和熟知，相信在后续学习中，学生会加以使用。

因此，要根据学生的年龄特点和能力水平，对学习材料进行加工和改造，创设有利于学生探索思考的活动情境，设计不同的活动方式，引导学生自己去思考问题，参与知识探索发现的过程。此类教学活动中，不仅要重视对知识的探索发现，更重要的是通过对知识产生过程的重演和再现，探索凝聚在知识中的智慧，从而促进学生学习策略的发展，提高学生的学习能力。

（五）基于学生学习能力之经验整合——探究学习案例

探究学习是在学生主动参与的前提下，根据自己的猜想或假设，在科学理论指导下，运用科学的方法对问题进行研究，在研究过程中获得创新实践能力和思维发展，自主构建知识体系的一种学习方式。教师在展示课题时，只有创设适宜的问题情境，才能激发学生的学习兴趣和动机，才能促使学生主动参与教学活动，明确教学目标。

老师在课堂上演示了一个有趣的实验：在一只洁净的小烧杯A中装入30 mL蒸馏水，再滴入2~3滴紫色石蕊试液；在一只洁净的小烧杯B中装入30 mL浓盐酸；用一个玻璃水槽把A、B两个烧杯罩在一起，一会儿就看到A烧杯中的溶液变成了红色。

同学们对上述现象看法不一，有以下两种猜测：

第一种：A烧杯中的蒸馏水使石蕊试液变红。

第二种：B烧杯中的浓盐酸挥发出一种气体，溶解到A烧杯的溶液中，使溶液变成红色。

(1)你认为哪种猜测是正确的？如果你不同意以上两种猜测，请给出你的猜测。

(2)请你设计实验方案，证明(1)中你的猜测。提供的实验用品：烧杯、试管、胶头滴管、滤纸、蒸馏水、石蕊试液、浓盐酸等。[1]

① 尹鸿藻，毕华林.学习能力培养的探索[M].济南：山东教育出版社，2004：130.

实验(简述实验内容和方法)	观察到的实验现象

中学化学教学中，教师可根据不同的教学内容，运用化学实验，通过精心设计的启发性问题、通过学生意想不到的错误、通过联系社会与生活实际问题等方法创设问题情境，诱发学生发现和提出问题。能够发现并提出问题，是学习能力之经验整合的第一步。教师要尽量给出贴近学生已有经验的情境，这有利于学生自己发现新问题并提出高质量问题，进而主动地探究问题。

探究学习最能体现学生的主体性、主动性、探索性，是培养学生学习能力的重要学习方式。在上面的教学案例中，学生自行设计，教师尽可能不告诉学生实验步骤，也不过多强调应该如何做，要注意什么，而是直接让学生将方案付诸实践，让学生在独立探究、不断实践中自行发现问题、解决问题，从而顺利完成实验。当然，教师也会引导学生注意观察、深入思考、发现规律，随时规范学生的操作方法。最后及时进行归纳、总结、整理，揭示化学规律的实质，进而构建一个有序开放、灵活稳定、清晰合理的认知结构。

如数学课标中"有意识利用数学的概念、原理和方法解释现实世界中的现象，解决现实世界中的问题"，实际上为我们指明了培养学生应用意识的两条基本途径。培养学生学习能力时，教师的引导尤为关键，在经验整合阶段，学生在获取系统化、结构化知识后，教师要指导学生进行拓展、应用和创新。首先，引导学生将知识进行类比迁移，达到举一反三、触类旁通的目的。然后，让学生将所获得的规律进行演绎、推理，去解决实际问题，使所学的知识得到应用，这一过程主要根据教学内容，结合教学实际，设计应用性问题来实现，学生的思维通过"发散—归纳—再发散"的循环过程，提升其学习能力。

第六章　情感、态度和价值观与教学

《基础教育课程改革纲要(试行)》(以下简称《纲要》)指出,应体现国家对不同阶段的学生在知识与技能、过程与方法、情感态度与价值观等方面的基本要求。[①]情感、态度和价值观作为一个独立的教学目标首次被提出来。钟启泉在其书中指明了情感、态度和价值观目标的重要性:该目标的提出更具有教育的功能,强调学生形成积极主动的学习态度,使获得知识与基本技能的过程同时成为学会学习和形成正确价值观的过程,从单纯的注重知识传授转变为引导学生学会学习,学会合作,学会生存,学会做人,充分凸显了教育过程对人的关注和育人的时代要求。[②]情感、态度和价值观目标引起了专家、学者及一线教师的高度重视和研究。系统地了解情感、态度和价值观,准确把握其与教学的关系,采取相关措施,有助于一线教学中情感、态度和价值观目标的达成。

第一节　情感、态度和价值观概述

我们在认识世界和改造世界中,在日常的学习、工作和生活中,无时无刻不在与情感打交道,随时随地都在产生喜、怒、哀、乐等情感体验。而态度则是一种神奇的力量,它栖息于我们的思想深处,左右着我们的思维和判断,控制着我们的情感与行动。反观我们的各种情感和行动,都有一定的指导思想和价值前提,那就是我们的价值观。情感、态度和价值观都属于人的意识范畴,三者构成了我们相对完整的感性世界。

① 教育部.基础教育课程改革纲要(试行)[N].中国教育报,2001-7-27(2).

② 钟启泉,崔允漷,张华.为了中华民族的复兴为了每位学生的发展《基础教育课程改革实施纲要(试行)》解读[M].上海:华东师范大学出版社,2001:276.

一、情感、态度和价值观概念溯源

（一）情感的概念溯源

从古希腊时代开始，人类的情感一直是很重要的哲学命题。亚里士多德在《修辞学》中将情感定义为，情感包括所有使人改变看法、另作判断的情绪，伴之而来的是苦恼或快感，例如愤怒、怜悯、恐惧等诸如此类和这些相反的情绪。[①]法国哲学家笛卡尔则认为情感是心灵与身体紧密联结所激发的模糊知觉。

19世纪末，“情感”逐渐成为一个特定概念，开始引起心理学家的关注。20世纪50年代，苏联心理学家捷普洛夫将情感定义为，情感是一个人对于自己所认识的或所操作的事物所持的态度的体验。[②]他所指的事物，既可能是周围世界的物体和现象，也可能是其他的人及其行为，还可能是自己本身以及自己的工作和行为。总之，情感就是一个人对于当前一定的事物所持的态度的体验。捷普洛夫关于情感的定义在当时心理学界受到广泛认可。我国心理学家章志光认为，情感是客观事物是否符合人的需要与愿望、观点而产生的体验，即对外界刺激的肯定或否定的心理反应。[③]在《现代汉语词典》第七版中，情感是“对外界刺激肯定或否定的心理反应，如喜欢、愤怒、悲伤、恐惧、爱慕、厌恶等”。[④]卢家楣将情感定义为人对客观与现实的态度的体验，[⑤]他认为情感是区别于认知活动的脑对客观现实的一种反映。虽然研究者对于“情感”的阐释都不尽相同，但大都倾向于定义为一种客观事物和人的需要之间的关系所带来的主观体验。

（二）态度的概念溯源

朗格是最早研究态度的学者，早在19世纪末，他在研究反应时间的实验中发现，如果被测试者对他需要作的反应有所准备时，其反应时间会比其他被测试者短。这种准备状态被称为态度。奥尔波特把态度定义为，态度是这样一种

① 亚里士多德.修辞学[M].罗念生，译.上海：上海人民出版社，2005：76.

② 杨清.心理学概论[M].长春：吉林人民出版社，1981：141.

③ 章志光.心理学[M].北京：人民教育出版社，1984：290.

④ 中国社会科学院语言研究所词典编辑室.现代汉语词典（第7版）[M].北京：商务印书馆，2016：1068.

⑤ 卢家楣.心理学与教育——理论与实践[M].上海：上海教育出版社，2016：229.

心理的神经准备状态，它由经验予以体制化，并对个人心理的所有反应过程起指示性的或动力性的影响作用。[1]这个定义被社会心理学界誉为态度的经典定义。克雷奇等人认为态度是与个人所处环境有关的动机、情绪、直觉和认识过程所组成的一种持久结构。[2]加涅在其《学习的条件和教学论》中指出，态度是影响个体的行为选择的内部状态。[3]《心理学大辞典》把态度界定为个体基于过去经验对周围的人、事、物所持有的比较持久而一致的心理准备状态或人格化倾向，包括认知、情感和行为意向三个成分。[4]张大均把态度定义为人对客观对象、现象是否符合主体需要而产生的心理倾向。[5]不难发现，较多研究者将态度定义为人对客观事物的"较为持久"的心理状态。"较为持久"是态度的一项重要特征。

（三）价值观的概念溯源

价值一词本是经济学方面通常使用的专业术语，而后衍生到人们社会生活的各个方面，这就导致了价值观的含义也是一个十分繁杂的范畴。价值观一词在国内外的文章和著作中有大量出现，然而，迄今为止尚无共同认可的界定。

马克思主义哲学认为，价值观是指人们在认识各种具体事物的价值的基础之上所形成的对事物价值的总体看法和根本观点。

英国莫尼卡的观点与马克思主义哲学观点基本相似，认为价值观是个体对事物和行为的意义、重要性的总评价和总看法，是使人据此而采取行动的一些基本原则、基本信念、理想以及标准。

黄希庭认为，价值观是人们用来区分好坏标准并指导行为的心理倾向系统。[6]

《心理学大辞典》认为，价值观是基于人的一定的思维感官之上而做出的认知、理解、判断或抉择，也就是人认定事物、判定是非的一种思维或取向，从而体

---

① 解祥梅．中学生体育学习态度的调查研究[D]．南京师范大学，2006.
② 胡东．大学生对同性恋的态度研究[D]．四川师范大学，2016.
③ [美]R·M·加涅．学习的条件和教学论[M]．皮连生等，译．上海：华东师范大学出版社，1999：62.
④ 林崇德，黄希庭，杨治良．心理学大辞典[M]．上海：上海教育出版社，2003：1217.
⑤ 张大均，教育心理学（第2版）[M]．北京：人民教育出版社，2011：248.
⑥ 黄希庭．心理学导论[M]．北京：人民教育出版社，1991：207.

现出人、事、物一定的价值或作用。[①]

不难发现,这些研究者都认为价值观是高度概括化的观念结构。这种观念结构具有高度的稳定性,具有判断的功能,对人的行为有指向性。

二、情感、态度和价值观的心理学研究

(一)国外研究

心理学是对情感、态度和价值观尤其是对情感的研究较为系统的学科。心理学的基本理论认为,认识过程和情感、意志过程都是心理过程,它们是人的心理活动的基本方式。认知是情感和意志的基础,情感和意志是在认识的基础上产生和发展的,而且又反作用于人的认识。不过,由于情感中包含着很多主观和内在体验的成分,而科学研究需要客观的、可观察的和可验证的论据,所以在传统的心理学中,情感研究长期没有地位。自心理学成为一门独立的学科后,关于情感、态度和价值观的研究开始兴起。

1.对情感的相关研究

冯特把情感视为心理的两大元素之一,并提出情感三度说。威廉·詹姆斯和朗格于1884年和1885年提出了詹姆斯—朗格情绪学说,他们强调情绪的产生是植物性神经系统活动的产物,从生理角度阐释了情感的来源。坎农在1927年提出了一种丘脑情绪理论,认为情绪的产生是大脑皮层解除丘脑抑制的综合功能。20世纪50年代中期,认知心理学开始兴起。阿诺德提出了情绪的评定——兴奋学说,该学说强调情绪的来源是对情境的评估,而这种评估是在大脑皮层产生的。

1990年,彼得萨罗维和约翰梅耶率先提出"情绪智力"的概念,并对情感在人的发展中的作用作出解释,矛头直指以往教育体系中对学生情感能力培养的欠缺,为情感教育实践开创了先例。戈尔曼在《情绪智力》一书中对情感能力的概念及理论加以阐释,进一步推动当代西方情感教育理论的兴起。

沙赫特提出了情绪受环境影响、生理唤醒和认知过程三种因素所制约,其

① 林崇德,黄希庭,杨治良.心理学大辞典[M].上海:上海教育出版社,2003:571.

中认知因素对情绪的产生起关键作用。沙赫特的研究为情绪的认知理论提供了最早的实验依据，对认知理论的发展起到了一定的推动作用。他的“三因素理论”与海德的“归属学说”的结合便是著名的“情感归属学说”。

随着现代科学的飞速发展，尤其是神经心理学和脑解剖学的最新成果，为探讨人的情感问题提供了新的背景资料，对情感研究的方法、规模和深度都有了较大的发展。

2.对态度的相关研究

1952年，卡利在总结一项实验研究时发现，大学生解决问题的态度不同就会直接影响解决问题的效果。琼斯通过两组美国大学生的实验发现，只有与学生思想里存在的态度相吻合的材料，才容易被吸收、记忆和同化，反之则不被吸收、记忆和同化。加德纳认为，学习态度中积极的情绪在学习中起到很重要的作用，它会使得学习者的学习成绩提高到最佳状态。加涅认为，态度由认知、情感和行为三种成分组成。认知成分是人对态度对象的认识与评价，情感成分是人对态度对象的情感体验，行为成分是人对态度对象可能产生的行为倾向。这已得到心理学界的一致认可。

一些学者根据态度的对象不同，开展了不同态度的构成研究。如沃罗基亭娜在1954年对学习态度的内容和结构开展研究，认为学习态度由学生对学校的态度、对学习的兴趣、对家庭作业的态度、对评分的态度等组成。

1961年，凯尔曼提出了态度变化过程的三阶段说。他认为态度形成有三个阶段：服从、同化、内化。这已得到心理学界的广泛认同。

海德于1958年提出了改变态度的“平衡理论”，又被称为“P-O-X理论”。他认为，认知者对态度对象的态度取决于第三者的态度，如果认知主体对态度对象和第三者的态度趋于一致，其认知就处于平衡状态，态度不易改变，否则就会处于认知不平衡状态，态度则容易发生变化。[①]

霍夫兰等人认为态度是后天习得的，是学习的产物，强化、模仿是态度形成的机制。加涅把学习结果分成了理智技能、认知策略、言语信息、动作技能、态度五种类别。他认为态度的学习一般需要经过很长的时期才能逐渐形成或改

① 张大均，教育心理学(第2版)[M].北京：人民教育出版社，2011：251.

变，并提出了形成和改变学生态度的最佳方法是利用“榜样”的作用，这与霍夫兰等人的观点有相似之处。

3.对价值观的相关研究

心理学界关于价值观的研究主要体现在量化研究上。最早的价值观研究可追溯到20世纪30年代，美国心理学家奥尔波特和阜农制定了第一份价值观研究量表，开启了价值观研究的量化之路。莫里斯的生活方式问卷对13种生活方式中的价值取向进行了描述。到20世纪70年代，罗克奇制定的价值观调查表是国际上广泛使用的价值观问卷，问卷把价值观分为终极性价值观和工具性价值观两个方面。罗克奇开始从维度上而不仅仅从内容上对价值观进行分析和测量，使价值观的研究进一步深入。到20世纪80年代以后，施瓦茨从需要和动机理论出发，解释了价值观的深层内涵，试图构建价值观的心理结构，并编制了具有文化普适性的施瓦茨价值观问卷，描绘出一个世界范围的价值观地形图。

后来研究者利用这些价值量化成果，针对其研究对象的特点，优化、更新或重新设计调查量表，对整个社会或某类群体开展了广泛的研究。

（二）国内研究

在中国传统中并没有西方学科分类意义上的心理学，也没有纯粹的心理学思想。若以西方的心理学观念来衡量，其心理学思想还是非常丰富的。比如情感方面，心性论这个古代中国哲学传统，对于情感问题的讨论成为了传统中国哲学的一个重要特点。感物生情，是中国传统对于情感产生的基本看法，认为人的情感的产生是建立在人的心理基础之上的。在三国时期的《人物志》中，刘劭把情感划分为喜、怨、恶、悦、媢、妒六种类型，并说明了其产生的心理原因。这些都是传统的心理学思想在情感方面做出的相关探索。

20世纪80年代前，我国心理学的研究处于相对停滞阶段，多借鉴国外心理学研究成果。随着改革开放和我国心理学研究的复兴，心理学领域系统学习、借鉴国外心理学研究的新成果和新理论，在情感、态度和价值观方面的研究取得了不少成果。

1.对情感的相关研究

(1)验证性的实验研究

20世纪80年代,孟昭兰系统介绍了西方的不同情绪理论,并在此基础上开展了验证性的实验研究。一些心理学工作者分别从情绪与需要、态度、体验的关系等不同方面,围绕情绪、情感性质问题进行了一系列的探讨。他们谈到情绪、情感的定义,多数偏重情绪的干扰性质,不同程度地把情绪定义为一种激烈的扰乱状态,是一种对平静状态的破坏。至于情绪与情感的区别,一般都认为情感是一种较之情绪相对平静和相对温和的状态。二者只有程度上的差异,而没有性质上的不同。20世纪90年代,逐步对情绪、情感的本质理出了一个头绪,并与情感严格区分开来。一般认为,情绪是一种由客观事物与人的需要相互作用而产生的,包含体验、生理和表情的整合性心理过程。情绪三个不可分割的成分为主观体验、生理激起和外显表情,而情绪为情感的一个类别,情感的范围更广。

(2)情感教育心理学研究

20世纪80年代,卢家楣在借鉴前人成果并结合自身教学实践中发现,教育领域的情感心理研究仍大幅滞后,于是他便对教学中情感的心理研究开展了长达30多年的思考与探索,在情感心理学基础上创立了情感教学心理学。

情感教学心理学可视之为情感心理学的一个分支学科。它主要运用情感心理学中的某些现象和规律,来阐明情感教学的心理学原理,进而以此提出具有心理学依据的情感教学方法。他认为情感由情绪、情感和情操三类组成,也揭示了三者的区别和联系,并为具有内隐特点的情感找到了可外显操作的形态。同时,还揭示了情感现象的功能、两重性(积极作用与消极作用)特点及其在教学中的作用,研究了气质的情绪特性,提出了情绪智力的概念。这一分支对教学实践具有重大的应用价值。

2.对态度的相关研究

国内心理学家在借鉴国外研究成果基础上对态度做了更深入地研究。比如张大均认为态度具有对象性、内在性、持久性、概括性四个特点,具有过滤、调节、价值表现、适应等功能。

一些学者针对态度的不同类别做了相关研究。这些主要集中在对某一类态度的描述和调查上，通过调查结果来分析影响这种态度的因素，最终提出自己的见解。比如陶德清等人编制了著名的《中小学生学习态度测量量表》，对中小学生的学习态度进行了调查研究，结果显示中小学生的学习态度普遍较差，尤其是在学习“计划性”“主动性”方面尤为突出。李洁等人对大学生的人生态度做了调查和研究，结果显示，大学生的人生态度是积极的、乐观的、进取的，其人生态度受专业、性别、健康状态、家庭经济、恋爱经历等多方面的影响，并提出了摒弃教育偏见、树立正确教育观念、注重因材施教等转化策略。

3.对价值观的相关研究

学术界普遍认为价值观研究存在文化、社会、个体三种研究取向。三种研究取向在切入角度、内容选择和方法技术等方面都各有侧重。心理学研究者所关注的更多是个体层次的价值观，较注重对个体价值观形成的影响因素的探讨，也侧重探讨价值观与行为之间的关系。

在个体层面的价值观研究取向中，章志光、黄希庭等人从20世纪80年代开始尝试把实验法引入价值观研究领域，这在我国价值观研究中具有开创性意义。研究者不再仅仅静态地去考察价值观的现状，而是从与自我概念、自尊、生活满意度、主观幸福感、行为的关系角度进行了较为深入地探讨。这种取向对我们目前的价值观研究也具有重要的启示意义。

如黄希庭等人运用罗克奇的价值量表对我国广州、武汉、深圳、成都和重庆的青少年学生的价值观进行调查，发现我国青少年学生的价值观总体相当一致，在性别、年龄和学科专业上有团体差异和个别差异。在终极性价值观中，有所作为、真正的友谊、自尊和国家安全被列为最重要的价值观；在工具性价值观中，有抱负、有能力、胸怀宽广被列为很重要的价值观。

三、情感、态度和价值观的教育学研究

由于情感、态度和价值观三者内涵复杂，外延纠缠，所以在教育学领域中并没有严格的研究分界，常以一个整体展开研究。因此，本节将情感、态度和价值观作为一个整体进行论述。

（一）国外研究

1. 情感教育

国外的情感教育可以追溯到古希腊。如柏拉图提出重视学生全面和谐发展的思想，要给学生创设愉快的学习氛围，主张道德教育与游戏相结合。

近代西方民主主义教育家提倡个性教育，倡导个人的和谐发展。如法国教育家卢梭提出“自然教育”的概念，强调教育要顺应儿童天性发展和个性的自由。他主张的德育、智育、体育教育，为后来全面发展教育提供了宝贵的理论支撑。夸美纽斯也提出要让学生在学的过程中获得愉悦感。

前苏联教育家苏霍姆林斯基倡导学校教育应该培养全面和谐发展的人，在品行上纯洁，精神上富足，审美趣味上多样。

罗杰斯主张教育要培养“完整”的人，这种人具有主动性和责任感，具有灵活地适应变化的能力，是自主发展的人，能够实现自我价值的人。罗杰斯倡导意义学习，他认为意义学习是把逻辑与直觉、理智与情感、概念与经验、观念与意义等结合在一起，当以这种方式学习时，学习者就成了一个“完整”的人。罗杰斯将教师定位于“促进者”角色，认为教师应在教学过程中要发挥促进者的作用，教师应处理好与学生之间的人际关系。他的理论使人们认识到情感在教育中的重要性，这为我国的新课改提供了一定的理论支撑。

2. 教育目标研究

布卢姆将教育目标分为认知领域、情感领域和动作技能领域三个领域。克拉斯沃尔在其情感教育目标分类专著中又对情感领域的教学目标进行了细分，他认为，情感领域的教学目标主要包括态度、兴趣、理想、欣赏和适应方式等，其亚领域分为接受、反应、价值判断、价值组织和价值的个性化等。

巴班斯基强调教学目的的整体性，认为教学过程必须执行三种职能：教养职能、教育职能和发展职能。根据这一教学目的的观点，他构思出教养目标、教育目标、发展目标三类目标。教养目标包括掌握科学知识，形成专业的和一般的学习技能和技巧。教育目标包括形成学生的世界观，形成他们道德的、劳动的、审美的和伦理的观念、观点和信念等。发展目标包括智力、意志、情感、动机等方面的发展。

（二）国内研究

1.情感教育

早在两千多年前，孔子就很重视情感和态度在教育中的作用。他曾提出“知之者不如好之者，好之者不如乐之者”的教育思想，强调兴趣在个人学习中的积极作用。他提出“知之为知之，不知为不知，是知也。”强调了严谨、诚实的求学态度。“乐学”这一教育思想在后续的朝代中得到发扬和发展，例如朱熹、王守仁都在其著述中提到乐学、乐教。

我国近代在教育思想上最早引进西方美育、情感教育的人物是王国维。蔡元培在近代中国情感教育上做出卓越贡献，他在理论上阐明了情感陶冶在教育中的重要地位，将情感教育纳入中国近代教育史上第一个资产阶级性质的教育方针之中。陶行知、陈鹤琴等人也非常重视情感教育，主张儿童在愉快的情感中进行学习。

改革开放后，随着人们思想的解放和人才的大量需求，在人才培养方面更加注重素质和能力的培养，因此我国提出了“素质教育”理念。燕国材在1983年提出非智力因素，他认为非智力因素包括动机、兴趣、感情、意志与性格五种。这个概念提出后，引起国内教育界的广泛讨论。人们开始重视情感、态度和价值观在教育教学中的作用，并作出了相关探索。

2.情感教学

我国关于情感教学方面的研究较具代表性的学者是朱小蔓、卢家楣、鱼霞和张志勇等。其中，卢家楣团队近30年来，一直致力于情感教学领域的研究并取得重要成果。

卢家楣分别从静态和动态两个方面探讨了教学中的情感因素。他提出了情感的九大功能——动力功能、强化功能、调节功能、信号功能、感染功能、迁移功能、疏导功能、保健功能和协调功能；还提出了情感教学的三大原则——寓教于乐原则、以情施教原则和师生情感交融原则，并探讨了三大原则的操作及其心理学原理，并在以情优教的教学理念指导下，从教学内容、教学组织、教学评价和教学环境四个方面构建了情感教学的策略体系。

3.情感、态度和价值观目标

国家在新一轮基础教育课程改革中首次明确地提出了情感、态度和价值观的课程目标，随后专家、学者以及一线教师便对情感、态度和价值观目标开展了一系列的研究，研究成果主要体现在以下三大方面。

(1)情感、态度和价值观目标的内涵

情感、态度与价值观目标在新课改中被首次提出以后，一些专家、学者就它的内涵从不同的角度开展了研究。尽管目前对于情感、态度与价值观目标的内涵没有一个统一的定论，但广为认可的是钟启泉等人对其的解读：情感是指内心体验和心灵世界的丰富；态度是指乐观的生活态度、求实的科学态度、宽容的人生态度；价值观强调个人价值和社会价值的统一，科学价值与人文价值的统一，人类价值与自然价值的统一，从而使学生从内心确立起对真、善、美的价值追求以及人与自然和谐可持续性发展的理念。①

(2)情感、态度和价值观目标的内容

这方面的研究主要集中在两方面。一是基于课程标准中对情感、态度和价值观目标展开解读，将课程标准中的情感、态度和价值观进行分类，从学习兴趣、自信心、学习习惯、学科态度、价值内化等方面做出解读。二是课堂教学中的目标陈述方式研究，设置怎样的具体教学目标能达成情感、态度和价值观目标。这些研究涵盖了各学科，并细化到教学目标上，指导着一线教学。

(3)情感、态度和价值观目标的教学内容

这类研究主要是以课程标准中情感、态度和价值观目标为指导，研读教材或其他教学内容中涉及情感、态度和价值观目标的具体内容，有机组合并运用到课堂教学中。这类研究为一线教学提供具体的方法指导。比如，语文学科对教材中的单元导语、课文、课后作业和一些相关文学作品中的情感、态度和价值观展开研读，并运用于教学目标达成。

(4)情感、态度和价值观目标的教学策略

一些学者、教师对在课堂教学过程中采用何种教学策略以达成情感、态度

① 钟启泉，崔允漷，张华.为了中华民族的复兴为了每位学生的发展《基础教育课程改革实施纲要(试行)》解读[M].上海：华东师范大学出版社，2001：276.

和价值观目标极为重视,并展开了一系列的研究。纵观这些策略,有从教师、教材、学生角度的教学策略,有从教学内容、教学方法及教学评价等方面的策略。这类研究成果较多,对学科教学具有较强的指导意义。

(5)情感、态度和价值观目标的评价

由于情感、态度和价值观目标的内隐性,对于情感、态度和价值观评价的研究相对较少。比较具有代表性的有李吉会等人,他们从界定评价范围、研制评价指标体系、开发评价工具和制定评价实施办法等方面论述了对情感、态度和价值观目标的评价。赵德成提出了观察法、访谈法、句子完成、问卷和利克特量表等评价方法,针对目前的评价问题还提出了具体的建议。

综上所述,可以发现新课改实施以来,我国在情感、态度和价值观方面的各类研究取得了突飞猛进的进展,这些研究成果有效地指导着一线教学。

四、情感、态度和价值观的其他学科研究

(一)哲学领域

情感的研究源于哲学领域。西方早期的情感研究始于柏拉图和亚里士多德时期,他们奠定了情绪理性主义理论。该理论将理智与情绪相对立,而情绪就是人对环境刺激的一种内在反映。他们认为人是有理性的,应该克服自己品性中卑劣低下的情绪因素。柏拉图坚持理性第一,意志第二,情感第三,富于情感的人受制于理性的人。笛卡尔在情绪理性理论基础上再加以完善与拓展,他的《论心灵的各种情感》被公认为近代西方系统论述情感的第一部著作。

中国的儒家哲学也重视人的情感,将情感放在人的生存问题的中心地位。在儒家看来,人是有情感的动物,情感对于人的其他活动具有重要的影响和作用,甚至起核心作用。

休谟将情感作为人性的基础角色之一,认为人类心灵的主要原动力和源泉来自快乐或痛苦,快乐或痛苦可以产生不同层次的欲望和情感。休谟还进一步由情感推衍到道德,认为情感是人类的社会存在和道德的真正本质,构成了道德的基础和重要部分。康德也将人的本质大致分为认识能力、情感能力和欲望

能力三个方面。严格来说，现在所说的情感理论是近代哲学与心理学的成就。进入 20 世纪后，哲学家将目光由语言和存在转回到了人自身（特别是关于人的心智），因此作为哲学讨论中的“情感”议题也凸显了出来。

（二）生理学领域

生理学从生理机制上对情感、情绪、态度做了较多研究。《黄帝内经》提出“五脏六腑五神生五志”的生理心理学命题。如：肝，在志为怒；心，在志为喜；脾，在志为思；肺，在志为忧；肾，在志为恐。还分别指出了不同情绪、情感对人的生理的影响。如：怒伤肝，喜伤心，思伤脾，忧伤肺，恐伤肾。五脏为五情的生理基础的思想为历代中医所继承和发展。中国古代的脏腑说对于情感实质的揭示是难能可贵的。

达尔文在 1872 年公开出版的《人与动物的情感》一书中对情绪作了有意义的论述。威廉·吉姆斯综合了笛卡尔和达尔文的观点，将生理学、神经学等许多新兴的科学理论融入情感研究中去，他于 1884 年提出了与传统观念截然相反的、事实上也是第一个系统地论述情绪理论的学说。美国机能心理学家詹姆斯和丹麦生理学家兰格的“詹姆斯—兰格学说”认为情绪是一种内脏反应。坎农在 1927 年提出了一种丘脑情绪理论，这一学说强调大脑皮层解除丘脑抑制的机制，把“詹姆斯—兰格学说”对情绪的外周性生理研究推向了中枢性生理研究。

这些理论都是从生理学的角度来解释情感活动。遗憾的是，生理学的研究结果还不能提供全面清晰的情绪心理学的科学世界图景，但却为解释情绪的生理机制积累了大量的材料，向人们展示了进一步探索的可能性。

（三）社会文化领域

社会文化领域相关研究主要从社会层次和文化层次的角度对价值观开展研究。社会层次的价值观研究具有明显的阶段性，其研究宗旨在于反映一种时代变迁，一种体制、政策及自然环境变革所导致的价值观变化，所以在这种类型的研究中，一些社会性特征，如经济状况、职业类型、生活区域等因素就成为重要的考察对象。

影响较大的一些研究多是针对某一类群体，尤其是针对青年人群体的价值观研究。如中国社会科学院价值观课题组在1988—1990年先后两次对城乡青年展开价值观调查；1994年，黄希庭等人从政治、道德、审美、宗教、职业、人际、婚恋、自我、人生、幸福等多个维度对青年人的价值观进行了调查研究，并根据研究结果提出了价值观教育方面的对策。

文化层面的价值观研究最多，反响也最大。费孝通先生于1947年提出了“差序格局”的概念，被认为是对中国人以“己”为中心的传统价值观的深刻、形象的阐述。文崇一从中国文化和历史传统角度，提出中国人的价值观综合为，对自然与人生的价值观、对社会与人群的价值观、对伦理与宗教的价值观三类。

随着改革开放，人们的价值观受到市场经济的冲击，20世纪80年代末90年代初，我国国人的价值观研究被作为重要内容凸显出来。进入21世纪后，价值观的研究主要集中于对社会主义核心价值体系的研究，学者分别从不同的角度论证了社会主义核心价值体系的有关内容。

第二节　中小学生情感、态度和价值观的构成与发展

情感、态度和价值观是学生发展的重要方面，与学生其他方面的发展形成一种双向影响、互相促进的关系。情感、态度和价值观的发展能增进学生的身体健康，优化学生的认知、意志和品性，有助于学生的人际交往、积极生活等社会化进程。学生各方面的发展又会促进情感品质提升，促进积极、健康、向上的情感、态度和价值观养成。因此，探索学生的情感、态度和价值观世界是了解学生心理，促进学生发展的重要方面。

一、情感、态度和价值观的内涵特征

（一）情感的内涵及特征

1.情感的概念

综合分析前人的情感概念，本书将情感定义为：情感是人对客观事物是否满足自己的需要而产生的主观体验，是感情、内心体验、需要、愿望等一系列心理现象的统称。

2.情感的内涵

情感是人对客观事物的反映。情感是由客观事物引起的。由于客观事物的特点及其与人的关系的不同，人们常常产生不同的心理反应，并以带有某种特殊色彩的体验的形式表现出来。因成功而感到愉快，因失败而感到悲痛，因挑衅而感到愤怒，因突发事件而感到震惊，这些喜、怒、哀、乐等都是一种主观体验，是人对客观事物态度的一种带有独特色彩的反映形式。

情感反映的是具有一定需要的主体和客观事物之间的关系。不是任何客观事物都能引起人的情感体验，客观事物能否引起人的情感体验，是以人的需要为中心的。比如下雨，在一般情况下是不会引起我们特殊的情感体验的，但连日不断的阴雨则使人感到烦闷，而久旱降甘霖则会使人欢欣。能够满足人的需要的客观事物，能引起人的满意、愉快、喜爱等肯定的、积极的情感体验。不符合人的需要的客观事物，则会使人产生不满、烦闷、厌恶等否定的、消极的情感体验。

3.情感的特征

情感的生理性。当人有喜、怒、哀、乐的情感体验产生时，人的身体内部会出现一系列明显的生理变化，这是情感的生理特性。比如，平静快乐的情感，会引起血管扩张、血压下降、心跳减慢等生理变化；紧张恐惧的情感，会引起血管收缩、血压升高、心跳加快等生理变化。

情感的外显性与内隐性。情绪产生时，身体外部会产生变化，这种变化被称为表情。西方心理学认为，情绪由表情、生理反应和主观体验三个基本成分组成。但不是什么情感都会产生身体外部变化，比如依恋感、孤独感等这类情感则具有内隐含蓄的特点,一般不会产生外部的身体变化。

情感的情境性。情感的发生都是人在具体的情境之中,在客观事物的作用下产生的。当情境发生变化时,情感也容易随之发生变化。因而,改变环境是情感特别是情绪转变的一种重要方法。

(二)态度的内涵及特征

1.态度的概念

综合分析前人的态度概念,本书将态度定义为:态度是人对周围的人、事、物,以特定的方式进行反应的,具有相对稳定的一种心理倾向。

2.态度的内涵

态度是一种反应的准备状态。态度使行为的出现成为可能,为行为做好了准备,但不一定就有行为的出现。比如,一个有保护公物态度的人,只是为他保护公物的行为做好了准备,但不一定就能做出保护公物的行为来。

态度是一种行为的选择状态。态度往往表现为对某一些行为的爱好与厌恶、接受与排斥等,它决定了人愿不愿意去接纳和完成某些行为。比如一个有保护公物态度的人,他愿意去完成保护公物的行为,内心会排斥和拒绝损害公物的行为。

3.态度的特征

态度是一种相对持续稳定的心理状态。态度的形成过程分为依从、认同、内化三个阶段。依从阶段是最不稳定的,而内化后态度形成,就具有持续性和相对稳定性,成为性格、个性的重要组成部分,将对个体、群体和社会产生很大的影响。但态度并不是一成不变的,在外部环境与人的需求发生改变后,则可能发生改变。

态度的对象性。任何态度都是指向于某个具体对象的。离开对象,态度无法存在。人对某一对象的态度不是凭空产生的,而是以人持有的价值观念为基础的。人的价值观念不同,对某一对象的态度也可能存在差异。

态度的内在性。态度是一种内隐的心理状态,会影响人对刺激的反应。但很难从外部直接观察到一个人的态度,只能通过他的语言或行为来进行推测。

态度的持久性。态度是人在后天的社会生活中形成的，一旦形成便具有相对的稳定性。但在态度形成过程的依从、认同和内化三个阶段中，其稳定程度也是不同的。依从阶段最不稳定，而内化阶段是最为稳定的。

（三）价值观的内涵及特征

1.价值观的概念

综合分析前人的价值观概念，本书将价值观定义为：价值观是人区分好坏、正误、美丑、益损等的标准，并指导行为的心理倾向系统。

2.价值观的内涵

价值观是一套心理倾向系统。它通常是充满情感的，以人的需要为出发点，并为人的正当行为提供充分理由。

价值观是进行判断和选择的标准或尺度。人用其区分好坏、正误、美丑、益损等，并对人的行为具有重大的指导作用。

价值观是社会文化的产物。价值观不是先天就有的，而是人在后天的社会活动中产生的，不仅受性别、人格等个体因素的影响，也受历史环境、社会文化、家庭背景等的影响。

3.价值观的特征

价值观的主观性。虽然客体客观存在，但人们区分好坏、正误、美丑、益损等是根据自己内心尺度来评价的，取决于客体是否符合主体需要。

价值观的选择性。人的价值观是在社会生活中逐渐萌发和形成的，儿童期的价值观具有明显的感性色彩，还不能称之为价值观。到青少年时期，人的自我意识逐渐成熟，开始主观地、有意识地选择符合自己的评价标准，形成个人的价值观。

价值观的稳定性。人的价值观在形成之后并不容易改变，具有稳定性，同时在人的兴趣、信念、理想和行为等方面表现出来。

价值观的社会历史性。人的价值观受社会文化等大环境影响，生活在不同历史时代、不同社会环境里的人的价值观是不同的。

（四）情感、态度和价值观三者的关系

情感、态度和价值观都属于人的意识范畴。从横向角度看，三者具有相对独立性，它们构成了人的感性世界相对完整的画面。从纵向角度看，三者具有层次递进性，它们构成了一个由低级到高级的心灵连续体。

1.情感与态度

情感是一种较为单纯的心理过程，经过反复的情感刺激后便会转化为相对稳定的态度。而态度则包含着情感成分，积极肯定的态度可能伴随着快乐、耐心的情感，消极否定的态度可能会伴随着冷漠、厌烦的情感。

2.价值观与情感

价值观是人的评价标准，情感是人在评价标准影响下所产生的心理感受，可以说价值观就是产生喜、怒、哀、乐等具体情感的标准。人的价值观在实践中不断地发展，对人、社会、自然的看法改变，就会影响其情感的转变。反过来，价值观受情感影响。人的情感受到外界的影响发生改变，则会影响其价值观做出相应的调整。

3.态度与价值观

态度受价值观影响，人的价值观不同，那么对客体的态度也会不同。态度反作用于价值观，价值观是人在对自己或他人的态度、认知和评价中逐步形成和完善的。

简而言之，情感、态度和价值观的形成以认知为基础，以情感为核心，情感体验的结果形成态度，价值观则具有终极的意义，对情感和态度起着决定性的作用，不同的价值观会产生与之相应的情感体验和不同的态度倾向。因此，情感、态度和价值观三者关系极其密切，是构成人的整体意识中的三个侧面。三者相互联系、相互制约、相互协调。

（五）情感、态度和价值观的主要功能

1.过滤功能

情感、态度和价值观不仅影响人的行为方向，也会影响人对信息的选择。

一般来说，人们总是愿意接受与自己的情感、态度和价值观一致的信息，而对不一致的则采取拒绝和排斥。

2. 调节功能

过去，人们认为情感、态度和价值观对人的认知活动具有干扰和破坏作用。而大量研究表明，积极的情感、态度和价值观对人的认知过程有积极的组织效能，不当的情感、态度和价值观则会产生消极的瓦解作用。情感、态度和价值观的调节功能对于人类的实践活动，尤其是对教育教学活动，具有重要价值。

3. 迁移功能

人们在不断加深对事物的认识水平的过程中，其情感、态度和价值观可能会迁移到与此人相关或想要施加影响的对象身上去。比如，“爱屋及乌”就是把自身的情感迁移到与相关对象的典型案例。某人对他人产生情感、态度和价值观影响的同时，可能也会受到他人情感、态度和价值观的反作用影响。

4. 强化功能

人可以通过情感、态度和价值观来对其行为实施稳固或转变。比如，在学习、工作和生活中，情感体验会对人的行为产生强化作用，即人们会为了获取愉悦的、避免不快的情感体验，而表现出某种行为频率的增加或减少。

5. 动力功能

情感和态度的强度不同，会产生不同的效能。动机强度会影响人情感的持续程度，但不一定成正比。比如，一个学生的学习行为如果是由于家长和教师的压力而产生的，那么伴随而来的可能也有他的抵触情绪。当情感与动机在需要和客观事物的关系上一致时，情感、态度和价值观便起着积极的助力作用；而当不一致时，便起着消极的离心作用，从而表现出个体行为活动的减力效能。

二、情感、态度和价值观的主要构成

（一）情感的构成

1.结构层次

从人的需要层级来分，情感可以分为情绪、情感和情操三个方面。

(1)情绪

情绪是最基本的情感现象，体现在感情的过程，一般外部表现明显，持续时间相对较短。

按社会性分，情绪可分为生物性情绪和社会性情绪。比如，美食引起的愉悦、饥饿产生的焦灼等属于生物性情绪，是生物性需要引起的，这类情绪人和动物都有。而见到至亲产生的愉悦、路遇不道德行为产生的愤怒等情绪则属于社会性情绪，是人的社会性需要产生的。这两类情绪无法在外表上区分，只有和需要联系才能判断其归属。

按复杂性分，情绪可分为简单情绪和复杂情绪。人们常说的喜、怒、哀、惧、爱、恶、欲这"七情"就是最基本、最普遍存在的简单情绪。而复杂情绪则是人在社会生活中，在简单情绪上发展出来的，比如嫉妒、内疚、悲喜交加、悔恨交织、百感交集等。

按维度分，可分为各种具体情绪。20世纪50年代，美国心理学家施洛伯格提出从"愉快—不愉快""注意—拒绝""激活水平"三个维度来划分情绪。20世纪60年代，美国心理学家普拉切克从强度、相似性和两极性三个维度来划分。两位心理学家从不同维度对情绪进行了细化，提出了不同的情绪三维模式图。20世纪70年代，美国心理学家伊扎德提出了从愉快度、紧张度、激动度、确信度来划分情绪。虽然他们划分方式不统一，但为情感分类提供了思路。

(2)情感

情感是较为高级的感情现象，在体现感情的内容方面，具有较为稳定持久、内隐含蓄的特点，与人的基本性社会需要相联系。基本性社会需要是指在后天环境中形成和发展起来的，较少受教育影响，且带有一定先天性成分的社会需要。比如，依恋、尊重、交往等需要都是基本性社会需要的典型，而与之对应的情感有依恋感、自尊感与自卑感、友谊感与孤独感等。这类情感一般不外露，但在具体情境中，则以情绪的方式外显，表现为喜、怒、哀、乐等。

(3)情操

情操是最高级的感情现象，着重体现在感情的内容方面，具有更稳定、更含蓄的特点，是与人的高级性社会需要相联系的，而且与一定的社会价值观念相结合。高级性社会需要就是人在基本性社会需要基础上，受后天影响而形成的社会需要，比如，知识需要、道德需要、审美需要等。

2.内容成分

从情绪角度看，有快乐、愤怒、悲哀、恐惧的基本情绪和嫉妒、内疚、喜怒交加等复杂情绪。从情感角度看，有依恋感、自尊感与自卑感、友谊感与孤独感等。从情操角度看，有道德情感、理智情感、审美情感等。中小学的情感教育目标主要针对情操领域，因此这里对道德情感、理智情感、审美情感等进行重点介绍。

(1)道德情感

道德情感包括了爱国感、责任感、义务感、集体主义感、人道主义感等，是人用道德标准去评价客体的态度体验。

(2)理智情感

理智情感包括自信感、乐学感、探究感、好奇感、成就感等，是人用真知的标准去评价客体的态度体验。

(3)审美情感

审美情感包括自然美感、艺术美感、环境美感、科学美感等，是人用美的标准去评价客体的态度体验。

(4)其他情感

卢家楣在对我国青少年情感素质的调查研究中发现，青少年还包括了生活情感和人际情感。生活情感包括生活热爱感、生命珍爱感、自强感和人生幸福感，是人对自己和他人的生命、生活进行评价时产生的内心体验。人际情感包括乐群感、亲密感、归属感、宽容感和信用感，是个体对自己与他人交往活动中产生的内心体验。

（二）态度的构成

1.结构层次

心理学界普遍认为认知成分、情感成分和行为意向成分三种成分构成了态度的心理结构。

认知成分指的是人对周围事物所持的认识和评价，是态度形成的基础。对于同一事物，不同的人其态度中的认知成分是不同的，正是因为认知成分的不同，才可能形成不同的态度。

情感成分指的是人对周围事物的情感取向，是事物能否满足人的情感需要而引起的内心体验。表现为人对事物的喜爱或厌恶、亲近与冷漠等。情感成分伴随认知成分而产生，是态度的核心成分。

行为意向成分指的是人对周围事物可能产生的某种行为反应的倾向。它构成态度的准备状态，表现为接近或回避、赞成与反对等倾向，但不一定会有实际行动的产生。

2.内容成分

按对象分，态度可分为学习态度、科学态度、劳动态度、生活态度、社会态度、人生态度等。

(1)学习态度

学习态度是人对学习比较稳定的评价和行为倾向，在中小学生的学习过程中扮演着极为重要的角色，学习态度直接影响着学生学习的深度、广度、速度和效率。

(2)科学态度

此处的科学态度指的是“对科学的态度”，包括人对科学这门学科的态度、对科学的兴趣、对科学家的态度等。

(3)劳动态度

劳动态度是人对待劳动的心理态度，呈现两极化，表现为愿意劳动或是拒绝劳动、热爱劳动或是厌恶劳动、尊重劳动或是鄙视劳动。

(4)生活态度

生活态度是人关于生活的看法和采取的行动，主要表现为生活的思想感受（道德观和价值观）、对于生活的情感（厌恶或喜欢）、意向（谋虑、企图等）三个基本要素。

(5)社会态度

社会态度是人对社会整体或社会某一对象所持有的评价与行为倾向，包括政治、社会公平、社会稳定、社会安全等方面。

(6)人生态度

人生态度是人对人生诸问题的看法和评价等，表现为人对人生诸问题的情感，如喜欢与厌恶、尊敬与蔑视、悲观与乐观等；还表现为人的行为倾向，如积极应对与消极逃避、奋斗与松弛等。

（三）价值观的构成

1.结构层次

从心理学角度讲，价值观是一种多维度、多层次的心理系统，其层次划分尚无定论。黄希庭从价值观的表现形式把价值观分为兴趣、信念、理想等。从纵向看，兴趣、信念、理想是从低到高的价值表现，也是中小学生价值观的主要表现形式。

(1)兴趣

兴趣是人的认识需要的心理状态，是价值观的初级形式，是人评判事物好坏的一个尺度，但稳定性较差。

兴趣能够让人对某些事物予以注意和产生积极的情绪色彩。比如，对政治感兴趣的人，在生活中就会关注报纸、电视等中的时事报道。当兴趣发展为实际活动的需要，就成了爱好。两者通常联系在一起。

人的兴趣是存在差异的。一是兴趣具有指向性，指向于感兴趣的事物。有的人对学习感兴趣，有的人对音乐感兴趣，有的人对科学感兴趣……这种指向的不同是与人的生活实践不同相关的。二是兴趣的数量不同。有的人兴趣比较广泛，有的人兴趣较少，不同的人兴趣的广度是不同的。三是兴趣的持续时间也是不定的。有的人兴趣比较稳定，长久不变，有的人兴趣则变化无常。四是兴趣的效能是不同的。有的对自己感兴趣的事物表现出很大的积极性，努力掌握，加深理解，有的人则仅仅停留在表面感知的层面上，并不去深入了解。

(2)信念

信念是人对于某些观念抱有坚定的信任感的意识倾向。比如，人们坚定地相信“共产主义”“失败乃成功之母”“人定胜天”等观念，这种坚信就是信念。这种信念指引着人的思想和行为，为人的态度、行为、愿望等提供充分的理由。信仰也是一种信念，是调动人的全部身心力量去完成某些事情的信念。

信念是人的动机的重要组成，它以巨大的力量给予人行为动机。信念有正误、科学与否之分，在人的学习、工作和生活中，要正确地区分信念。

(3)理想

理想是指人们在实践中产生的、对未来社会和自身发展的一种向往和追求。它是与奋斗目标相联系的想象，是信仰对象的未来形象，是信仰的具体内容。作为理想的奋斗目标，既有明确的思想认识，又有生动的想象内容，且给人带来喜爱和向往的情感体验，能驱使人为之奋斗。

理想比信仰更具体、更丰富、更确定，更具有情感意志的感召力，能激励着人们持久地为之努力。

理想受社会历史的制约，在不同历史时代、社会背景、阶级层的人，其理想是不同的。正因为理想有人的行为，有强大的感召力，所以青少年树立正确、远大的理想是非常有必要的。

2.内容成分

(1)按人员的不同对象来划分

价值观可分为个人价值观和社会价值观。个人价值观指的是一个人对周围客观事物的意义、重要性的总评价和总看法。社会价值观是社会价值理念的价值体系，是回顾、观察、预见社会发展水平的标尺之一。

(2)按社会生活方式来划分

施普兰格根据社会生活方式把价值观分为经济价值观、社会价值观、政治价值观、宗教价值观、审美价值观和理论价值观。

(3)从自我和他人来划分

雷塞尔从自我和他人的维度把价值观分为自我取向价值观和他人取向价值观。自我取向价值观是以自我为中心的价值观,总体来说是利己的;他人取向价值观以他人为价值取向,总体来说是利他的。

(4)按对某一价值观认同程度的高低来划分

从对某一价值观认同程度的高低和人数的多寡划分,价值观可分为主流价值观和非主流价值观。

黄希庭结合我国的实际需要,把价值观分为人生价值观 、政治价值观、道德价值观、职业价值观、人际关系价值观、审美价值观、婚恋价值观、宗教价值观、自我价值观和幸福价值观十类。

总体来说,价值观具有多维度和多层次的特征,构成复杂,分类多样。

(四)中小学生情感、态度和价值观的培养与发展框架

综合前人研究,结合我国教育界对情感、态度和价值观的理解,可以了解,当前我国中小学教学中对学生的情感、态度和价值观的培养与发展主要集中在以下方面,见表6-1。

表6-1　中小学生情感、态度和价值观的培养与发展框架

道德品质	爱国主义、社会责任、集体主义
学习品质	好奇心、求知欲、兴趣、科学态度、自信心、习惯、意志
审美品质	自然美、艺术美、科学美
生活品质	热爱生活、珍爱生命、自立自强
交际品质	乐于交往、合作精神、诚实守信

三、中小学生情感、态度和价值观的发展

情绪是人最基本的情感现象,体现在中小学生学习和生活的方方面面。中小学生的情绪具有非常明显的发展特点,了解其情绪的发展特点对一线教育教学具有重要的指导意义。情感、态度和价值观的发展,主要体现在中小学生的

道德、求知、审美和生活体验等方面,而个人发展又是中小学生最主要的成长主题。以下将从情绪、道德、求知、审美、生活和个人发展几个角度,结合多方的调研结果,论述中小学生情感、态度和价值观的发展特点。

(一)情绪的发展

1.情绪兴奋性高

中小学生的情绪容易兴奋、激动。一是中小学生的情绪敏感度高,同样的刺激,在青少年身上更容易引起情绪反应。二是中小学生的情绪强度大,容易进入激情和应激状态。情绪具有冲动性和爆发性,产生剧烈的生理反应和明显的表情行为。

剧烈的情绪表现为激情。当他们处于激情状态时,容易失去对行为的控制,这种激情具有积极和消极的作用。积极的激情能成为其行为的强大动力,消极的激情则具有危害性,比如激情犯罪。另一种强烈情绪表现为应激。应激是一种高度紧张的情绪状态,具有超压性和超荷性。超压性表现在情绪的紧张维度上,超荷性表现在个体需要调动体内各种机能去应对刺激。应激状态下,他们的反应也具有积极和消极之分。积极反应表现为急中生智、超水平发挥等,消极反应表现为惊慌失措、反复出错等。

中小学生情绪兴奋度高的原因主要有两方面:一是生理因素,这与肾上腺激素的分泌和肾上腺的重量有关;二是心理因素,客观事物越是超出个体的预期,其情绪越强烈。中小学生的社会范围不断扩大,新鲜事物越来越多,超过预期的情况常常发生。

2.情绪波动大

中小学生的情绪不仅兴奋度高,而且波动大。他们常因一时成功而欣喜若狂、激动不已,也会因一点挫折而垂头丧气、懊恼不已。他们还会出现喜怒无常的情绪交替,与成人相比,显得很不稳定。

中小学生情绪波动大的原因主要有两方面。一是进入青少年时期,影响情绪的各种生物因素和社会因素大量出现,比如身体变化、学习压力、同伴交往、家庭关系等。二是青少年时期是充满各种矛盾的时期,生理、心理和社会上的发展不平衡引起矛盾冲突，而他们的辩证思维水平不高，对待矛盾无法完全辩证看待，则引起情绪上的波动。

3.情绪心境化

相比“狂风暴雨”似的激情，心境则是一种“和风细雨”似的、微弱的、持续时间较长的情绪状态。儿童时期情绪反应快，是没有这样的状态的。比如，儿童要求没得到满足时，就会哭闹和不满，一旦满足，又会表现出愉悦的情绪。进入小学高年级和中学时期，就会出现情绪反应时间延长的现象。一是出现情绪反应延缓。比如，受到老师的批评而不满，当时并不表现出来，过后越想越不是滋味。二是延长情绪反应过程。比如，当和同学发生矛盾后，甚至几周都会闷闷不乐，而这种状态在儿童时期是很少出现的。

4.情绪表现出现掩饰现象

儿童时期的情绪表现是明显而真实的，外部的情绪表现基本和内部情绪体验一致。而进入青少年时期后，就会出现内外不一致的现象。明明心里很难过，却面露微笑，明明内心很尴尬，却表现得若无其事。

出现这种现象的原因主要有两方面。一是进入青少年时期后，社会意识觉醒和自我意识的发展，使他们在社会情境中要保持适当性，以维持自身形象。二是他们的情感调控能力逐渐增强，为掩饰提供了条件。与儿童时期相比，他们的情绪生活变得更加复杂，难以捉摸。

5.情绪的社会化程度逐渐提高

社会性情绪逐渐占据主导地位。苏联心理学家谷夫经过实验研究发现，10岁学生的主导需要开始由生物性需要转为社会性需要。青少年早期是儿童社会化情绪发展的重要时期，在青少年时期逐渐上升为主导需要。比如，儿童的喜、怒、哀、乐多与吃、喝、玩、乐有关，而青少年的喜、怒、哀、乐多与学习、交往、社会活动、职业规划等相联系。

情绪的表达逐渐符合社会规则。儿童在表达情绪时很少顾及他人，想哭就哭，想笑就笑。而进入青少年时期，就能逐步认识到情绪表达的适当性，开始考虑周围人的感受，并自觉地从社会规则的角度表达情绪，以符合社会习俗的要求。

6.情绪力增强

情绪认知能力增强。一是对他人情感的观察能力增强,感知水平提高。随着年段增长,对表情的识别力提高,能够察言观色。二是情绪评价和预见能力增强。这跟学生的思维发展密切相关,对情绪的评价和预见能够从实际情境出发,具体问题具体分析,情感评价日益趋于理性。

情绪表达能力增强。一是意识情绪表达出现私密方式,比如,通过写博客、写日记、和朋友书信往来表达自己的情绪。二是情绪表达出现个体差异。同样的情绪感受,不同人有不同表现。三是情绪表达日渐符合社会规则。儿童时期的情绪表达往往以自我为中心,而进入青少年时期后,自我意识觉醒,更注重从人际关系和社会效益角度来表达情绪。

情绪调控能力增强。一是情绪调控能力开始由他控转为自控,运用调节策略来调节情绪,情绪调节的效能日益提高。二是情绪调控能力显示出发展差异。根据沃建中的调查显示,中学生的情绪调节能力随着年级升高而升高,到高二趋于稳定;初中低年级男生情绪调节能力高于女生,高二女生调节能力高于男生。三是情绪恢复能力显示出发展差异。情绪恢复是指从消极情绪中解脱出来。有些学生能很快跳出消极情绪的“怪圈”,而有些学生则沉湎于消极情绪不能自拔。

(二)道德层面的情感、态度和价值观发展

1.爱国

爱国的本质是对国家和民族的依恋、归属和态度的认同,其表现为对国家、民族的忠诚和热爱。具体表现为对祖国山水的热爱,对同胞的热爱,对民族优良传统的尊重和传承,对民族的光荣历史和贡献而自豪,深切感知国家命运、民族命运与个人命运息息相关,并把祖国和民族的生存发展、繁荣富强作为自己的责任和义务。据顾海根等人的调查结果显示,中小学生的爱国水平随年级升高而升高,各年级之间有明显差异,总体呈积极正向的态势。

2.关爱

关爱是人最基本的情感,要成为一个德才兼备的人才,其首要条件就是要

具备关爱的情感，关爱他人、关爱集体、关爱社会。卢家楣的调查研究表明，从儿童到青少年，其关爱水平越来越高。当他人遭遇挫折和不幸时，多有同情之心、关爱之举，表现出高尚的利他情感。这与我国传统文化的弘扬和传承、各中小学举行各种扬善活动、社会媒体的宣传等有关。

3.责任

责任感是一切美德的基础，是人类理性和良知的集中体现。中小学时期牢固打下一个人的社会意识和履行社会责任的能力基础，不仅对于个人发展具有重要意义，也对社会发展、构建和谐社会具有重要意义。

刘世保研究发现，中小学生的公民责任感是随着学业的升高而逐步递减的。小学时期最高，初中次之，在高中和大学阶段呈下降趋势，大四时期回升。冯源研究发现，中学生的道德责任感呈“U形”发展趋势。卢家楣调查显示，中小学生的责任感水平处于较低层次，说明中小学生的责任感不强，这与家庭教育、学校教育、社会的利己主义是有关系的。

（三）求知层面的情感、态度和价值观发展

1.好奇

好奇是易于对新事物产生兴趣，它对中小学生参与学习活动起着最初的动力作用。好奇心是个体学习的内部动机，是创造性人才所具有的鲜明个性特征之一。一般来说，好奇心越大，求知欲越强，追求真理的动力也越强，认识活动也越深刻，它是学生主动观察事物和探索问题的强大学习动力。如果学生对所学事物无好奇心，无新鲜感，便很难主动参与学习，更无法持之以恒。强烈的好奇心促使学生对不理解的知识渴求理解，以获取更多知识。因此，在学校教学过程中，如何激发学生的好奇心，促使学生自觉主动地探索知识就尤为重要。

好奇心是青少年的重要心理特征。与成年人相比，青少年好奇心尤为强烈，使得他们对许多事物和现象都感到有趣，渴望去了解，甚至会亲身实践。卢家楣调查显示，男生的好奇心普遍高于女生，这是男女个性不同导致，男生更具冒险性、好奇心和探索意识。

青少年的好奇心是一把双刃剑。一方面，它能够成为求知的强大动力，促

使他们积极地去探索未知的世界，获取知识，促进身心发展。另一方面，青少年与成年人相比，其身心发育尚未成熟，辨别是非和控制冲动的能力尚未真正形成，在对某些不利的新鲜事物上尤其需要正确引导。

2.乐学

乐学指乐于学习，主要表现为主动积极的学习意愿，并在学习过程中产生愉悦体验，则为乐学。孔子曾说："知之者不如好之者，好之者不如乐之者。"乐学可以促进良好的学习态度和习惯的养成，对个人学业有巨大的促进作用。当前青少年的乐学程度不容乐观。卢家楣调查显示，乐学的发展随着年段的升高反而下降，小学时最高，高中最低。在应试教育背景下，学业竞争加剧，学业压力加大，厌学已成为普遍现象，逃学、弃学的现象时有发生。

3.探究

探究能维系求知欲和创造欲的热情，对学习活动的持续和深入起着推动作用。稳定而强有力的探究欲望会确定其学习方向，促使人以坚强的意志力去开展学习，而不会在学习中浮于表面、浅尝辄止。

卢家楣调查显示，当前中小学生的探究欲望很低，随着年段升高反而下降。这一结果堪忧，会直接影响到我国未来科学研究和创造力的发展。

（四）审美层面的情感、态度和价值观发展

审美的情感领域包括了自然美感、艺术美感、工艺美感和科学美感等，而自然美感和艺术美感是中小学审美情感培养和发展的重点。

1.自然美感

人会因自然事物的美丽、壮观、神奇等产生积极的、愉悦的情感体验。自然美感可以帮助学生认识世界、丰富认知，激发学习热情，进一步认识自然、探索自然奥妙。同时，自然美感可以激发学生强烈的爱国情感和环保意识。面对壮美的自然风光，便会产生对祖国的热爱和依恋，会培养和强化保护生态环境的意识。随着认识广度的扩大和认识深度的加深，中小学生对自然美感的体验不断丰富和加深，环保意识不断提高。

2.艺术美感

音乐、美术、舞蹈、戏剧、诗歌等艺术形式能够给人带来积极的、愉悦的体验。在欣赏艺术作品时，不仅需要感性思维，还需要理性思维去理解蕴含在作品中的情感。艺术美感以潜移默化的方式对学生产生影响，能培养其更高级的理性思维，促进智育和德育的发展。

多项研究表明，我国中小学生的审美趣味单一，情趣和欣赏能力较低。比如，当前流行音乐已成为中小学生音乐生活的主要内容，而民族音乐和高雅音乐则受到冷落。这跟学生闲暇时间的艺术生活处于无人指导和放任自流的状态，以及受到享乐流行文化的影响有关。

（五）生活层面的情感、态度和价值观发展

1.人际方面

善于与他人合作共处是21世纪人才的主要特质之一。培养合作精神与合作能力，形成良好的同伴关系，对学生身心健康发展有着重要作用。

(1)合作

在社会分工日益俱细的今天，合作精神越来越受到重视，增强合作意识、提高合作能力成为各国中小学生素质培养的重要方面。合作意识及能力不仅会影响个人的人际关系，而且对学习、工作和生活都会带来积极影响。

赵俊茹等人的调查显示，高年级学生比低年级学生更能认识到合作的重要性。李英霞和卢家楣的调查结果显示，中小学生的合作水平普遍较低，高年级比低年级水平要高；女生比男生的合作意识要强，男生更倾向于竞争。

(2)乐群

乐意与他人交往，主动融入集体，形成良好的同伴关系，对促进学业成绩、情绪调控、心理健康等都产生着积极的作用。

较多调查结果显示，中小学生在人际交往中有较多困惑，同伴关系不容乐观。比如，在2006年辽宁一项青少年成长现状调查中，“同学关系不好”的占比达25%，觉得“自己不被人理解”的占比达31%，“自己有困难没人帮助”占比达14%，伙伴危机越来越逼近中小学生。

2.生活体验

生活体验方面的情感、态度和价值观主要表现在对生活的热爱、对生命的珍爱、对生活现状的满意等方面。对生活的热爱程度和满意程度集中表现为幸福度。

(1)珍爱

简单地说,珍爱即爱惜、珍惜生命以及爱护动物、植物等一切生命体。开展生命教育,对中小学生的健康发展、家庭和社会和谐稳定具有十分重要的意义。

研究表明,中小学生对生命的珍爱意识总体强烈,但仍有缺失,虐待自我、动物或他人及轻生现象仍然存在。因此,学校日常教学需重视对生命的珍爱意识渗透,开展生命教育活动非常有必要。

(2)幸福

这里的幸福即幸福感,是指对自己的生活现状感到满意。幸福感对学生的身心健康、学业发展都有着极为重要的意义。幸福感的研究一直是心理学界的热点之一,常与个人性格、物质生活条件、家庭氛围、学校和班级风气等息息相关。

研究表明,我国中小学生的幸福感普遍较强。主要原因有以下三点:一是随着经济的发展,我国学生的物质和文化生活水平不断提高;二是父母越来越重视家庭教育,中小学生较多为独生子女,父母和长辈给予了很大关爱;三是学生所处的人生阶段为在校学习,压力来源单一。

3.自我体验

自我体验是人对自身认识而引发的情感体验,一般包括自尊、自卑、自信、愧疚等情感,往往与自我认知和自我评价有关。而自尊水平又影响着其他几类自我情感体验。

自尊是与人要求他人尊重自己的需要相联系的一种情感。它在儿童早期就已经流露,进入青少年时期,自尊感则逐渐变得强烈,而且变得非常敏感。他们往往把自尊感放在其他一切情感之上。当他们的自尊感受到损害时,常常表现出极大的愤怒,会因为一件小事争得面红耳赤或者耿耿于怀。他们的自尊感常常两极摆动,遇到顺境时易产生优越感,遇到逆境时又易产生自卑感。

中小学生学业成败的归因、父母对子女的接纳度影响着自尊感的水平。一般高自尊水平的学生更多将学业成败归因于内在努力，与优等生的归因有相似之处；反之，低自尊水平的学生与学业差的学生归因有着相似之处。父母对子女的接纳度与自尊水平呈正相关的态势，接纳度越高，自尊水平越高。

（六）个人发展层面的情感、态度和价值观发展

影响个人发展的情感要素有很多，如好奇心、求知欲、学习态度、自信水平、人际情感、责任感、理想、人生价值观等。这里重点介绍学习态度和理想。

1.学习态度

学习态度是学生对学习及学习情境所表现出来的一种比较稳定的心理倾向，对学生的学习行为有调节作用，对学生的学习耐受力和学习效果产生影响。学习态度深受师生关系、学校和班级气氛、家庭环境等方面的影响。

第一，对教师的态度。小学低年级时，对教师是特殊的尊敬和依恋，基本上对教师唯命是从。小学中年级时，逐渐开始选择自己喜欢的教师，并对部分教师产生怀疑态度。到中学时，随着自我意识的发展，甚至会对教师产生叛逆行为。

第二，对集体的态度。小学低年级学生还没有形成班集体的概念，随着年级的增加，到小学中年级时开始对集体产生责任感，小学高年级和中学时则重视班集体的舆论和评价作用。有些学生学习态度的改变是为了集体的责任感，因此不断提高自己的学习质量。

第三，对作业的态度。随着年段的增高，学生开始把学业看成是学习的重要组成部分，这在刚入学的学生观念中并不存在。在教师的引导下，学生逐步形成对作业自觉的态度，能够按时完成作业，并主动学习。

第四，对评分的态度。小学生已经能够认识到评分的意义，并逐步树立对分数的正确态度。从小学中年级起，儿童开始认为学习是一种社会义务，把分数或排名作为一种完成社会任务的表现。到小学高年级和中学时更为重视评分，以之为追求，认为是个人能力的重要体现。

研究显示，在义务教育阶段，女生的学习态度明显优于男生。从总体上看，小学生的学习态度比初中生更积极，而小学生之间的学习态度差异不大，初中

生的差异较大。虽然中小学生学习态度水平不低，但在学习计划性、主动性以及有关学习目的的认识方面表现很差，基本上处于一种放任自流的状态，这一情况在初中阶段表现得更为严重。

2.理想

理想是人的人生观、世界观和价值观在进取目标上的集中体现。理想对人的情感和意志具有巨大的感召力，指引着人们朝着目标努力奋斗。人格特点、社会环境、家庭环境等因素都是影响个人理想发展的重要因素。

我国心理学界、教育学界对中小学生理想的发展进行了多方调查。多方调查结果显示，小学时期理想极不稳定，到小学高年级，个体的理想才逐渐趋于稳定，变得更有内容，更有社会意义。姚本先和周宵从物质理想、道德理想、生活理想、职业理想、社会理想、学业理想、理想人格、身体理想八个维度对青少年的理想展开调查。调查结果显示，当代青少年表现出较高的理想水平。其中男生在身体理想方面的水平高于女生，在道德、人格、学业、生活和职业等理想方面的水平低于女生；初中生在道德、人格、生活和社会等理想方面的水平高于高中生，而高中生的学业和职业理想水平低于初中生。

开展理想教育，是帮助学生树立科学人生观、世界观的需要，是学生身心健康发展的需要，是培养未来社会建设者和接班人的需要。郭俊汝认为，初中阶段是学生理想形成的关键期，学校教育要从社会道德、人格、日常生活等方面来对学生开展思想教育，帮助其树立科学、远大的理想。

第三节　基于情感、态度和价值观的教学研究

情感、态度和价值观目标在基础教育课程改革中受到高度重视，成为了课程目标的重要组成部分。各学科课程标准都阐明了情感、态度和价值观方面的培养目标，并提出相应的教学与评价建议。本节立足于情感、态度和价值观目标的属性及特点，从课堂教学实施的角度讨论情感、态度和价值观教学目标的确立、教学内容的组织、教学策略的选择以及教学评价的实施。

一、基于情感、态度和价值观的教学目标确立

遵循教育体系目标建构方式，情感、态度和价值观目标分为宏观层面的教育目标、中观层面的课程目标和微观层面的教学目标。这里重点讨论中观层面的课程目标和微观层面的教学目标。

（一）课程标准中情感、态度和价值观目标

1.课程标准中情感、态度和价值观目标内容

(1)《义务教育语文课程标准(2011年版)》中的情感、态度和价值观目标

2011版的语文课程目标设计着眼于语文素养的整体提高，将情感、态度和价值观目标与知识能力、过程方法的目标融合在一起。现将总目标中的情感、态度和价值观目标整理如下。

①在语文学习过程中，培养爱国主义、集体主义、社会主义思想道德和健康的审美情趣，发展个性，培养创新精神和合作精神，逐步形成积极的人生态度和正确的世界观、价值观。

②认识中华文化的丰厚博大，汲取民族文化智慧。关心当代文化生活，尊重多样文化，吸收人类优秀文化的营养，提高文化品位。

③培育热爱祖国语言文字的情感，增强学习语文的自信心，养成良好的语文学习习惯。

④在发展语言能力的同时，发展思维能力，学习科学的思想方法，逐步养成实事求是、崇尚真知的科学态度。

⑤有较为丰富的积累和良好的语感，注重情感体验，发展感受和理解的能力。能阅读日常的书报杂志，能初步鉴赏文学作品，丰富自己的精神世界。[①]

(2)《义务教育数学课程标准(2011年版)》中的情感、态度和价值观目标

2011版的数学课程目标的总目标陈述方式与语文有所不同，从知识技能、数学思考、问题解决、情感态度四个方面进行阐述。现将总目标中的情感、态度和价值观目标整理如下。

① 中华人民共和国教育部.义务教育语文课程标准(2011年版)[S].北京：北京师范大学出版社，2012：6-7.

①积极参与数学活动，对数学有好奇心和求知欲。

②在数学学习过程中，体验获得成功的乐趣，锻炼克服困难的意志，建立自信心。

③体会数学的特点，了解数学的价值。

④养成认真勤奋、独立思考、合作交流、反思质疑等学习习惯。

⑤形成坚持真理、修正错误、严谨求实的科学态度。[①]

(3)《义务教育英语课程标准(2011年版)》中的情感、态度和价值观目标

2011版的英语课程目标的总目标构成分为了五个方面：语言技能、语言知识、情感态度、学习策略和文化意识。情感、态度和价值观在总目标的五个方面都有所体现，现整理如下。

一级：对英语有好奇心，喜欢听他人说英语；在学习中乐于模仿，敢于表达；对学习中接触的外国文化习俗感兴趣。

二级：对继续学习英语有兴趣；在学习中乐于参与、积极合作、主动请教；乐于了解外国文化和习俗。

三级：对英语学习表现出积极和初步的自信心；克服学习中遇到的困难；能意识到语言交际中存在的文化差异。

四级：有明确的学习需要和目标，对英语学习表现出较强的自信心；能在学习中互相帮助，克服困难，积极探索适合自己的学习方法；在学习和日常交际中能注意到中外文化的异同。

五级：有较明确的英语学习动机、积极主动的学习态度和自信心；能与他人合作；进一步增强对文化差异的理解与认识。[②]

(4)《义务教育地理课程标准(2011版)》中的情感、态度和价值观目标

2011版的地理课程目标的总目标从知识与技能、过程与方法、情感态度价值三个方面进行阐述。现将总目标中的情感、态度和价值观目标整理如下。

①增强对地理事物和现象的好奇心，提高学习地理的兴趣以及对地理环境的审美情趣。

---

① 中华人民共和国教育部.义务教育数学课程标准(2011年版)[S].北京：北京师范大学出版社，2012：8-9.

② 中华人民共和国教育部.义务教育英语课程标准(2011年版)[S].北京：北京师范大学出版社，2012：10-11.

②关心家乡的环境与发展，关心我国的基本地理国情，增强热爱家乡、热爱祖国的情感。

③尊重世界不同国家的文化和传统，增强民族自尊心、自信心和自豪感，理解国际合作的意义，初步形成全球意识。

④初步形成尊重自然、与自然和谐相处、因地制宜的意识及可持续发展的观念，增强防范自然灾害、保护环境与资源和遵守相关法律法规的意识，养成关心和爱护地理环境的行为习惯。①

(5)《义务教育历史课程标准(2011版)》中的情感、态度和价值观目标

2011版的历史课程目标的总目标从知识与能力、过程与方法、情感态度价值三个方面进行阐述。现将总目标中的情感、态度和价值观目标整理如下。

①从历史的角度了解中国的具体国情，认同中华民族的优秀文化传统，尊重和热爱祖国的历史和文化；认识在漫长的历史进程中，我国各族人民密切交往、相互依存、休戚与共，形成了中华民族多元一体的格局，共同推动了国家发展和社会进步，增强民族自信心和自豪感。

②感悟近现代中国人民为救亡图存和实现中华民族伟大复兴而进行的英勇奋斗和艰苦探索，认识中国共产党在中国革命、建设和改革事业中的决定作用，树立中国特色社会主义的理想信念；继承和弘扬以爱国主义为核心的民族精神，认识到国家统一、民族团结和社会稳定是自豪感强盛的重要保证，初步形成对国家、民族的认同感，增强历史责任感。

③了解人类社会历史发展的基本趋势及人类文化的多样性，理解和尊重世界各国、各民族的文化传统，学习汲取人类创造的优秀文明成果；认识和平与发展是当今时代主题，逐步形成面向世界的视野和意识。

④认识人类历史上的物质文明、精神文明发展的重要性，理解历史上的革命与改革在不同程度上促进了社会的进步，认识从专制到民主、由人治到法治是历史发展的必然趋势，不断发展社会主义民主与加强社会主义法制意识。

⑤认识科学技术的发展对人类历史进步的推动作用，逐步形成尊重科学、崇尚科学的意识，树立求真、求实和创新的科学态度；从历史的演变中认识合理开发和利用资源、生态环境保护的重要性，初步形成可持续发展的观念。

① 中华人民共和国教育部.义务教育地理课程标准(2011版)[S].北京：北京师范大学出版社，2012：6.

⑥认识人民群众创造历史的作用以及杰出人物在历史上的重要贡献，汲取前人的经验和智慧，初步理解个人与群体、个人与社会的关系，逐步提高对是与非、善与恶、美与丑的识别判断力，逐步确立积极进取的人生态度，形成健全的人格和健康的个性品质。①

(6)《义务教育生物课程标准(2011版)》中的情感态度价值观目标

2011版的生物课程目标的总目标从知识、能力、情感态度价值观三个方面进行阐述。现将总目标中的情感、态度和价值观目标整理如下。

①了解我国的生物资源状况和生物科学技术发展状况，形成爱祖国、爱家乡的情感，增强振兴祖国和改变祖国面貌的使命感与责任感。

②热爱自然，珍爱生命，理解人与自然和谐发展的意义，提高环境保护意识。

③乐于探索生命的奥秘，具有实事求是的科学态度、探索精神和创新意识。

④关注与生物学相关的社会问题，初步形成主动参与社会决策的意识。

⑤逐步养成良好的生活与卫生习惯，确立积极、健康的生活态度。②

(7)《义务教育化学程标准(2011版)》中的情感、态度和价值观目标

2011版的化学课程目标的总目标从知识与技能、过程与方法、情感态度价值三个方面进行阐述。现将总目标中的情感、态度和价值观目标整理如下。

①保持和增强对生活和自然界中化学现象的好奇心和探究欲望，发展学习化学的兴趣。

②初步建立科学的物质观，增进对“世界是物质的”“物质是变化的”等辩证唯物主义观点的认知，逐步树立崇尚科学、反对迷信的观念。

③感受并赞赏化学对改善人类生活和促进社会发展的积极作用，关注与化学有关的社会热点问题，初步形成主动参与社会决策的意识。

④增强安全意识，逐步树立珍惜资源、爱护环境、合理使用化学物质的可持续发展观念。

⑤初步养成勤于思考、敢于质疑、严谨求实、乐于实践、善于合作、勇于创新等科学品质。

---

① 中华人民共和国教育部.义务教育历史课程标准(2011版)[S].北京:北京师范大学出版社,2012:7-8.

② 中华人民共和国教育部.义务教育生物学课程标准(2011版)[S].北京:北京师范大学出版社,2012:6.

⑥增强热爱祖国的情感，树立为中华民族复兴和社会进步学习化学的志向。[①]

(8)《义务教育物理课程标准(2011版)》中的情感、态度和价值观目标

2011版的物理课程目标的总目标从知识与技能、过程与方法、情感态度价值观三个方面进行阐述。现将总目标中的情感、态度和价值观目标整理如下。

①有学习物理的兴趣，有对科学的求知欲，能保持对自然界的好奇，乐于探索自然，能领略自然界的美妙与和谐，对大自然有亲近、热爱及和谐相处的情感。

②有将科学技术应用于日常生活、社会实践的意识，乐于探究日常用品或新产品的物理学原理，乐于参与观察、实验、制作、调查等科学实践活动，有团队精神。

③有克服困难的信心和决心，能总结成功的经验，分析失败的原因，体验战胜困难、解决物理问题时的喜悦。

④养成实事求是、尊重自然规律的科学态度，不迷信权威，勇于创新，有判断大众传媒信息是否符合科学规律的初步意识，有将自己的见解与他人交流的意识，敢于提出与别人不同的见解，勇于放弃或修正不正确的观点。

⑤关注科学技术对社会发展、自然环境及人类生活的影响，有保护环境及可持续发展的意识，能在个人力所能及的范围内对社会的可持续发展做贡献，有将科学服务于人类的意识，热爱祖国，有振兴中华的使命感与责任感。[②]

2.课程标准中情感、态度和价值观目标特征

(1)情感、态度和价值观目标的呈现方式

各学科课程标准在课程目标中都有情感、态度和价值观目标的相关陈述，呈现的方式大致有两种：一种是在总目标中专设情感、态度和价值观板块，如数学、地理、历史、生物、化学等学科；另一种是将情感、态度和价值观目标渗透于学科特设板块中，如英语、语文等学科。

① 中华人民共和国教育部.义务教育化学课程标准(2011版)[S].北京：北京师范大学出版社，2012：7.
② 中华人民共和国教育部.义务教育物理课程标准(2011版)[S].北京：北京师范大学出版社，2012：7.

(2)情感、态度和价值观目标内涵丰富

通过梳理发现,各学科课程标准中的情感、态度和价值观目标有着丰富的内涵,超越了人们一般的认知。情感不仅指学习的兴趣和热情,还包括审美情趣、快乐生活、幸福学习等丰富的内心体验。态度不仅指学习态度,还包括实事求是的科学态度、勤劳的劳动态度、积极向上的生活态度、宽容的人生态度、友爱宽容的社会态度等。价值观不仅指学习的意义和目的,还包括文化价值观、道德价值观、人生价值观、审美价值观、人际交往价值观、法制价值观等。

通过统计各学科情感、态度和价值观目标中出现的高频词,发现几项共同关注的内容。

一是学科学习兴趣。兴趣是学科学习中的一种可贵动力,几乎所有学科的情感、态度和价值观目标都含有对学科学习的好奇心、兴趣、求知欲的表述。如数学学科的相关表述"积极参与数学活动,对数学有好奇心和求知欲"。英语学科的相关表述"对英语有好奇心,喜欢听他人说英语;在学习中乐于模仿,敢于表达;对学习中接触的外国文化习俗感兴趣"。化学学科的相关表述"保持和增强对生活和自然界中化学现象的好奇心和探究欲望,发展学习化学的兴趣"。物理学科的相关表述"有学习物理的兴趣,有对科学的求知欲,能保持对自然界的好奇,乐于探索自然"。

二是习惯。习惯的力量是惊人的,它可以通过每天的点滴积累影响着学生一生的发展。几乎所有学科的情感、态度和价值观目标都含有对自主、合作等学习习惯的关注。如语文学科的相关表述"养成良好的语文学习习惯"。数学学科的相关表述"养成认真勤奋、独立思考、合作交流、反思质疑等学习习惯"。生物学科的相关表述"逐步养成良好的生活与卫生习惯,确立积极、健康的生活态度"。

三是自信心。自信心是推动学生学习的一种强大动力,也是完成学习任务的有力保证,它是一种健康的心理状态。大多数学科的情感、态度和价值观目标都含有自信心的内容。如语文学科的相关表述"增强学习语文的自信心"。数学学科的相关表述"在数学学习过程中,体验获得成功的乐趣,锻炼克服困难的意志,建立自信心"。英语学科的相关表述"对英语学习表现出积极和初步的自信心"。物理学科的相关表述"有克服困难的信心和决心,能总结成功的经验，分析失败的原因，体验战胜困难、解决物理问题时的喜悦”。

四是科学精神。科学精神在价值取向上，表现为求真、求实、求新、求善；在认知方法上，表现为专注、逻辑、理性和质疑；在行为性格上，表现为好奇、进取、敢为和坚持。[①]大多数学科的情感、态度和价值观目标都给予了不同层面的关注。如语文学科的相关表述“在发展语言能力的同时，发展思维能力，学习科学的思想方法，逐步养成实事求是、崇尚真知的科学态度”。数学学科的相关表述“形成坚持真理、修正错误、严谨求实的科学态度”。历史学科的相关表述“认识科学技术的发展对人类历史进步的推动作用，逐步形成尊重科学、崇尚科学的意识，树立求真、求实和创新的科学态度”。化学学科的相关表述“初步建立科学的物质观，增进对‘世界是物质的’‘物质是变化的’等辩证唯物主义观点的认知，逐步树立崇尚科学、反对迷信的观念”。物理学科的相关表述“养成实事求是、尊重自然规律的科学态度，不迷信权威，勇于创新，有判断大众传媒信息是否符合科学规律的初步意识，有将自己的见解与他人交流的意识，敢于提出与别人不同的见解，勇于放弃或修正不正确的观点”。

（3）情感、态度和价值观目标凸显学科性

我国现行的中小学教育是按学科进行的，每一门学科都有其特殊性，这个特殊性源自学科的本质、性质、特点、功能等。各学科的课程标准在情感、态度和价值观的目标设置中体现了学科本质属性，体现了在本学科学习中才可能获得的情感体验，感受学科独特的美和价值意义。这里着重分析文科和理科在情感、态度和价值观目标上的差异。文科的情感、态度和价值观目标内容涉及范围广且多元，主要是为了提升人文素养，强调的是对学生审美情趣、生活情趣、尊重和理解多元文化、继承民族优秀文化遗产、弘扬民族精神等的培养。理科主要是科学的情感、态度和价值观，强调的是科学精神和严谨求实、敢于质疑的科学态度，以及理性的、辩证的科学价值观。

（4）情感、态度和价值观目标的层级分类

1964年，克拉斯沃尔等人在其著作中回答了情感领域作为教学目标的学习结果是价值内化，同时将价值内化分为了五个层次，即接受、反应、价值化、组

① 潜伟．科学文化、科学精神与科学家精神[J]．科学学研究，2019，37(1)：1-2.

织、价值的性格化五个层次，构成了一个由低级到高级的情意发展连续体。[①]参照这五个层次可以理解课程标准中的情感、态度和价值观目标内化层次，见表6-2。

表6-2 课程标准中的情感、态度和价值观目标内化层次

层次	解释	举例
接受	接受是指学生觉察到某种现象或刺激的存在，开始愿意接触、了解、探究这种现象或刺激	对英语有好奇心，喜欢听他人说英语
反应	反应是指学生“接受”的情感开始，体现在行动反应上，一开始是顺从（不反对和抵制），接下来主动参与相关活动，最后是带着愉快的心情积极参与其中。与老师们通常所说的“兴趣”类似，强调对特殊活动的选择和满足	积极参与数学活动，对数学有好奇心和求知欲
价值化	价值化是指学生将特殊的对象、现象或行为与一定的价值标准相联系。与教师们通常所说的“态度”类似	丰富情感体验，培养对生活的积极乐观态度
组织	组织指将许多不同的价值标准组合在一起，克服它们之间的矛盾、冲突，并开始建立起内在一致的价值体系。与人生哲学有关的教学目标属于这一级水平	能与他人合作；进一步增强对文化差异的理解与认识
价值的性格化	价值与价值体系的性格化是指个人具有长时间控制自己的行为以致发展了性格化“生活方式”的价值体系。这一水平的目标着重学生的一般适应模式（包括个人的、社会的和情绪的）	了解人类社会历史发展的基本趋势及人类文化的多样性，理解和尊重世界各国、各民族的文化传统，学习汲取人类创造的优秀文明成果；认识和平与发展是当今时代主题，逐步形成面向世界的视野和意识

这五个层次构成了一个由低级到高级的情意发展连续体，对教师确定情感、态度和价值观目标具有重要的参考价值。

（三）教学中的情感、态度和价值观目标

1.确定情感、态度和价值观目标的基本要素

一般来说，确定教学目标主要考虑课程标准、教材以及学情三个方面的要

① [美]B.S.布卢姆，等.教育目标分类学第二分册情感领域[M].施良方，张云高，译；瞿葆奎，校.上海：华东师范大学出版社，1989：401-402.

素。课程标准是相对宏观的目标,课堂教学目标必须服务于课程目标。教材既是实施课程目标的具体媒介,也是教学目标设计的抓手。教学目标是学生通过教学活动后要达到的预期学习效果。与认知目标确立的基本要素一样,教学中的情感教学目标确立也需要考虑课程标准中情感、态度和价值观目标和教材的情感因素以及学情。

以下以统编版小学语文教科书四年级上册第七单元的单元教学计划中的情感、态度和价值观目标为例进行分析。

课程标准:《义务教育语文课程标准(2011版)》的总目标中有这样的情感、态度和价值观目标:在语文学习过程中,培养爱国主义、集体主义、社会主义思想道德和健康的审美情趣,发展个性,培养创新精神和合作精神,逐步形成积极的人生态度和正确的世界观、价值观。①

教材分析:本单元以"家国情怀"为主题,编排了《古诗三首》《为中华之崛起而读书》《梅兰芳蓄须》《延安,我把你追寻》4篇课文。课文表现了不同历史时期的人们在家国大义面前的不同风采。

学情分析:家国情怀是一个相当抽象的概念,对于小学四年级的学生来说,课文描写的不同历史时期先进人物的故事离学生的认识世界和生活经历都很远。所以本单元人物崇高的精神品质学习,不能脱离语言文字和学生的接受能力,给人物"贴标签",硬性灌输思想情感,而应该与具体的事例、与语言文字的理解运用相结合,春风化雨,润物无声。

单元情感、态度和价值观教学目标:愿意读课文了解人物的故事,愿意在课下查阅资料深入了解自己感兴趣的人物。

2.情感、态度和价值观目标的表述方法

与认知目标的表述要求一样,教学中的情感、态度和价值目标的表述也需要做到具体、清晰、可操作。只有具备这三个要点,目标才具有导向性,教师才知道教什么、怎么教,才能够判断学生学了什么、学得怎样。

(1)情感、态度和价值观目标与认知目标的关系

任何一个教学行为既有认知的成分,也有情感的成分。在教学中,认知与情感是相互影响、相互渗透的。

一方面,情感目标的达成需要以一定的知识经验为基础。认知是引起情感

① 中华人民共和国教育部.义务教育语文课程标准(2011版)[S].北京:北京师范大学出版社,2012:6.

的一个主导性因素，情感是人对事物与自己的需要之间的关系的反应，而这种反应是以认知为基础的，人只有在通过认知反映客观事物的属性，揭示客观事物对人的意义的基础上，才能产生相应的情感。[①]另一方面，情感目标的达成对于认知目标的形成具有促进作用。情感是认知活动的动力系统，是认知活动的组织者，对认知活动起着动力和组织的作用，决定趋近或逃避情境的趋向以及人们在不同领域愿意付出的认知努力程度。[②]所以在情感、态度和价值目标的表述中是很难割裂掉认知目标而独立存在的。例如，语文的情感、态度和价值观目标：能初步鉴赏文学作品，丰富自己的精神世界。丰富情感世界的目标是和鉴赏文学作品的方法与过程交融在一起的。历史的情感、态度和价值观目标：认识中国共产党在中国革命、建设和改革事业中的决定作用，树立中国特色社会主义的理想信念。树立中国特色社会主义的理想信念的价值观是和理解、分析中国共产党在中国革命、建设和改革事业中的作用的认知过程交融在一起的。

(2)情感、态度和价值观目标的具体化

各学科课程标准中的情感、态度和价值观目标描述的是学生经历了一段时间的课程学习，所达到的价值内化的结果，而具体到教学中的目标就应该是课程目标的具体分解。例如，小学数学一年级有“找规律”这一教学内容，有的老师在教学设计中的情感目标就直接用课程标准中的“充分感受数学的价值，培养学生发现和欣赏数学美的意识”这一目标。这种表述就显得有些宽泛、笼统，针对性不强。数学包含的目标内容非常广泛，只通过一节课的教学就让学生都感受到数学美学价值是不可能的，它需要有一个桥梁。如教学“图形的排列规律”，在学习过程中，学生应该是首先感受到图形排列规律的美，如此才能感受到数学的魅力。笔者认为更为合适的表述应该是：通过多种表征方式感受图形排列的规律美。再如，一位小学语文老师在教学《杨氏之子》这篇古文时确定的情感目标是“感受文言文的魅力”。只要是学习文言文，在过程中都能或多或少地感受到文言文的魅力，那么根据这一课文本的特点，到底是感受文言文哪一方面的魅力，怎样感受，感受到何种程度，都是模糊一片。如果教师对情感目标

① 施良方，崔允漷.教学理论：课堂教学的原理、策略与研究[M].上海：华东师范大学出版社，1999：115.
② 施良方，崔允漷.教学理论：课堂教学的原理、策略与研究[M].上海：华东师范大学出版社，1999：116.

的设计过于笼统，以此为依据，往往不再细致深入地考虑如何引导学生在课堂教学中进行情感体验，以及进行情感体验的具有操作性的步骤如何设计等具体问题，就很难在课堂教学中有效地达成情感目标。

(3)情感、态度和价值观目标的可操作性

什么是具有可操作性的情感、态度和价值观目标？举一个例子来说明。语文教科书的选文中有相当数量的革命文化题材类课文，这类课文是爱国主义教育的重要载体。《为中华之崛起而读书》叙述了周恩来少年时代在奉天读书时的事情，他耳闻目睹了中国人在被外国人占据的地方受洋人欺凌却无处说理的事情，从中深刻地体会到伯父说的“中华不振”的含义，从而立下了“为中华之崛起而读书”的志向。下面两位老师的教学设计中都有情感、态度和价值观目标。

第一位老师：感受少年周恩来的博大胸怀和远大志向，树立为国家繁荣和民族振兴而刻苦学习的远大理想。

第二位老师：愿意结合课文内容查找资料，并与同伴交流周恩来立下“为中华之崛起而读书”这个志向的原因。乐意写写自己读书的目的，做到理由清楚。

两位老师拟定的情感、态度和价值观目标都抓住了本篇课文的德育价值。不同的是，第一位老师的目标中选用的是“感受”“树立”两个动词，由于这两个动词无法表述学生的外显行为，很可能导致老师在教学中既不知道怎样教，也不知道怎样评。第二位老师把感受周恩来博大的胸怀和远大志向的目标化为了几个看得到的外显行为：查找资料，交流原因，写出读书目的。其中“愿意”“乐意”等词表现了情感的层次。

从上面的例子可以看出情感、态度和价值观目标要具有可操作性，我们应该从两个方面入手，一是把情感、态度和价值观目标转化成一个外显的学习过程和方法，二是用上能体现情感层级的动词，每一级情感内化程度都可以用一定的动词来体现，见表6-3。

表6-3　情感、态度和价值观分层目标行为动词列举表

层次	行为动词	举例
接受	愿意、有意愿、倾向于、不反对、识别、感受、留意	愿意留意网络中关于垃圾分类的信息

续表

层次	行为动词	举例
反应	遵照、遵守、顺从、服从、自愿、愿意、合作、享受、参与、感兴趣、愉快	愿意参与垃圾分类的讨论
价值化	相信、承认、喜欢、坚持、坚信	喜欢花很多时间研究垃圾分类的方法，每周坚持参与垃圾分类的志愿者活动
组织	判断、联系、权衡、确定、评判、制定	对保护自然资源与生态环境的社会责任做出判断
性格化	修正、改变、形成、确立	形成健康的生活方式和态度

二、基于情感、态度和价值观的教学内容组织

教学过程中用于落实教学目标的载体称为教学内容。情感、态度和价值观的教学内容就是在教学中能够落实情感、态度和价值观目标的载体。各学科课程标准中的情感、态度和价值观目标内涵丰富，既包括学科学习的兴趣、态度，又包括学科价值观的形成，还包括与学科相关的社会责任、家国情怀及国际视野等。学生达成这些目标要经历一个复杂而漫长的心理体验和内化过程，在这个过程中需要有社会需求的发展、认知的深化、情绪体验的积累及情感的迁移等多方因素起作用。支持这一过程的教学内容也是复杂多样的，似乎存在于教学的方方面面。这里暂且从静态的教学内容和动态的教学内容来进行分析。

（一）落实情感、态度和价值观目标的静态教学内容

这里的静态教学内容是指支持情感、态度和价值观目标达成的文字、图片、影像制品等相对静止的教学材料，包括教科书内容和二次开发的内容。

1. 教科书中的情感、态度和价值观内容

教科书是教学的主要载体，教科书除了呈现本学科的学科知识和学习活动外，还含有丰富的情感、态度和价值观内容。当然，不同学科的教科书所呈现情感、态度和价值观内容的方式是有所区别的。大致分为两种：一种是显性，一种是隐性。

（1）教科书中显性的情感、态度和价值观内容

所谓显性情感因素，是指在教学内容中通过语言文字、直观形象材料使人能直接感受到的情感因素。[①]有些教科书中的内容能直接显现情感、态度和价值观的内容，如音乐、语文等学科的大部分内容。

音乐作为情感的载体，其特征是情感抒发、情感宣泄、情感交流和情感审美，它直接作用于人的心理及情感世界，感染人、激励人，同时教育人，所以音乐教科书中的歌曲都属于显性的情感、态度和价值观内容。如人教版小学音乐教科书中就有《蝴蝶花》《春天音乐会》等反应人与自然和谐相处的歌曲，有《祖国颂歌》《国旗国旗真美丽》等爱国题材的歌曲，有《小乌鸦爱妈妈》《唱给妈妈的摇篮曲》等体现亲情的歌曲，有《听妈妈讲那过去的事情》《七子之歌》等体现革命文化的歌曲。

语文教科书由三大系统构成，即选文系统、练习系统和导学系统。其中构成选文系统的一篇篇文章无论是小说、诗歌、散文都含有丰富的情感，这里的丰富情感首先来自文章的作者，如散文《匆匆》就表达了作者朱自清对时光逝去而无法挽留的无奈和对已逝日子的深深留念。记叙文《我的伯父鲁迅先生》饱含有作者周晔对自己的伯父鲁迅先生的无比怀念、热爱与敬仰之情。其次，这种显性的情感还来自于编者，如统编版小学语文教科书在选文体统中安排了34篇革命题材类课文，这类题材的课文随着年级升高所占比例也随之增加，这体现了编者的编写理念，既将学生的情感视角从小我扩展到大我，又逐步培养其家国意识、社会基本的道德品质和社会责任感等。

对于教科书中显性的情感、态度和价值观内容，在教学中要随着认识活动将其展开。例如，在理解课文内容的过程中用朗读的方式展示情感，在学习唱歌的过程中用声音和节奏表达情感。

（2）教科书中隐性的情感、态度和价值观内容

有些教科书内容主要在于反映客观事实，并不带明显的情感色彩，但在反映客观事实的过程中仍然会不知不觉地使人感受到其中所隐含的情感。[②]各学科的教科书中都含有大量的此类内容。

---

① 卢家楣. 情感教学心理学[M]. 上海：上海教育出版社，2000：68.

② 卢家楣. 情感教学心理学[M]. 上海：上海教育出版社，2000：69.

虽然语文教科书中大量的内容属于显性的情感、态度和价值观内容，但也含有隐性的情感、态度和价值观内容。如统编版小学语文教科书四年级下册第6课《飞向蓝天的恐龙》一课的课文资料袋：

科学界存在着多种解释鸟类起源的假说。有人认为鸟类起源于一种早期鳄形动物，也有人提出鸟类源自一类作“槽齿类”的爬行动物，还有人推测鸟类由兽脚类恐龙演化而来。1996年以来，在我国辽西及其周边地区，发现了许多存有羽毛的恐龙化石。有后肢修长的尾羽龙、体态臃肿的北票龙、满嘴利牙的中国鸟龙、身体小巧的小盗龙，还有耀龙、近鸟龙等。这些恐龙，有的身披纤维状的原始羽毛，有的身披五颜六色的片状羽毛，为科学界解答鸟类起源问题提供了重要依据。

这段文字客观地讲述了科学家对鸟类起源的研究，表述中没用任何带有情感的词语，但是透过这些客观的表述可以感受到人类对生命奥秘孜孜不倦的探索精神和实证推理的科学态度。

数学教科书中也含有大量隐性的情感、态度和价值观内容。如人教版小学数学教科书一年级上册“第几”的学习中渗透了依次排队、遵守秩序的教育因素，在一年级下册“认识人民币”中体现了爱护人民币的教育因素，在四年级下册综合与实践“节约一滴水”的内容中突出了节约水资源的教育因素。

除此之外，教科书还有许多不含情感、态度和价值观的内容，如数学教科书中大量的计算题，物理教科书中的概念、公式等。就连以显性情感、态度和价值观内容为主的语文也会有不含情感、态度和价值观的内容，如统编版小学语文教科书六年级上册的“故宫博物院平面示意图”。

对于教科书中隐性的情感、态度和价值观内容和不含情感、态度和价值观的内容，可以通过充分挖掘和积极赋予情感、态度和价值观因素的方式来为目标服务，具体的方法会在下面的二次开发情感、态度和价值观内容中讲到。

2.二次开发的情感、态度和价值观内容

俞红珍认为教材二次开发不仅包括对教材的灵活运用，还包括对其他教学资源的整合和自主开发教材资源。这里的二次开发的情感、态度和价值观内容主要是指为了更好地达成情感、态度和价值观目标，师生自主开发的教材资源。

(1)显性情感、态度和价值观内容二次开发

显性情感、态度和价值观内容二次开发是指围绕达成学习目标的需要，师生所开发的学习材料带有显性情感、态度和价值观内容。

显性情感、态度和价值观内容的开发有助于教科书显性的情感、态度和价值观内容的展开。例如，写景散文《观潮》讲述了一次观潮的盛况，描写了大潮由远而近、奔腾西去的全过程，描绘出江潮由风平浪静到奔腾咆哮再到又恢复平静的动态变化，写出了大潮的奇特、雄伟、壮观。一位语文教师在教学课文《观潮》时，依据课文的显性情感因素——感受大自然的神奇与伟大，开发了古代文人墨客诗句：刘禹锡《浪淘沙》中的名句——八月涛声吼地来，头高数丈触山回；李白《横江词》中的名句——浙江八月何如此，涛如连山喷雪来；苏轼《观浙江涛》中的名句——八月十八潮，壮观天下无。这些诗句能帮助学生站在不同的视角，感受钱塘江大潮的雄伟神奇。

显性情感、态度和价值观内容的开发，有助于教科书中隐性情感、态度和价值观内容的挖掘。例如，在历史学科的教学中，可结合教科书中年代、数据、事件等客观事实内容，加入历史人物的生平故事，比如讲述李时珍脚穿草鞋，身背药篓，翻山越岭，访医采药，走了上万里路，历时27年写成《本草纲目》的故事，让学生感受到只有经过一定的困难与挫折，才能收获最终的成功。

显性情感、态度和价值观内容的开发，有助于教科书不含情感、态度和价值观内容的情感赋予。如数学学科教学内容大多是抽象的符号推演，相对枯燥，那我们就可以进行数学家忘我奋斗的、引人入胜的故事开发，以激发学生热爱数学的志趣。

(2)隐性情感、态度和价值观内容二次开发

隐性情感、态度和价值观内容二次开发是指围绕达成学习目标的需要，师生所开发的学习材料带有隐性情感、态度和价值观内容。

隐性情感、态度和价值观内容的开发有助于教科书显性情感、态度和价值观内容的展开。例如，教学《观潮》一课，教师可以开发钱塘江大潮形成的原因、每年观潮人数、大潮的利弊等客观现实的内容，帮助学生形成对大自然正确的认知。

隐性情感、态度和价值观内容的开发有助于教科书不含情感、态度和价值观内容的情感赋予。例如,在"化学式"的教学中,可以加入与之相关的在生活生产中的运用,比如三聚氰胺奶粉原理、天然气和煤气的泄露处理等客观运用,帮助学生进行科学判断,形成正确的化学价值观,提高学习化学的兴趣。

(二)情感、态度和价值观目标的动态教学内容

情感、态度和价值观目标的动态教学内容是指在学习过程中除去事先预设的静态情感、态度和价值观内容以外的,较少或没有预设的教育内容,如师生关系、生生关系、教育冲突等。现选择较为重要的四个方面进行分析。

1. 师生交往中的情感、态度和价值观教学内容

师生关系是维系教学正常进行的基本关系,这种关系中蕴含着民主、和谐、平等的价值观。在教师和学生的相处过程中,教师传递给学生的往往是一种"缄默知识",这种"缄默知识"的力量远远胜于显性知识的力量。[①]师生交往过程中的情感、态度和价值观是一种动态的教学内容,对学生的影响是持久和深刻的。全国著名教师于永正在课堂中是这样与学生交流的。

于老师:请停下来,这个小朋友读得好不好?好在哪里?

生:"蚕"一开始读错了,后来改正了。

于老师:好。你听得很认真。于永正就喜欢这样的同学,自己错了自己改正。请你再读一读那一句。

在老师的鼓励下,学生读得不仅正确流畅,而且很有感情。

于永正在与学生的交流中充分尊重学生,理解学生的错误,循循善诱地引导,真正地做到了"目中有人"。这样的交流方式带给学生亲近感和信赖感,容易在学生心灵深处撞击出智慧和道德的火花,产生良好的育人效果。

2. 合作学习中的情感、态度和价值观教学内容

小组合作学习已成为当前新课程改革理念下最为重要的学习方式,这种方式不仅能增强学习效果、提高学习效率,还能养成学生诸多的积极心理品质,是很重要的情感、态度和价值观教学的动态内容。积极心理品质主要包括自主、自制、坚持、责任心、自我效能感、社交智慧、希望与乐观等要素。

① 齐标.论隐性课程及其在英语教学中的辅助作用[D].上海师范大学硕士学位论文,2007.

小组合作学习中的协同探究过程是情感、态度和价值观教学的动态内容。为了达成共同的学习目标，与他人友好相处，发现他人长处，取长补短，帮助后进，这种默契与融洽是协同探究的重要体现，协同探究过程本身就是培养参与者的社会适应能力的过程。

小组合作学习中的交流分享过程是情感、态度和价值观教学的动态内容。大家对问题进行不同角度的探究和交流，互帮互助，相互尊重，相互欣赏，其乐融融，共同分享同伴和集体经验与成果，有利于学生形成积极心理品质。

3.价值冲突中的情感、态度和价值观教学内容

这里的价值冲突指的是师生在学习过程中由于价值观的不一致带来的不同选择。教师所持的价值观往往是社会所倡导的主流价值观，而学生有可能持有当下社会比较自我的非社会倡导的主流价值观。两种价值观在具体的事件情境中就会产生冲突，这种教学中无法预设的情感、态度和价值观教学内容也属于一种动态的教学内容。下面用一个例子来说明教学中的价值冲突如何变成有价值的情感、态度和价值观教学内容。[①]

教学冲突。

杭州清河中学教师金宏在讲解我国台湾诗人余光中的《乡》时，为了让学生们进一步体会诗歌意象的特点，培养学生的想象力，要求他们仿写课文中的句子“小时候，乡愁是一枚小小的邮票……”同学们踊跃发言，其中一位同学做出了这样的发言：“……长大后，乡愁是一张张人民币，我只能眼巴巴地站着看。”

全班哄堂大笑。

价值澄清。

师：听起来很新颖，请解释一下所表达的意思。

生：长大后知道了钱很重要，怀里揣着钱，心里想着家人。

价值引导，金老师顺着学生的这一思路启发大家。

师：这位同学想到的并不简单（没有打击、批评）。同学们一定在报纸上看到过，一些企业拖欠民工工资，过年了，这些辛苦建设城市的民工，带上一年的血汗钱，想着去报答老人的养育之恩，去抚育自己的孩子，这是多么浓厚的乡情啊！

（学生们受到感染，几位同学表达了感受。）

师：我们是不是也可以站在民工的角度，为他们写一首乡愁呢？

---

① 刘晓伟.情感教育——塑造更完整的人生[M].上海：华东师范大学出版社，2007：237.

生:(学生们现场创作的《乡愁》)
民工们劳务市场摩肩接踵,
在建筑工地挥汗如雨,
在高楼大厦前踯躅前行,
在车站码头席地而卧……
这一切,都是为了一份绵长的牵挂,一份热切的期盼。
这一头,是不眠的夜,
那一头,是不熄的灯。
这一头,是喜滋滋的汇单,
那一头,是甜蜜蜜的笑容。

上述案例中,老师在遇到棘手的价值冲突时,没有简单地批评,而是机智地将价值突出转化成了情感、态度和价值观的教学内容,将冲突巧妙地链接社会生活,教会学生关心社会、了解民情、尊重民工。

4. 实验过程中的情感、态度和价值观教学内容

对于大多数学生来说,初见实验仪器、简单的实验现象都能引起他们的实验探究兴趣。实验的整个过程,学生所经历的情感体验和价值内化也是动态的情感、态度和价值观教学内容。从"看"实验到"做"实验,学生能在这个过程中亲身体验,形成勇于实践、勤奋努力的科学态度;从"做"实验到根据实验目的"设计"实验,在这个过程中学生能形成勤于思考、精益求精的科学态度;最后从独立"设计"实验到"创新"实验,形成敢于创新、探究事物的科学态度。

三、基于情感、态度和价值观的教学策略选择

同认知目标相比,情感、态度和价值观目标的达成过程有它自身的特殊性,具体体现在以下几个方面。一是体验性,诺尔曼·丹森认为情感目标不能靠记忆、反复背诵,而是要通过心灵的感受和体验而获得,情感过程是情境体验过程,是交往、互动过程。[①]课堂上没有学生体验的过程,也就不可能有有效的情感、态度和价值观教育。二是内隐性,情感、态度和价值观的形成是一个内在的心理过程,外部刺激必须经过主体的心理认同,不管是情感态度的认同,还是价

① [美]丹森.情感论[M].魏中军,孙安迹,译.沈阳:辽宁人民出版社,1989:9.

值观和行为的认同,都是经过选择、接纳后才转化为情感素质。这种心理过程是很难从外部看出来的,呈现出内隐性。三是长期性,相对于知识和技能的学习,情感、态度和价值观目标的达成相对比较缓慢,呈现出长期性的特征,因此应遵循情感、态度和价值观形成的特性,拟定相关的教学实施策略。

(一)树立长效意识,以渗透的方式滋养情感

教师要意识到情感、态度和价值观目标达成的长期性特点,充分领会情感、态度和价值观目标的重要地位,真正理解学科课程中情感、态度和价值观目的标定位,长期、耐心地将情感、态度和价值观渗透到教育教学中。

渗透教育也就是重视教育的感染熏陶、潜移默化。渗透教育从中观上讲是一种教学方法论,是利用无意识心理的暗示教学思想之体现,是课堂教学中情感、态度和价值观目标达成的基本原则。渗透教育从微观上讲是一种教学设计的具体策略与方法,是一种技术,如在讲解、谈话、提问、评价等中渗透的技巧。渗透教育需要教师不失时机,选取情感、态度和价值观教育的渗透点和恰当的引导方法,不留痕迹地实施教育。

(二)营造情趣氛围,以情境激发兴趣

心理学研究表明,情感具有情境性。一个人的情感会受到特定情境的影响,个体丰富而微妙的情感变化总是与特定的情境联系在一起的。学生的情感也要依附于一定的可以感知的客观情境而存在,良好的情境创设将会使学生对学习产生浓厚的兴趣。学生一旦进入这种状态,就能产生强烈的学习动力,积极、主动地投入到学习中去,变被动学习为主动学习。创设情境可以通过以下途径进行。

1.运用语言创设情境

教师要发挥语言在情感、态度和价值观教育中的感染力,运用情感语言创设学习情境,激发学生的学习兴趣。如在汉语拼音拼写中有j、q、x与ü相拼时,头上的两点要去掉的规则。为了帮助一年级的学生记忆和运用,老师们创编了许多有趣的儿歌:“小ü见了j、q、x,摘下帽子笑嘻嘻。”“小ü碰见j、q、x,去掉两点还读ü。”“j、q、x,真淘气,从不和u在一起,它们和ü来相拼,见了帽子就摘去。”

2.运用音乐渲染情境

在课堂教学中利用与教学内容相关的音乐来烘托、渲染气氛能够增强学习情趣。一位老师在教学《伯牙彭琴》时,播放了《高山流水》这首曲子,凄婉的乐声,营造出浓浓的情境。古人与学生虽相隔遥远,但音乐和着文字所传递出的真挚情感却跨越时空,叩击着学生的心灵,让学生感受峨峨群山,仁者之乐,洋洋江河,震撼于经典文化的力量。

3.运用多媒体营造情境

幻灯片、投影、录像、PPT课件等多媒体技术能给课堂提供丰富多彩的情境。一位老师在执教《圆明园的毁灭》一课时,用PPT课件展现了圆明园昔日的辉煌,用录像播放了英法侵略军毁灭圆明园的过程。通过多媒体创设情境,学生感受到了圆明园昔日的辉煌是无法比拟的,毁灭的损失是无法估量的。辉煌与毁灭的对比,激发了学生不忘国耻、振兴中华的情感。

4.借用实验创设情境

学生对实验抱有极大的兴趣,教师要善于根据教学内容,设置富有趣味性、探究性的实验。这种情境创设的方法多运用于科学知识的学习中。例如,物理课中的平面镜成像实验,化学课中的物质在空气中燃烧的实验,生物课中的显微镜观察血细胞的实验等。

(三)提高教师共情能力,以情感传递情感

心理学研究表明,情感具有感染功能,一个人的情感会影响其他人的情感,人与人之间的情感是相互影响的。教师在课堂中处于主导情感状态,教师的情感直接影响到学生的情感。教师的共情能力主要体现在两个方面:一是将情感内容进行内化加工;二是将内化的情感表达出来。

1.教师的情感内化

教师的情感内化过程就相当于演员看剧本过程,演员只有经历了深刻的情感体验,才能表演得惟妙惟肖。下面是一位语文教师进行的单元情感分析。

统编版小学语文四年级上册第七单元的人文主题为“家国情怀”,本单元所有的课文都传递着这一主题情感。

1.把握每一篇课文的情感价值

第21课《古诗三首》,其中唐代边塞诗《出塞》《凉州词》,表现了戍边将士驰骋沙场、保家卫国的情怀。《夏日绝句》表现了词人李清照与国家民族共存亡的精神气概。第22课《为中华之崛起而读书》展现了少年周恩来为中华之崛起而读书的远大志向。第23课《梅兰芳蓄须》展现了梅兰芳蓄须拒演的民族气节。阅读链接《难忘的一课》表现了台湾人民深深的爱国情、浓浓的民族意。第24课《延安,我把你追寻》用诗歌的形式讴歌了延安精神,警示人们延安精神的现代意义。学生能从课文内容中感受到不同历史时期人们在家国大义面前的不同风采。

2.整组课文的情感结构

本单元的课文组织有一条明晰的情感线,即家国情怀在传统文化、革命文化和社会主义先进文化中的传承脉络。第21课《古诗三首》,传递了封建帝王时代,饱经忧患,追求国家统一、民族和谐的家国情怀;后面三篇革命文化题材的课文,传递了新民主主义革命时期,舍生取义、保家卫国的家国情怀;第24课追忆、赞颂延安精神,同时隐含着新时期责任担当、命运与共的家国情怀。统揽整个单元的情感价值线索,充分体现了革命文化联结传统文化与社会主义先进文化的纽带作用。

3.练习系统与导学系统的情感价值理解

本单元中的阅读提示、交流平台等栏目起到引导学生学习的作用,归在导学系统里。课后练习题、词句段运用等栏目,指引学生言语运用,归在练习系统里。在这些栏目中也隐形地附着着道德价值。

略读课文《梅兰芳蓄须》一课的阅读提示是:在京剧舞台上,梅兰芳主演的《贵妃醉酒》《霸王别姬》等享誉世界。默读课文,说说梅兰芳用了哪些办法拒绝为日本人演戏,在这个过程中经历了哪些危险和困难。有兴趣的同学可以查找资料,深入了解这位京剧大师。这段阅读提示旨在引导学生在阅读中搜索并归纳梅兰芳拒绝为日本人演戏的相关信息,从而落实本单元"关注主要人物和事件,学习把握文章的主要内容"的语文要素。同时还激发学生查找资料,了解梅兰芳的兴趣。很显然,阅读提示给予的是理解课文的方法,但在表述中运用了"享誉世界""京剧大师"等赞誉梅兰芳的用词。这样的用词能很好地引导学生对人物品质的赞扬和认同,促进学生对这种道德价值的认可和内化。

本单元"词句段运用"的第一题出示了"志存高远、精忠报国、大义凛然、英勇无畏、视死如归、铁面无私、秉公执法、刚正不阿"八个词语,题干的要求是:读一读,想想这些词语一般用来形容哪些人。这道练习题的设计,摒弃了通过查字典理解词语静态意义的方法,充分调动学生的已有认知来理解这些词语。学生可以回顾本单元课文内容,用这些词语形容课文中的人物,如志存高远的周恩来,视死如归的戍边将士。还可以将这些词语与本单元课文外的相关人物对接,如志存高远的钱学森,大义凛然的李大钊,英勇无畏的邓世昌,视死如归的革命志士江姐,铁面无私的包青天等。用这种词语与人物对接的方式,强化已有的认知,让特定的道德价值隐性嵌入,从而实现了练习题道德价值的附着。

案例中的教师在进行情感内化时,不是简单、机械地归结课文表层的情感、态度和价值观内容。整个分析既有单篇课文的情感分析,也有单元整体的情感脉络,还有单元导语和练习题的情感因素分析,多层次、多角度地推测编者的意图。教师这样充分的情感内化,为课堂中的情感实施打下基础。

2.教师的情感表达

(1)有声语言的表达

在课堂教学中,有声语言主要是指教师以语音为信号的教学语言,它是课堂教学中主要的教学语言。在情感目标的达成中,教师的语言不仅要清晰、准确,还需要生动、形象、活泼、富有情趣和感染力。像语文课文本身就含有深刻的情感因素,对教师的言语表达要求很高,同样是泛读课文,语言功底强的老师能让学生透过声音充分体验相应的情感,如临其境;反之,则会让学生脱离课文的情感,昏昏欲睡。在科学知识的讲解中,可以使用拟人、比喻等修辞手法赋予无生命的知识以灵性。一位老师在讲解有氧呼吸和无氧呼吸时,用了这样一段有意思的语言:“大家都知道红细胞是具有运输氧气的作用,然而作为红细胞本身却并不进行有氧呼吸而是进行无氧呼吸,它是一个名副其实的‘无名英雄’。但当有一氧化碳存在时它又不结合氧气而和一氧化碳结合,又是一个十足的‘墙头草,两面倒’。还有像酵母菌在有氧气时可进行有氧呼吸,而在没有氧气时也可以进行无氧呼吸,是一个典型的‘能屈能伸’代表。”这样的语言可以引起学生积极的情感体验,在快乐中掌握知识的重点,突破理解的难点。

(2)无声语言的表达

阿波罗比亚曾说:“我们以我们的发声器官发声,却以我们的整个身体交谈。”这句话阐明了体态语在表达中的重要作用。首先,体态语能辅助有声语言传递情感。例如,教师的朗读辅助与合适的体态语能增强文章情感内容的感染力,达到更好传递情感的作用。其次,体态语还能与学生进行无声的情感交流。

例如，非常赞赏学生的回答时，会心的笑容、欣赏的眼神以及激动的表情，会让学生深刻地感受到教师此时的情绪。提醒学生上课专心，教师也可以用眼神、动作来代替有声的批评。

（四）提供参与机会，在体验中发展情感

情感、态度和价值观目标的体验性特征，决定了情感、态度和价值观目标的达成需要学生自身的情感体验。学生在学习中对所学事物不仅用脑，还要用心，这个“心”指的就是一种情感的倾泻和心灵的共鸣。达到这样的境界，就需要教师为学生提供更多的课堂参与机会。教学中的体验有两种形式：一种是亲历性体验，另一种是想象性体验。

合作探究、角色扮演、情境辩论、社会实践等属于亲历性体验。这些学习方式，改变了传统的教师讲、学生听的模式，给学生提供的体验机会相对多而深刻。例如，合作探究的教学模式，学生在探究中自主发现规律、自己寻找方法探解问题，在经历整个过程中不仅获得了学科知识的理解与运用，也获得了“山重水复疑无路，柳暗花明又一村”的情感体验。探究的过程中需要同伴、教师的合作，合作的过程中大家心往一处想、劲往一处使，团队中的每一位个体都能感获得积极的情感体验。

想象性体验是指学生没有办法在课堂上亲身经历，而是通过想象去领悟别人的生活状态和人生意义。这种体验在语文的阅读教学中常见。例如，教学《梅兰芳蓄须》一课，学生是无法通过亲身经历去感受梅兰芳先生拒绝为日本人演出所经历的危险和困难，从而体会梅兰芳先生的民族气节。教师只能用相关的问题让学生产生想象来进行体验：梅兰芳在拒演的过程中经历了哪些危险和困难？假如你是梅兰芳的好友，去看望打针装病差点丢掉性命的梅兰芳，你会说些什么呢？

（五）发挥榜样作用，激发积极态度

加涅说过，建立态度的最可靠方法之一是利用一系列包含人的模仿的学习条件，即人的榜样示范。在学校学习中，榜样的作用主要有三个层面。

一是教师。教师的情感榜样体现在两个方面:一方面是教师对学生的爱。试想一位老师拥有高尚的道德情操、宽厚仁慈的爱生之心,以及良好的心理素质,同时这些美好的情愫又通过语言、动作、神态自然流淌出来,这就是无声胜有声的教育。另一方面是教师对学科的爱。试想一位物理老师,不是因为喜欢物理而教物理,而是出于谋生的需要,在平时的教学中常常流露物理没有意义、没用等消极情感,学生是很难从老师那里获得学习物理的兴趣的。相反,优秀的物理老师不止是传授学生知识、技能和方法,更是将自己对物理的兴趣和感受随着教学内容一起带给学生,激起学生情感上的共鸣,学生能从老师那里获得物理学习的热忱和持续的动力。

二是学习伙伴。同龄人有着相似的情感和经历,有更多交流的话题。教师要善于引导学生发现伙伴身上的优秀品质,创造机会进行相互沟通和学习。

三是伟人榜样。包括语文课文中、历史故事中的各类优秀人物,如领袖、革命战士、科学家、文学家、企业家、慈善家等。也包括数学、物理、化学等理科中的公式、定理、法则背后无数坚持真理、百折不挠的科学家。例如,教学关于镭的内容时,就可结合文章《悼念玛丽·居里》,该篇文章是世界著名物理学家爱因斯坦在居里夫人的悼念会上的讲话,这会使学生对居里夫人有更深层地了解,同时居里夫人的榜样作用可以增强学生学好化学的信心。

四、基于情感、态度和价值观的教学评价实施

相对与认知领域的评价,情感、态度和价值观的评价更复杂、更困难。总体来说,情感、态度和价值观的评价有以下特点:它是一种质性评价,情感、态度和价值观的综合性和复杂性决定了其发展水平很难用精准的数量来表示;它是一种发展性评价,评价的目的不是为了最终的优、良、中、差等级,而是为了帮助学生在学习过程中形成健康向上的情感体验和正确的价值取向,同时改进教学;它是一种动态评价,关注评价中教师、学生、家长及相关人员的互动,与各种活动相结合。下面从评价标准的研制和常用的评价方法两个方面进行介绍。

（一）研制评价标准

1.研制评价标准的依据

(1)国家层面的纲领性文件

《国家中长期教育改革和发展规划纲要(2010–2020年)》(以下简称《纲要》)《关于深化教育教学改革全面提高义务教育质量的意见》等国家层面的纲领性文件是研制情感、态度和价值观评价标准的上位依据。如《纲要》提出:要使学生具有爱国主义、集体主义精神,热爱社会主义,继承和发扬中华民族的优良传统和革命精神;具有社会主义民主法治意识,遵守国家法律和社会公德;逐步形成正确的世界观、人生观、价值观;具有社会责任感,努力为人民服务;具有初步的创新精神、实践能力、科学和人文素养以及环境意识;具有适应终身学习的基础知识、基本技能和方法;具有健壮的体魄和良好的心理素质,养成健康的审美情趣和生活方式,成为有理想、有道德、有文化、有纪律的一代新人。

(2)课程标准

中小学各个学科依据《纲要》精神制定了相应的课程标准,每一个学科结合学科自身的特点制定了相应的情感、态度和价值观目标。这些内容是教师制订情感、态度和价值观评价标准的重要依据。

(3)相关理论

美国的克拉斯沃尔等人将情意领域的教育目标按内化过程分为接受、反应、价值化、组织、价值的性格化五个层次,构成了一个由低级到高级的情意发展连续体,见表6–4。

表6–4　克拉斯沃尔等人对情意领域目标的分类

层次	亚类	解释	举例
接受	觉察 愿意接受 有控制或有选择的注意	学生觉察到某种现象或刺激的存在,开始愿意接触、了解、探究这种现象或刺激	希望有更多的时间阅读 愿意花时间做数学题 感觉经过设计的图案很有吸引力

续表

层次	亚类	解释	举例
反应	默认的反应 愿意的反应 满意的反应	学生“接受”的情感开始体现在行动反应上,一开始是顺从(不反对和抵制),接下来主动参与相关活动,最后是带着积极愉悦的心情积极参与其中	按要求完成教师布置的任务 自愿参与阅读和讨论,了解当前 国际政治、经济和社会事务中的 有意义议题 在与不同的人交往中体验到 快乐
价值 化	价值的接受 对某一价值的偏爱 信奉	学生已经认识到某种事物 或现象的有价值之处,接受 和信奉某种价值观,在有关行为反应上表现出一定的坚定性	喜欢某种音乐作品,经常向 朋友推荐 花很多时间集中研究某个问题 积极参与摄影社团的各种活 动
组织	价值的概念化 价值体系的组织	学生开始思考各种价值之 间的相互关系,区分核心 价值和一般价值,并逐渐形成价值体系。这个体系是逐渐形成的,具有开放性,会随着新价值观的吸 收而变化	愿意就演奏质量与听过相同曲 目的人交换看法 对保护自然资源和生态环境的社会责任作出判断 有条理地阐述数学在生活中的重要性
价值 的性格 化	一般性定向 性格化	学生按照业已内化的价值 观行事,并将各种价值、信 念和态度组织在一个和谐 的系统中,构成一个整体的 哲学或世界观	根据某种规则评判、反思和修正自己的行为 根据民主和公平的原则制定社团活动规则 养成健康的生活态度和方式

我国的心理学家卢家楣也建立了情感目标达成效果的评价体系。该体系分为了乐情度、冶情度、融情度三个维度,每一个维度分为四个层次,见表6–5①

① 卢家楣. 教学领域情感目标的形成性评价研究[J]. 教育研究,2007,28(12):85–89.

表6-5 情感维度的四个层次

层次＼维度	乐情度	冶情度	融情度
第一层次	接受（对所教内容表现出愿意接纳的意向）	感受（体会到教师在教学中所表现出的教材内容中所蕴含的情感）	互动（师生间发生了人际互动）
第二层次	反应（对教学内容表现出一定的主动参与态度）	感动（自己也产生相应的情感）	互悦（师生间的人际关系达到积极呼应的程度）
第三层次	兴趣（对教学内容表现出明显的喜欢）	感悟（引起内心深处的情感上的触动）	互纳（师生间的人际关系达到友好互动的程度）
第四层次	热爱（表现出积极追求所教内容的强烈情感）	感化（成为某种情感形成的一个生发点，给日后留下重要资料）	互爱（师生间的人际关系达到互敬互爱、亲密无间的程度）

(4)其他因素

除了上述依据外，校情、班情、家庭结构、家长素质都应该是本校、本班、本学科制订有针对性、实效性的情感、态度和价值观目标的依据。

2.评价标准研制案例

(1)整体视野的情感、态度和价值观的评价标准案例

上海师范大学教育学院的吴钢、杨虹，针对上海市某中学的具体情况，研制了初中学生“情感、态度与价值观”评价标准，见表6-6。

表6-6 初中学生“情感、态度与价值观”评价标准[①]

评价对象	指标体系	评定标准		
		教师	学生	家长
初中学生情感、态度与价值观	1.学习态度方面	1.上课不迟到 2.上课认真听讲 3.按时完成作业 4.学习主动和认真	1.愿意到学校学习 2.为让自己成为社会有用的人而学习 3.立志为建设好家乡而学习 4.为使祖国富强而学习	1.课前预习，课后复习 2.回家后先完成学习作业 3.及时订正作业 4.独立认真完成作业
	2.学习兴趣方面	1.有较强的求知欲 2.对学科学习有兴趣 3.主动询问课本知识延伸的问题 4.自觉探究自己感兴趣的学科内容	1.对一半以上的学科学习感兴趣 2.对所有学科学习感兴趣 3.自觉阅读与学科学习相关的课外书籍 4.自觉探究自己感兴趣的学科内容	1.喜欢所学科目 2.不满足于老师布置的作业 3.阅读课外书籍 4.兴趣爱好广泛
	3.科学精神方面	1.不抄作业 2.不讲迷信 3.不搞不正当的人际关系 4.诚实可信	1.学习上不懂就问，不装懂 2.不抄作业 3.考试不作弊 4.实事求是	1.不抄袭作业 2.不讲迷信 3.诚实可信 4.学习踏实努力
	4.钻研探究方面	1.碰到难题不急躁 2.学习上有股韧劲 3.喜欢钻研较难的题目 4.较好地完成过课题研究	1.自觉确定学习目的 2.当天的学习任务当天完成 3.能认真地将知识类书籍从头读到尾 4.有信心排除学习中出现的各种困难	1.学习上遇到问题不烦躁 2.能主动向父母请教学习上的问题 3.想方设法解决学习上遇到的难题 4.能独立解决较难的问题

① 吴钢，杨虹.初中生“情感、态度与价值观”评价探讨[J].教学与管理，2013(9)：30-32.

续表

评价对象	指标体系	评定标准		
		教师	学生	家长
初中学生情感、态度与价值观	祖国意识方面	1. 人缘较好 2. 有较强的集体荣誉感 3. 为班级或学校管理提过合理建议 4. 为本地区开展的有益活动做过志愿者	1. 了解家乡的历史和人文地理 2. 经常收看收听国内时事新闻 3. 为贫困地区建设捐款、捐物 4. 为本地区开展的有益活动做过志愿者	1. 经常看电视新闻 2. 几乎每天阅读新闻 3. 对国内的重大事件有自己的看法 4. 遵纪守法
	国际视野方面	1. 能上好英语课 2. 能与英语国家人士进行初步交流 3. 世界历史和地理知识考试成绩优良 4. 参加过与国外学校的校际交流活动	1. 喜欢学习英语 2. 喜欢学习世界历史和地理知识 3. 能与英语国家人士进行初步交际 4. 经常收看收听国际时事新闻	1. 很想到国外旅游 2. 喜欢阅读国际人文知识文献 3. 关注国际大事 4 对国际时事有自己独到的见解

(2)学科视野的情感、态度和价值观的评价标准案例

广东省深圳市龙岗区教育局教研室吴金财老师拟定的地理学科的情感、态度和价值观评价标准，见表6–7。

表6–7　地理学科情感、态度和价值观评价标准①

评价内容	评价要点
地理情感	1. 能否积极参与地理课堂教学活动、主动回答老师的提问或向老师提出问题 2. 能否认真完成地理作业、积极参与地理实践活动 3. 是否主动阅读与地理有关的课外书籍、报刊等，是否喜欢浏览、观看、收集与地理有关的图片、音像等 4. 是否具有热爱家乡、热爱祖国、尊重自然、保护环境的情感等

① 吴金财．高中地理“情感态度与价值观”目标及其设计、实施与评价[J]．地理教学，2012(14)：28–30.

续表

评价内容	评价要点
地理态度	1.地理观测、地理实验与地理调查中收集到的地理信息、资料是否准确、有效 2.地理观测、调查、实验和报告的撰写是否科学严谨、条理清晰、精益求精 3.是否善于发现地理问题或提出问题,能否提出解决问题的基本方法或见解;在问题解决过程中,能否坚持真理、实事求是,是否具有勇于创新的科学精神 4.是否具有对社会和自然环境的责任感,是否具有关心和爱护人类环境的良好行为习惯,是否敢于同破坏环境和资源的行为做斗争等
地理观念	1.是否具有正确的人口观、资源观、环境观和可持续发展观 2.是否具有环境、资源的保护意识和法制意识,是否养成关心爱护环境、节约资源的行为习惯 3.能否正确理解国际合作的价值,是否初步形成正确的全球意识 4.能否体会地理学习与现实生活的联系和地理学的应用价值等

(二)评价方法

1.纸笔评价

纸笔试卷测验是一种重要的评价方式,情感、态度和价值观也可以在传统的考题中体现出来。下面以一道物理题的改编为例。

原题:2018年山东省高中物理学业水平考试一道传统典型试题(第12题)

质量m=0.05 kg的金属小球,由空中某点开始做自由落体运动,经2 s落地,取g=10 m/s^2,落地前瞬间小球重力的功率为(　　)。

A.0.2 W　　B.1 W　　C.5 W　　D.10 W

改编题:一块塑料瓶盖大小石头从30米的高空掉落,在无风情况下,试分析石块落地时的速度大小以及所具有动能,解释高空坠物的危害。①

改编后的试题以城市与乡村学生均可理解的高空坠物为背景。高空坠物是人们日常生活中可能遇到的情境,也有行人被坠物砸伤的事件。通过分析高空坠落石块落地动能,可以帮助学生了解高空坠物危害的原因,知道高空掉落的物品可能会对行人造成致命伤害。学生在解答过程中可以体会高空坠物的危险性,养成理性思考问题的习惯,从科学角度感受自身责任感与价值感,体会科学与环境、生活密切联系,从而提升科学素养。

① 于星河,张雨强.科学素养视角下中学物理试题的编制与改进——以2018年山东省物理学业水平考试为例[J].教育测量与评价,2019(5):39-44.

2. 非纸笔评价

(1)观察法

观察法是老师带着比较明确的评价目的,制订观察计划和具体的观察指标,对学生的行为进行观察和记录,从而实现对学生情感、态度和价值观的评价。下面是一份中学生数学学习动机表现评价表,见表6-8。

表6-8　中学生数学学习动机表现评价表[①]

观察对象:__________　记录教师:__________　时间:第____周

	糟糕	较差	一般	较好	良好
专心听讲	1	2	3	4	5
举手发言	1	2	3	4	5
主动参与小组探究	1	2	3	4	5
主动找老师答疑	1	2	3	4	5
按时完成家庭作业	1	2	3	4	5
做课外补充练习	1	2	3	4	5

这种观察除了用分值来计算外,教师还要着重记录特定情境下学生的行为表现,记录时间、地点、人物、起因、经过、结果等相关要素。教师可以通过长期观察和多次特定情境记录,来较为准确地评价学生的情感、态度和价值观。

(2)访谈法

访谈法是教师在与学生进行语言交流中,了解学生的态度、兴趣和价值观,从而比较客观地对学生的情感、态度和价值观做出评价的一种方法。交流的形式多样,可以是个别访谈、团体访谈、集体讨论、闲聊等。交流中应该从多个角度进行观察:除了学生对具体问题的看法和观点的陈述外,还应该观察学生的姿势、表情、声调等,从而实现对学生情感、态度和价值观的评价。下面提供一张学生英语学习动机访谈记录表,用于对英语学习成绩不理想的学生进行访谈记录,见表6-9。

① 赵德成.促进教学的测验与评价[M].上海:华东师范大学出版社,2016:178.

表6-9　学生英语学习动机访谈记录表[①]

学生姓名:_______　　访谈教师:_______　　访谈日期:_______

1.你喜欢学英语的程度如何?

A.非常不喜欢　B.一般　C.非常喜欢

2.为什么?

A.教师　B.班级　C.难度　D.压力　E.文化差异　F.成就感　G._______

3.你在英语学习中最不满意或最难过的事情是?

时间:__________________

地点:__________________

事件:__________________

4.哪些改变会使你更爱学习英语?

A.教师　B.教学　C.作业　D.班级　E.同伴　F.家长　G._______

5 你下一阶段想如何学习英语?

A. 计划1:____

B. 计划2:____

C.计划3:____

(3)问卷法

问卷法是教师开展情感、态度和价值观评价常用的方法。教师要明确自己所要评价的具体情感变量是什么,以及这一变量的内部结构和外在表现是怎样的,然后在此基础上编写出一系列封闭式和开放式问题,合成一套情感评价问卷。在问卷的编制中常用到利克特量表。下面以一套小学生科学学习态度调查问卷为例,来了解问卷编制的过程。

①框架的界定。

小学生科学学习态度划分为三个维度:对科学学习的认知、科学学习情感体验、科学学习行为倾向。

②拟定框架结构。

小学生科学学习态度调查问卷的框架结构见表6-10。

① 赵德成.促进教学的测验与评价[M].上海:华东师范大学出版社,2016:179.

表6-10　小学生科学学习态度调查问卷的框架结构

调查问题	概念(一级指标)	变量(二级指标)
小学生科学学习态度	对科学学习的认知(C)	对科学学习价值与重要性的认识 对科学学习目的及意义的认识 对科学知识与生活联系的认识
	科学学习情感体验(A)	对科学学习的主观感受 对科学学习的期待
	科学学习行为倾向(B)	科学活动与学习中的主动性表现 科学活动与学习的参与欲望 科学学习中解决问题的意向

③题目的设计。

根据框架中的二级指标，编写一系列与指标相符合的相关陈述句。例如，对科学学习的认知维度：科学是一门非常重要且有用的学科；现在好好学习科学，将来才能实现理想；科学课的内容与日常生活有很多联系。科学学习情感体验：如果每周增加1节科学课，我将会很高兴；大多数科学课上，我很开心；下一节要上科学课，我很兴奋；科学课上，看到同学们积极举手发言，我也想发言。科学学习行为倾向：上课前，我会按照科学老师的要求自带一些实验材料；科学课堂上，我愿意举手发言，与大家分享自己的想法；下课后，课余时间，我愿意参加科技馆、博物馆、天文馆等场所举行的科学活动。

④采用利克特五点量表法。

设置答案“非常同意、同意、不确定、不同意、非常不同意”等程度不同的选项，让被试者依据自己情况勾选。例如：

课余时间，我愿意参加科技馆、博物馆、天文馆等场所举行的科学活动。

A. 非常同意(　　)　　B. 同意(　　)　　C. 不确定(　　)

D. 不同意(　　)　　F. 非常不同意(　)

⑤对题目进行试用和修正。

试用中关注以下几个问题：学生能否读懂题目；题目表述是否有歧义；是否有些涉及学生隐私或给学生带来情绪困扰；学生需要填答的时间是否合理；题目的区分度如何；规避趋中效应和天花板效应。

(4)档案袋评价

现以教学山东科学技术出版社的《生物》初三下册第八单元《生物多样性及其保护》的内容为例,介绍初中生物教学中情感、态度和价值观培养情况的档案袋评价项目及评分标准。①

评价项目

1.科学素养项目:本项目需要学生阅读课本中“科学家的故事”。通过对科学家故事的解读,要求学生用自己的语言表述科学家的故事给他们的启发。要求学生必须引用原文中的资料作为例证。

2.生物展览项目:本项目要求学生阅读课本中《我国的珍稀植物及其保护》的课外读物,并收集能够展示我国生物多样性以及我国珍稀动植物的图片和文字资料,并对所收集的图片做出简要的说明。

3.阅读与写作项目:本项目要求学生在项目2的基础上,阅读第93页《资料分析》的内容,并结合本章学习的内容,在资料分析的基础上,谈谈为什么要保护生物的多样性,分析我国生物多样性减少的原因并设计一个保护我国珍稀生物的方案,要求学生必须引用资料。

4.生物研究项目:本项目要求学生以课本中《设计并安放人工鸟巢或饲养台》的课外实践环节为研究对象,按照课本中的要求进行研究。要求学生提交一份详细的过程和发现报告,拍摄或者从互联网上查找所观察鸟类的照片以及该鸟鸟巢的照片,并且上交仿造的人工鸟巢或饲养台。

5.进步项目:本项目要求学生将本单元所有生物测验和考试的订正都列入档案袋内。在一次测验或考试结束后,对于出错的题目都要仔细订正。问题和订正在另外一张纸上完成,所有的测验和考试的订正都要按日期顺序提交到档案袋中。

6.内容项目:要求学生按照以下内容设置表格并放入档案袋,以后逐项填写并完成。本项目包括的内容有:

(1)内容列表:把评价项目的顺序写在列表上,并按照列表上的顺序把各个项目装入档案袋中。

(2)时间列表:详细记录每一个项目完成的日期和时间,以小组合作完成的项目要求记录各小组成员的分工。

就下列问题给档案袋阅读者的信:

①你喜欢学习生物学吗?为什么?

②在学习过程中出现什么困难?你是怎么样克服的?

① 张英英,蒋小满,王爱娟,刘宏岩.初中生物教学中情感态度与价值观的评价——《生物多样性及其保护》的档案袋评价方案[J].教学与管理(理论版),2009(5):150-151.

③你对档案袋项目收集的反思。

档案袋评分标准

成绩	内容项	科学素养项	生物展览项	阅读和写作项	生物研究项	进步项
优异	●符合良好的所有准则 ●整个档案袋显示了明显的学习热情、知识基础的进步以及健康的生物科学素养	●符合良好的所有准则 ●立志为祖国生物科学事业的发展贡献力量	●符合良好的所有准则 ●收集的我国珍稀动植物图片均超过15种，生物多样性的图片至少20种	●符合良好的所有准则 ●立志通过自己的行动保护生物多样性	●符合良好的所有准则 ●通过研究，形成热爱鸟类、保护鸟类的情感态度与价值观 ●鸟巢或饲养台所选材料环保节约	●符合合格的所有准则 ●所有订正都整齐地展示出来
良好	●符合合格的所有准则 ●整个档案袋显示了成果中最优秀的部分和新习得东西的证据	●符合合格的所有准则 ●恰当引用原文中的资料支持自己的观点 ●短文结构完整	●符合合格的所有准则 ●能够把收集的图片按照动物和植物分类 ●相关的文字材料能够准确表述图片的信息	●符合合格的所有准则 ●方案具有可操作性 ●在问题分析的基础上提出保护生物多样性的重要性	●符合合格的所有准则 ●观察细致，准确记录鸟类的行为活动及时间 ●仿造的鸟巢能够适合鸟类居住或者饲养台坚固耐用 ●过程报告条理清晰	
合格	●展示了所有内容项目并有次序 ●给读者的信提出了有思想的问题 ●时间列表详细记录每个项目的完成时间，并记录每个小组成员的具体工作 ●整个档案袋组织一般	●能够解读短文中科学家坚忍不拔的科研精神 ●写作段落清晰、用词准确	●能够收集课本中涉及的8种珍稀植物和6种珍稀动物的图片及相关的文字材料 ●能够收集展示我国生物多样性的动植物图片各10种及相关的文字材料	●能够设计保护我国稀生物的方案 ●准确分析我国生物多样性减少的原因 ●文字表述准确、概括条理	●能够记录选定鸟类的筑巢、取食和巢穴的情况 ●仿造的鸟巢与鸟类所筑巢穴相似程度在80%以上，或者饲养台能供鸟类取食 ●提交鸟巢的照片	●按顺序收入所有的测验和小考 ●所有的订正都能够收入

续表

成绩	内容项	科学素养项	生物展览项	阅读和写作项	生物研究项	进步项
勉强合格	●内容项目不完全 ●给读者的信缺少思想 ●整个档案袋缺乏组织或拙劣	●不能解读文中科学家的精神 ●例证不恰当	●图片资料数量低于合格的标准 ●文字材料的表述不准确	●方案设计不完整，缺少相关内容 ●学生不能准确分析图片和文字材料	●记录过程条理不清 ●鸟巢或饲养台不适合选定的鸟类	
分数及评语						

第四节　基于情感、态度和价值观的教学案例分析

课堂是教学现象发生与教学规律呈现的场所，教学案例分析是教学研究的重要方法。本节列举三个学科课堂教学案例，以课堂实录的方式呈现情感、态度和价值观目标达成的过程。在实录中选取有代表意义的教学片段加以评析，以展现情感、态度和价值观目标在课堂中达成的途径与策略。在课堂实录后附有针对情感、态度和价值观教学的总评，以期揭示教学规律、总结教学方法、引领教学实践。

基于情感、态度和价值观的小学语文教学案例分析

——以《为中华之崛起而读书》的教学为例

【教学内容】

统编版教科书小学语文四年级上册第七单元第22课。

【教学过程】

活动一：把握主要内容，进入“立志”话题思考

1.猜想题目含义，愿意思考“立志”话题

师：题目“为中华之崛起”是什么意思？

生1：我查了字典，崛起是兴起的意思，所以题目的意思是为了中华的兴起。

生2：联系课文内容，我知道因为周恩来所在的时代“中华不振”，所以他立下了振兴中华的志向。

生3：这就是周恩来的学习目标，为了让中华民族不再受欺凌，重新获得民族的尊严，非常了不起！

师：根据查找的资料，结合课文内容的预习，大家对题目的认识很到位。这是周恩来读书的目的，他为什么会有这样的志向呢？让我们通过今天的学习来了解吧！

2.整体读文，厘清事件，归纳主要内容

学生默读课文，说说课文写了几件事，分别写了什么内容。教师引导，串联主要内容。

生1：（归纳第一件事的主要内容，抓不住重点，将同学的回答一一罗列出来。）

师：在第一件事中，很多同学都回答了魏校长的问题，但是作者重点是要写周恩来的回答，在归纳主要内容时其他同学的回答可以忽略。

生2：（归纳第二件事的主要内容，由于时间、地点的词语太多，不知道该选哪个？）

师：在第二件事的概括中，出现了“十二岁那年”“在奉天上学的时候”“来到东北”“奉天”这些时间、地点的词语，应该要“舍大取小”，即选择相对比较具体一些的时间、地点，如“十二岁那年”和“奉天”。

生3：（归纳第三件事的主要内容，不能抓住主要人物。）

师：尝试划去次要的人物同学、围观的中国人，保留主要的人物。再厘清主要人物之间的关系，说清楚主要人物做了什么或想了什么。

【评析】出示课题后，通过对课题的提问引发学生的思考，学生将课题与志向联系起来。教师尊重学生的初步理解，激发学生对周恩来为何如此“立志”的思考，奠定了本文学习的情感基调。在概括主要内容过程中，教师不急不躁，仔细聆听，针对难点，有效辅助，这有助于学生克服畏难情绪，渐渐领悟方法，找到学习的信心。

活动二：借助资料，探寻立志原因

1.借助表格体会“中华不振”，探寻立志原因

教师出示表格。学生默读11—17自然段，根据表格提示，搜集相关信息并填表。

体会“中华不振”，探寻立志原因		
人物	表现	周恩来的想法
伯父	叹气，没再说了	
妇女	哭诉，指望巡警帮忙反招训斥	
中国巡警	（不帮忙）训斥妇女	
围观群众	握紧拳头，只能劝慰	

师：借助自己收集的资料，你认为周恩来立下“为中华之崛起而读书”的志向是什么？

生1：因为在自己的国家，人们遇到不公平的事情无处说理，周恩来想改变这样的现状。

生2：他和一般人的思路不同，所有的人都感受到了“中华不振”，都很气恼，但是却没有去想办法改变这一切。他想到了，还把这个作为了自己的理想。

【评析】想象性的体验是指学生没有办法在课堂上亲身经历，而是通过想象去领悟别人的生活状态和人生意义。这个环节既是利用表格对内容的梳理，也是引导学生站在周恩来的角度去完成想象性体验，从而理解周恩来立志的原因。

2.结合课外资料，体会“中华不振”，探寻立志原因

教师出示视频资料，帮助学生理解。

师：在这样的社会境遇中，所有的人都感受到了“中华不振”。少年周恩来目睹了这样的一幕幕，但他没有像一般人那样仅仅是义愤填膺、哀叹“中华不振”，他认识到只有学习到更多的知识才能找到拯救濒临绝境的旧中国的道路。

【评析】运用多媒体营造情境，用PPT展现了苦难的旧中国，让学生感受到具体的画面，激发学生不忘国耻、振兴中华的情感。

3.结合周恩来的诗作，体会如何将自己的志向付诸行动

教师介绍诗歌背景，出示注释，学生理解诗意。

教师小结：周恩来在奉天立下了读书救国的志向，并转化为行动，值得我们学习。

【评析】对于四年级的学生而言，寻找课文中表层信息的能力是具备的，如何去探寻信息背后的关联是有难度的，所以教师设计了一张能集合表层信息的表格，以周恩来会怎样思考作为辅助学生形成关联思维的问题，帮助学生找寻周恩来立下志愿的原因。课后题的诗歌其实是在暗示学生不仅要立志，更要有行动力。本环节中，学生亲历了文本信息加工到形成结论的整个过程，获得了探究过程中的困惑、惊喜等多种情感体验。

活动三：写出自己的读书目的和理由

1.结合课文相关理解，思考自己读书的目的

师：少年周恩来生活的时代，中国积贫积弱，所以他有了“为中华之崛起而读书”的志向。现在中国正走向民族复兴，中国已经强起来了，你们读书是为了什么呢？

2.独立思考3分钟，再全班交流

生：找到好工作，挣大钱。

师：为了更好地生活无可厚非，但是更高远的目标也许会让你产生更大的学习动力，实现更高远的人生目标。

生：我想当医生，帮助更多的人恢复身体的健康。

师：你能举个例子来说说为什么特别想当医生吗？

生：因为……

师：志向不分高低，是我们对未来的一种期许，它像一盏指路的明灯，照亮未来的路，并且不断地给我们勇气去战胜路途中的困难。希望你像周恩来一样，为了一个高远的志向矢志不渝地去追寻，去努力！

【评析】课后谈自己读书志向是学生价值内化的一个外显。整理交流的过程就是动态的情感、态度和价值观教学内容，教师尊重学生多样读书观的同时，注意了价值观的引导，让学生的读书观从小我扩展到大我，再逐步引导到家国意识、社会责任等。

活动四：课外阅读延伸，深入感受志向与行动的关联

师："为中华之崛起而读书"是周恩来一生为之奋斗的目标，为了实现自己的志向，周恩来把自己的全部生命奉献给了祖国，用自己的一生践行着"为中华之崛起而读书"的誓言。

师：感兴趣的同学可以读读《周恩来传》，了解我们的好总理奋斗的、光辉的一生。

【评析】情感、态度和价值观的形成需要一个长期潜移默化的过程，给学生推荐具有正向影响力的书籍，让学生在阅读中学习榜样，站在巨人肩头重新看远望高，让家国情怀这样的隐形目标得以落实。

【总评】语文的情感体验、价值观的塑造是通过具体的篇目一次次熏染的。情感目标不能只靠记忆、反复背诵，而是要通过心灵的感受和体验去获得。情感过程是情境体验过程，是交往、互动过程。本节课着眼于学生的情感、态度和价值观发展，通过一系列的思考性问题，让学生的情感体验丰富起来，在潜移默化中完成对志向思考的塑造。

1. 营造和谐氛围，以情境激发兴趣

师生关系是维系教学正常进行的基本关系，这种关系中蕴含着民主、和谐、平等的价值观，这样的情感力量远远胜于显性知识的力量。"立志"这个话题比较空泛，一开课老师就抓住课题，从解题入手，引导学生思考，对学生的理解给以鼓励，营造和谐的开课气氛，激发学生探究的兴趣。在归纳主要内容这个难点上，老师不急不躁，认真倾听学生发言中出现的问题，用自己的平和耐心，用启发性支撑感的语言去引导。例如，"尝试划去次要的人物同学、围观的中国人，保留主要的人物。再厘清主要人物之间的关系，说清楚主要人物做了什么或想了什么。"帮助学生在具体的困难情境中，感受到挑战困难的乐趣，激发向上的动力。在这样的和谐氛围中，学生才能安心地表达，逐步扩展思维空间。

2.在想象性体验中体会人物的情感体验，价值观形成

情感、态度和价值观目标的体验性特征，决定了情感、态度和价值观目标的达成需要学生自身的情感体验。在理解周恩来为何会立下这样的志向的探寻中，老师依据文本提供的场景，引导学生设身处地地站在不同的人物角度去换位思考：看到伯父的表现，周恩来会怎样想？看到妇人的做法，周恩来又会怎么想？……通过一个个具体的想象去触摸人物的所思所想，达成对周恩来高远志向的理解，引发学生真切的情感体验：原来周恩来没有止步于愤恨，而是着思于改变！愿意以匹夫之力担其中华振兴之重任！在这样的过程中，学生的体验不再表浅，感受不再空泛，潜移默化中受榜样影响，产生心灵的震撼。

3.开发相关材料，展现文本情感

要使学生真正在思想、品格、情操等方面受到陶冶，就要帮助学生披文入情。文字是作者生活的加工和提炼，媒体则能以直观的形象让学生更真切地感受并体会到情感。在教学中，合理地开发背景资料，让学生更好地被文字隐含的情感感染。在体会周恩来当时所处的时代背景时，提供了一段视频资料，这段视频资料用最直观的方式，展现了旧中国积贫积弱的画面。这样的画面会对学生的情感产生影响，有益于爱国情感的激发。除了媒体材料开发之外，还对课后题中周恩来所写的诗句进行理解。这样学生在查阅资料、整理资料、对比分析资料的过程中，既提升了阅读探究能力，也记住了少年周恩来将个人学习与国家命运结合起来思考的方式，更被少年周恩来的知行合一、爱国求实精神所感染。

4.抓住价值冲突，共情善诱

教师所持的价值观往往是社会所倡导的主流价值观，而学生有可能持有当下社会比较自我的非社会倡导的价值观。当两种价值观在具体的事件情境中就会产生冲突，成为很好的教学内容。本课的教学中，当学生说自己读书就是为了找到好工作、挣大钱时，教师并没有盲目评价，而是耐心倾听学生读书观背后的缘由，认真识别背后的价值意蕴，在尊重学生目前的认知基础上，引导学生走向自己的最近发展区，尽量向高标准靠近。

（重庆市沙坪坝区第一实验小学 李捷）

关注情感、态度和价值观培养的小学数学教学案例分析

——以“确定位置”的教学为例

【教学内容】

人教版教科书小学数学五年级上册第19、20页例1、例2。

【教学过程】

一、创设实际的问题情景，认识数对

1.认识列、行

（课前凭老师发的座位卡入座）

师：同学们，今天我们来到陌生的地方学习，大部分同学都找到了座位，不过还是有两个同学没有找到座位，怎么回事呢？这节课我们就来帮助他们确定位置。（师板书课题）

（贴孩子的座位卡，大家讨论）

（1）第5组

生：找不到座位，只有一个数字。

（2）第6列第4行

生：第6列第4行和第6组第4个是一个意思，位置被占。

师：确定位置至少需要两个条件。在平常生活中，我们常用组和个来确定位置，在数学中，常常用列和行来确定位置。指一指，说一说什么是列，什么是行？

师：到底从哪边开始是第1列呢？

生1：左边开始数。

生2：右边开始数。

师：为了交流方便，数学规定：从观察者的左边开始是第1列。那行怎么规定呢？

（两个学生快速填好新的座位卡，其他同学说说自己是第几列，第几行）

【评析】把教材静态的认识转变为凭座位卡坐座位的动态活动，创设真实的问题情境“有两个同学没有找到座位，怎么回事呢？”激发学生的好奇心和求知欲，学生在帮助同学的过程中自然认识行和列。

2.认识数对

师:老师把大家的座位画在了屏幕上(课件),你们还能找到自己的位置吗?请指一指。

课件演示:仍然从观察者左边开始,依次是第1列,从下往上数,依次是第1行。

师:请几个同学报自己的位置,其他学生准确、快速地记下他们的位置,比比谁记得快!

师(展示没有记录下来的):说说你为什么没有记录下来?

生:我是用文字记录的,第几列第几行记录太慢了。

师(展示记录下来的):说说你们的方法,其他同学评价质疑。

生1:我是用数字记录的,4–5。

生质疑:很简洁,但是"–"是什么意思?

生2:我也是用数字记录的,4 5。

生质疑:很好,只是中间写紧容易看成45。

生3:我也是用数字记录的,4^5。

生质疑:容易区分行和列,也容易与4的5次方混淆。

……

师:同学们用自己的方式进行记录,很好!有的同学还用到了数学的符号思想,又快又简洁地表示了位置,非常了不起!但是符号各自表示不统一,不便于交流,大家想知道数学家是怎么表示的吗?

师板书:(×,×)说说数对与同学们的表示有什么相同与不同?

(学生活动,深刻理解数对:写自己和好朋友的数对,请数对中有2的同学站起来……)

【评析】通过学生记录同学座位位置的比赛进行探究学习,学生在比赛中发现用汉字记录较慢,用符号化记录较快,引出数对,认识数对并深刻理解数对。学生在经历知识的形成过程中,独立思考、自信展示、质疑问难,感悟数学的符号化思想和简洁美。

二、建构方格图,用数对确定位置

(课件演示学校实景图,把各个学习场馆抽象成点)

师:你能用数对来描述各个场馆的位置吗?(不能)你需要老师给你提供什么信息?

课件演示:在这张平面图上先确定一个起始点,用0表示,然后等距离地画出行和列。

师:现在你能用数对表示大门和各个场馆的位置吗?(学生说说是怎么观察的)你能根据数对找位置吗?

【评析】选取学生熟悉的校园图作为学习内容,亲近学生的情感,学生利用座位图的迁移,自己尝试在方格纸上确定位置,由此感受方格对确定位置的重要性与简洁性。

三、链接实际生活,巩固数对的认识

1.练习五第4题:找中药。

2.练习五第5题:国际象棋棋盘上的棋是怎么确定位置的?

3.生活中是怎样确定位置的,你还能举例子吗?

生:飞机票、电影票、围棋、地理位置的经纬……

师(小结):其本质都需要两个数来确定位置。

【评析】通过数对在生活中的应用,让学生体会到数学与生活的联系,感受数学的价值。

四、总结评价,拓展延伸数对的认识

师:通过今天的学习,你有什么收获?

生1:我学会用数对简洁地确定位置。

生2:我还知道生活中很多地方用到数对确定位置。

……

师:你知道数对是谁发明的吗?(微课介绍笛卡尔)

师:马上下课了,请同学们按老师出示的数对离开座位:(6,4)、(3,3)……一个一个离开耽搁太久!怎样的数对可以让大家一起离开。

学生:(x,y)。

【评析】通过回顾与反思，学生对自己的学习进行评价。通过数学文化介绍笛卡尔和坐标系，了解知识的来龙去脉，丰富学生的知识，感受数学家孜孜不倦的探究精神。最后按老师要求一起离开教室，在挑战面前，激发学生思考，进一步感知符号化思想，体会数学的简洁美。

【总评】在教学中培养学生的情感、态度和价值观是新课标三维目标中重要的一项目标。本节课立足学生的可持续发展，从以下几个方面关注了学生的情感、态度和价值观培养。

1.选取恰当学习材料，促进学生情感、态度和价值观的培养

美国心理学家布鲁纳说过，学习的最好刺激，乃是对所学材料的兴趣。因此，我们要充分挖掘学生身边的学习材料，让学生对数学学习产生浓厚的兴趣，从而积极愉快地参与数学活动。本节课学习材料的选取遵循从生活中来，并应用到生活中。开课的坐座位、校园各个场馆的位置、链接生活确定位置的应用等都是学生熟悉的生活事例，可激发学生兴趣，学生在学习中感知数学与生活的联系，产生亲近数学的情感。通过数学文化“笛卡尔与坐标”的介绍，让学生了解知识的来龙去脉，感受数学家孜孜不倦的探究精神。设计具有挑战的课后习题，让学生在挑战和意犹未尽中体会数学的简洁美，体验成功的乐趣。

2.精心设计学习活动，促进学生情感、态度和价值观的培养

在活动中学习、体验、感悟，有助于学生形成丰富的情感、积极的态度和正确的价值观。新课伊始，老师设计了“在陌生的情境中找座位、认座位”的活动，充分尊重学生的认知特点和年龄特点，激发了学生的好奇心和求知欲，所以学生乐于参与活动，并且在活动中积极思考、讨论，获得对行和列的认识。随后，设计了“记录位置”比赛活动，当在越来越多和越来越快的情况下，有的同学提意见了，“太快，记不下来！”这时候，老师分别展示记不下来和记下来的情况，引导学生相互之间评价和质疑，明确统一符号的重要性，引出数对。这个过程，就是数对形成的过程，学生经历其中，感受到数对的产生，感悟到数学符号化思想及其简洁美。设计“按要求起立”活动，激发兴趣，引导学生思考，加深对数对的理解。

3.正确应用学习评价，促进学生情感、态度和价值观的培养

新课标指出，教学中应充分发挥评价的激励功能，促进学生三维目标的落实。本节课，老师对学生的学习进行评价，如“用数学的符号思想，又快又简洁地表示了位置，非常了不起！”等；学生之间相互评价，如“对同学的方法进行评价和质疑”；学生的自我评价，如“今天的学习，我学会了……”课堂中评价主体的多元化，增强了学生学习的信心，激发了学习兴趣。

（重庆市珊瑚实验小学校 吴君）

在道德与法治课堂上情感、态度和价值观目标的达成

以《欢欢喜喜庆国庆》第一课时“新中国的生日”为例

【教学内容】

统编版教科书道德与法治二年级上册第一单元第3课。

【教学过程】

活动一：认识祖国的版图

视频导入，认识祖国的面貌，形成祖国的概念。

【评析】利用多媒体视频呈现精美的画面，再加上老师声情并茂的讲解，让学生直观感受祖国的幅员辽阔，对祖国有一个具象的概念，奠定情感基调。

师：老师要考考大家了（教师指屏幕上的中国地图），大家看一看祖国的版图像什么？

生1：像一只大公鸡。

师：雄鸡展翅，你把对祖国妈妈的爱放在想象中了，请坐。还有吗？

生：头像龙，尾像鸡的尾巴。

师：哦，同学们通过丰富的想象表达了你们对祖国妈妈的爱，在地图上找一找，南沙群岛在哪儿？

……

【评析】对于二年级学生而言，大部分学生虽然已经有了祖国的概念，但是对于祖国的疆域比较模糊。设计勾勒祖国疆域以及让学生们从地图中找出相应区域的地理位置，可以加深学生对祖国疆域的认知和了解。学生对祖国的轮廓赋予美好的想象，建立情感共鸣。

活动二:了解国旗及国旗法

回忆在哪些地方见到过国旗？播放国旗出现在不同场合的图片,谈感受。

【评析】通过一个个激动人心的画面,让学生体会国旗是祖国的标志和象征,激发他们的爱国热情。

师:国旗是神圣而庄严的,在升旗仪式上,我们应该怎么做才能表达我们对国旗的敬意?

(小组讨论大约2分钟)

师:好,谁来说一说,在升旗仪式上,我们应该怎么做才能表达我们对国旗的敬意?

生1:我们应该在升旗仪式上认真升旗,在升旗仪式间不能讲话。

生2:升旗仪式的时候要站好,要敬队礼。

生3:除了不讲话、看国旗、要敬礼,还要唱国歌。

……

师:这些要求都能表达我们对国旗的敬意,我们尊重国旗,这不仅是爱国旗、爱祖国的表现,也是遵守了国家的法律。

……

师:在升旗仪式时我们做到了这些(指板书)就做到了肃立致敬,我们每一个中国公民在升旗仪式时都应该这样做。那咱们来试一试(起立、敬礼)。

师在敬礼时旁白:我们敬着队礼,想着革命先烈们为了新中国的建立抛头颅洒热血,我们学习他们的故事,学习他们的精神,我们用队礼向祖国表达我们最崇高的敬意。

【评析】用儿童的语言理解国旗法的要求,让学生在生活中树立知法、懂法、用法的意识。从探索问题的视角对教学方式进行设计,给学生创造探讨问题的机会。学生先小组讨论,然后全班交流,让每一个学生都积极参与到活动中,自主进行学习与探索。把法律的约束力量、底线意识与道德教育的感化力量紧密结合。

师:同学们都是爱国守法的小公民。有一个叫乐乐的小朋友遇到了一个麻烦,大家来帮帮他。(视频情境)在升旗仪式时,当国歌声已经奏响,当国旗已经冉冉上升,这个时候,乐乐才来到操场上,请问他应该怎么办呢?咱们先小组讨论。

(讨论大约2分钟)

生1:悄悄地走进队伍里。

师:悄悄地,是为了不影响别人吗?有和他不一样的意见吗?

生:绕到队伍最后面站着。

师:尊重别人,站在后面不要影响他人。还有吗?

生:应该站在原地,像站在队列里一样敬礼,然后等升旗仪式结束后再跑回队伍。

生:应该站在原地,眼睛看着国旗,敬队礼。

师:为什么呢?

生:因为国旗法有一条是这样规定的。

师:是的。我们每一个小朋友在生活当中都可能会遇到这样的情况,当我们遇到这样的情况时,就要像黑板上说的这样做。

【评析】以现实生活事件创设情境具有很强的触动性,能让学生快速地融入情境中,触发学生情感,引发学生的深层次思考,对学生的成长、发展有着积极的作用。同时,老师对于学生在活动中回答的知识和观点,进行了认真倾听,快速反应,及时作出评价,该纠正的纠正,该点拨的点拨,该提升的提升,做到汲取学生闪光点,弥补学生薄弱点,满足学生需求点。

活动三:创设升国旗情境,向祖国妈妈表达敬意

师:今天让我们一起到天安门广场看升旗仪式。(观看视频升旗仪式)

【评析】对祖国的热爱之情并不是纸上谈兵,而是需要落实到具体的行动之中。升国旗、唱国歌是学生在日常生活接触较多的一种爱国形式,所以将升旗仪式放到课程的最后,就是为了更大程度地引起大家的情感共鸣,从而升华情感。

【总评】教育部门对小学道德与法治课的教学活动提出了贯彻情感、态度和价值观的要求，即达到学生知识、技能、情感价值观的全面提升。因此对小学道德与法治课的情感、态度和价值观的渗透与培养非常重要。本堂课旨在通过活动引导，激发学生的情感体验，进而使其形成稳定的情感、态度和价值观倾向，引导学生实践，使其将所学的内容内化为自身的价值观。

1. 以美学促成情感、态度和价值观的目标达成

把美学观点有效地渗透在小学道德与法治课的教学活动中，提取教材里美的元素，把知识、技能、过程、方法以及教学艺术的美进行转化，变为现实的情感、态度和价值观渗透。教师依据教学目标，开发教材内容。在开课时，老师把祖国的疆域通过影音形式生动、直观地展现在学生面前，在视觉和听觉的双重刺激下，学生精神振奋、兴趣盎然，不但让学生对祖国疆域的辽阔有了一个初步认识，同时也激发了他们的爱国情感。

2. 激情燃烧是道德与法治课情感、态度和价值观目标达成的催化剂

情感不只是学习兴趣、热情与动机，还指快乐、爱、审美情感等心理体会与内心世界，与人类的所有活动密切相关。本堂课认识国旗环节中，老师出示了一幅幅国旗出现的画面，有奥运赛场、有祖国的边境、有太空中……再加上老师极富感染力的语言一下就抓住了学生的心，这种激情不但感染学生，激起学生的万千思绪，而且形成了师生之间特有的心灵交融的场景。

3. 强化生活体验，活动演绎内化情感、态度和价值观

激情似一匹野马，当学生的情感被激情点燃后，老师绝不能信马由缰。这时，老师一方面要趁热打铁，指导学生对习得的知识进行纵向和横向的融会贯通，引导学生形成正确的态度和价值观；另一方面，要根据学生的反馈或问题，及时进行点拨和引导。

现实生活中的真实事件往往具有很强的触动性，它能够引发人们一系列的情感反映，引发学生更深层次的人性思考，对于学生的成长、发展有着积极的作用。本堂课中，老师利用多媒体视频，再现生活中升旗仪式的情境，设置问题：乐乐同学应该怎么做？学生自主开展讨论。活动演绎是道德与法治课情感、态度和价值观目标达成的吸收剂，让学生在活动中学习，在活动中体验，在活动中探究，在活动中渗透情感目标，实现价值引领。有真实的感受后，学生才会吸收情感、态度和价值观，才能逐步形成良好的道德品质。

4.以情感体验情感，促进情感、态度和价值观目标的达成

道德与法治课堂是以教材传递情感，搭建学生与外界世界的精神交流，老师应在这一过程中引导学生在真实情感中不断受到熏陶、感染，最终使情感得到深化与升华。本节课的最后，老师创设了师生一起到天安门广场看升旗仪式的情景，当大屏幕的画面切换到天安门广场时，全体师生自觉地起立站好，面向国旗庄严敬礼，伴随着国歌伴奏课堂上响起了国歌声。这个环节的设计，适合二年级学生的年龄特征，有效地激发、培养了学生的道德情感，实现学生的自我教育，从而达到以情激情、以情育情的目的，让学生以情感体验情感，最终促进情感、态度和价值观的达成。

（重庆市南岸区天台岗小学 杨尚坤）